ESG시대의 지속가능경영
기업시민

이 책은 친환경 재생용지를 활용하여 인쇄하였습니다.
우리가 사용하는 일반 복사지 10장 중 1장만 재생용지로 바꿔도
해마다 27만 그루의 나무를 살릴 수 있습니다.

ESG시대의 지속가능경영

기업시민

초판 1쇄 인쇄	2023년 2월 21일
초판 1쇄 발행	2023년 3월 10일
지은이	송호근, 김태영, 신현상, 김기현, 김경묵,
	손영우, 박경서, 한종수, 김용진, 손예령,
	신호창, 윤수진, 윤정구, 천성현, 김용근
펴낸이	최익성
기 획	김민숙
편 집	김정웅
마케팅 총괄	임동건
마케팅 지원	안보라, 이유림, 임주성
경영지원	이순미, 임정혁
펴낸곳	플랜비디자인
디자인	롬디
출판등록	제2016-000001호
주 소	경기도 동탄첨단산업1로 27 동탄IX타워
전 화	031-8050-0508
팩 스	02-2179-8994
이메일	planbdesigncompany@gmail.com
ISBN	979-11-6832-045-1 93320

ESG시대의 지속가능경영
기업시민

송호근 | 김태영 | 신현상 | 김기현 | 김경묵 | 손영우 | 박경서 | 한종수

김용진 | 손예령 | 신호창 | 윤수진 | 윤정구 | 천성현 | 김용근

plan b
DESIGN

최근 ESG가 급부상하는 가운데 지속가능경영의 새로운 경영 메커니즘인 기업시민을 학습할 수 있도록 여러 석학들께서 함께 참여하여 책으로 발간한다고 하니 무엇보다 반갑습니다. 기업시민을 포스코그룹의 경영이념으로 제안하고, 앞장서서 실천하는 CEO로서 이렇게 글로나마 반가운 마음을 전하고자 합니다.

이 책을 접한 분들 중에는 기업시민이 아직 익숙하지 않은 분들이 많을 것으로 추측됩니다. 기업과 시민은 엄연히 다른 존재인데, 왜 기업과 시민을 결합하여 "기업시민＝기업＋시민"으로 한 것인지에 대해서는 다소 낯설게 느껴지지 않을까 생각됩니다.

여러분들, 특히 대학생이나 청년들은 앞으로 어떤 인생을 살 것인지에 대한 고민이 많을 것입니다. 기업 또한 어떤 기업이 될 것인가에 대한 고민을 합니다. 어떤 사업으로 돈을 벌 것인가에 대한 고민도 하지만, "현대 사회의 기업으로서 어떤 역할을 할 것인가", "어떤 문제를 해결하여 사회에 어떤 가치를 창출할 것인가"에 대한 고민을 더 많이 합니다.

기업들은 수백 년의 역사를 거치는 과정에서 스스로의 정체성과 존재 이유에 대해 끊임없이 고민해 왔습니다. 이 과정에서 많은 기업들은 시대에 따라 변화하는 사회적 기대에 능동적으로 부응하고, 다양한 사회구성원들의 요구를 충족시키는 것이 기업의 존재 가치를 스스로 높이는 가장 확실한 방법이라는 사실을 깨달았기 때문입니다.

현대적인 형태의 기업이 처음 생겨난 시기는 유럽의 르네상스 시대로 거슬러 올라갑니다. 그때 탄생한 기업이 수백 년이 지난 지금까지 생존하는 사례도 있습니다. 현대 기업의 평균수명이 30년에도 미치지 못한다고 하는데, 지금까지 생존한다는 것은 정말 대단한 일입니다.

이러한 초(超) 장수기업들이 우리에게 알려주는 교훈은 "기업이란 인류의 삶과 역사의 진보에 기여하는 존재가 되어야 하고, 그것을 망각하면 실패의 길로 들어선다"는 사실입니다. 인류에 공헌한다는 근본을 망각하고 돈만 쫓는 기업들은 결국 사라진다는 것을 장수기업들이 보여주었습니다. 인류에 공헌하고 사회 문제를 해결하는 기업들이 많아지면서 가난했던 유럽은 세계를 리드하는 대륙으로 부상하게 된 것입니다.

역설적이지만, 인류가 발전하면 할수록 경제적 가치 창출만으로 기업의 지속 성장은 더욱 더 힘들어지는 환경이 강화되고 있습니다. 포스코그룹도 예외일 수는 없습니다. 2018년 창립 50주년을 맞이하여 포스코그룹은 미래에 어떤 정체성을 추구해야 할 것인가를 다시 한번 고민하였습니다. 포스코의 지난 50년 역사는 한국의 경제발전 과정과 궤를 같이합니다. "값싸고 질 좋은 철"을 만들어 경제발전을 뒷받침하고 산업 근대화를 견인하는 것이 사명이자 시대가 필요로 하는 가치였습니다. 이 사명과 가치를 달성한 결과, 우리나라는 선진국 대열에 올라섰고, 포스코는 세계 최고 경쟁력의 철강기업으로 성장했습니다.

포스코그룹은 이제 100년 기업으로 재도약하기 위한 전환점에 서 있습니다. 포스코그룹을 비롯하여 기업에 대한 시대적 요구는 대전환기라고 할 정도로 격변하고 있기 때문입니다. 포스코그룹의 CEO로서 기업의 존재 이유를 다시 생각해 보고, Next 50년을 이끌어갈 가슴 뛰는 미션을 도출하기 위해 직원 및 이해관계자와 심도 깊은 논의를 진행하였습니다. 그 결과로, 2018년 7월 '더불어 함께 발전하는 기업시민'을 포스코그룹의 또 다른 미래 50년을 이끌어 갈 경영이념으로 제시하였고, 실천해 오고 있습니다.

'기업+시민'은 기업이 곧 시민과 같은 역할을 해야 한다는 의미입니다. 앞으로 포스코그룹은 사회와의 공동체 의식을 바탕으로 사회적 가치와 경제적 가치의 선순환을 통해 기업가치를 제고하고, 자발적으로 참여하는 사회구성원으로서 책임과 역할을 다하겠다는 의지의 표현입니다.

기업시민을 경영이념으로 삼고 달려온 지도 벌써 5년째를 맞이하고 있습니다. 여러 이해관계자들과 학자들의 도움, 그리고 열정적인 포스코그룹 임직원들의 실천으로 구체적인 성과가 나오고 있고, 기업시민을 실천하는 국내외 기업들도 점점 늘어나고 있습니다. 이 책에 실린 다양한 실천 사례를 통해 여러분들도 기업시민의 가치를 배워서 인류가 직면한 여러 문제와 위기 해결에 동참해 주기를 바랍니다. 그것이 의미 있는 인생을 사는 지혜라는 말씀을 드리면서 글을 마무리하고자 합니다. 여러분 인생에 기업시민 가치가 조금이나마 기억되고 활용되기를 바랍니다.

포스코그룹 회장 최정우

목차

PART 1
본원 활동

PART 2

지원 활동 : 자본·기술

PART 3

지원 활동 : 사람·문화

공존을 향한 기업의 혁신

—

송호근(한림대 도헌학술원 원장)

사회적 가치의 발견

"팬데믹이 세계 질서를 영원히 바꿀 것이며, 앞으로 세계 역사는 코로나 이전Before Corona, B.C과 코로나 이후After Corona, A.C로 나뉠 것(Friedman, 2020)"

"코로나19의 대유행이 진정되더라도 세계 질서는 이전과 같지 않을 것(Kissinger, 2020)"

역사는 현재와 과거 사이의 끊임없는 대화(Edward H. Carr)로, 인류가 살아온 발자국이자 앞으로 우리가 나아가야 할 길을 알려주는 이정표다. 중세에 발발한 흑사병은 유럽 전역을 휩쓸며 큰 피해를 줬지만 르네상스를 촉발하는 주요한 계기로 작용했다. 그로부터 약 700여 년 후, 세계를 팬데믹에 몰아넣은 코로나19 역시 그에 견줄 만한 엄청난 타격을 가했다. 대면 활동과 지리적 이동이 중단되자 세계 시장의 분업구조를 다시 한번 생각하게 만들었고, 지구적 네트워킹의 지속가능성에 의구심이 솟아났다. 자원 활용의 극대화가 지구촌의 재앙을 재촉한다는 반성이 확산되었다. 인류를 번영과 풍요로 이끌었던 20세기적 문법에 일대 전환을 가져온 것이다.

3년간 지속된 팬데믹이 자원의 극대화와 생산 효율성, 교역 네트워킹에 매진했던 기업의 생존 방식에도 일대 변화를 몰고 온 것은 자연스러운 결과다. 코로나19의 확산을 막고 삶의 충격을 극복하는 과정에서 이윤을 추구하는 것만이 기업의 목적이자 책임이라는 밀턴 프리드먼Milton Friedman의 명제에 사회적 가치라는 개념을 부가하기 시작한 것이다. 20세기적 기업은 인간에게 필요한 제품과 서비스를 제공하고 일자리를 창출했으며 인간 생활의 풍요를 향해 질주했는데, 그것만으로는 기업의 지속가능성을 보증할 수 없다는 성찰에 도달한 것이다. 시장경제의 눈부신 발전과 세계화의 이면에서 각종 환경문제 및 사회 양극화, 그리고 물질만능주의의 폐해가 누적됐다. 기업이 그런 어두운 이면에 눈을 돌리지 않으면 기업의 존재 자체가 무너진다는 의식은 기업에게 사회적 가치의 소중함을 일깨워주었다.

사회적 가치social values는 보이지 않는다. 코로나19 팬데믹은 '보이는 가치'에 매진했던 기업의 목적에 '보이지 않는 것의 가치'를 부가했다. 시기, 질투, 분노, 불만 같은 부정적 감정을 포함해서 기쁨, 희망, 설렘 같은 긍정적 감정은 모두 보이지 않는 실체이며, 이는 인간의 삶을 구성하는 중대한 덕목들이다. 경제 활동은 사실상 생존과 번영에만 초점이 맞춰 있지만, 생존과 번영은 인간의 감성, 즉 보이지 않는 것들을 유지 존속시키는 물질적 토대이자 에너지다. 영국의 경제학자 아담 스미스A. Smith가 그 유명한 『국부론』을 집필하기 이전에 인간의 감성을 설파한 『도덕감정론』을 먼저 썼음은 이미 알려진 얘기다. 인간이 품는 감정은 100여 가지가 넘는다. 그중에서 '도덕'morality을 생산하는 감정은 두 가지다. 공감sympathy과 동정compassion.[1] 아담 스미스가 도덕적 감

---

1 compassion은 '함께(com) 열정(passion)을 낸다'는 뜻인데 우리말에 적당한 용어가 궁색해서 일단 동정(同情)으로 번역했다.

정에 집착한 이유는 그것 없는 시장은 그 자체가 악몽으로 화하기 때문이다. '시장은 보이지 않는 손'이라 했을 때 공감과 동정이 작동하는 시장을 일컫는다. 시장경제 또는 자본주의는 공감과 동정의 산물이라는 말이다.

250년 전의 명제가 이 시대에 다시 소환된 것은 우연이 아니다. 사회적 가치를 생산하지 못하면 인간의 풍요는 사상누각이 된다는 본원적 인식을 양극화와 저성장, 그리고 팬데믹 와중에서 새삼 깨달은 것이다. 사실상 이런 성찰은 어제오늘의 일이 아니다. 경제적 가치가 사회적 가치를 동반하지 않으면 악몽이 될 수 있다는 인식은 이미 확산 일로에 있었다. 런던비즈니스스쿨의 알렉스 에드먼스 교수는 "사회에 공헌하는 것은 기업에게 있어 사치나 선택이 아니라, 기업의 장기적 성공에 반드시 필요한 일이며, 사회적 가치를 키우면 이윤은 저절로 따라온다(Edmans, 2020)."고 밝혔으며, 보스턴칼리지 기업시민연구센터 캐서린 스미스 센터장 역시 "산업 분야를 막론하고 기업의 사회적 성과와 재무적 성과는 같은 방향으로 움직인다(Smith, 2019)."는 사실을 강조하였다.

2019년 8월, 미국 200개 주요 대기업 CEO로 구성된 협의체 BRT^Business Round Table(비즈니스 라운드테이블)에서는 '기업의 목적'을 새롭게 정의하였다(소위 'BRT 선언'). 이전까지 '기업의 목적'이 이윤 창출과 주주 이익의 극대화였다면, 이제는 주주뿐만 아니라 고객, 직원, 파트너사, 협력사, 지역사회 등 모든 이해관계자에게 가치를 제공하는 것이 오늘날 새로운 '기업의 목적'임을 밝혔다. 이해관계자 자본주의^share-holder capitalism 개념은 지난 세기말에 출현했지만, '이해관계자'에 기후온난화, 자원의 황폐화, 환경오염 같은 대재앙이 포함되기에 이르렀다.

이에 화답하듯이 영국의 파이낸셜 타임스^Financial Times는 '자본주의, 재설정될 시간^Capitalism, Time for a Reset'이라고 알렸으며, 2020년 다보스포럼에서도 기업이 지구촌의 위기 극복에 나서야 할 이유가 천명되었다. '기업시민'은 문명대변혁의 시대에 기업의 본질을 획기적으로 전환해야 한다는 성찰의 결과다.

왜 기업시민인가?

오늘날 우리 사회가 직면하고 있는 기후변화, 환경오염, 빈부격차, 양극화 등의 사회문제는 일부 관계자들만의 노력으로는 해결되기 어렵다. 이러한 문제들을 해결하기 위해 사회 구성원들에게 희망으로 다가온 것이 바로 기업시민Corporate Citizenship이다. 기업시민은 기업에 시민이라는 인격을 부여한 개념으로 기업이 경제주체의 역할을 넘어 사회 구성원의 역할과 책임을 다하는 '시민처럼 생각하고 행동하는 기업'을 일컫는다(송호근, 2019). 기업시민은 시민성을 학습하고 실천하는 기업을 뜻한다. 공존, 공감, 자제, 양보, 견위수명, 이타성, 덕성 등이 기업시민이 내장해야 할 가치다.[2]

'기업시민' 개념은 기존의 CSRCorporate Social Responsibility(기업의 사회적 책임), CSVCreating Shared Value(공유가치창출)를 포함해 더 넓고 자율적인 가치를 지향하며, CEO와 임원뿐만 아니라 직원에 이르기까지 자발적으로 인지하고 동참하는 가치 창출 기업 행위를 말한다. CSR, CSV는 CEO와 임원들의 주요 관심사이고, 직원과 현장 사원들은 '윗분'들이 하는 일로 여겼다는 폐단이 있다. 공감과 참여! 그리하여 자신의 노동이 가족의 생계뿐 아니라 인류사회의 복지와 안녕에 기여한다는 사실을 자각하는 것이 핵심이다. 기업은 시장경쟁을 본질로 하지만 공동체의 협력과 박애를 중요한 가치로 수용하고 실천해야 한다는 자각이다.

사실상 기업시민은 시민이 아니고, 시민권도 갖고 있지 않다. 영리를 추구하는 법인法人이다. 그러나 '기업+시민'은 기업으로 하여금 시민 역할을 수행할 것을 지시하고, 시민권 증진 기능을 담당할 것을 요청하는 개념이다. 시민이 아니지만 '시민과 같은like citizens' 역할을 수행해야 하고, 시민권을 부여받지는 않았지만 시민권 증진을 위해 사회, 경제 역할을 담당하는 것을 본질로 한다. 시민과 시민권의 본질을 수행할 역

----

2 이하 송호근(2019)에서 부분 발췌함.

할을 짊어지고 있다는 규범적, 실천적 함의가 바로 '기업시민'의 개념이다. 기업시민은 사회 쟁점을 공유하고, 해결을 위해 시민참여를 독려하는 행위자다. 그러는 가운데 시민성의 싹이 트고 사회 전역에 그 의미가 포자처럼 번져 나간다. 공감 영역이 확산되는 것이다.

투자자뿐만 아니라 소비자들도 이제는 사회적 가치를 창출하는 기업의 제품과 서비스를 중시하기에 이르렀다. 기업의 투자 기준도 '돈 잘 버는 기업'에서 '착한 기업', '사회적 가치를 창출하는 기업', 그리고 '살아남을 기업'으로 바뀌고 있다. 이러한 추세에 화답하는 개념이 ESG^{Environmental, Social, Governance}(환경·사회·지배구조) 경영이다. 기업시민 개념은 비즈니스 모델을 사회적 가치로 연결하는 핵심 개념이자 ESG를 포괄하는 개념이다.

세계 최대 자산운용사인 미국 블랙록^{BlackRock}의 CEO 래리 핑크^{Larry Fink}는 투자 결정 과정에서 기후변화 대응과 지속가능성을 핵심 지표로 삼겠다고 밝혔으며, 다른 글로벌 자산운용사들 역시 단기적인 재무적 가치가 아니라 비재무적 가치를 강조하며 ESG 이슈를 소홀히 하는 기업에는 투자하지 않는다고 천명하기도 하였다. 이제 ESG는 선택이 아니라 필수이다.

오늘날 기업은 과거보다 훨씬 거대화되었고, 업^業의 다양화로 사회 전반에 대한 영향력이 점점 커지고 있다. 기업에 대한 이해관계자들의 다면적 요구는 사회문제 해결을 위해 기업에 보내는 절박한 구조 요청이라 볼 수 있다.

이 연구의 프레임

오늘날 기업들은 사회문제 해결에 적극적으로 동참하며 사회적 가치를 창출하고 이를 다시 경제적 가치로 연결하기 위해 노력하고 있다. 기업시민이 되는 것을 궁극적으로 기업가치를 높이는 필수적 과제로 이해하고 있는 것이다. 그렇다면 기업시민경영은 기존의 경영방식과 어떠한 차이를 갖게 되는가? 이를 심층적으로 조명하기 위해 분야별 전문가들과 함께 논의했고 머리를 맞댔다. 기업시민경영의 새로운 프레임을 정립하는 것이 이 연구의 목적인데, 기존의 시선을 일단 해체하고 '기업의 본원 활동', '자본/기술 중심의 지원 활동', 그리고 '사람/문화 중심의 지원 활동'이란 세 영역으로 분류했다. 그리고 각 영역에 기업시민의 양식을 접합해 재조명하고자 노력했다. 새로운 프레임은 다음과 같다.

기업시민경영 프레임워크

(1) 본원 활동: 전략, 마케팅, 구매, R&D/신성장

(2) 지원 활동(자본, 기술): 재무, 회계, 디지털, 환경/안전보건

(3) 지원 활동(사람, 문화): 커뮤니케이션, 사회공헌, 조직문화, HR/리더십

먼저 'PART 1 본원 활동'에서는 최근 활발히 진행되고 있는 ESG 흐름을 경영전략의 관점에서 살펴보았으며, 기업시민경영의 관점에서 마케팅의 의미와 지속가능한 공급사슬관리(SSCM), 그리고 지속가능한 산업생태계 방안을 다루었다.

'PART 2 지원 활동(자본, 기술)'에서는 재무적 관점에서 ESG경영의 의의와 실행 방안뿐만 아니라, 기업시민적 가치와 관련한 비재무정보의 측정과 보고의 주요 이슈들을 분석했다. 또한 기업이 지속가능한 경쟁력을 갖는데 필요한 디지털트랜스포메이션과 ESG 실행 방향을 제시하였으며, 기업시민 관점에서 환경 및 안전·보건과 관련된 주요 이슈 및 대응 방안에 관해서 심층 분석했다.

'PART 3 지원 활동(사람, 문화)'에서는 기업시민 전략 커뮤니케이션(SSC) 모델을 소개했으며, 우리나라 기업의 사회공헌 활동 추세 및 관점의 변화, 그리고 참여와 협력에 기반한 콜렉티브 임팩트 접근방식을 제시하고 정리했다. 그리고 기업시민 기반의 기업문화 조성 및 지속가능한 HR과 리더십의 새로운 역할을 제안했다.

각 챕터는 [Intro] – [본문] – [Wrap-up] – [사례 연구] – [토의 아젠다] 순으로 구성되어 있다. 먼저 'Intro'에서는 동기유발을 위하여 기사나 뉴스, 사례 등 주제와 관련된 최신 트렌드를 소개했다. 'Wrap-up'에서는 본문에서 논의된 내용을 요약하였고, '사례 연구'에서는 각 주제와 관련된 우수 사례를 소개했다. '토의 아젠다'에서는 본문에서 논의된 내용의 이해를 돕기 위해 2~4개의 토의 주제를 제시하였다.

이 책은 기업의 지속가능성, ESG 이슈 대응에 관심 있는 이들이라면 누구나 쉽고 재미있게 학습할 수 있도록 전략, 마케팅, 재무, 회계, 커뮤니케이션, 사회공헌 등 기업시민 경영과 관련된 12개의 주제를 담았다. 기업시민경영의 이론적, 실천적 연구인 이 책이 인류가 직면한 현안과 위기 해결에 서로 동참할 의지를 확산하고 기업의 지속가능성과 문명사적 가치를 증진하는 데에 좋은 지침이 되기를 기대해 본다.

PART 1

본원 활동

[전략]

ESG경영전략과 기업시민

—

김태영(성균관대 경영전문대학원 교수)

최근 국내외로 ESGEnvironmental·Social·Governance(환경·사회·지배구조) 바람이 거세게 불고 있다. ESG 흐름은 기업, 정부, 금융기관, ESG 평가기관 등에 의해 다방면에 걸쳐 확산되고 있으며 대기업을 중심으로 많은 기업들의 참여가 두드러지고 있다. 특히, 글로벌 ESG 자산은 2021년 말까지 역대 최고치인 37조 8,000억 달러로 급증하였고, 2025년 말에는 운용 규모가 전체 글로벌 자산의 1/3에 해당하는 53조 달러까지 성장할 전망이다(블룸버그, 2021). ESG는 환경, 사회, 지배구조에 관한 비재무적인 활동을 나타내는 용어로, 기업의 환경보호와 사회적 공헌 및 지배구조 개선 노력을 의미한다. 이런 흐름은 CSRCorporate Social Responsibility(기업의 사회적 책임), 수탁자의 의무를 다하는 SRISocially Responsible Investment(사회책임투자), 그리고 지속가능한 책임 투자sustainable responsible investment에 이르기까지 다양한 이해관계자를 적극 고려한다는 공통점을 지니고 있다.

한국에서도 2025년부터 자산 총액 2조 원 이상의 유가증권시장 상장회사의 ESG 공시 의무화가 도입되고, 2030년부터는 모든 코스피 상장사로 범위가 확대될 예정이다. 자발적인 민간자율에서 시작되어 정부의 법제화로 이어지는 등 ESG는 현재 확산일로에 있다.

하지만 이런 흐름에 반대의견도 만만치 않다. 최근에는 글로벌 ESG경영 확산에 불을 지핀, 세계 최대 자산운용사인 블랙록에서조차 일부 ESG 활동을 조심스럽게 바라보고 있다. 예를 들어, 우크라이나 전쟁 등 국제정세의 급격한 변화로 인해 무리한 탄소중립정책을 요구하는 ESG는 기업의 성장성을 저해할 수 있다는 의견이다. 같은 기업에 대한 ESG 평가기관들의 서로 다른 평가 기준 및 점수도 비판의 중심에 있다(이인형, 2021). 최근에 테슬라는 MSCIMorgan Stanley Capital International(모건스탠리캐피털인터내셔널)에서 좋은 ESG 점수를 받았지만, S&P ESG 지수에는 아예 포함되지도 않았다. 이런 와중에 기업들은 ESG를 둘러싼 다양한 이슈들에 적극적으로 대응하지 못하고 여론에 휩쓸려 보여주기 식의 ESG 위장전략washing(워싱)에 동조하는 모습마저 보이고 있다. 즉, 아직도 많은 상장기업들은 ESG 위원회조차 없는 경우가 많고, 있다 하더라도 기존의 사회공헌활동을 ESG로 이름을 바꾼 경우에 불과하여 기업의 전략을 뒷받침하는 제대로 된 'ESG 전략'은 요원하기만 하다.

머리말

기업은 정치, 경제, 사회, 문화 등 다양한 이해관계자들로부터 세차게 불어오는 ESG 파고를 어떻게 넘어야 할 것인가? 기업은 ESG를 비용적 관점이 아닌 차별화와 수익의 원천으로 바라볼 수 있을까? 기업은 ESG를 통해 다양한 이해관계자의 이익을 증진시키면서 기업의 이윤을 올리기 위해서 어떤 행동들을 구체적으로 실천해야 하는가? 이런 질문들에 대한 해답을 구하고 ESG를 바라보는 올바른 시각을 정립하는 것이 무엇보다 중요한 시점에, 이 글은 기업의 ESG 활동들을 경영전략적 측면에서 다음 세 가지로 살펴보고자 한다. 첫째, 경영전략적 관점에서 ESG를 바라본다는 것은 ESG와 기업의 재무성과 간의 인과관계를 살펴본다는 것을 의미한다. 이는 ESG의 세계적인 추세가 투자자 등 자본시장의 요구에서 비롯되었다는 것을 감안하면 당연한 일일지도 모른다. 재무성과가 부진한 기업의 ESG 활동에 거대 연기금 및 투자자들이 지속적으로 관심을 두기는 매우 어렵기 때문이다. 둘째, ESG가 기업의 재무성과에 긍정적인 영향을 주기 위해서는 ESG와 기업의 핵심역량과의 관계를 비롯하여 ESG 가치가 고객가치로 그리고 기업 이윤으로 전환되는 전략 프로세스에 대한 이해 및 실천이 필요하다. 셋째, 좋은 ESG전략을 ESG 위장전략(ESG 위싱으로 부르기도 한다)으로부터 구별해야 한다. 올바른 ESG전략에 대한 이해는 기업이 ESG 위장전략을 피하고 이로 인한 부정적인 이미지나 평판에 빠지지 않게 해주기 때문이다.

기업의 존재 이유:
두 가지 시각

우선, 경영전략과 ESG에 대한 논의는 '기업은 왜 존재하는가?' '기업의 역할과 목적은 무엇인가?'라는 기업의 존재론적 질문과 밀접하게 닿아있다. 즉, 이윤 추구를 넘어서는 기업의 활동 범위를 어느 정도까지 허용하고 추구할 것인가에 관한 질문으로 이어져 수많은 학자들과 활동가들이 거의 1세기 동안 논의를 진행해왔다. 자선Philanthropy, CSR, 지속성장가능성Sustainability, 기업시민Corporate Citizenship 및 최근의 CSVCreating Shared Value(공유가치창출)에 이르는 다양한 논의들은 일반적으로 두 가지 대표적인 시각으로 수렴된다. 바로 주주중심주의shareholder theory와 이해관계자론stakeholder theory이다. 이 두 가지 시각의 핵심을 살펴보면, 위의 질문들을 둘러싼 경영전략과 ESG를 바라보는 다양한 의견들의 차이점을 이해하는 데 큰 도움이 된다.

주주중심주의는 기업의 존재 목적은 주주의 이윤 추구이며 기업의 모든 의사결정에 영향을 주는 유일무이한 원칙이라는 점을 강조한다. 주주는 제품과 서비스를 창출하여 소비자에게 전달하는 데 발생하는 제반 비용을 제외하고 남은 이윤을 극대화하고자 하는 최종적인 행위자residual claimant이기 때문이다. 이윤을 극대화하는 과정은 시장경쟁에서 운영 효율성을 높이고 혁신적인 제품과 서비스를 창출하는 과정이기도 하다. 기업은 주주 이윤을 위해 기업 내외부의 다양한 이해관계자들과 효율적인 가치사슬value chain을 만들어야 한다. 즉, 인적자원을 비롯한 기업의 모든 자원을 낭비 없이 효율적으로 사용하여야 한다. 만약 기업이 비효율적으로 운영되어 이윤을 내지 못하고 부실해지면 주주는 손해를 보게 되며 다양한 이해관계자들에게도 피해가 간다. 직원에게 월급을 줄 수 없고, 공급자로부터 물건을 살 수 없으며, 정부의 세수도 줄고, 나아가 지역사회에 지원하는 각종 사회공헌 프로그램도 줄게 된다. 기업이 자원을 효율적으로 사용하여 기업의 경쟁력을 높이고 주주의 이윤을 극대화하는 과정에서 다양한 이해관계자들에게도 도움을 줄 수 있다는 주장이다.

일찍이 Milton Friedman(1970)이 주장했듯이, 이러한 주주중심주의의 핵심은 '기업의 사회적 책임은 이윤 극대화'라는 문장으로 요약될 수 있다. Sundaram and Inkpen(2000)도 "주주의 이윤 극대화는 모든 이해관계자들에게도 이익이 되는 유일한 목적"이라고 주장하였다. 이런 주주중심주의적 관점은 기업이 다양한 이해관계자들의 ESG 문제를 해결하는 데에는 상당한 시간과 비용이 들기 때문에, 주로 법적 테두리 내에서 해결하고 되도록 최소한의 비용으로 효율적으로 방어해야 한다는 관점으로 이어진다. 다시 말해서, 기업이 법에서 요구하는 것 이상을 넘어 ESG 문제를 해결하는 것은 기업이 해야 할 고유의 업무가 아니며 기업이 할 수 있는 것이 아니라는 주장이다.

반면에, 이해관계자론은 이런 기업의 이윤 극대화가 기업의 존재 목적을 지나치게 협소하게 정의하는 것이라 비판한다(Freeman et al., 2010). 기업의 이윤은 주주, 직원, 고객, 공급자, 정부 및 지역공동체 등 다양한 이해관계자들과의 부단한 협력 속에서만 가능한 결과물이기 때문에 기업은 이해관계자들의 사회적 문제 및 장기적인 이익에도 관심을 기울여야 한다고 주장한다. 기업이 이윤을 극대화하는 과정에서 환경을 훼손하고 자원을 고갈시키면, 결국 지역사회 등의 이해관계자들로부터 협조를 받을 수 없다. 장기적으로는 지속가능한 비즈니스 모델을 위한 가치사슬을 만들 수 없기 때문에 기업의 이윤을 늘리는 데 오히려 방해가 된다는 입장이다. 따라서 이해관계자론자들은 기업의 목적은 주주의 이윤 극대화라는 협소하고 단일한 목표를 벗어나 다양한 이해관계자들과의 장기적인 공생이라는 보다 공동체적 지향점을 지녀야 한다고 주장한다. 기업이 이해관계자들의 다양한 문제들에 관심을 기울이고 그들의 문제를 해결하는 데 적극적으로 도움을 주는 것은 오히려 기업의 가치를 장기적으로 높이는 데기여할 수 있다는 것이다. 이해관계자론 관점에서 주주중심주의는 기업이 과도하게단기적 이익에 몰두하는 인센티브를 조장할 수 있다고 비판한다. 단기 이익에 몰두하여 각종 환경, 사회적 문제에 대한 비용 지출에는 매우 소극적인 태도를 보인다는 것이다. 즉, 비즈니스의 이해관계자들을 배려하지 않고, 비용이 들어가는 각종 ESG 문제에 대해 무관심하거나 수동적으로 대응한다고 비판한다.

그렇다면, 이해관계자론이 주장하듯이 주주중심주의는 정말 기업의 이윤 극대화를 위해 중장기 이익을 도외시하고 단기 이익을 좇고 다양한 이해관계자들의 의견을무시하는 정책을 집행하는가? 이런 비판이 완전히 틀린 것은 아니다. 예를 들어, 이해관계자론은 2001년 회계부정으로 파산한 에너지, 물류 및 서비스 기업이었던 엔론이나 2009년부터 생산된 디젤 차량 약 1,100만 대에 배기가스 조작 소프트웨어를 설치하여 배기가스를 조작한 폭스바겐처럼 기업의 단기적 이윤에 치중하거나 혹은 (불법적인 행위로) 지역사회에 손해를 끼치는 행위에 대해 비판적이다. 이해관계자론은 엔론이나 폭스바겐 같은 기업의 문제를 개별 기업의 문제가 아니라 주주중심주의의 근본적인 문제라고 본다. 주주중심주의의 단기 이익을 추구하는 자본주의적 이윤 중심적 사고가 원인이라고 주장한다.

현실적으로 엔론 같은 기업들만 이 세상에 존재한다면 기업의 혁신과 경쟁을 근간으로 하는 자본주의는 절대로 지속될 수 없다. 다행히 세상의 많은 기업들은 다 엔론 같은 기업이 아니며, 주주중심주의는 단기 이익을 위해 불법을 하라고 설파한 적이 없다. 일반적으로, 기업은 단기간의 이익뿐만 아니라 중장기적인 이익을 동시에 추구해야 장기적으로 생존할 수 있다. 기업의 파괴적인 혁신이란 바로 현재의 모습에 안주하지 않고 끊임없이 자신을 부정하고 보다 나은 가치를 창출하려는 과정에서 나오기 때문이다. 따라서 일부 기업이 단기간의 이익을 추구한다고 해서 그 원인이 주주중심주의에 있으며 대다수 기업의 목적이 단기간의 이익이라고 주장하는 것은 조금 과장된 측면이 있다. 오히려 기업의 불법적인 행위는 평판 하락과 제품 불매로 이어질 수 있고, 그로 인한 막대한 손해를 초래하기 때문에 주주중심주의에서 얘기하는 이윤의 극대화와는 거리가 먼 이야기다. 주주중심주의는 기업의 이윤을 불법적인 행위를 통해 만들라고 강요하지 않으며, 기업은 이해관계자들과 전략적으로 그리고 효율적으로 협력하여 기업의 이윤을 극대화하는 방식을 채택할 것을 주문한다.

그렇다면, 이해관계자론은 이해관계자들의 다양한 ESG 문제를 해결하기 위해 기업의 이윤을 낮추는 ESG 비용을 어느 정도까지 지불할 용의가 있는가? 이해관계자론은 기업이 이해관계자들의 이익을 위해 노력해야 하지만, 비영리단체처럼 운영되어야 한다고 주장하지 않는다. 이해관계자들의 일방적인 이익을 위해 기업의 이윤을 희생해야 한다고 주장하지 않고 그들의 요구를 슬기롭고 현명하게 다루어야 한다고 주장한다. 즉, 이해관계자론은 결코 기업의 이윤 추구를 부정하지 않는다. 기업은 이해관계자의 이익을 고려함으로써 단기적으로는 손해를 보더라도 장기적으로 더 많은 이윤을 확보할 수 있다는 논리이다. 그렇다면, 기업이 이해관계자들의 이해관계를 조정하는 과정에서 갈등이 발생한다면, 어떻게 해결할 수 있는가? 이해관계자론은 이에 어떤 해결책을 갖고 있는가? 특정한 이해관계자의 이익을 더 먼저 고려해야 한다면 판단기준은 무엇인가? 주주중심주의는 기업의 이윤이 가장 중요한 판단 기준이므로 기업의 이윤을 최대화하는 데 도움을 주는 결정을 내릴 것이다(단기 이익만 추구하거나 불법을 하라는 얘기가 아니다!). 반면, 이해관계자론은 이해관계자들 간의 갈등 해결 과정에 관여해야 한다고 얘기하지만, 판단 기준 혹은 해결방안에 대한 기준을 제시하지 않는다. 근로자, 고객, 정부, 공급처, 언론 등 다양한 이해관계자들의 이해관계는 때로 서로 중첩되어 복잡하게 얽혀있다. 기업의 매니저가 다양한 이해관계자들의 장기적인 이익이 어떻게 기업의 이윤에 영향을 줄 것인가에 대해 판단하는 것은 현실적으로 매우 힘들다. 기업이 법적 규제를 넘어선 다양한 이해관계자들의 요구에 기업의 시간과 자원을 동원하여 자발적으로 대응하는 것은 소규모의 사회공헌팀에서 결정할 수 있는 사안이 아니라는 것이다.

이에 대해 Freeman, Wicks and Parmar(2004)는 이러한 우려는 과장된 것이고 나아가 이해관계자론에만 국한된 것도 아니라고 응수한다(365쪽). 오히려 기업은 다양한 이해관계자 그룹들과의 관계를 중요시하고 그들의 이익을 증진시키기 위해 노력함으로써, 다양한 도전에 대처할 수 있는 더 많은 자원과 능력을 동원할 수 있다고 주장하였다.

서로 평행선을 달리며 대립되어 보이는 이 두 가지 접근 방법을 연결하는 방법은 없는 것일까? 만약, ESG 문제해결 과정이 주주의 이윤 극대화와 '직접적으로' 연결되어 있다면 주주중심주의와 이해관계자론은 각각 어떤 입장을 취할 것인가? 주주중심주의는 기존처럼 ESG 문제를 비용으로 인식하여 수동적으로 소극적인 대응을 할 것인가? 혹은 ESG 문제를 이윤의 원천으로 인식하고 경영전략의 중요한 부분으로 간주할 수 있을 것인가? 후자의 입장을 받아들인다면, 주주중심주의 입장에서도 주주의 이윤을 늘리는 데 문제가 없으므로 ESG 문제해결에 드는 비용은 투자개념으로 이해할 것이다. 즉, ESG 문제의 해결 과정을 통해 새로운 시장을 창출하고 혁신의 기회로 삼을 수 있다면, 주주중심주의 관점에서 ESG 문제를 적극적으로 해결해야 할 인센티브가 생기는 것이다. 다만, 이해관계자론에서 주장하는 것처럼 비용이 많이 들고 관리가 힘든 다양한 ESG 문제를 동시에 해결하기보다는 기업의 핵심역량과 경쟁우위를 확보할 수 있는 ESG 문제를 우선으로 해결하려는 자세를 견지할 것이다. 마찬가지로, 이해관계자론 입장에서는 다양한 이해관계자들의 ESG 문제를 해결하는 과정에서 비용을 증가시켜 기업의 이익을 소홀히 한다는 비판을 면할 수 있다. 이해관계자들을 위한 모든 기업 활동이 직접적으로 기업의 이익으로 연결되지 않기 때문에, ESG 문제해결을 통한 비즈니스 모델은 이해관계자론적 입장에서도 반대할 이유가 없을 것이

본원 활동

다.[3] 다만, 다양한 이해관계자들 중에서 어떤 이해관계자들의 요구를 우선시할 것인지에 대한 ESG 문제의 우선순위를 둘러싼 실천적인 문제가 남게 된다. 언론에서 많이 보도되는 ESG 문제를 우선적으로 선정할 것인지 혹은 기업의 문제해결 능력에 맞춰 선정할 것인지에 관한 기업의 전략적 선택은 비즈니스 모델의 성패에 큰 영향을 준다.

기업의 존재 가치를 바라보는 두 시각인 주주중심주의와 이해관계자론을, 화해할 수 없는 대립적 관점에서만 바라보면, 새로운 혁신적인 비즈니스 모델을 만들어 낼 수 없다. 기업의 역할을 둘러싸고 벌어진 이 오래된 논쟁에서 어느 논자도 기업이 좋은 제품과 서비스를 제공하여 이윤을 창출해야 한다는 점에 이견을 달지 않는다. 단지, 차이점은 이윤을 어떻게 창출할 것인가에 관한 시각에 있다. 이 두 가지 모두를 품을 수 있는 비즈니스 모델은, 결국 사회의 다양한 이해관계자의 ESG 문제가 바로 기업의 핵심역량과 경쟁우위를 장기적으로 올릴 수 있는 원천임을 인식할 때 만들어질 수 있다. 그렇다면 ESG와 기업의 재무성과 간의 인과관계는 어느 정도까지 증명이 되었을까? 이를 위해서 학계에서 진행된 논의를 잠시 살펴보기로 한다.

---

3 이런 주장은 Donaldson and Presto(1995)의 기술적(descriptive), 규범적(normative) 그리고 도구주의적(instrumental) 이해관계자론 중에서, 기업이 운영되는 현실을 묘사하는 기술적 이해관계자론이나 기업이 이해관계자에 관심을 기울여야 한다는 당위성을 주장하는 규범적 이해관계자론과는 달리, '주주의 이익을 극대화하는 이해관계자들의 ESG 이슈에 관심을 갖는다'는 점에서 도구주의적 이해관계자론과 유사하다. 다만, 실질적인 비즈니스 모델을 만드는 방법은 이해관계자론이 기업의 경영전략 및 핵심역량과 어느 정도까지 전략적으로 연관이 있는가에 달려 있다.

ESG와 기업의 재무성과 논의:
학술적 논의

최근, 재무적인 성과에 긍정적인 영향을 주장하는 ESG 긍정론이 언론에 자주 보도되어 대세로 굳어가고 있는 듯하지만, 학계에서는 이 주제에 대해 치열하게 논쟁 중이다. 〈표 1〉은 매니지먼트(전략) 분야 대표 학술 저널(AMJ: Academy of Management Journal, SMJ: Strategic Management Journal) 및 재무 분야 대표 학술 저널(JF:

표 1 | AMJ, SMJ, JF, JFE, RFS에 실린 ESG-재무성과의 관계에 관한 논문

전략화	핵심역량 연관성	분석 단위	긍정론	부정론	중립론
Level 1	매우 낮음	ESG	Zhang et al. (2020), *Dai et al (2021), Awaysheh et al. (2020), Tong et al (2020), *Lins et al (2017), Shiu and Yang (2017), Kölbel et al. (2017), Petrenko et al. (2016), Hawn and Ioannou (2016), Ortiz-de-Mandojana and Bansal (2016), Zhao and Murrell (2016), Luo et al. (2015), Koh et al. (2014), *Deng et al (2013), Ramchander et al. (2012), Wang and Qian (2011), Lev et al. (2010), Waddock and Graves (1997), Cochran and Wood (1984), Abbott and Monsen (1979)	Ortiz-de-Mandojana and Bansal (2016), *Masulis and Reza (2014), Wang and Bansal (2012)	*Dai et al (2021), *Bansal et al (2021), Kölbel et al. (2017), Zhao and Murrell (2016), Barnett and Salomon (2012), Surroca et al (2010), Hull et al. (2008), Hillman and Keim (2001), McWilliams and Siegel (2000), McGuire et al (1988), Aupperle et al. (1985), Alexander and Buchholz (1978), Keim (1978)
Level 2	낮음	E/S/G	*Pástor et al (2021), Pedersen et al (2021), Flammer (2013), Jayachandran et al. (2013), Russo and Fouts (1997)	*Pedersen et al (2021) *Pástor et al (2021),	*Pedersen et al (2021), Durand et al. (2019), Hawn et al. (2018), Buehler and Shetty (1976), Fogler and Nutt (1975)
Level 3	중간	specific E/S/G	Shan et al. (2017), *Dimson et al (2015), Madsen and Rodgers (2015), Muller and Kräussl (2011), Nehrt (1996),	*Bolton and Kacperczyk (In-press), *Dimson et al (2015)	*Flammer (2021), *Hartzmark and Sussman (2019), *Dimson et al (2015)
Level 4 **	높음	Business model	Hart (1995), Porter and Linda (1995), Shrivastava (1995), Porter and Kramer (2011), Kaul and Luo (2017)		

* 재무저널 논문 ** 레벨 4 비즈니스 모델에 관한 통계적인 논문은 아직 없음.
참조: 동일한 논문이 다양한 결과를 보고한 경우, 개별적으로 표시.

The Journal of Finance, JFE: Journal of Financial Economics, RFS: The Review of Financial Studies) 논문들을 중심으로, ESG 전략화에 따른 분석단위와 재무성과에 미치는 영향을 핵심역량과 분석단위의 관점에서 단계별로 보여준다.

기업의 핵심역량이란, 경쟁우위가 있는 제품과 서비스를 만들어낼 수 있는 원천적인 능력으로 경쟁사 대비 차별적인 고객가치를 제공하고 모방이 힘든 기업의 능력이다(Prahalad and Hamel, 1990; Barney, 1991). 〈표 1〉의 '핵심역량 연관성'은 '왜 특정 기업이 다른 기업보다 재무적으로 성공을 거두는지'에 대한 기본적인 시각을 제공한다. '전략화' 레벨 1에서 레벨 4로 갈수록 ESG는 전략의 핵심역량으로 자리 잡아 차별화된 가치를 제공하며, 재무성과에 직접적인 영향을 주는 '비즈니스 전략'이 된다. 분석 단위는 ESG의 측정 방식을 보여준다. ESG 전체를 하나의 숫자로 측정하거나, 개별 E/S/G로 나누거나, 혹은 개별 E/S/G 내의 구체적인 메커니즘을 측정하는 방식을 말한다. 우선, 전략화 레벨 1~3단계의 모든 연구에서 재무성과에 미치는 긍정론, 부정론 및 중립론 등 다양한 결과를 볼 수 있다. 다수의 논문이 레벨 1단계에 있으며, 레벨 4단계는 아직 통계적인 연구가 이루어진 경우가 없다. ESG를 전략의 핵심역량화한 기업들의 샘플 수가 적기 때문인 것으로 보이며 이에 대한 연구가 더욱 활발해질 것으로 기대된다.

레벨 1단계의 주된 연구는 전체 ESG 점수가 높으면 매출, 이익 및 주가 등 재무성과에 긍정적인 영향을 준다는 내용이 주를 이룬다. 투자자가 '화력발전소, 담배, 총기류 등 환경 및 사회에 잠재적인 위기나 해를 주는 기업을 스크리닝screening하여 배제하거나' 혹은 기업 스스로 '환경 및 사회에 좋은 활동을 하여 얻은 좋은 평판이 재무성과에 긍정적인 영향을 준다'는 것이다. 레벨 1단계에서 나온 ESG의 긍정적인 역할에 대한 주장은 ESG의 많은 지표들을 가중평균으로 도출한 한두 개의 점수로 측정한다. 일반적으로, 기업의 전반적인 ESG 활동이 재무성과에 긍정적인 영향을 주었다는 논문들이 대부분이나, 인수합병 시 피인수기업의 ESG 활동이 인수기업의 재무성과에 영향을 주거나(Deng et al., 2013; Tong et al., 2020), 고객의 ESG 활동이 공급자의 재무성과에 좋은 영향을 주었다^(Dai et al., 2021)는 주장도 있다. 이런 관점에서 전체 ESG 점수를 올리는 활동들을 독려하는 기업들이 있다. 하지만 이렇게 ESG 전체 점수를 합산하면 환경, 사회 및 지배구조 각 분야의 점수가 다르더라도 총점은 같을 수 있다. 점수를 합산하는 방식으로는, ESG가 재무성과에 미치는 구체적인 메커니즘을 설명하기 힘들기 때문에 근본적인 한계가 있다.

이런 문제 때문에 레벨 2의 연구처럼 환경, 사회, 지배구조 각각의 점수를 독립변수로 만들어 재무성과에 미치는 영향을 개별적으로 보는 경우가 종종 있다. 사회적 책임 활동^{CSR} 및 환경개선 활동이 재무성과에 긍정적인 영향을 주었다는 주장들이 대표적이다. 예를 들면, Margolis와 Walsh⁽²⁰⁰³⁾는 일찍이 109개 논문들 중 절반 정도가 기업의 사회적 책임 활동이 기업의 재무 경영 성과를 높인다고 보고하였다. Gompers, Ishii와 Metrick⁽²⁰⁰³⁾ 및 Kim과 Li⁽²⁰²¹⁾는 기업의 지배구조 개선이 주가에 긍정적인 영향을 준다고 주장하였다. 기업 입장에서도 환경, 사회 혹은 지배구조에 중점을 두는 전략적인 시각을 채택하는 경우가 있다. 레벨 2 연구는 레벨 1 연구보다는 좀 더 구체적이지만 환경, 사회 혹은 지배구조의 개별 ESG 영역 내에서 어떤 구체적인 지표가 기업의 재무구조에 긍정적인 영향을 주었는지 알기 힘들다는 점에서는 역시 제한점이 있다. 사회 지표를 예로 들면, 사회 분야에서 동일한 점수를 받은 두 기업의 재무성과에 다양성, 종업원, 인권, 제품 등의 지표 중에 어떤 지표가 영향을 주었는지 가늠하기 힘들다. 사회문제는 폭이 매우 넓고 관련된 이해관계자의 특성 및 그들이 처한 사회적, 구조적 상황 또한 매우 다르기 때문이다. 즉, 사회 지표 중 다양성과 제품에서 받은 같은 점수가 재무성과에 미치는 메커니즘은 매우 다를 수밖에 없다. 이런 방식으로는 ESG가 재무성과에 미치는 구체적인 메커니즘을 이해하는 데 어려움이 많다.

따라서 기존의 논의를 보다 진척시키기 위해서는 레벨 3 이상의 연구가 진행되어야 한다. 레벨 3은 환경, 사회 및 지배구조의 구체적인 지표가 재무성과로 연결되는 보다 구체적인 메커니즘을 밝히는 작업이다. 아직까지 이 레벨에서의 연구는 많은 진척을 보이지 못하고 있다. 세부 지표를 사용하면 샘플 수가 줄어들어 통계적 유의미성을 파악하기 어려운 경우도 있다. 궁극적으로, ESG가 재무성과에 미치는 영향을 알아보기 위해서는 레벨 4 수준의 연구, 즉 특정 ESG가 전략적 관점에서 해당 기업의 비즈니스 모델에 어떻게 연결되는지를 살펴보아야 한다. 이를 위해서는 특정한 E/S/G가 만드는 수혜자의 가치를 넘어 시장에서 고객의 가치 및 기업의 경쟁우위에 영향을 주는 메커니즘을 전반적으로 점검해야 한다. 특히, ESG가 기업의 경쟁우위, 원가 및 차별화 전략에 미치는 직접적인 임팩트 혹은 인과관계를 확인하는 과정이 필요하다. 막연하게 두루뭉술한 ESG 활동이나 '좋은 일 하면 높은 성과를 올린다'는 주장은 ESG 전략 기반의 경쟁우위를 만들 수 없다.

다만, 레벨 4의 연구는 통계적 기법을 사용한 연구가 드물다. 이유는 통계적 처리를 할 만큼 아직 많은 기업이 적용하는 접근방식이 아니기 때문이다. 그래도 몇 가지 유의미한 논의가 돋보인다. 환경 문제를 기업경영의 전략적인 접근방식으로 이해하는 대표적인 시각으로 Hart(1995)의 자연자원 기반 시각natural-resource based view이 있다. 기업의 재무성과는 기업의 핵심역량화의 정도에 달려 있다는 자원 기반 시각에 환경 이슈를 접목한 것으로, 기업은 오염방지pollution prevention, 제품 책임product stewardship 및 지속가능한 개발sustainable development을 통해 비용을 줄이고 경쟁자보다 앞서 시장에서 유리한 포지셔닝을 차지할 수 있다는 것이다. 또한 Shrivastava(1995)는 기업의 경쟁우위를 높이는 과정에서 에너지와 천연자원을 보존하고 인간 활동의 환경 부담을 최소화하며 자연 환경을 보호하는 생산 장비, 방법 및 절차, 제품 설계 및 제품 전달 메커니즘인 환경기술의 중요성에 대해 논의하였다. 기업은 이 환경기술을 통해 TQEM(total quality environmental management)의 비전, 투입 요소, 프로세스 및 아웃풋에 친환경 가치를 실현하고 경쟁력을 높일 수 있다는 것이다. Porter and Linda(1995)는 자원 생산성 분석 틀resource productivity framework을 이용하여 환경이 경영전략에 주는 긍정적인 임팩트에 주목하였다. 특히, 기업은 환경적 가치와 기업의 경쟁력을 갈등 관계로 보는 낡은 시각을 버리고 원자재, 에너지, 인력에의 투입 요소를 보다 효율적으로 개선하여 비용을 줄이고 차별화된 제품을 만들 수 있다고 주장하였다. 환경 경영은 운영 비용을 높여 기업의 경쟁력을 상쇄하기보다는 오히려 기업의 경쟁력을 높이는 혁신의 발판으로 삼아야 한다는 것이다.

이러한 시각은 Porter and Kramer[2011]의 공유가치전략creating shared value으로 확장되었다. 공유가치전략은 기업은 ESG 문제를 비용적 관점에서보다, 수익 혹은 혁신의 원천으로 접근해야 한다는 전략적 시각이다. 이 관점에서 기업은 자신의 핵심역량으로 ESG 문제를 해결하고 이를 통해 확보된 경쟁우위로 새로운 수익을 창출할 수 있다는 주장이다. 김태영[2013]은 기업은 사회적 가치 창출을 통해서 차별화된 고객가치를 만들어야 경쟁우위를 확보하고 경제적 이윤을 달성할 수 있다는, 즉 사회적 가치–고객가치–경제적 가치로 순차적으로 이어지는 모델을 제시하였다. Kaul and Luo[2017]는 기업이 핵심역량에 가까운 CSR을 할수록 재무적인 성과를 높일 수 있다는 것을 수학적 모델링을 통해 증명하였다.

결국, 기업이 ESG를 통해 재무성과에 긍정적인 영향을 주는 비즈니스 모델을 만들기 위해서는 레벨 4 수준, 즉 ESG를 기업의 경영전략의 중심에 놓고 기업의 경쟁우위를 높이는 접근방식이 필요하다. 레벨 4의 사례로 가장 많이 알려진 대표적인 것 중의 하나가 인터페이스Interface다. 이 기업은 1995년 이후 모듈러 카페트 시장에서 석유화학 기반의 카페트 생산공정을 친환경 프로세스로 전환하여 카페트 시장에 신선한 충격을 주었다. 기업의 전략적 방향 및 제품 프로세스, 기술 혁신, 인적자원 등 조직구조의 변화 그리고 친환경 제품을 통해 이산화탄소를 줄이는 등 친환경 가치 기반의 차별화된 고객가치를 통해 인터페이스는 지속성장가능한 발판을 마련, 기업의 성장을 일구었다(Anderson, 1999; 김태영, 도현명, 2019).

ESG전략 요소 및 프로세스

앞서 언급한 ESG와 기업의 재무성과에 대한 논의를 바탕으로 이제 ESG전략 수립 과정을 살펴보자. 첫째, ESG전략 역시 경영전략이므로 경영전략의 기본 요소들을 하나씩 점검해본다. 둘째, 경영전략의 기본 요소에 ESG를 각각 접목시키고 이 과정에서 도출되는 전략적 질문들을 제시한다. 셋째, ESG 가치-고객가치-경제적 가치(이윤)를 연결하는 ESG전략 프로세스를 점검한다.

경영전략은 기업의 목표, 사업 범위scope, 경쟁우위 그리고 비즈니스 로직으로 구성된다. 기업의 목표는 기업이 추구하는 재무적 목표를 의미한다. 시장점유율, 영업이익 및 순이익 등으로 기업의 구성원들이 쉽게 이해하고 측정 가능한 구체적인 시점이 정해진 목표를 의미한다. 예를 들어, '현재보다 시장점유율을 3년 내에 5% 더 올린다'는 목표는 임직원에게 동기부여를 주며 실행과정을 점검하는 좋은 기준이 된다. 사업 범위는 기업의 비즈니스 운영과 관련된 장소, 제품 그리고 역할에 관한 것이다. 예를 들어, 한국에서 자전거를 제조하는 기업의 경우에 한국(장소), 자전거(제품), 그리고 자전거부품이나 판매업체가 아닌 최종 완성 업체(역할)로 정의할 수 있다. 경쟁우위는 경쟁기업과의 경쟁에서 이길 수 있는 방법을 말한다. 간단히 말하면, 제품이나 서비스의 값이 싸거나(저가비용우위 전략) 품질이 좋으면(차별화 전략) 경쟁우위가 높다. 값도 싸고 품질도 좋기는 현실적으로 어려운 경우가 많지만, 이 두 가지를 모두 이루는 혁신을 한다면 시장에서 절대적인 경쟁우위를 확보할 수 있다. 마지막으로, 비즈니스 로직은 기업의 '핵심역량'을 기반으로 경쟁우위를 실현하는 방식을 의미한다. 예를 들어, 낮은 비용과 가격으로 경쟁하는 저가비용우위 전략은 우수한 원자재 수급, 제조기술, 효율적인 인적자원 이용, 규모의 경제 혹은 학습 효과 등의 다양한 능력에 기반하여 실행할 수 있다. 비즈니스 로직은 바로 이런 실행 방식을 의미하고 실행 능력은 핵심역량이 된다.

ESG 전략이란 바로 이 네 가지 요소에 ESG를 추가하는 과정이다. 이 과정에서 기

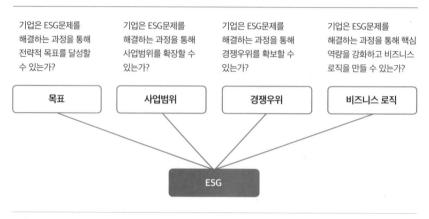

그림 1 | 경영전략과 ESG전략

기업은 ESG문제를 해결하는 과정을 통해 전략적 목표를 달성할 수 있는가?

기업은 ESG문제를 해결하는 과정을 통해 사업범위를 확장할 수 있는가?

기업은 ESG문제를 해결하는 과정을 통해 경쟁우위를 확보할 수 있는가?

기업은 ESG문제를 해결하는 과정을 통해 핵심역량을 강화하고 비즈니스 로직을 만들 수 있는가?

목표

사업범위

경쟁우위

비즈니스 로직

ESG

출처: 김태영(2013) 참조, 수정

업은 기본적으로 다음과 같은 개별 질문에 답해야 한다. 기업은 ESG 문제를 해결하는 과정을 통해 보다 큰 '전략적 목표'를 달성할 수 있는가? 기업은 ESG 문제를 해결하는 과정을 통해 '사업 범위'를 보다 넓게 확장할 수 있는가? 기업은 ESG 문제를 해결하는 과정을 통해 더 높은 '경쟁우위'를 확보할 수 있는가? 기업은 ESG 문제를 해결하는 과정을 통해 보다 높은 핵심역량을 만들고 효율적인 비즈니스 로직을 만들 수 있는가? 이 네 가지 질문에 답을 할 수 있으면 경영전략에 ESG가 잘 통합되었다고 할 수 있다. 만약, 하나의 질문이라도 답을 하기 힘들면 현명한 답을 찾기 위해 해당 기업은 비즈니스 모델을 좀 더 정교하게 다듬어야 한다.

이제 ESG전략 프로세스를 살펴보자. ESG가 기업의 재무성과에 다다르기 위해서는 두 가지의 필수조건이 필요하다. 첫째, 기업의 핵심역량에 맞는 ESG 문제를 선택해야 한다(step 1). 이 기준이 ESG전략과 그 외의 다른 ESG 활동들을 나누는 출발점이 된다. 기업의 전문성 및 문제해결 능력에 기반한 ESG 문제는 기업이 핵심역량을 동원해 ESG 문제해결에 큰 기여를 할 수 있다(step 2). 이를 통해 기업의 핵심역량은 새롭게 업그레이드될 수 있다. 둘째, ESG 문제해결을 통해 창출된 ESG 가치가 차별화된 고객가치에 기여할 수 있는지의 여부이다. ESG 가치가 고객가치로 전환되지 않고, 단지 ESG 문제해결에만 머문다면 ESG전략이 될 수 없다. ESG 가치 창출 자체로서도 의미는 있지만, 지속성장성을 확보한 기업의 비즈니스 모델은 되지 못한다. ESG 가치가 고객가치로 전환되면, 시장경쟁을 통해 경제적 가치, 즉 이윤으로 전환된다. 다시 말해서, 기업의 핵심역량에 기반한 ESG 문제를 선택하여, 고객가치로 연결하고 이를 통해 경제적 가치를 확보하는 접근방식이 바로 ESG전략이라고 할 수 있다.

그림 2 | ESG전략 프로세스

출처: 김태영(2013) 참조, 수정

ESG전략과 ESG 위장전략[4]

현재 많은 기업들이 ESG 활동을 하면서 기업의 재무구조 개선을 기대한다. 얼핏 보면 ESG전략인 듯 보여도 사실상은 ESG 위장전략인 경우가 많다. 그래서 기업의 재무성과에 긍정적인 영향을 주는 ESG전략을 이해하는 것은 사실 ESG 위장전략과의 차이점을 이해하는 것과도 같다. 우선, 세간에 많이 알려진 ESG에 대한 시각 및 사례를 살펴보면 ESG전략과 ESG 위장전략에 대해 좀 더 분명히 이해할 수 있다.

---

4 이 부분은 김태영, 2021, "소셜벤처란 무엇인가" 『소셜벤처로 가는 길』에서 참조, 수정.

(1) "단순히 이윤을 추구하는 것이 아니라, 동시에 ESG 문제를 해결하려고 하는 전략"

의견: 널리 알려진 시각으로 ESG와 수익을 동시에 추구한다는 의미지만, ESG와 기업의 재무성과에 대한 인과관계를 흐릴 가능성이 높다. 즉, '동시에'라는 말이 인과적 순차성을 흐린다. ESG전략은 ESG와 수익을 '동시에' 추구하는 것이 아니라 ESG를 통해 기업의 재무성과를 높이는 방식이다. 〈그림 2〉의 ESG전략 프로세스에서 언급했듯이, ESG 문제해결이 우선시되는 전략이다.

기업 유형: 이런 시각을 따르는 기업은 ESG 위장전략 가능성이 높다. 기업의 비즈니스와는 관계없이 ESG 활동을 하면 ESG를 실천하고 있다고 자부하고 홍보할 여지가 많다. 예를 들어, 장학금을 불우한 이웃에게 전달하거나 '김장 담그기' 등 전통적인 사회공헌 프로그램이나 다양한 CSR 프로그램을 하고 있으면 ESG 활동을 잘 하고 있다고 생각한다. 진정성 있게 지속적으로 ESG 활동을 할지라도 기업 비즈니스와의 연관성이 불분명해 결국 ESG 위장전략을 할 가능성이 높다. ESG와 기업의 재무성과 간 인과성에 대한 보다 확고한 인식이 필요하다.

(2) "ESG 가치와 영리 가치를 융합한 기업전략"

의견: 소셜벤처를 설명할 때 널리 사용되는 시각이다. 주로 실선의 양 끝에 ESG와 영리 가치를 놓고 소셜벤처를 중간 어딘가에 위치하는 것으로 설명한다. 마찬가지로, ESG전략 역시 ESG 비영리와 영리 사이 '어딘가에' 위치하는 것으로 생각한다. 이런 설명 방식은 ^(비재무적인 요소인) ESG와 ^(재무적인) 영리 가치의 결합을 의미하는 것으로 완전히 틀린 말은 아니다. 그럼에도 불구하고 이런 시각은 다분히 오해의 소지가 많다. ESG와 영리 모두를 가지고 있어야 한다는 주장이, 비영리의 일부와 영리 일부가 일정 정도 융합된 무언가를 의미하지 않는다.

즉, ESG전략은 ESG와 영리가 70:30, 50:50 혹은 30:70 등으로 합쳐서 만들어지는 것이 아니다. ESG전략은 ESG 가치 창출을 '통해'through 확보된 경쟁우위를 통해 기업의 재무성과를 올리는 전략이다. 양쪽이 적당한 비율로 혼합된 것이 아니다. ESG전략은 ESG 문제를 해결하는 과정에서 창출된 차별화된 고객가치를 통해 기업의 재무성과를 올리는 전략이다. 즉 자신만의 독립적인 메커니즘으로 작동한다.

기업 유형: 이런 시각을 따르는 소셜벤처나 기업 역시 ESG 활동을 하면서 기업 활동을 하면 ESG전략을 수행하고 있다고 생각하는 경향이 있다. 하지만 ESG 위장전략일 가능성이 높다. 소셜벤처의 경우 사회적 가치를 높이는 미션에 너무 치중하다 보면 수익성이 안 나면서 비영리조직처럼 운영되는 경우도 있다(김태영, 2021). 일반기업에서 ESG전략을 채택할 경우는 비영리조직화의 우려는 낮지만, 기업의 재무성과와 관련 없이 이루어지는 ESG 활동들은 ESG전략에 큰 도움이 되지 못한다.

(3) "ESG 문제에 대해 창의적이고 효과적인 솔루션을 갖고 있는 기업가가 지속가능한 사회적 미션 달성을 위한 전략" 혹은 "혁신적 비즈니스 모델을 통해 ESG 가치를 창출하는 전략"

의견: 이 시각은 ESG 문제를 풀 수 있는 기업의 창의성이나 혁신성을 강조하는 반면, 기업의 재무성과와의 연관성에 대해서는 설명하지 않는다. 주로 비영리단체에서 많이 사용하는 시각을 기업에서 채택한 경우가 많다. ESG 문제가 오래된 전통적인 방식이나 비효율적인 방식으로는 해결할 수 없으므로 '혁신'이 필요한 것은 맞다. 다만, ESG가 기업의 재무성과와 어떻게 연결되는지에 대한 연결고리가 보이지 않기 때문에, 비영리단체에서 추진하는 ESG 활동과 차별성

이 없다. ESG전략은 ESG 문제를 해결하는 과정에서 혁신적인 차별성을 확보, 기업의 재무성과를 올리는 경영전략이다. 예를 들어, 딜라이트 보청기 회사는 비싼 보청기 가격의 거품을 제거하여 저소득계층에게 보청기를 보급하는 과정에서 불필요한 부분을 제거하고 제품의 표준화를 이루는 혁신을 통해 목적을 달성할 수 있었다(김태영, 2016).

기업 유형: 이 시각 역시 많은 기업이 ESG전략을 수행하고 있다는 착각을 불러일으킨다. 진정성 있게 ESG를 실행한다면 ESG 위장전략 가능성은 상대적으로 적은 편이나, 기업의 재무성과와는 상관없이 ESG 문제해결에 초점을 두고 있다는 점에서, 경영전략적 관점에서 ESG를 보는 시각이 필요하다.

(4) "돈을 많이 벌수록 ESG 문제를 해결하는 전략"

의견: 이 시각은 많은 기업의 임직원에게 광범위하게 퍼져있다. 기업이 이윤을 많이 내면 그만큼 좋은 상품과 서비스로 고객에게 고객가치를 전달했다는 의미다. 그래서 사회적으로 기여했다고 생각한다. 문제는 고객가치에 얼마만큼 ESG 가치가 담겨있느냐는 것이다. 고객가치를 제공하는 과정에서 일부 이해관계자에게 ESG 가치를 전달할 수 있지만, 기업이 '전략적 의도'를 가지고 ESG 문제를 해결하고 재무성과를 올리는 ESG전략은 아니다.

기업 유형: 이 시각을 받아들이면, ESG 활동을 전혀 하지 않는 기업조차도 ESG전략을 실천한다고 주장할 수 있다. 예를 들어, 한 대기업에서 종업원을 고용하고 세금을 내는 일상적인 기업 활동을 ESG 가치로 포장하여 언론에 공표하는 경우가 있었다. 엄청난 ESG 가치 창출을 강조하는 이런 생색내기식의 홍보는 기업의 이미지를 올리려는 대표적인 방법으로 이용되는데, ESG 실천에 대한 그릇된

인식을 낳는다. 올바른 ESG전략을 위해서는 인과관계가 뒤바뀌어야 한다. ESG 문제를 해결할수록 돈을 많이 벌어야 한다. 즉, ESG전략은 ESG 문제를 (전략적으로) 해결하는 과정에서 기업의 재무성과를 올리는 경영전략이 되어야 한다.

위의 여러 시각들에서 살펴보았듯이, 올바른 ESG전략을 실천하기 위해서는 ESG 전략에 대한 올바른 이해가 필요하다. 이는 그릇된 ESG 위장전략에서 벗어나는 길이기도 하다. ESG 가치 창출만을 강조하고 ESG 위장전략을 경계하지 않으면 잘못된 길로 갈 가능성이 높다. 기업의 전략적 방향과 핵심역량에서 벗어나 ESG 가치를 부풀리거나 포장하는 활동으로는 ESG전략을 지속할 수 없다. ESG 위장전략은 ESG 전략의 그림자와도 같다. 항상 주의를 기울이지 않으면 ESG 위장전략의 유혹은 언제나 곁에 있다. 이제 기업에서 많이 채택하고 있는 ESG 예시를 통해 ESG전략과 ESG 위장전략의 차이점을 좀 더 알아보자.

(1) 기업 A는 장학금 재단을 설립하여 가정형편이 어려운 아이들에게 장학금을 나눠주는 자선사업을 수년간 해오고 있다. 홍보팀에서는 최근의 ESG 흐름에 맞춰 기업의 자선 행위를 ESG 활동에 포함시켜 기업의 이미지 제고에 활용하고 있다.

의견: 이런 홍보 활동은 전통적인 자선 활동을 ESG 활동으로 바꾸는 과정에서 발생한다. 많은 기업들이 이런 오류에 쉽게 빠져드는 이유는 추가 비용을 쓰지 않고 ESG 흐름에 편승할 수 있기 때문이다. 이런 활동들은 기업의 핵심역량과는 관련도 없고, 기업의 재무성과에 직접적인 영향을 주지 않는다는 점에서 ESG전략이 아니다.

(2) 최근 언론에서 환경문제는 ESG 문제들 중 가장 중요한 이슈가 되었다. 기업 B

는 이러한 흐름에 맞추어 제조공정을 면밀히 검토하여 탄소를 저감하고 폐기물을 줄이는 방안을 검토하고 실천에 옮기고 있다. 나아가 환경마크, 재활용 인증, 에너지 절약 마크, 저탄소인증 등 각종 환경인증서도 획득할 계획이다.

의견: 기업 B는 친환경 프로세스를 만들어 ESG를 실천하여 인증서를 획득하고 친환경 기업으로서의 이미지도 구축하고자 한다. 대외적으로 인정하는 환경인증서를 얻는 것은 기업 평판에 좋은 영향을 줄 가능성이 높다. 다만, 이 과정이 기업의 제품과 서비스의 핵심역량에 어느 정도 영향을 주는지 그리고 재무성과에도 어느 정도 기여를 하는지 살펴볼 필요가 있다. 현실에서는, 많은 기업이 비슷한 환경인증서를 경쟁적으로 획득 가능하여 다른 기업과의 차별화가 어렵고 고객들도 별다른 고객가치를 느끼지 못하는 경우도 많다. 모방이 쉬우면 다른 경쟁기업과의 차별화는 일시적으로만 유지될 가능성이 높기 때문이다.

(3) 코스피 상장회사인 기업 C는 최근에 ESG 자문을 받아들여 ESG 랭킹 점수를 관리하기로 하였다. 이에 위원회를 구성하고 ESG 랭킹 지표를 점검하여 부족한 부분을 개선하는 작업에 착수하였다. 상장회사로서 회사의 평판에 좋은 영향을 줄 것으로 기대하고 있다.

의견: 상장회사로서 ESG 흐름에 대응하고 ESG 평가기관으로부터 좋은 점수를 받는 활동을 하는 것은 추천할 만하다. 다만, ESG 방향이 기업의 전략적 방향과 일치하는지 여부를 점검해야 한다. 기업의 전략적 방향과 관련 없는 ESG 평가 항목에 일일이 대응하여 점수에 연연하면 추구하려는 ESG전략을 구사하기 힘들게 된다. 즉, 모든 ESG 항목에서 좋은 점수를 얻으려는 노력이 기업의 차별화를 없애는 독으로 작용할 가능성이 있다. 지속가능한 ESG전략을 구사하기 위해서는 자신만의 ESG전략 운영가이드를 만들어 운영할 필요가 있다.

(4) 기업 D는 생활이 어려운 경력단절 여성들을 재고용하여 일자리를 주었다. 처음에는 파트타임으로 시작하지만, 근무여건에 따라 점차 노동시간과 고용인원을 늘릴 계획이다.

의견: 경력단절 여성들에게 재취업의 기회를 주어 생활의 질을 개선하려는 방식이다. 이런 경우, ESG전략을 제대로 실천하기 위해서는 업무의 특성, 경력단절 여성들의 업무능력 및 전체 공정에서 차지하는 역할, 조직 문화 등이 세밀히 고려되어야 한다. 특히, 재취업 후 직업훈련을 효과적으로 실행하여 기업 생산성에 기여할 수 있는 인력으로 만들어야 한다. 궁극적으로 재취업의 기회가 기업의 생산성에 좋은 영향을 미친다면 이 인사제도는 지속적으로 시행될 가능성이 높다. 예를 들어, 자동차부품 회사인 ㈜프론텍(이하, 프론텍)은 경력단절 여성을 고용함으로써 일터 혁신을 이루어냈다. 프론텍은 매출이 줄고 영업이익에 적자가 났을 때, 시간선택제 일자리를 활용한 경력단절 여성 채용 및 조직 혁신으로 극복하였다. 경험이 부족한 초보 기술자도 해낼 수 있도록 쇠를 두들겨 너트를 만드는 복잡한 단조 설비 세팅 작업을 표준화했고 근력이 약한 여성노동자도 다룰 수 있도록 새 기계를 설치하였다, 나아가 현장개선반을 만들어 현장의 어려움을 개선하는 등 일터 혁신을 단행하였다. 이를 통해 생산성이 60% 이상 증가하는 등 기업의 재무성과를 올렸다(김효선, 안세연, 2018; 정다솜, 2020).

(5) 증권회사 E는 ESG 가치에 관심 있는 투자자들을 위해 ESG 기업들에 투자하는 ESG 펀드를 발행했다.

의견: ESG 펀드는 ESG전략을 수행하는 기업에 투자하여 수익을 올리는 펀드다. 증권회사에서는 주로 ESG 점수가 높은 기업이 ESG전략을 실천하고 있고 수익성도 높을 것이라고 전제하여 이들 기업들을 중심으로 펀드를 발행한다. 현실

적으로 ESG전략을 지속적으로 실천하고 있는 기업이 드문 현실에서, 대부분의 ESG 펀드들은 코덱스200 펀드와 기업구성이 거의 비슷하거나 환경문제 등에 덜 영향을 받는 IT기업들로 구성되어 있다. 즉, ESG 펀드가 일반 펀드와 별 차이가 없다. 금융 분야의 이런 ESG 워싱, 특히 그린워싱green washing(위장환경주의)을 방지하기 위해 미국 증권감독기구인 SEC는 2022년 5월 25일 ESG 투자상품 공시 규정안ESG Disclosures과 펀드 명칭 규칙 개정안Amendments to the Fund 'Names Rule' 두 안건을 상정하였다, 'ESG 투자상품 공시 규정안'은 일관적이고, 비교 가능하며, 신뢰할 수 있는 정보를 투자자들에게 제공하기 위해 투자자문회사·자산운용사 등 금융사들이 ESG 관련 펀드의 공시 기준에 따라 구체적인 정보를 공개해야 한다. 또한 '펀드 명칭 규칙 개정안'은 1940년 투자회사법 35d-1에 대한 개정안으로, 전체 투자자산 중 최소 80% 이상이 펀드 이름에 명시된 특정 투자항목에 투자되도록 하는 내용이 포함돼 있다(글로벌경제신문, 2022. 7. 2.). 이렇듯 ESG 위장전략에 대한 글로벌 관심과 눈높이가 갈수록 높아지는 만큼, 기업들은 임시방편적으로 대응하기보다는 ESG전략을 장기적으로 철저하게 운영해야 한다.

대표적인 사례를 중심으로 살펴보았듯이, 결국 ESG전략과 ESG 위장전략의 차이는 기업의 핵심역량 및 비즈니스 연관성 여부에 있다고 할 수 있다. ESG 활동들은 기업의 핵심역량 및 비즈니스와 멀어질수록 ESG 위장전략으로 흐를 가능성이 높다. 예를 들어, 2010년 KFC가 여성들의 유방암 예방 캠페인인 핑크리본에 참여한 활동을 보자. 유방암 및 유방 건강에 대한 인식 향상과 유방자가검진 및 조기검진의 중요성을 알리는 활동이 캠페인의 목적인데, KFC의 치킨 속 트랜스 지방이 유방암을 일으키는 원인 중 하나라는 주장이 제기되면서 KFC 캠페인이 위선적이라는 여론이 대두되었다. 합법적으로 비즈니스를 하는 KFC 입장에서는 다소 억울할 수 있겠지만, 소비자는 자신이 먹는 치킨이 좀 더 건강한 음식이었으면 하고 생각할 가능성이 높다. 그렇다면 KFC는 어떻게 해야 했을까? 여러 가지 방안이 있을 수 있지만, ESG전략적 관점에서는 KFC가 판매 제품들에 대한 ESG 투자 및 개선 노력을 진행할 수 있을 것이다. 혹은 오히려 이 캠페인에 참여하지 않았다면 치킨과 유방암의 관련성에 대한 소비자의 비난을 받지는 않았을지도 모른다.

KFC 사례는 ESG 위장전략과 관련하여 중요한 시사점을 제공한다. 첫째, 기업이 관심이 있는 ESG 문제에 핵심역량이 없으면 ESG 문제해결에 별반 도움이 되지 않는다. 도움을 주기는커녕 오히려 기업의 이미지와 평판을 갉아먹게 된다. 둘째, 기업의 핵심역량과 동떨어져 이미지와 평판만을 좇는 캠페인식 ESG 활동을 하면, 해당 기업의 경쟁우위 및 차별성이 사라진다. 캠페인은 많은 기업이 동시에 참여하므로 캠페인 초기와 달리 제품마다 보이는 핑크리본이 차별적인 고객가치를 전달하기는 쉽지 않다. 셋째, 차별적인 고객가치를 전달하지 못하면 기업의 재무성과에 긍정적인 영향을 기대하는 ESG전략을 수립할 수 없다. KFC의 사례는 소위 코즈마케팅이라는 유행을 타고 진행되는 마케팅의 일부다. 코즈마케팅을 하더라도 기업의 핵심역량 및 비즈니스와는 관련 없이 소비자의 감성에 호소하는 방식은 '진정성'이라는 대중의 눈높이를 통과하기 힘들다.

정리하면, ESG전략은 기업의 중심에서 차별적인 고객가치를 견인하는 핵심역량에 기초할 때, 비로소 기업의 재무성과에 긍정적인 영향을 줄 수 있다(그림 3 왼쪽). 반면, ESG 위장전략 기업에서 대외 홍보나 단기적인 마케팅을 위해 하는 ESG 활동은

그림 3 | ESG전략과 ESG 위장전략

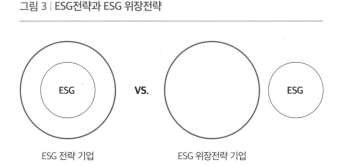

기업의 핵심 활동에 위치하지 않고 주변부를 맴돈다^(그림 3 오른쪽). 사회공헌을 담당하는 부서가 마케팅 부서에 존재하고 제한된 예산과 인력으로 홍보에 치중했던 지난날의 방식을 답습한다. 사회공헌 부서 명칭을 ESG 위원회로 바꾸었다고 저절로 ESG전략이 실천되는 것이 아니다. 기업은 자신이 잘하는 업을 중심으로 ESG 문제에 진정성 있게 다가가야 비로소 ESG 위장전략에서 벗어날 수 있으며, ESG를 새로운 시장 및 이윤의 원천으로 바라보는 경영전략적 관점을 지닐 수 있다.

Wrap-up

이 글은 최근 활발히 진행되고 있는 ESG 흐름을 경영전략적 관점에서 고찰하였다. 경영전략적 관점이란 기업의 핵심역량, 경쟁우위^(및 고객가치) 및 기업의 재무성과를 인과적으로 연결하려는 기업의 총체적 활동을 의미한다. 이를 위해 다음과 같은 내용을 차례대로 살펴보았다.

첫째, 기업의 존재 이유를 설명하는 주주중심주의와 이해관계자론의 주장과 비판을 살펴보고 두 가지 시각을 결합한 경영전략적 관점에서 ESG가 새로운 시장을 개척하고 이윤을 높이는 혁신의 원천이 될 수 있다는 점을 제안하였다. 둘째, 최근까지 매니지먼트^(전략)와 재무 분야의 대표적인 저널에서 진행된 학술적 논의를 ESG와 기업의 재무성과의 관점에서 정리하여 ESG전략 논의에 대한 방향을 제시하였다. 셋째, 경영전략에 ESG를 고려하여 ESG전략을 세우는 방법과 ESG 가치–고객가치–경제적 가치로 연결되는 ESG전략 프로세스를 제안하였다. 넷째, ESG전략과 ESG 위장전략을 구분하는 방법을 ESG에 대한 오해와 예시들을 통해 보여주었다. 마지막으로, 포스코건설의 페로니켈 슬래그 사업에서 ESG 가치–고객가치–경제적 가치가 순차적으로 이루어지는 ESG전략도 이어서 살펴볼 것이다. 이상의 논의들을 바탕으로 ESG전략으로 지속가능한 비즈니스 모델을 구축하기 위해서는, 다음과 같은 요소들에 관심을 기울어야 한다.

첫째, ESG전략은 비즈니스 전략으로 기업의 핵심역량과 직접적으로 연결되어야 한다. 이를 위해서는 기업의 역량으로 해결 가능한 구체적인 ESG 문제를 전략적으로 선택하는 과정부터 시작해야 한다. 여론에 휘둘러 유행에 민감한 ESG 문제를 선택하면 기업의 핵심역량과 멀어진다. 당연히 ESG 문제도 해결하지 못하고 기업의 재무성과에 부담이 되어 결국 중단하게 된다. 외부에 흔들리지 않고 자신만의 전문성으로 ESG 문제를 해결하고 기업의 수익을 올리는 경영전략적 시각을 고수하는 것이 어느 때보다 필요하다. 예를 들어, 네슬레는 식품회사로서 저개발국가에서 필요로 하는 영양 보충 제품을 개발하고, 시멘트 회사인 시멕스^{CEMEX}는 저소득계층에게 Patrimonio Hoy$^{('savings now')}$ 금융 프로그램을 제공하여 주택자재 구입을 도왔으며, 파타고니아는 친환경 아웃도어 의류를 통해 환경가치를 추구한다.

둘째, ESG와 기업의 재무성과는 차별화된 고객가치를 통해서 연결된다. 이 연결고리는 기존의 전통적인 방식이 아닌, 기업의 혁신적인 기술 혹은 비즈니스 모델로 완성된다. ESG에서 고객가치로 전환되는 과정에 기업의 핵심역량이 투입되어야 한다. 혁신 없는 ESG전략은 구호에 그칠 가능성이 높다. 예를 들어, 테슬라 이전에는 친환경 전기자동차를 생산하고 판매하는 과정에서 친환경가치를 가장 중요한 고객가치로 강조하곤 했다. '지구를 구하자'는 슬로건에 동의하는 일부 고객들에게는 매력적이지만 그 외의 일반 대중들에게는 거리가 멀었다. 대신 테슬라는 전기차가 친환경적이라는 점을 브랜드 가치에서 중요한 요소로 다루지 않는다. 즉, 친환경적이기 때문에 이산화탄소를 어느 정도 줄일 수 있는지 등에 관해 광고하거나 홍보하지 않는다. 오히려 제로백, 고마력, 안정성, 넓은 실내, 저렴한 충전비, 라이프 스타일 변화, 설계, 디자인, 자율주행 등 전기차로 누릴 수 있는 다양한 고객가치를 강조한다. 기존에는 갈등 관계로 인식되던 전기차와 다양한 고객가치는 이제 시너지를 창출하는 관계로 재설정되었다(김태영, 이건영, 2021). 전기차를 만드는 전통적인 방식을 혁신하는 과정에서 테슬라는 많은 특허를 소유하게 되었고 혁신적인 비즈니스 모델로 폭스바겐, 토요타 등 오랜 역사와 기술을 가진 경쟁 기업을 제치고 기업가치 1위로 올라설 수 있었다.

셋째, ESG전략을 ESG 위장전략과 구별하는 혜안이 필요하다. 이를 위해서는 ESG 전략에 대한 기본적인 이해가 필수적이다. 기존에 수행하던 자선사업이나 전통적인 사회적 책임 활동 등을 ESG 활동으로 바꿔 ESG 점수를 높게 받으려는 ESG 위장전략은 이제 투자자나 소비자에게 호소력을 잃어가고 있다. ESG 위장전략에 대한 경계심과 평가 기준이 높아지고 있는 가운데, 기업은 선제적으로 경영전략에 기반한 제대로된 ESG전략을 장기적으로 실천해야 한다. 특히, 최근 ESG 위장전략에 대한 빈번한 언론보도는 진정한 ESG전략으로 가는 길이 녹록지 않다는 것을 보여준다. 모든 기업이 ESG전략으로 가는 길에 승리할 수는 없을 것이다. 하지만 혁신성과 진정성 그리고 핵심역량을 갖춘 준비된 기업은 ESG의 험난한 파고를 슬기롭게 극복할 것이다.

사례 연구

ESG전략 사례: 페로니켈 슬래그 사업[5]

국내외에서 진행되고 있는 ESG전략 사례 가운데, 포스코건설은 포스코 그룹의 기업시민[6]을 바탕으로(김태영, 2020) 친환경 건축사업 시장을 개척하는, 독특한 ESG 활동을 하고 있다. 바로 폐기물자원의 선순환을 위해 스테인리스 등 일상생활에서 많이 사용되는 제품들의 원료인 페로니

---

5   이 사례 연구는 김태영, 2021, "ESG 활동으로 고객가치 차별화와 혁신에 성공하는 법" DBR. 328: 92-100 근거하여 요약, 정리하였음.

6   포스코의 기업시민은 "사회와의 공동체 의식을 바탕으로 사회적 가치와 경제적 가치의 선순환을 통해 기업가치를 제고하고, 자발적으로 참여하는 사회구성원으로서 책임과 역할을 다하는 기업"으로 정의된다(양원준, 2019). 기업시민을 바탕으로 포스코의 다양한 ESG 활동은 그룹 계열사를 통해 독특한 비즈니스 모델로 구체화되고 있다.

켈 제조과정에서 나오는 페로니켈 슬래그를 부가가치가 높은 시멘트 대체제로 사용 가능하게 만드는 비즈니스 모델이다. 페로니켈 슬래그 기반의 친환경 시멘트는 일반 시멘트 대비 부식성과 수명이 약 30% 이상 개선됐으며 일반 시멘트의 석회석 가공과정보다 CO_2 배출이 약 17배 낮고 불순물 함유량도 낮아 환경친화적이다. 즉, 이 페로니켈 슬래그의 폐기물자원 활용 방법은 친환경 시멘트로서 친환경 가치를 통해 제품의 단가와 품질 향상에 주안점을 둔다. 이는 친환경 건축 사업 시장을 개척할 수 있다는 점에서 경쟁사들의 여타 ESG 활동들과 전략적 차별성이 있다.

페로니켈은 스테인리스의 주원료이다. 니켈계의 스테인리스강은 내열, 내식성, 내산성, 내마모성 등이 우수하고 가공성이 양호할 뿐만 아니라 인체에 무해한 친환경 소재로 일반 가정에서 사용하는 식기, 주방용품 등에서 널리 사용되고 있다. 특히, 니켈은 의료용 기구, 비행기, 동전 등 다양한 용도로 사용된다. 페로니켈은 니켈광산-니켈제련-스테인리스 제조로 이어지는 세계 최초의 수직적 결합을 통한 모델을 구축한 SNNC(포스코 자회사)에서 생산한다. 페로니켈은 작은 수제비 모양으로 철(Fe) 80%와 니켈(Ni) 20%로 이루어져 있다. 고로가 아닌 전기로 기반으로 생산되기 때문에 이산화탄소 발생이 상대적으로 적어, 보다 친환경적이다. 니켈원광석을 가공하는 과정에서 나오는 부산물인 페로니켈 슬래그는 친환경 자원으로 콘크리트 골재 등의 천연자원 대체재로 활용돼 자원과 환경 보전에 기여하고 있다. 일본, 호주, 그리스 및 뉴칼레도니아 등에서도 오래전부터 다양한 페로니켈 슬래그를 활용해오고 있지만 실용화는 아직 미비한 실정이다. 국내에서는 페로니켈 슬래그를 콘크리트용 잔골재로 사용이 가능하도록 KSF 2527:2016(콘크리트용 골재:1967 제정)에 페로니켈 슬래그 잔골재를 삽입 개정했다.

페로니켈 슬래그를 생산하는 포스코 자회사인 SNNC의 입장에서, 페로니켈 슬래그는 다양한 경제적, 사회적 비용을 발생하는 요인이 된다. 첫째, 아직 실질적인 활용도가 미비하다 보니, 200 만t에 달하는 페로니켈 슬래그를 보관할 여의도 크기만큼의 매우 넓은 부지가 필요하다. 둘째, 공장에서 나오는 페로니켈 슬래그는 트럭으로 쉴 새 없이 슬래그 야적장으로 옮겨 쌓아놓는 등 관리비용이 든다. 셋째, 페로니켈 슬래그는 대부분 매립지로 이동하기 때문에 매립에 드는 운송비용 등이 발생한다. 또한 운송업체에게 맡겨서 처리해야 하므로 별도의 비용 역시 발생한다. 페로니켈 슬래그가 불용성으로 인해 용출되지 않아 일반폐기물로 처리가 가능해 성토재 등으로 활용할 수 있기는 하지만, 성토재 등에 사용하는 물량이 적은 편이다. 부가가치가 높은 제품에 재사용할 방법이 없다면 SNNC 입장에서 페로니켈 슬래그는 비용을 물어서라도 처리해야 하는 폐기물인 셈이다.

기업이 ESG전략을 실천하기 위해서는 차별화된 고객가치를 창출하는 ESG 활동을 하고 이를 통해 재무성과를 올려야 한다. 첫째, 페로니켈 슬래그는 친환경가치를 창출할 수 있다. 페로니켈 슬래그를 만드는 과정에서 오염물질을 줄일 수도 있으며 시멘트 생산에 기여해 친환경가치를 창출할 수도 있다. 전자의 경우는 국내 유일한 페로니켈 생산업자인 SNNC가 친환경적인 프로세스를 도입해 생산해낼 수 있다. 이미, 고로보다 전기로를 이용하는 페로니켈 생산과정 특성상, 상대적으로 친환경적이다. 후자는 페로니켈 슬래그를 이용해 신제품을 생산, 새로운 친환경가치를 만드는 과정을 의미한다. 즉, 페로니켈 슬래그는 기존의 시멘트 및 고로슬래그를 대체할 수 있다. 페로니켈 슬래그를 시멘트와 혼합해 건설 현장에서 이용하면, 톤당 788kg의 이산화탄소를 내는 시멘트보다 이산화탄소 발생량을 95%까지 줄일 수 있다. 특히, 페로니켈 슬래그를 무른 지반을 단단하게 굳히는 지반고화제로 사용할 경우 시멘트를 전혀 사용하지 않고 흙받이 공사를 할 수 있다. 즉, 페로니켈 슬래그를 활용해, 친환경가치를 지닌 제품을 생산하여 부산물을 선순환 자원으로 사용하는 비즈니스 모델을 만들었다. 이런 경우, 페로니켈 슬래그는 더 이상 버려야 할 폐기물이 아니라, 제품 생산과정에서 필요한 중요한 자원으로 활용된다.

둘째, 시장에서 다른 제품보다 차별화된 고객가치를 창출해야 한다. 친환경가치가 있다고 해도 제품이 지나치게 비싸거나 품질에 문제가 있으면 시장에서 살아남을 수 없다. 친환경가치를 통한 차별화된 고객가치는 최종고객에게 전달됨으로써 달성되기 때문이다. 이런 관점에서 보면 페로니켈 슬래그는 기존 친환경 제품으로 알려진 고로슬래그 시멘트보다 가격 경쟁력이 있다. 이미 시중에 유통 중인 고로슬래그 시멘트의 경우 연간 생산량이 1200~1400만t으로 전체 필요한 시멘트 6000만t에 비해 부족한 것이 현실이다. 또한 고로슬래그 생산업체인 철강회사가 지방에 있기 때문에 고로슬래그 운송비를 포함하면 단가가 높아져 서울, 경기 지역까지 공급하기에는 한계가 있다. 페로니켈 슬래그 역시 생산량은 연간 200만t에 불과하다는 한계가 있지만 가격이 저렴하다는 강점이 있다. 일반 시멘트가 t당 대략 8만 원 정로라면, 고로슬래그는 t당 5만 원 중반에 거래된다. 이에 비해 페로니켈 슬래그는 t당 대략 4만 원 정도이기 때문에 가격 경쟁력이 있다. 또한 SNNC 입장에서는 처리 비용이 들던 페로니켈 슬래그를 활용해 추가 수익을 올릴 수 있다는 점에서 긍정적이다. 페로니켈 슬래그는 철근 부식 저항성이 크고, 내화학성과 수화열이 좋다. 이런 특성으로 해양플랜트 등 염도에 취약한 바다에서도 좋은 성능을 보일 수 있다. 슬래그시멘트에 사용되는 플라이애쉬의 대체재로도 사용 가능하다. 플라이애쉬는 석탄발전소에서 나오는 부산물이며, 연간 생산량은 500~600만t에 이르고 t당 가격도 2만 원으로 상대적으로 저렴하지만 발전소마다 플라이애쉬의 품질이 다르다는 단점이 있다. 반면, 페로니켈 슬래그는 품질이 일정해, 슬래그시멘트의 30%까지 사용 가능하다.

셋째, 페로니켈 슬래그 기반 제품은 다양한 건설현장에서 사용될 수 있다. 이는 포스코건설이라는 국내에서 손꼽히는 건설사를 계열사로 두고 있기 때문에 가능하다. 포스코건설은 이미 2015년부터 페로니켈 슬래그 기반의 친환경 제품을 만들기 위해 연구개발에 매진, 우수한 품질의 페로니켈 기반 제품을 만들었다. 특히, SNNC와 포스코건설 사례는 국내 대기업들에게 시사하는 바가 크다. 그룹 내 계열사 간 핵심역량을 활용해 ESG경영의 시너지를 낼 수 있는 좋은 사례이기 때문이다. 실제 포스코건설은 페로니켈 슬래그를 활용한 친환경 제품의 연구가 어느 정도 진행되고 우수한 사례들이 나오던 2019년, 이 비즈니스를 사내벤처로 독립시켜 '포스리젠'의 창업을 이끌어냈다. 이 과정에서 기술이전 및 창업 지원으로 실질적인 도움을 주었다. 특히, 포스코건설은 사업화 준비 기간에 인건비, 보육시설, 시작품제작비(최대 1억)를 지원하고, 기술이전을 통해 사용 권한을 부여하고, 창업지원금을 지원하고(독립분사 시 5천만 원 지급), 3년간 창업휴직 전환(근속 인정, 급여 미지급, 교육비 등 복리후생 지원), 3년 이후 최종 퇴직 시 희망퇴직을 이용할 수 있도록 했으며, 포스코그룹 사내벤처(POVENTURES) 로고 사용도 허용했다.

이 외에도 포스코건설은 페로니켈 슬래그를 현장에서 실험하고 제품의 우수성을 입증하는 개발자로서의 역할을 넘어, 제품을 현장에서 주도적으로 사용하는 고객으로서의 역할을 수행하고 있다. 실제 건설현장은 안전을 중시하는 보수적인 문화 때문에 아무리 좋은 신제품이 나와도 선뜻 이를 사용하는 기업이 많지 않다. 괜히 선도적으로 신제품을 활용했다 자칫 안전사고가 터지면 건설사에는 치명적이기 때문이다. 그래서 믿을 만한 기업의 레퍼런스가 중요하다. 포스코건설은 업계 영향력을 바탕으로 선도적으로 페로니켈 슬래그를 건설 현장에 적용해 안전성을 입증했다. 그 덕분에 시간이 지날수록 경쟁사들에서도 페로니켈 슬래그 도입을 검토하는 움직임이 나타나고 있다.

토의 아젠다

1. 기업의 목적 및 프로세스를 바라보는 대표적인 두 가지 시각인, 주주중심주의와 이해관계자론를 가가 설명하고 장단점을 설명하세요.

2. 기업의 'ESG전략'에 대한 설명에서 맞는 것을 선택하세요.
   a. 단순히 이윤을 추구하는 것이 아니라, 동시에 ESG 문제를 해결하려고 하는 전략
   b. ESG 가치와 영리 가치를 융합한 기업전략
   c. ESG 문제에 대해 창의적이고 효과적인 솔루션을 갖고 있는 기업가가 지속가능한 사회적 미션 달성을 위한 전략 혹은 혁신적 비즈니스 모델을 통해 ESG 가치를 창출하는 전략
   d. 돈을 많이 벌수록 ESG 문제를 해결하는 전략

3. ESG전략을 수립하는 과정에서 ESG 문제를 선택하는 기준을 ESG전략 프로세스 관점에서 설명하세요.

| 마케팅 |

기업시민정신과 마케팅

—

신현상(한양대 경영대학 교수) · 김기현(고려대 경영대학 연구교수)

INTRO

마케팅 현장의 변화

오늘날 소비자들은 사회적/환경적으로 긍정적인 영향을 미치는 브랜드들을 선호하고 있다. 이는 기업의 마케팅 관행에도 큰 영향을 미치고 있다. 기업들이 개별적으로 노력하는 것을 비영리기관이나 국제기구에서 하나로 모아 일종의 운동이나 인증으로 만들고 있기도 하다.

예를 들어, 미국에서 비영리기관으로 시작된 비콥 운동B-corp movement은 89개국 6,327개의 기업이 참여하고 있다(2023년 2월 기준). 비콥은 하나의 인증으로 인식되어 기업이 소비자들에게 좋은 평판을 얻고, 구매를 촉진하는 영향이 있다. 이 외에도 기업들은 열대우림을 보호하는 Rainforest Alliance 등 비영리기관의 인증을 받아 소비자들에게 친환경 제품임을 홍보하기도 한다.

소비자들의 요구는 더욱 적극적으로 변화하고 있다. 기업에게는 적극적인 시민으로서의 역할을 요구하고 있다. 미국에서 흑인이 부당한 대우를 받아 촉발된 시민운동인 "Black Lives Matter"에 대하여 기업들은 적극적 지지를 보이거나 이를 활용한 홍보 캠페인을 벌이기도 하였고, 반대로 운동에 대하여 부정적인 반응을 보인 기업의 CEO는 소비자들의 비난에 못이겨 해임되기도 하였다[7]. 최근 러시아의 우크라이나 침공으로 발발한 전쟁에 대해서도 소비자들은 기업의 대응을 지켜보고 비판하거나 적극적인 요구를 하기도 하였다. 예를 들어, 맥도날드 등 글로벌 기업들은 러시아에서 비즈니스를 철수할 계획을 수립하지 않다가 소비자들의 비난 등에 따라 본래 입장을 변경하기도 하였다.

들어가며

이번 장에서는 기업시민정신 관점에서 마케팅의 의미를 살펴보고자 한다. 즉, 기업이 책임 있는 시민으로서 행동하는 것이 마케팅의 측면에서 왜 중요한 것이며 마케팅 성과에 어떤 도움이 되는지, 그리고 앞으로 기업시민정신을 마케팅에 어떻게 적용해야 하는지에 대하여 마케팅 연구 결과 및 마케팅 현장의 최신

---

7 예를 들어, 크로스핏(Crossfit)의 CEO인 Greg Glassman은 Black Lives Matter 등 흑인들의 인권과 관련된 부적절한 언행으로 인하여 리복(Reebok)이 계약을 종료하고 주요 협력사들과 체육관들이 계약을 해지하고, 크로스핏 선수들이 불참을 선언하자 해명을 반복하다가 결국 사임하였다.

사례를 바탕으로 알아보고자 한다. 본 장에서 생각해보려는 질문들은 다음과 같다.

질문 1: 마케팅에 있어서 왜 기업시민정신을 고려해야 할까?

질문 2: 기업시민정신에 반대되는 행동은 마케팅에 어떠한 영향을 주는가?

질문 3: 기업시민정신을 마케팅에 어떻게 적용할 수 있을까?

왜 마케팅에 있어서
기업시민정신을 고려해야 하나?

1) 마케팅의 목적 달성에 기업시민정신이 중요해지고 있기 때문이다

마케팅의 목적은 고객과 장기적이고 호혜적인 관계를 맺는 것이라고 볼 수 있다 (Kotler & Armstrong, 2018). 마케팅에서는 기업과 소비자 간의 관계에 영향을 미치는 다양한 변수들을 다루는데, 이 중 대표적인 것이 기업의 브랜드와 마케팅 믹스(4P 믹스: Product, Price, Place, Promotion) 즉 제품, 가격, 유통, 판매촉진 등이다. 마케팅은 기업이 브랜드를 만들고 마케팅 믹스 전략 등을 통해 소비자들의 인식과 태도, 행동에 기업이 원하는 방향으로 영향을 미치고, 이를 통하여 궁극적으로 기업이 고객과 좋은 관계를 맺도록 하는 다양한 활동으로 볼 수 있다.

표 1 | 기업과 소비자의 관계를 나타내는 지표들

측면	주요 지표
인식 및 태도 측면	기업의 평판(Corporate reputation), 브랜드 인지도(Brand awareness), 브랜드 매력도 (Brand attractiveness), 브랜드 충성도(Brand loyalty) 등
행동 측면	구매(Purchase), 재구매(Repurchase), 구독(Subscription), 추천(Recommendation), 구전(Word of mouth), 불매운동(Boycott)

기업이 소비자와 좋은 관계를 형성하기 위해서는 먼저 소비자가 기업을 어떠한 방식으로 인식하는지를 살펴볼 필요가 있다. 소비자가 기업을 인식하는 방식은 마치 인간이 다른 누군가와 관계를 형성하는 과정과 유사하다. 사회심리학에 의하면 인간은 상대방에 대하여 '능력competence'과 '따뜻함warmth'이라는 두 개의 축을 기본으로 인식하게 된다. 능력이란 '저 사람이 나를 돕거나 해칠 힘을 가지고 있는가?'에 대한 인식을, 따뜻함이란 '저 사람이 나를 해치지 않을, 믿을 만한 사람인가?'에 대한 인식을 말한다.

그런데 인간은 기업과 비영리단체 같은 조직을 인식할 때에도 동일한 틀을 적용한다. 즉, 기업도 하나의 인격체처럼 인식된다고 볼 수 있다. 따라서 고객은 위의 두 가지 기준을 중심으로 기업과 관련된 많은 정보들을 분류 및 판단하여 기업을 인식하게 된다. 이 경우 '기업(또는 기업이 제공하는 제품)은 나의 목표 달성에 도움에 되거나 필요를 충족시킬 능력을 가지고 있는가' 하는 기업의 능력(firm competence)과 '기업은 나를 포함한 사회를 해칠 의도가 없고, 도움을 주며, 신뢰할 만한가' 하는 기업의 따뜻함(firm warmth)을 기준으로 기업을 인식한다고 볼 수 있다. 예를 들어, 어떤 기업에 대해서는 '능력은 높지만, 착하지는 않은 기업'으로, 다른 기업에 대해서는 '착하기는 하지만, 제품력이 떨어지는 기업'으로 인식할 수 있다.

과거에는 기업의 능력치만 높다면 굳이 착하지 않더라도 소비자의 선택을 받는 것이 어렵지 않았다. 즉 고객 입장에서는 제품 품질이 좋고 가성비가 높다면 그만이었다. 이는 소비자가 선택할 수 있는 제품과 서비스의 종류가 충분히 다양하지 않거나 제품 및 서비스와 관련된 정보가 충분하지 않음에 기인하였던 것으로 볼 수 있다. 하지만 점차 소비자들이 더 많은 정보를 바탕으로 똑똑해지고, 또 대안으로 삼을 수 있는 제품 및 서비스들이 쉽게 등장할 수 있는 여건이 되면서 이는 과거의 현상이 되었다. 특히 최근 벌어진 남양유업 사태는 이러한 사고방식에 경종을 울리고 있다. 1964년 창업되어 오랜 기간 업계 선두 기업 중 하나였던 남양유업은 2013년 본사 영업직원의 대리점주에 대한 갑질 사건이 발생한 이후로 10년 가까이 재무적 어려움을 겪고 있다. 갑질 사건 이후로 가격을 올린 것도 아니고(오히려 가격을 내리거나 할인을 제시했다), 품질 수준이 떨어진 것도 아니다. 똑같은 제품을 똑같은 또는 더 낮은 가격에 제시했음에도 불구하고 불매운동 등을 통해 고객들의 구매가 현저하게 줄었다. 결국 매출 감소가 이익 감소로 이어지고, 이익 감소가 현금 유동성 축소, 투자 여력 감소, 기업가치 감소 등으로 연결되면서 기업의 중장기적 재무상태 및 지속가능성에 큰 타격을 입었다.

이렇듯 기업의 따뜻함을 요구하는 소비자들의 경향은 기후위기 등 인류사회의 위기에 따라 앞으로 강화될 것으로 보인다. 따라서 21세기를 살아가는 마케터들은 '능력도 있으면서 동시에 착하기까지 한 기업'으로 인식되는 것을 목표로 삼고 마케팅을 수행해야 한다. 이런 기업을 한마디로 '사랑받는 기업'이라고 말할 수 있다. 다음 그림에서 '황금의 사사분면Golden quadrant'에 해당하는 부분이다. 짐 콜린스(2005)의 세계적 베스트셀러 『좋은 기업을 넘어 위대한 기업으로(Good to Great)』가 기업의 능력을 중점적으로 다루었다면, 라젠드라 시소디어(2008)의 『위대한 기업을 넘어 사랑받는 기업으로

그림 1 | 기업의 능력과 따뜻함에 따른 4사분면(Aaker et al., 2012; Voliotis et al., 2016)

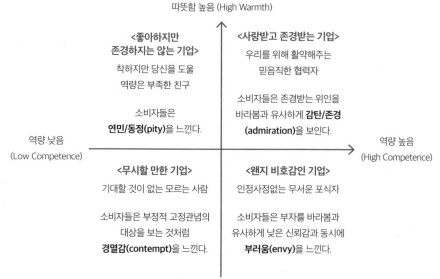

(Firms of Endearment)』는 기업이 능력에 따뜻함을 더하여 이해관계자들과의 관계를 정립해야 할 중요성을 강조한 것으로 볼 수 있다. 이는 기업시민정신을 바탕으로 한 마케팅이 소비자들로부터 사랑받는 기업을 만들어준다는 것을 잘 보여준다.

2) 마케팅은 기업시민정신을 실현하는 활동이기 때문이다

마케팅은 그 정의상, 소비자와 사회에 도움이 되는 가치를 창출하는 활동이다. 본래 마케팅은 사람들의 문제를 해결하기 위한 제품과 서비스를 향상시키는 활동(Alderson, 1957)이기 때문에, 오히려 사회에 문제를 야기하거나 부정적 영향을 미친다면 이를 진정한 의미로서의 마케팅으로 볼 수 없다. 2차 세계 대전 이후 마케팅은 생산시설을 가동하여 생산한 제품을 소비자들에게 팔기 위해 수요를 창출하는 역할을 담당했다. 당시 전 세계가 전쟁 후 경제를 복구하고 풍요의 시대로 나아감에 있어서 마케팅이 중요한 역할을 했다고 볼 수 있다. 예컨대 홍보Public relation의 선구자인 에드워드 버네이스Edward L. Bernays는 의사들을 활용한 홍보를 통해 베이컨을 든든한 아침 식사를 위한 필수 메뉴로 인식시켰고, 미국인의 아침 식사가 바뀌면서 관련 산업이 활성화되었다.

1960년대 말부터 마케팅이 경제발전만을 다루었을 뿐, 다른 사회문제들에서 괴리되어 빈곤, 불평등, 질병, 환경문제 등을 충분히 다루지 않고 있다는 점이 지적되어 왔다(Kotler & Levy, 1969). 1970년대에 마케팅은 사람들의 물질에 대한 욕구를 촉진하고 과다소비를 유발하여 환경문제를 일으키고 있다는 비난을 받기도 했다(Fisk, 1974). 마케팅은 단순히 제품이나 서비스를 넘어서서 사회적/환경적 문제를 해결하면서 가치를 창출해야 한다는 주장이 이어졌다(Sheth and Sisodia, 2006). 마케팅의 대가인 필립 코틀러(2010)는 저서 『마켓 3.0』에서 제품 중심, 소비자 중심의 마케팅을 넘어서 가치 중심 마케팅의 시대가 왔음을 지적하면서 지속가능성, 공동창조, 협력 등이 향후 중요한 키워드가 될 것임을 역설하였다.

미국마케팅학회American Marketing Association에 따르면 마케팅은 소비자(B2C)와 고객사(B2B), 파트너 그리고 사회를 위한 가치를 창출/소통/전달/교환하는 제반 활동이다.[8] 이러한 관점에서 마케팅은 단순히 소비자와 고객만을 위한 것이 아니며, 파트너와의 상생과 사회적 가치 창출에 대한 고민이 수반되어야 한다. 이러한 마케팅의 사회적 역할에 대한 연구는 1970년대부터 계속되어 〈Journal of Public Policy and Marketing〉(1982년 창간), 〈Journal of Macromarketing〉(1981년 창간) 등의 주요 학회지에서 수십 년간 진행되어 왔다.

최근 전 세계적으로 정치적/경제적/사회적 위기가 심화됨에 따라 마케팅의 적극적 역할을 강조하는 추세가 확연히 드러나고 있다. 이에 오늘날의 마케팅은 사회적/생태적 영향을 중시하고 있다(e.g., Gordon et al., 2011; Hunt, 2017; Lunde, 2018). 즉, 마케팅을 통해 소비를 촉진시켜 저소득층의 일자리를 만드는 것과 함께, 지나치게 과소비를 조장하여 환경에 악영향을 주지 않도록 고려하는 등 마케팅 활동에 따른 긍정적/부정적 효과를 동시에 고려하는 것이다. 2010년대에 들어서는 마케팅과 윤리에 대한 연구도 증가하고 있다(e.g., Arnold et al., 2015; Ferrell et al., 2013; Laczniak and Murphy, 2019). 마케팅 석학들은 더 나은 사회를 위한 마케팅 연구가 필요하다고 지적하고 있다(Chandy et al., 2021). 이를 위해 마케팅 연구의 범위에 대해서 근본적인 고민이 필요하며(Moorman et al., 2019), 사회문제 해결 또는 공공정책 수립에 마케팅 연구가 기여해야 한다고 말한다(MacInnis et al., 2020). 2021년부터는 세계적인 마케팅학자들이 모여 'Better Marketing for Better World' 이니셔티브를 시작하여 사회를 위한 마케팅 연구를 활발하게 진행하고 있다.[9]

---

8 "Marketing is the activity, set of institutions, and processes for creating, communicating[promotion], delivering[place], and exchanging[price] offerings[products] that have value for customers, clients, partners, and society at large."(American Marketing Association, "Definition of Marketing," 2017).

9 2021년 Journal of Marketing에서는 "Better Marketing for a Better World(BMBW)"를 주제로 연구들을 다루었는데, 총 44명의 미국 마케팅 교수들에게 이 분야의 연구 필요성에 대해 설문을 진행한 결과 7점 만점에 평균 6.34점으로 매우 높게 나타났다. 그러나 현재 이 분야가 연구에서 얼마나 잘 다루어지고 있는지에 대한 답변에서는 80% 이상의 교수들이 4점 이하로 응답하였다(Chandy et al., 2021). 참고: https://www.bmbw.org/

마케팅 분야 대표적인 학회인 세계소비자학회Association of Consumer Research는 변혁적 소비자 연구Transformative Consumer Research 이니셔티브를 통하여 관련 연구를 촉구하고 있다[10]. 이처럼 그동안 상대적으로 덜 조명되어 왔던 마케팅의 사회적 역할과 기여에 대한 연구가 점차 활발해지고 있다.

실제로 역사 속에서 마케팅은 사회적 목적을 위하여 적극적으로 활용되어 왔다. 한 사회의 발전과 안정을 위해서는 건강한 시장시스템이 필수적이다. 이때 마케팅은 시장을 창출하고 유지하는 데 중요한 역할을 한다. 특히 개발도상국이나 분쟁국가 등에서 마케팅은 사회적 안정과 경제적 발전을 이루는 데에 중요한 역할을 한다(e.g., Barrios et al., 2016; Osgood, 1962; Shultz et al., 2005). 좋은 마케팅 전략을 통해서 시장이 확장되고 매출이 증가하면서 빈곤과 일자리 부족 문제를 해결할 수 있으며, 중소기업, 소상공인 등의 소득이 증가하면서 각종 서비스 시장, 특히 교육시장과 의료시장 등이 함께 성장하게 된다. 이를 통해 지속가능하게 사회문제를 해결하고, 바람직한 사회적 변화를 만들어낼 수 있다. 또한 마케팅은 정부 정책, 시민사회의 조직화된 시민운동, 국제기구의 프로젝트 등에 도입되어 정책의 대상인 시민들과 소통하고, 그들의 참여를 증진하고 행동을 변화시킴으로써 본연의 목적을 달성하는 유용한 도구로 활용되기도 한다. 이를 퍼블릭마케팅public marketing, 소셜마케팅social marketing 등으로 부르기도 한다.

역사 속에서도 시민들의 인식과 행동 변화를 통하여 사회의 발전을 이룩하는 데에 있어서 마케팅 전략 및 활동이라고 볼 수 있는 사례들을 쉽게 찾을 수 있다. 예컨대 18세기 후반 영국에서 윌리엄 윌버포스William Wilberforce를 비롯한 노예무역 폐지론자들이 주도하는 인권운동이 시작되었을 때, 이들은 노예노동에 의해 생산된 설탕에 대한 불매운동을 벌이기 시작했고, 시민들이 이에 참여하면서 사회적 변화에 기여하였다.

---

[10] "Research that benefits consumer welfare and quality of life for all beings affected by consumption across the world." 참고: https://www.acrwebsite.org/web/tcr/

기업가들은 노예노동에 기반하지 않은 설탕을 생산하고(현재의 소셜벤처나 사회적기업가들의
활동으로 볼 수 있다), 이를 시장에서 성공시키기 위한 별도의 로고와 포스터를 개발하고
인증제도를 시행하는 등 오늘날의 브랜딩 전략이라 불릴 수 있는 활동들을 하였다.
이를 통해 노예무역의 부당성에 대한 공감대가 사회에 확산되었고, 이는 결국 노예무
역 전면 금지 법안이 국회에서 통과되는 데 있어서 중요한 역할을 담당했다. 이 사례
는 오늘날 공정무역의 시초라고 볼 수 있다. 또 사람들이 과음하는 문화를 바꾸기 위
하여 술 대신 코코아 음료 제품을 생산한 캐드버리Cadbury, 당시 많은 건강문제를 야기

그림 2 ㅣ 1838년 노예무역 반대 캠페인에 활용된 이미지
("Am I not a man and a brother", "Am I not a woman and a sister"라고 적혀 있다)

출처: Washington and Lee University

그림 3 ㅣ 1820년대 노예제도에 반대하는 불매운동이었던 free-produce movement의 사례들
(제품에 "East India Sugar not made by Slaves", "The product of free Labour"라고 적혀 있다)

출처: 위키피디아

하였던 독주 진Gin을 대체하기 위해 맛이 좋으면서도 알코올 도수가 낮은 맥주를 만들어 사람들의 생활양식을 더 건강하게 바꾼 기네스Guiness 등도 마케팅을 통해 사회적 가치를 창출한 좋은 사례이다.

기업시민정신에 반대되는 기업 행동은 마케팅에 어떠한 부정적 영향이 있나?

1) 기업의 무책임한 행동이 기업시민정신의 진정성을 훼손시킬 수 있다

마케팅 연구에 따르면 사회적 가치를 창출하는 기업 활동은 소비자와의 관계 형성에 도움이 된다. 예컨대 기업의 사회공헌 활동corporate social responsibility은 소비자들로 하여금 그 기업이 따뜻한 기업이라는 인식을 가지게 하며, 이러한 인식은 소비자들의 기업에 대한 태도 즉 브랜드 이미지, 기업 평판, 신뢰도, 고객 충성도 등에 긍정적 영향을 미친다. 이는 종종 소비 행동으로 이어진다. 2021년 한양대학교-더나은미래-사회적가치연구원이 공동으로 진행한 설문조사에 따르면 소비자들은 같은 값이라면 따뜻한 기업의 제품을 더 선호하고, 추가 비용을 지불하더라도 윤리적인 제품을 구매하려고 한다. 또한 따뜻한 기업을 친구에게 더 많이 추천하고, 자발적 홍보대사로 활동하기도 한다. 특히 MZ세대는 윤리적 소비에 더욱 적극적인 것으로 알려져 있다.

그러나 소비자들은 기업의 행동 의도를 파악하려고 한다. 그들은 기업의 사회적 가치 창출 활동에 진정성이 있는지를 항상 감시하고 평가한다. 인간은 상대방의 행동을 인식할 때 표면 그대로 받아들이는 것이 아니라, 행동 뒤에 있는 의도를 파악하기 위하여 의도를 추론하는 귀인 과정attribution process을 거친다. 이는 기업의 행동을 인식할 때도 마찬가지이다. 같은 기업사회공헌 프로젝트라도 경우에 따라 기업 스스로의 이익을 위한 보여주기 식 행동profit-driven motive 또는 정부나 외부의 압력에 의하여 하는

본원 활동

행동stakeholder-driven motive으로 인식될 수도 있으며, 혹은 진정성 있는 행동genuine/altruistic motive으로 해석될 수도 있다. 이때, 기업의 의도가 진정성 있다고 판단받는 경우에만 소비자들은 긍정적인 인식과 태도를 보인다. 반면 기업이 보여주기 식으로 행동하거나 억지로 행동한다고 인식될 경우, 소비자들은 긍정적인 인식과 태도를 가지지 않는다. 소비자는 이처럼 추론하는 과정에서 기업의 공식적 활동뿐만 아니라, 기업 대표의 행동, 직원의 행동, 기업 내 직원들이 받는 대우 등을 종합적으로 고려한다. 예를들어, 회사의 팀장이 진정성을 가지고 기업사회공헌 프로젝트를 진행한다 하더라도 팀원의 사려 깊지 못한 한마디로 인해 프로젝트에 대한 평가가 나빠질 수도 있고, 그 반대의 경우도 가능하다. 결국 조직 차원에서 진정성 있는 기업사회공헌을 하기 위해서는 이를 뒷받침할 수 있는 조직 차원의 가치의 내재화가 필요하며, 이때 기업시민정신과 같은 가치체계를 조직원이 효과적으로 공유하는 것이 필요하다.

반면 기업이 사회적/환경적 측면에서 무책임하게 행동할 때 기존 고객과의 좋은 관계가 깨지거나 신규 고객과 의미 있는 관계를 맺기 어려워진다. 이를 CSICorporate Social Irresponsibility(기업의 사회적 무책임)라고 부른다. CSI에 대해 소비자들은 해당 기업 및 제품에 부정적인 인식과 태도, 구매 의도 감소 등을 보이게 된다. 특히 해당 기업이 그동안 자신의 CSRCorporate Social Responsibility(기업의 사회적 책임)을 적극적으로 홍보해 왔다면 더욱 부정적인 결과가 발생할 수 있다. 이는 그 기업이 위선적이라고 인식하기 때문이다. 말과 행동이 불일치하는 사람을 위선적이라고 보고 그에 대한 부정적 태도를 갖게 되듯이, 소비자들도 말과 행동이 불일치하는 기업, 즉 기업위선corporate hypocrisy을 부정적으로 인식하는 것은 당연한 일이다.

CSI와 기업위선이 문제가 된 사례는 현장에서 쉽게 발견할 수 있다. 예컨대 폭스바겐의 경우 반복적인 배출량 조작 행위로 미국, 스웨덴, 프랑스, 이태리, 한국 등 다양한 국가에서 소송이 진행되고 있다. 이로 인하여 정부에서 벌금을 부과함은 물론, 기업의 시장가치와 소비자들의 브랜드에 대한 인식이 저하되었다. 폭스바겐 회장은 "창업 후 78년 만에 기업이 존폐 기로에 놓였다."라면서 잘못을 인정하고 있지만, 폭스바겐의 세계 브랜드 순위는 크게 하락하였다(인터브랜드)(Riera & Iborra, 2017). 기업의 위선과 관련하여서는 영국의 British Petroleum이 'Beyond Petroleum'이라고 기업 이름을 바꾸면서 브랜딩을 하고, 이를 홍보하기 위해 광고 커뮤니케이션 비용을 많이 썼지만 그와 동시에 일어난 원유 유출 사고로 많은 비난과 함께 조롱을 받은 일이 있었다. 엔론은 우수 사회공헌기업으로 선정되었으나, 회계부정 사태가 터지면서 몰락하였다. 이런 사례들로 인해 사람들은 기업시민정신과 CSR 등에 대하여 의심 어린 눈길로 바라보는 경향이 강해졌다.

그러나 기업이 무책임한 행동을 한다고 해서 무조건 소비자들이 부정적인 반응을 보이는 것은 아니다. 기업의 무책임한 행동은 다양한 형태로 나타나는데, 이 중 기업의 이익을 위하여 탈세나 법령을 어기는 등 일부러 하는 행동도 있지만 어쩔 수 없이 발생하는 경우도 있다(Lin-Hi & Müller, 2013). 비즈니스가 전 세계적으로 확장되고, 2차/3차 하청기관이 생기는 등 공급망이 복잡해지면서 노동자 인권/안전 등의 문제가 생길 위험도 있기 때문이다(Amaeshi, Osuji & Nnodim, 2008; Strike, Gao & Bansal, 2006). 따라서 기업의 부정적 행동이 가져오는 여파 역시 소비자들이 그 동기를 추론하는 귀인 과정에 따라 부정적 영향의 정도가 달라질 수 있다(Wagner, Korschun & Troebs, 2020).

CSR이 소비자들의 긍정적인 반응과 이어지기 위해서는 이익 추구 또는 의무/강제가 아닌 기업의 진정성 있는 동기가 전제되어야 하듯이, 기업의 무책임한 행동 역시 기업이 의도적으로 했을 경우 또는 문제가 생겼을 때 이를 감추거나 사실을 호도하려고 할 경우에는 부정적인 반응이 증폭될 수 있다(McDonald, Sparks & Glendon, 2010). 문제가 발생하지 않았다 하더라도 예컨대 사실과 다른 내용을 홍보하거나 작은 성과를 과장해서 홍보한다면 그린워싱green washing이나 블루워싱blue washing으로 인식되어 오히려 안 좋은 결과를 가져올 수 있다. 이처럼 기업의 의도가 불순하다고 평가받을 경우 소비자와의 관계에 악영향을 미친다(Shim & Yang, 2016).

2) 소비자들은 기업의 변화를 요구한다

소비자들은 개별적인 부정적 반응을 넘어서 조직적으로 보이콧 운동을 일으킬 수도 있다. 더 나아가 시민단체에 의하여 소송을 당하거나, 여론 악화로 인하여 정부가 개입할 수도 있다. 예전에는 파편화되어 있던 고객들이 스마트폰, SNS 등을 통해 연결되면서, 이제는 고객들의 사회적/환경적 요구가 거꾸로 기업과 산업의 변화를 만들어내기도 한다. 예컨대 2016년 방글라데시의 라나플라자^{Rana Plaza} 공장에서 일어난 여성 노동자들의 대규모 사망 사건으로 패션브랜드 생산과정에서의 사회적/환경적으로 무책임한 기업 행동에 대해 소비자들의 자각과 분노, 그리고 변화에 대한 요구가 거세졌다. 작은 소비자 운동으로 시작된 'Fashion Revolution'은 'I made your clothes' 등의 캠페인을 통하여 큰 힘을 얻게 되었고, 이는 패션브랜드들의 경영 방식에 큰 변화를 가져왔다. 국내에서도 소비자들의 생각이 점차 조직화되어 기업에게 실제적인 보상 또는 압력으로 작용하고 있다. 국내에서도 남양유업, SPC, 유니클로 등에 대한 불매운동이 활발하였으며, 이와 동시에 "따뜻함"이 높은 기업이나 자영업자들에게는 "돈쭐"을 내주자며 자발적인 구매운동을 벌이기도 한다. 또 진정성 있게 오랜 기간 사

그림 4 | 패션산업의 사회/환경 측면의 문제를 성공적으로 제기하고 있는 Fashion Revolution의 글로벌 캠페인 사례

출처: fashionrevolution homepage

회공헌활동을 해온 기업들에 다양한 형태의 지지를 보내고 있다.

요즘 마케팅 현장에서 주목할 만한 현상은 정치의 양극화이다. 특히 미국과 유럽 등 선진국의 정치 상황은 2차대전과 냉전 종식 이후 그 어느 때보다 극단화되어가고 있다. 이로 인하여 기업들은 어느 편에 설 것인지 선택해야 하는 상황에 놓이기도 한다. 예를 들어, 최근 미국에서는 흑인 인권 관련 "Black Lives Matter"라는 시민캠페인이 활발하게 진행되고 있다. 나이키는 "Black Lives Matter" 캠페인에 적극 참여하여 흑인들의 지지를 받았으나, 거꾸로 백인우월주의자들이 나이키 제품을 불태우는 영상을 SNS에 공유하기도 하였다. 미국의 아이스크림 브랜드 밴앤제리스Ben & Jerrys는 인권과 관련하여 적극적인 활동을 해왔다. 이 브랜드에 대한 거짓뉴스fake news들이 SNS 상에서 양산되기도 하였다.

여성 인권과 페미니즘 운동 등을 둘러싼 사회적 갈등 역시 극심하다. 페미니즘을 지지하지 않는 패션브랜드의 경우, 소비자들이 비싼 명품브랜드임에도 불구하고 제품을 버리는 영상을 공유하고 있다. 우리나라의 경우 위안부 피해자 할머니들을 지원하였던 소셜벤처인 마리몬드의 마케팅이 성공적이었으나, 마리몬드가 수익을 기부하였던 시민단체의 대표가 정치계로 진출한 이후 불거진 여러 가지 부정적 이슈들에 영향을 받으면서 비즈니스상의 어려움과 함께 위안부 운동을 둘러싼 양극화된 사회적 분위기가 형성되기도 하였다.

이처럼 사회적 이슈들을 둘러싼 소비자들의 반응이 점차 양극화되면서 기업이 중요한 정치적/사회적 이슈에 대하여 입장을 밝히고 행동하는 것을 요구받고 있다. 이에 따라, 브랜드 액티비즘Brand Activism이나 기업의 정치적 활동Corporate Political Activity에 대한 연구도 활발해지고 있다. 앞으로 마케터들이 더욱 관심을 가져야 할 분야가 될 것으로 예상된다.

기업시민정신을
마케팅에 어떻게 적용할 수 있을까?

1) 마케팅믹스에 기업시민정신을 적용할 수 있다

그렇다면 기업시민정신을 어떻게 마케팅에 적용시킬 수 있을까? 이를 마케팅믹스 Marketing Mix 프레임워크를 활용하여 살펴보고자 한다. 마케팅믹스 또는 4P로 불리는 제품product, 가격price, 유통place, 판매촉진promotion은 마케팅의 핵심을 한눈에 보여주는 프레임워크이다(Miles and Nilsson, 2018).

마케터는 4P에서 말하는 4가지 항목별로 기업시민정신의 구체적 적용방안을 생각해 볼 수 있다. 예컨대 슬로우푸드 인터내셔널Slow Food International은 지역사회에서 생산된 건강에 좋고 환경에 무해한 유기농 생산품product을, 농부들에 대한 적정 임금 지불을 포함하는 수준의 가격price으로, 농부들이 직접 생산품을 판매하는 유통채널place을 통해 판매한다. 그리고 고객들에게는 단순한 식료품이 아닌 '환경과 지역사회, 문화 등을 고려하는 소비'로 홍보promotion한다(Tencati and Zsolnai, 2012).

이처럼 4P에 환경적/사회적 가치를 고려하는 마케팅으로 그린 마케팅Green Marketing, 지속가능한 마케팅Sustainable Marketing 등이 나타났다. 그런데 이와 같은 새로운 마케팅 개념을 전통적 마케팅의 문제를 해결하기 위한 부분적 보완책으로 보거나, 단순한 홍보 수단으로 보아서는 곤란하다(Moniri et al., 2012; Ottman, 1993). 지금부터는 4P 프레임워크를 기준으로 오늘날의 그린 마케팅, 지속가능 마케팅이 어떤 형태로 발전해 나가고 있는지를 살펴보도록 하겠다.

2) 제품(product)에 기업시민정신을 적용할 수 있다

친환경 제품은 생산과 사용 및 폐기 등 전 과정에 있어서 긍정적인 환경적/사회적 영향을 창출하는 제품을 말한다(Dangelico and Pontrandolfo, 2010; Peattie, 1995). 많은 소비자들은 품질이 괜찮다면 친환경 제품을 선호한다(Sharma and Iyer, 2012). 여기서 한 걸음 더 나아가, 마케팅을 통해 소비자의 욕망을 자극하여 기업의 매출을 늘리는 것 자체가 나쁘다는 관점도 있다(Bocken, 2017; Sodhi, 2011). 이러한 관점에 따르면 제품의 생산을 지나치게 늘리는 것은 좋은 마케팅이 아니다. 아무리 친환경 제품이라 하더라도 결국은 생산과 소비, 폐기 과정에서 환경에 부담을 줄 수밖에 없기 때문이다. 기업이 제품의 생산을 줄이면서도 성공적인 비즈니스를 이어가기 위해서는 제품의 혁신이 일어나야 하는 것이 필수적이다.

이와 관련된 사례로 파타고니아Patagonia를 들 수 있다. 'Worn Wear' 프로그램, 'Common Threads' 이니셔티브 등을 통해 고객이 기존에 구매한 제품의 수명을 늘려주고, 무상으로 수선 서비스를 제공하고 있다. 회사는 고객들로 하여금 꼭 필요할 때에만 제품을 구매하고, 구매한 제품은 수선해가면서 오래 사용할 것을 독려했다(Allchin, 2013; Michel et al., 2019). 이러한 제품들을 온라인 플랫폼[11]이나 매장, 이벤트(Worn wear party)를 통하여 거래할 수 있도록 하였으며, 이는 소비자들로부터 많은 관심과 참여를 이끌어냈다. 온라인 플랫폼에서 파타고니아 중고제품의 거래는 새로운 제품의 매출액을 초과하기도 한다. 이러한 정책은 고객들로 하여금 파타고니아의 진정성genuine/altruistic motive을 느낄 수 있게 했고, 그 결과 높은 브랜드 충성도brand loyalty를 가진 고객들의 팬덤이 만들어졌다.

이러한 관점은 친환경적인 제품을 더욱 많이 판매하고자 하는 그린마케팅, 지속가능한 마케팅을 넘어서 "과연 친환경적 제품을 더 많이 판매하는 것이 바람직한가?"를 고려하는 사회생태학적 마케팅Social-Ecological Thought Marketing이다(Dyck & Manchanda, 2021). 이는 그동안 마케팅이 기반해 온 소비자 개인의 효용을 극대화하는 것이 좋은 것이라는 효용주의/공리주의적 가치관utilitarianian value에서 벗어나(Dyck & Silvestre, 2018; Sodhi, 2011), 공

---

11 https://wornwear.patagonia.com/

동체를 고려하는 가치관^(덕윤리, vitue ethics)에 기반하는 것으로 마케팅 관행에 있어서 보다 근본적인 변화를 요구하는 것이다^(Dyck & Kleysen, 2001; Dyck & Manchanda, 2021). 예컨대 소비자들이 제품 생산 과정에 투입되는 노동 인력의 안전과 인권에 대해서 인식할 것을 요구하기도 하며, 제품 소비 및 폐기 과정에서 환경을 훼손하는 결과에 대하여 더 깊은 수준의 성찰을 요구한다^(Sheth et al., 2011).

또한 그동안 소득 수준이 낮아 기업들에게 외면받아 왔던 저소득층^{Bottom of Pyramid:} ^{BOP}의 니즈를 바탕으로 새로운 제품과 서비스를 개발할 수도 있다. 저소득층을 대상으로 한 제품/서비스의 대표적인 사례로는 영국 보다폰^{Vodafone}이 케냐 자회사인 사파리콤^{Safaricom}을 통해 케냐 등 아프리카 등지에 제공한 모바일 금융 서비스 엠페사^{M-pesa}를 들 수 있다. 당시 아프리카 케냐 국민의 80% 이상이 은행 계좌를 가지고 있지 않았으며, 현금 뭉치를 들고 다니면서 금융 거래가 이루어짐에 따라 범죄의 위험에 노출되어 있었다. 보다폰은 은행 계좌보다 휴대폰 보급이 더 널리 이뤄진 상황에 착안하여, 영국의 국제개발부^(DFID) 등과 협업하여 휴대폰 기반 금융 서비스를 출시했다. 엠페사는 송금, 출금, 대금 결제, 심지어 택시비 결제와 같은 일상 업무까지 지원해주는 모바일 금융 서비스로 2015년 기준 2천만 명의 케냐 국민이 사용하였으며 케냐 국내총생산^{GDP} 대비 40% 이상의 거래가 이를 통해 이루어졌다. 엠페사 서비스를 이용하는 가구는 이전보다 소득이 5~30% 증가한 것으로 보고되었다.

우리나라의 사례로는 유한양행이 1933년 개발한 진통소염제인 '안티푸라민'을 들수 있다. 창업자인 유일한 박사는 독립운동을 하였던 기업가로 제대로 치료받지 못해 고통을 느끼는 서민들의 고통을 경감하는 제품을 제공하여 사회 차원의 보건 문제를 해결하기 위하여 의약품을 개발하였다. 또한 "만병통치약"이라는 일본 상품들의 과대광고가 관행이었던 당시 시장에서 의약품에 대한 정확한 정보전달에 기반하여 홍보물을 제작하여 새로운 마케팅 관행을 열기도 하였다. 이와 함께 종업원지주제, 자원봉사, 재산의 사회환원 등은 창업가의 기업시민정신이 경영활동 전반에 적용된 우수사례로 볼 수 있다.

3) 가격(Price)에 기업시민정신을 적용할 수 있다

마케팅에서 가격이란 고객이 제품의 기능과 품질에 대하여 지불할 의사가 있는 금액을 말한다. 친환경 제품의 경우 제조과정에서 엄격한 절차 및 기준을 거치기 때문에 생산비용이 높은 경우가 많다(Peattie and Crane, 2005). 이러한 추가적 비용은 가격 프리미엄premium price의 형태로 소비자에게 전가되는 경우가 많으며, 결국 경쟁 제품에 비하여 더 비싼 금액으로 소비자들에게 제공된다(Peattie, 2001). 일부 소비자들은 높은 가격은 물론, 재생 소재 등을 활용하는 친환경적 특성으로 인하여 제품의 품질이 저하될 것이라고 판단하여 친환경 제품에 부정적인 태도를 보이기도 한다(Michaud and Llerena, 2011; Kapelianis and Strachan, 1996). 반면 어떤 소비자들은 미래 세대 및 환경에 도움을 주겠다는 마음으로 어느 정도까지는 가격 프리미엄을 지불하고자 한다(Chan et al., 2012).

제조과정의 노동 투입 및 지역사회 특성이 가격 설정 시 반영되기도 한다(Reinecke and Ansari, 2015). 대표적인 예로 공정무역 제품의 가격 정책을 생각해 볼 수 있다. 예컨대 아프리카 지역에서 생산되는 루이보스 차의 경우 생산 지역에 따라 노동자 최저임금 또는 생활임금 수준이 달라질 수 있으므로 이를 고려하여 가격을 설정할 필요가 있다. 이 경우 가격은 시장의 수요와 공급을 반영하여 결정된다기보다는 생산비용과 함께 적절한 사회적 비용 및 임금 수준을 고려하여 결정될 수 있다(Bradford, 2015). 이와 관련된 사례로는 공정무역 차나 커피, 초콜릿 등이 유사제품 대비 더 비싼 가격으로 유통되는 경우가 많다는 점을 들 수 있다(Ballet and Carimentrand, 2010). 또한 지역사회에서 생산되어 유통되는 제빵 제품들의 경우, 농부 및 노동자들에게 적정 수준의 임금을 제공하기 위하여 더 비싼 가격으로 판매되는 경우가 많다(Dyck et al., 2018).

한편 빈곤층을 대상으로 개발된 저소득층을 위한 제품의 경우 시장가격보다 저렴하게 제공되기도 한다. 예를 들어 방글라데시에서는 마이크로파이낸스 솔루션으로 노벨평화상을 수상한 무하마드 유누스Muhammad Yunus 박사가 이끄는 그라민 그룹Grameen과 프랑스의 다국적 유제품 기업인 다농Danone이 협력하여 그라민다농Grameen Danone을 설립했다. WHO에 따르면 당시 방글라데시에는 심각한 영양실조에 걸린 어린이가 전체의 40%를 넘었다고 한다. 그라민다농은 빈곤층 아이들에게 최소한의 영양소를 공급하고자 '샥티도이Shokti Doi'라는 요거트를 생산했다. 여기에는 비타민A, 철, 아연, 칼슘 등 필수 영양소가 들어 있으며, 하루 한 컵이면 일일 권장량의 30%에 해당하는 영양소를 섭취할 수 있다. 이러한 긍정적 효과를 극대화하기 위해서 그라민다농은 샥티도이의 가격을 한국 화폐 기준 100원 이하로 설정했다.

4) 유통(place)에 기업시민정신을 적용할 수 있다

기업시민정신을 적용한 유통전략은 지역사회의 생태적, 사회적, 경제적 혜택을 심도 있게 고려할 필요가 있다.

유통의 경우 기존의 유통채널을 활용하는 것도 좋지만, 지역사회 내에서 가치사슬을 구성하여 지역경제 활성화에 기여하는 전략적 방향을 고려해 볼 수도 있다. 이는 지역사회에서 창출된 부가 외부로 이동되는 과정에서 부의 유출과 경제적 불평등 심화가 발생할 수 있기 때문이다. 반면, 지역사회 내에서 이루어지는 경제적 거래의 경우 지역사회 구성원들의 전체적인 경제 수준을 높여줄 수 있다(McCaffrey and Kurland, 2015). 이렇게 되면 지역사회에 자본을 축적하여 지역사회 빈곤 및 일자리 문제도 해결할 수 있다. 예컨대 Carolan(2014)의 연구에 따르면 지역사회 내에서 가치사슬이 구성될 경우 50% 이상의 부가 지역사회에 귀속되는 반면, 전국적 유통망의 경우 15% 정도의 부만이 지역사회에 혜택을 주게 된다.

유통과정에서 배출되는 온실가스를 고려하더라도 지역사회 내에의 유통을 장려하는 것이 바람직하다(Tencati and Zsolnai, 2012). 지역사회 내에서 생산 및 유통을 할 경우 유통채널을 짧게 만들어서 부정적 환경효과를 감소시킬 수 있다.

유통과정에서 지역사회의 환경적/사회적 가치를 고려한 사례로는 앞서 언급한 슬로우푸드 운동Slowfood movement 등 지역사회 기반 유통 사례가 있다. 또한 지역사회 내의 유통을 성공적으로 한 사례로는 전술한 그라민다농이 있다. 이들은 hy(구 한국야쿠르트)의 '야쿠르트 아줌마'처럼 유통에 있어서 지역사회 여성들을 적극 활용하고 있으며, 이를 '그라민 레이디스'라고 호칭하고 있다.

5) 판매촉진(promotion)에 기업시민정신을 적용할 수 있다

마케팅의 4P 중 판매촉진 시에도 기업시민정신을 적용한다면 자기 자랑이나 보여주기 식의 광고/홍보는 지양하게 될 것이다. 앞서 다룬 '기업의 따뜻함'에 대한 소비자들의 인식과 기업시민정신의 진정성에 대한 소비자들의 귀인과정, 기업의 위선에 대한 부정적인 인식과 태도 등을 종합해보면, 소비자들은 기업이 따뜻할 경우, 더 진정성이 있을 경우, 위선적이지 않을 경우, 기업에 대하여 긍정적인 인식과 태도, 더 나아가 구매 의도 등 기업이 기대하는 형태의 관계를 맺고자 할 것이다. 따라서 오히려 기업시민으로서의 역할을 고민하면서 광고/홍보 전략을 수립한다면 소비자들은 그 기업이 따뜻하고 진정성이 있다고 인식하게 될 것이다. 이와 관련된 대표적인 예로 파타고니아의 판매촉진 활동을 볼 수 있는데, 이에 대한 설명은 사례 연구에 자세히 설명되어 있다.

기업시민정신을 바탕으로 시민들의 친사회적/친환경적 행동을 촉진시키는 역할을 할 수도 있다. 이와 관련하여 행동경제학의 적용도 고민해 볼 필요가 있다. 시카고대 경제학 교수이자 노벨경제학상 수상자인 리차드 세일러는 행동경제학의 연구결과를 공공정책에 활용하는 '넛지Nudge'를 제안했다. 국제기구인 세계은행 내의 행동경제학 조직(eBMD), 영국 정부에 설치되었다가 현재는 정부가 출자한 기업이 된 BIT(Behaviour Insight Team) 등에서도 행동경제학 전문 부서 등이 설치되어 운영되고 있다. 마케팅의 소비자행동 연구는 행동경제학, 사회심리학과 연계되어 실무에서 활발하게 활용되고 있다. 행동과학 기반 마케팅 전술을 활용함으로써 더욱 효과적으로 시민들에게 다가가, 그들의 문제점을 해결하고, 그들의 생각을 바꾸어놓을 수 있다. 마케팅은 소비자

본원 활동

들의 생활양식을 만들고, 이러한 생활양식이 모여서 한 사회의 문화를 만들고, 이 과 정에서 사회적 문제들이 생겨나거나 혹은 해결되기 때문이다.

예를 들어 세계적 기업인 유니레버Unilever는 미국 국제개발기관인 USAID와 함 께 인도를 포함한 많은 개발도상국에서 아동 손 씻기 행동 변화 캠페인을 벌여왔다. "Lifebuoy Unilever"라는 브랜드를 인도, 인도네시아, 베트남, 방글라데시에 출시하 면서 해당 국가와 지역 아동들을 대상으로 위생교육을 하는 "Lifebuoy Handwashing Behavior change project"를 진행하고 있다. 하루에 다섯 번 손을 씻자는 "School Of Five" 캠페인을 통하여 아동들의 5세 생존율을 높이자는 "Help children reach 5"를 목 표로 하고 있다. 유한킴벌리가 오랜 기간 펼쳐온 나무 심기 캠페인 역시 '우리 강산 푸 르게 푸르게'라는 슬로건하에 길고 꾸준하게 묵묵히 진행해 옴으로써 세간에서 좋은 평가를 받고 있다. 이러한 기업의 소셜마케팅 및 소셜캠페인들은 소비자들로 하여금 기업에 대한 긍정적인 인식을 가지게 할 뿐 아니라, 실제로 해당 사회문제를 해결함 으로써 기업의 지속가능한 성장과 성공에도 중요한 역할을 하고 있다.

이와 관련된 사례로 칸느광고제Cannes Festival of Creativity에서는 과거에도 다양한 공익광 고가 다루어지고 있었는데, 지난 2016년부터는 UN SDGs를 주제로 하는 다양한 마케 팅 광고/홍보에 대하여 시상하고 있다[12]. 이 광고제의 주요 수상작들은 개발도상국의 보건문제를 해결하거나, 선진국에서 장애인의 불편함 등 사회문제를 개선하기 위한 행동 변화 캠페인들이 주를 이루고 있다.

---

12 2016년 반기문 전 UN사무총장의 칸느광고제 방문을 계기로 Sustainability, Sustainable Development Goals Lions 부문이 신설되었고, 전 세계 젊은 광고인들이 모여 사회문제를 해결하기 위한 Young Lions Competition 을 국제기구(Unicef)와 공동으로 개최하고 있다.

위의 내용을 종합하면, 기업시민정신을 바탕으로 마케팅을 할 때 소비자, 고객사, 파트너와 관계를 더욱 지속가능하게 만들 수 있다는 점을 알 수 있다. 기업시민정신 없이 진행되는 마케팅 활동들은 소비자들도 진정성을 느끼지 못하고 기업 입장에서는 비용 지출만 될 가능성이 높다. 예컨대 해외 유명 광고제에서 일회성 수상을 위해 벌이는 프로젝트성 사회공헌, 시민단체와의 지속적 관계 형성이 결여된 단순 기부, 임직원의 자발적 기획 없이 강제로 진행되는 봉사활동 등은 지속성이 없는 마케팅 활동으로서, 마케팅 본연의 목적을 효과적으로 달성하기 어렵다. 반면, 사회문제를 해결하고자 하는 진정한 동기를 가지고 있고, 해결을 위하여 구조적 원인에 대한 심도 깊은 고민에까지 나아간다면, 오히려 마케팅의 각 요소에서 혁신을 이루어낼 수 있으며, 소비자들과의 좋은 관계를 바탕으로 비즈니스의 성공은 물론, 산업계와 더 나아가 사회 전반을 변화시키는 계기를 만들어낼 수도 있다.

따라서 기업은 기업시민정신을 바탕으로 본질적인 관점에서 마케팅의 목적과 의미를 반추하고, 기업시민정신을 마케팅믹스에 적용해야 한다. 그러할 때 기업은 마케팅의 목적을 효과적으로 달성하고, 이를 통하여 비즈니스의 성공은 물론, 소비자들이 공감하는 사회적 가치를 달성함으로써 "사랑받고 존경받는 기업"이 될 수 있다.

사례 연구

파타고니아Patagonia의 기업시민정신과 마케팅

1. 파타고니아의 기업시민정신

"파타고니아의 성공적인 기업 운영은 지속가능성이 가진 경제적 의미를 재발견하고, 기업과 소비자가 기후변화와 환경 악화에 대처하는 데에 주도적인 역할을 할 수 있음을 잘 보여준다."

2019년 UN환경계획(UNEP)이 파타고니아에 환경보호상Champions of the Earth Award을 수여하면서 남긴 말이다. 또한 2015년에는 포춘지Fortune에서 '세상을 변화시키는 기업' 중 하나로 파타고니아를 선정하였다. 2021년 미국 내 브랜드 평판 조사에서 파타고니아는 1위를 차지하기도 하였다. 이처럼 파타고니아가 국제사회와 경영계, 그리고 소비자 모두에게 인정받는 이유는 환경에 대한 확고한 철학과 그로 인한 혁신적인 비즈니스와 마케팅 때문이라고 볼 수 있다.

파타고니아의 기업시민정신은 창업가인 이본 쉬나드Yvon Chouinard의 경영적 결정에서 잘 드러난다. 그는 사업가를 꿈꾼 것이 아니라 자신이 사랑하는 산을 즐기기 위한 암벽등반 여행비용을 위하여 1957년 철로 된 피톤장비를 만들어 팔기 시작하였다. 1970년대에 가장 큰 등산장비 기업이 되었지만, 자신이 만든 철로 된 피톤장비가 암벽을 훼손하는 것을 알게 된 후, 고민 끝에 매출의 70% 이상을 차지하던 제품의 생산을 중단하였다. 이러한 경영적 결정은 오히려 새로운 등반 방식에 사용되는 알루미늄 초크 개발로 이어져 친환경 등반 캠페인과 암벽등반 문화의 변화를 이끌어냈다.

이후 그의 경영적 결정들은 파타고니아를 넘어서 다른 기업들의 동참을 이끌어내고, 기업과 소비자들의 문화를 친환경적으로 바꾸어나가는 데에 이르렀다. 그는 1980년대부터는 환경단체에 순이익의 10%를, 1990년대에는 매출액의 1% 기부를 시작하였고, 2000년대에는 '1% for the planet' 운동을 시작하여 기업들의 동참을 이끌어내었다. 비콥 운동B-corp movement에 적극적으로 나섰으며, 친환경인증제도인 bluesign에 최초로 회원 가입을 하고, Footprint Chronicles 웹사이트를 통해 제조과정에서의 이산화탄소 배출량을 투명하게 공개하고, 100% 유기농 면만을 사용하고, 공정무역 인증을 도입하는 등 아웃도어 및 패션 제조업 분야의 친환경 혁신을 이끌었다.

이본 쉬나드의 기업시민정신에 근거한 파격적 경영 행보는 2010년대에도 계속되었다. 그는 환경에 피해를 주지 않는 Responsible Economy를 내세우면서 다양한 프로그램을 운영하였다. 블랙프라이데이의 과소비로 인한 환경오염에 반대하여 "Don't buy this jacket" 등 성공적인 캠페인을 진행하였다. 마지막으로 84세에 이른 2022년 그는 파타고니아를 상장하는 대신, 자신이 보유한 4.2조 이상의 가치인 파타고니아 지분 전액 중 98%의 비의결권 주식을 환경단체 The Holdfast Collective에 기부하고, 2%의 의결권 주식은 the Patagonia Purpose Trust에 기부하여 이사회를 통한 경영을 추구하면서 "파타고니아의 유일한 지주는 지구이다"라는 말을 남겼다. "기업의 미래를 위한 좋은 대안이 없어서, 우리 스스로 만들었다Truth be told, there were no good options available. So, we created our onw"라면서 지난 몇십 년간 주류 경영모델에 저항해 온 그가 마지막 행보에서 더욱 파격적인 대안을 만든 것으로 평가되고 있다.

그는 저서 『파도가 칠 때는 서핑을Let my people go surfing』에서 "우리는 먹고살기 위해 일을 하는데, 이 일 자체가 자연과 인간의 기본적인 삶을 위협하고 있다는 사실을 알고 있을까? 자연의 가치를 너무 가볍게 생각하고 계속 자연을 훼손하고 방조한다면 인간의 미래는 보장될 수 없다"고 자신의 철학을 밝히고 있다. 이러한 그의 철학은 기업 경영에 그대로 반영되어 있다. 예를 들어, 파타고니아의 미션은 "우리는 우리의 터전, 지구를 되살리기 위해 사업을 한다"이며, "최고의 제품, 불필요한 환경 피해의 최소화, 환경 보호를 위한 사업, 새로움"을 추구한다.

2. 조직원들에게 내재화된 기업시민정신

이러한 파타고니아의 기업시민정신은 기업 구성원들에게도 내재화되어 있다. 자연을 사랑하는 직원들이 대부분인 기업에는 제도와 문화가 잘 정착되어 있다. 예를 들어, 파타고니아는 직원들이 환경단체에서 봉사하는 활동에 대해서는 유급휴가 처리를 한다. 대다수 기업에서는 ESG, CSR 지속가능경영 등과 관련된 조직을 만든 후, 그 부서가 기획한 기업의 사회적책임 활동을 사내 각 부서와 관련 업무를 협력하는 방식으로 일한다. 반면, 파타고니아는 각 부서의 업무에서 사회/환경적 영향을 고려한 의사결정을 개별적으로 진행한다(박소현, 2020).

이본 쉬나드는 저서에서 자신의 리더십 철학을 "부재의 리더십Leadership of absence"이라 밝혔으며, 그와 함께 경영에 참여해온 동료들은 그가 대부분의 경우, "당신이 원하는 대로 하세요. 저는 산으로 갑니다."라고 말할 것으로 예상하고는 한다. "부재의 경영"을 추구하는 창업가는 기업문화를 통하여 의사결정 과정에서 자신이 최대한 배제되는 경영을 추구한다.

3. 파타고니아의 지속가능한 마케팅 (제품 측면)

파타고니아는 제품 측면에서 친환경을 실현하기 위한 노력으로 네 가지 "R"을 실천하고 있다. 4R은 각각 "Repair: 옷을 오랫동안 입을 수 있도록 수선한다(고쳐 입기 편하도록 제품을 설계, 수선서비스를 제공).", "Reuse: 더 이상 입지 않는 옷은 기부하여 다른 사람들에게 준다(사용하지 않는 제품은 필요한 사람에게 주거나 판매).", "Recycle: 환경을 보존하기 위해 낡은 상품은 재활용한다(고칠 수 없고, 누군가에게 줄 수도 없다면 파타고니아를 통하여 재활용)." 그리고 "Reimagine: 지속가능한 세상을 상상한다."를 뜻한다.

구체적으로 어린이 대상의 의류 라인을 개발한 이유가 성인 의류를 만들고 남은 천 조각들을 버리느니 최대한 재활용하자는 취지에서였다. 또한 친환경 제품을 제조하여 판매하는 것을 넘어서 중고제품의 수리와 거래를 활성화한다. 오래 입어서 해진 옷을 뜻하는 "Worn-wear" 프로그램을 통하여 소비자는 의류에 대한 무상 수선 서비스를 받을 수 있다. 소비자는 파타고니아 매장이나 "Worn-wear" 차량에 방문하여 파타고니아뿐 아니라 타 브랜드의 옷까지 수선받을 수 있다. 또한 파타고니아는 수시로 "Worn-wear" 파티를 개최하는데, 이때의 거래액은 온라인에서 판매되는 새로운 제품의 판매액을 초과하기도 한다. 파타고니아 홈페이지에서는 소비자로부터 재구매하여 판매하는 "Worn-wear"와 재가공한 제품들인 "Recrafted"들이 재판매되고 있다.

4. 파타고니아의 지속가능한 마케팅 (가격 측면)

파타고니아는 소비를 촉진시키기 위한 가격 할인을 지양한다. 또한 하청업체 노동자들의 최소임금과 복지를 위하여 적절한 수준의 임금을 보장하기 위하여 제품 가격을 높은 수준으로 유지한다. 매출의 상승이나 하락과 상관없이 매년 매출의 1%를 사회적 책임 활동을 위한 기부금으로 배정한다. 그리고 2018년에는 트럼프 정부가 감세한 법인세 전액을 환경단체에 기부하기도 하였다.

5. 파타고니아의 지속가능한 마케팅 (홍보 측면)

파타고니아는 2011년 블랙프라이데이에 "이 재킷을 사지 마세요Don't buy this jacket"라는 홍보 캠페인을 진행하였다. 2013년에는 "새것보다 더 나은Better then new" 홍보 캠페인을 진행하였다. 특히 2013년 블랙프라이데이에 처음 개최한 worn-wear party는 입장권이 소비자가 입었던 파타고니아의 옷이었으며, 이후 파타고니아가 소비자로부터 제품을 재구매하여 재판매하는 방식의 시초가 되었다. 이는 매우 성공적인 오프라인 이벤트로 2018년 포틀랜드의 파티에는 하루에 약 2만여 명이 찾아왔다. 2016년 블랙프라이데이에는 "옷을 사라"는 캠페인으로 당일 매출의 100%를 환경단체에 기부하는 "100% for the Planet"을 진행하였다.

출처: patagonia homepage

토의 아젠다

1. 왜 마케팅에 있어서 기업시민정신을 고려해야 하는가?

2. 기업시민정신에 반대되는 행동은 마케팅에 어떠한 영향을 주는가?

3. 기업시민정신을 마케팅에 어떻게 적용할 수 있을까?

| 구매 |

기업시민 이념 실천 관행으로서
지속가능한 공급사슬관리

—

김경묵(덕성여대 글로벌융합대학 경영학전공 교수)

Intro

2023년 1월 독일을 시작으로 EU는 기업뿐 아니라 해당 기업에 중간재를 납품하는 협력사까지 지속가능경영에 대한 실사를 받도록 하고, 미흡하면 시정 조치가 내려지는 '공급망 실사법'을 시행한다. 이러한 'SSCMSustainable Supply Chain Management(지속가능한 공급사슬관리)' 강화 추세에 발맞춰 삼성전자는 협력사들이 지속가능경영 실사를 통과하도록 꾸준하게 준비하였다. 삼성전자는 중소 협력사들과 원가, 품질, 공정, 기술 분야의 혁신 활동 지원, 인력 양성 및 자금 지원 등의 상생 협력 프로그램을 운영하였는데, SSCM과 관련하여 환경오염 저감, 유해 물질 방출 저감, 안전보건 체제 개선 등의 분야로 협력 및 지원을 확대하고 있다. 특히, 삼성전자는 철저한 유해 물질 관리를 위해 모든 협력사를 대상으로 에코 파트너Eco-Partner 인증 제도를 도입하였다. '제품환경 관리물질 운영규칙' 준수 여부, 환경 품질 관리 시스템 도입 여부 등을 심사해 인증 자격을 부여한다. 협력사는 원재료 공급사로부터 받은 데이터와 제품환경보증서 등을 삼성전자에 제출해야 하고, 삼성전자는 서류를 검증하기 위해 협력사의 제조 현장을 방문해 실사한다. 에코 파트너 인증의 유효기간은 2년이며, 인증받지 못한 협력사는 거래 유지 자체가 어렵게 된다.

삼성전자는 단순하게 협력사의 환경 기준 충족 여부를 평가하는 데에 그치지 않고 협력사의 고위험 화학물질 취급을 중심으로 환경안전 관리를 컨설팅해 주고, '협력사 환경안전 아카데미'라는 교육과정을 통하여 협력사 임직원들의 환경 및 안전에 대한 대응 능력을 높인다.

출처: 뉴시스 2022. 7. 26. 기사를 토대로 저자 작성.

서론

오늘날 지구 과열, ESG, 대안 에너지, 탄소 중립, 일과 삶의 조화, 사회적 안전망 구축, 공정하고 평등한 사회 등의 문구를 보지 않고는 일상생활이 불가능할 정도로 지속가능한 발전에 대한 대중의 관심이 고조되고 있다. '미래 세대의 필요를 만족시키는 능력의 손실 없이, 현세대의 필요를 만족시키는 개발'(World Commission on Environment and Development, 1987, 8쪽)로 정의되는 지속가능한 발전은 경제, 사회, 환경 등의 기축 성과를 조화롭게 달성하는 데에 목표를 두고 있다. 지속가능한 공급사슬관리(SSCM)는 바로 기업이 기업시민 경영 실천 관점에서 경제, 사회, 환경 등의 기축 성과 목표를 구매(조달) 활동에 접목하면서 등장하였다. 즉, 2000년대에 들어서면서 기업의 공급사슬 운영에서 기존의 경제적 목표에 더하여 사회적, 환경적 성과 목표가 추가됨에 따라서 기업의 구매(조달) 활동은 제품의 전 생애뿐만 아니라 부산물까지 책임져야 한다는 분위기가 조성되었다(Morali and Searey, 2013).

최근 글로벌 기업경영자들의 지속가능한 경영을 위한 모임인 국제연합 글로벌 컴팩트United Nations Global Compact는 지속가능 경영과 관련하여 인권(국제적으로 선언된 인권 보호를 지지하고 존중, 인권 유린 연루 근절), 노동(노동자들의 결사의 자유와 단체교섭권 존중, 강제 노동 및 아동 노동 근절, 고용과 직업에 관한 차별 철폐), 환경(환경 문제 해결을 위한 예방적 접근 방식 도입, 환경 책임 증진을 위한 선도적 행동, 환경친화적인 기술 개발과 보급), 반부패(갈취와 뇌물 수수를 포함한 모든 형태의 부

^{패 금지)} 등을 핵심 과제로 삼고 기업시민 활동의 보급·실천을 다짐하고 있다.[13]

선량한 시민으로서 기업의 역할을 강조하는 사회적 흐름과 국제기구의 끈질긴 노력으로 점점 더 많은 경영자들이 시민으로서 기업의 역할을 통감하고 기업을 소비자, 정부, 지역사회, 비정부 단체, 종업원, 공급자, 채권자, 투자자 등 다양한 이해관계자들의 기대에 부응하는 방향으로 운영하고자 한다. 이를테면 경영자들은 기업이 전통적인 경제적 책임뿐만 아니라 사회적, 환경적인 책임을 균형 있게 지는 것에 대해서 상당한 수준의 공감을 표시하고 있다. 다수의 경영자가 과거에는 별 관심이 없었던 기후변화, 지역 간 불균등한 발전, 빈부격차, 인권 신장, 건강하고 보람된 작업장, 자원 고갈, 탄소 중립, 생물학적인 다양성 확대, 부패 척결 등과 같은 전 지구적인 문제해결에 점점 더 많은 시간을 할애하고 있다.

〈그림 1〉은 지속 가능한 발전을 지탱하는 3가지 기축 성과 목표와 경제적, 환경적, 사회적 성과 목표를 구성하는 세부 요소들을 표시한 것이다.

그림 1 | 지속가능한 발전을 지탱하는 3가지 기축 목표

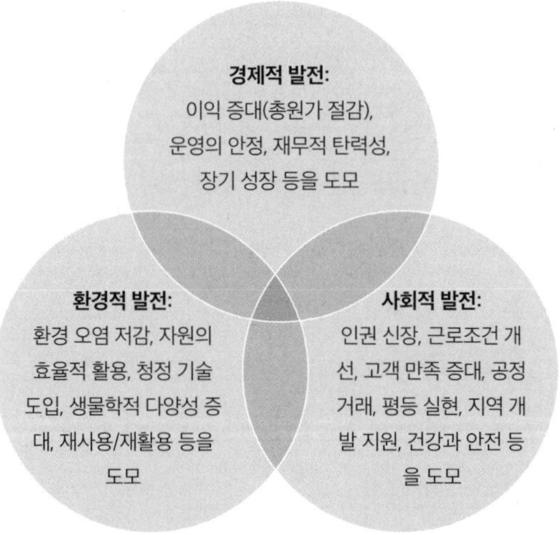

경제적 발전:
이익 증대(총원가 절감), 운영의 안정, 재무적 탄력성, 장기 성장 등을 도모

환경적 발전:
환경 오염 저감, 자원의 효율적 활용, 청정 기술 도입, 생물학적 다양성 증대, 재사용/재활용 등을 도모

사회적 발전:
인권 신장, 근로조건 개선, 고객 만족 증대, 공정 거래, 평등 실현, 지역 개발 지원, 건강과 안전 등을 도모

---

[13] https://www.unglobalcompact.org/what-is-gc/mission/principles

다수의 기업이 지속가능한 발전을 천명한 이후 기업의 공급사슬관리 환경이 크게 변하고 있다. 과거에 구매 담당자는 계획 수립, 공급업체에 대한 조사, 업체 선정, 계약, 주문, 운송, 평가 등의 구매 관련 활동에서 운영의 효율성에만 신경을 쓰면 되었는데, 이제는 사회적, 환경적인 측면까지 고려해야 한다. 가령 어떤 물품을 어디서 구매할 것인가를 결정할 때 생물학적인 다양성, 기후변화, 근로자들의 근로조건, 인권 존중, 성·인종 차별 등의 요소들도 고려해야 한다.

이러한 공급사슬관리의 구조적 변화와 함께 공급사슬 운영과 관련된 의사결정에 참여하거나 영향력을 행사하려는 사람들이 크게 늘어났다. 주주, 소비자, 투자자, 공급자 등 경제적 활동기들은 여전히 강한 영향력을 행사하는 가운데 비정부 단체(NGO), 지역사회(주민) 등과 같은 비경제적인 활동가의 기업 운영에 대한 참여가 크게 증가한 것이다. 공급사슬 관리자는 소비자, 투자자, 공급자, 주주와 같은 직접적인 이해관계자 외에 NGO와 같은 간접적인 이해관계자에게도 신경을 써야 한다. 왜냐하면 NGO는 정부에 압력을 넣어 기업의 운영과 관련된 법이나 규제의 개폐에 영향을 미칠 뿐만 아니라 여론을 주도함으로써 기업의 지속가능성에 영향을 미치기 때문이다. 비정부 단체는 기업의 직접적인 공급사뿐만 아니라 공급사의 공급사, 즉 2~4차 공급사의 활동까지 감시·평가한다. 그 결과, 만약 기업의 영향력이 미치지 않는 단계의 공급사에서 행한 반환경적이거나 반사회적인 활동이 있었다면 그것은 최종 제품을 만드는 기업의 책임으로 돌아간다. 그러므로 기업은 구매와 관련된 모든 생애주기 사슬을 감시·감독해야 한다(Gallear et al., 2012; Rebs et al., 2018; Shafiq, Ahmed and Mahmoodi, 2020). 즉, 기업은 구매하는 부품의 원재료가 어떤 속성을 지니고 있으며, 어디에서 생산되었으며, 생산자의 작업 과정에서 환경적, 사회적 문제가 없으며, 구매하는 부품의 특성이 완성품에 어떤 영향을 미칠지 등에 대해서 세밀하게 감시·감독하며 그 결과에 대해서 최종적으로 책임져야 한다.

본 장은 기업시민 경영을 추동 혹은 압박하는 내·외부의 환경 변화와 함께 핵심 경영 관행으로 떠오른 SSCM을 다루고자 한다. 구체적으로 SSCM과 전통적인 공급사슬

관리의 비교 분석, SSCM의 구체적인 실행 방법, 기업이 SSCM을 통해서 얻게 되는 효익, 공급사슬 관리자가 견지해야 할 자세 등을 다루는 순서로 진행된다.

지속가능한 공급사슬관리(SSCM)란?

구매purchasing, 조달procurement, 공급관리supply management, 공급사슬관리supply chain management 등의 용어는 거의 구별 없이 사용되고 있다. 다만, 구매와 조달이 기업이 공급자로부터 제품, 노동, 서비스 등을 획득하는 과정에서 일어나는 주문, 독촉, 영수, 지불, 저장, 운반, 반품 등의 기능적인 활동에 초점을 맞추었다면 공급관리와 공급사슬관리는 기능적인 활동에다 사전적 전략 수립, 계약 관리, 재고 관리, 공급사 관계 관리, 폐기 활동 등을 포함하는 보다 포괄적인 개념이다(Johnsen, Howard and Miemczyk, 2014). 공급사슬관리는 장기적 관점에서 원재료부터 최종적으로 기업에 입고되는 제품이나 서비스에 이르기까지 발생하는 모든 형태의 사건이나 활동, 특히 공급사슬에 참여하는 모든 차수의 공급사들에 대한 관리를 포함한다(Joshi, 2022). 따라서 경제적, 환경적, 사회적 성과 목표를 모두 반영하기 위해서는 공급사슬관리라는 개념을 사용하는 것이 보다 합리적이라고 할 수 있다.

기업시민 경영이념을 담고 있는 SSCM은 기존의 공급사슬관리가 기업의 경제적인 이해에 초점을 맞춘 것과는 달리, 기업의 구매 혹은 조달 활동이 일반 대중에게 미치는 영향은 물론 환경에 미치는 영향까지 고려한다. 즉, SSCM은 기업의 구매 활동이 기업의 경제적인 이해를 증진할 뿐만 아니라, 기업이 몸담고 있는 사회의 발전에 긍정적인 영향을 미치고, 환경을 보호하는 쪽으로 전개되어야 한다는 대중들의 염원을 담고 있다.

SSCM을 Johnsen et al.(2014)은 "조직뿐만 아니라 사회, 환경 등에 가치를 부가하는 조직의 주된 활동 및 지원 활동을 운영, 유지 및 관리하는 데 소요되는 제품, 서비스,

역량, 지식 등과 같은 조직 외부 자원을 조달하는 중에 발생하는 경제, 사회, 환경 차원의 문제를 고려하는 것"으로 정의하였다. Carter and Rogers[2008]도 이들과 유사하게 SSCM을 "특정 기업, 그리고 공급망 전체의 장기적인 재무성과 향상에 토대를 둔 경제적인 목표뿐만 아니라 사회적, 환경적 목표를 전략이고도 투명하게 통합·달성하는 것"으로 정의했다. Formentini and Taticchi[2016]는 SSCM을 "기업이 경제적, 환경적, 사회적 가치의 극대화를 목표로 삼아 공급사슬 내의 자원, 정보, 자본, 그리고 공급사 간의 관계를 관리하는 것"으로 정의했다. 이러한 학자들의 정의에 기반을 둔다면 우리는 SSCM을 '전통적인 공급사슬관리에다 친환경적이고, 사회적 연대와 행복을 증대시키도록 제품 혹은 서비스의 전 생애 과정life cycle을 관리하는 것'이라고 정의할 수 있다.

원재료가 부품이나 제품(서비스 포함)의 형태로 기업에 최종적으로 입고되기까지는 구매에 대한 의사결정, 공급사 탐색·평가·선발, 주문, 계약 체결, 구매(지불), 포장, 운송, 반품, 역물류reverse logistics, 보관, 재고관리, 폐기, 성과평가 등과 같은 활동이 필요하다(Hsu and Tan, 2016). 이러한 공급과 관련된 기능적인 활동에다 기업시민 경영이념 구현의 핵심인 지속가능성이 결합된 것이 바로 SSCM이다. 그러므로 SSCM은 지속가능한 공급사슬과 관련된 전략·정책 수립, 자원의 절약, 제품의 재사용·재활용, 유독 물질 제거, 에너지 절감, 환경오염 방지, 생물학적 다양성 증대, 비용 절감, 대안적 기회 개발, 환경친화적인 포장, 환경친화적인 운송, 근로자의 건강과 안전 보장, 인권 신장, 지역사회의 현안 해결, 성 및 인종 차별 해소, 불평등 해소, 공급사와의 동반성장 등의 세부 활동으로 구성된다.

1) 친환경적(녹색) 공급사슬관리

친환경 공급사슬관리는 우리 사회에서 크게 부각되고 있는 환경 보호에 관한 활동을 공급사슬관리에 접목한 것으로서, '기업이 지속가능한 경쟁우위를 확보하기 위하여 친환경적인 제품의 생산, 유통, 소비하는 활동과 관련된 공급사슬을 관리하는 활동'으로 정의할 수 있다(Moshood, Nawanir, Mahmud and Sorooshian, 2021).

자원의 고갈, 환경오염(특히 물, 대기, 토양의 오염), 지구의 과열화, 오존층 파괴, 생물학적 다양성 감소 등은 전 지구적인 관심사이다. 따라서 공급사슬관리에서 환경 보호는 매우 중요한 과제라고 할 수 있다. 기업은 자사의 생산 및 유통 과정뿐만 아니라 생애주기적 공급사슬, 즉 원재료의 습득에서부터 제품의 자사 입고에 이르기까지의 모든 활동을 친환경적으로 관리함으로써 생물학적인 다양성 확보, 자연 보호, 수자원 보호, 대기오염 저감, 자원 고갈 방지, 건강하고 생산적인 생태계 조성 등을 꾀할 수 있다.

오늘날 많은 기업들이 가치사슬의 상당 부분의 활동을 외부 공급사들에게 맡기고 있다. 그런데 이러한 외주outsourcing의 증가는 자칫 맡긴 기업(위탁기업)에게는 심각한 손해와 연결될 수 있다. 이를테면, 외주사가 납품할 제품(부품)의 생산 혹은 조달 과정에서 환경 관련 문제를 소홀하게 다룸으로써 위탁기업이 영업상 상당한 어려움에 처하는 사례가 드물지 않게 발생한다. 이에 따라 SSCM에 관심을 가진 기업들은 공급사슬 전 과정에서 공급사와 함께 환경 문제를 다루면서 공급사슬 전반을 개선하고자 하는 노력을 펼친다(김경묵, 2017; Joshi, 2022). 폐기물의 회수, 우량 부품의 재사용, 자연자원(원재료) 사용 절감, 희귀 원재료의 대체물질 개발, 쓰레기 절감, 재활용, 에너지 효율성 제고 등에 대한 전략을 세우고, 그 전략을 공급사슬에 참여하는 모든 차수의 공급사를 대상으로 실행하는 것이다. 예컨대, 위탁기업은 친환경 기준을 충족하는 회사를 공급사로 선발하거나, 기존 공급사가 친환경 기준을 충족하는지를 평가하여 거래 지속 여부를 결정할 수 있다.

SSCM을 도입한 기업들이 자사 및 공급사를 대상으로 하는 환경친화적인 공급사슬 지침(또는 규범)으로는 ⓐ 희소한 천연자원 조달 자제, ⓑ 재해가 자주 발생하거나 발생할 가능성이 있는 지역에 위치한 공장으로부터 조달 자제, ⓒ 환경 규제가 예상되는 제품(부품), 원재료의 활용 자제, ⓓ 환경 문제를 자주 일으키는 공급사 배제, ⓔ 공급사가 위치한 지역 사회, 정부 등과의 원만한 관계 유지, ⓕ 에너지 효율성, 생산성 증대를 통한 환경 영향 저감, ⓖ 재사용, 재활용 등을 통한 자원 절감, ⓗ 자연환경을 해치는 설비 건설 자제, ⓘ 물, 습지, 숲, 토양, 대기, 동식물 등의 보호를 위한 투자 확대, ⓙ 친환경, 재생 에너지 사용 증대, ⓚ 환경을 보호하고 인간의 건강을 증대시키는 물질 및 부품이 활용되는 제품 개발, ⓛ 기업 간 부산물 교환·거래, ⓜ 기반 시설 및 서비스의 공유 등이 있다. 그리고 신규 공급사 선발 및 기존 거래 공급사 평가에 활용되는 친환경 지표로는 ⓐ 원재료의 구성 및 포장에 대한 정보 공개, ⓑ 자원의 재활용 정도, ⓒ 포장/설계/라벨링의 적합성, ⓓ 에너지원의 종류 및 사용량, ⓔ 친환경 활동 정도, ⓕ 오염방지 및 환경감사의 구체성, ⓖ 유해물질 관리 정도, ⓗ 폐기물의 회수 정도, ⓘ 친환경 운송 수단 활용 정도, ⓙ 종업원 건강관리의 체계성, ⓚ 자원관리의 수월성 등이 있다(Joshi, 2022; Handfield and Nichols, 2002).

최근 친환경 공급사슬 관리는 위탁기업과 다수의 공급사가 협력하여 제품 및 공정을 혁신하는 쪽으로 진화하고 있다(김경묵, 2017; Carter and Easton, 2011; Seuring and Müller, 2008). 기업은 공급사와 환경보호 관련 책임과 위험을 공유하면서 사업, 제품, 공정 등의 혁신을 꾀하고 있다. 탄소의 포집 및 저장, 고품질 물 거래, 습지 은행, 멸종위기 동식물 은행 등과 같은 친환경 신사업 등이 이러한 공동 활동의 예이다. 위탁기업과 공급사가 공동으로 벌이는 친환경 혁신 활동에 뒤에서 언급하는 성과공유제도가 활용된다면 그 효과는 배가될 것이다.

2) 친사회적 공급사슬관리

몇 년 전 NGO가 콩고민주공화국의 코발트 광산의 수작업에 의한 채굴 실태를 공개하면서 전 세계가 발칵 뒤집혔다. 내전과 빈곤에 허덕이던 노동자들, 특히 15세 내외의 아동들이 몇 푼 되지 않는 임금에 중금속이 가득한 진흙에서 맨손으로 코발트 채굴 작업을 하고 있다는 사실이 공개된 것이다. 이에 따라서 국제권리변호사회(IRA)

는 애플, 테슬라, 마이크로소프트 등 IT, 자동차 분야의 글로벌 기업들을 고발했다. 아동노동, 착취 노동 등의 사실을 알고도 묵인했다는 것이다(Schwartz, Lee and Darrah, 2021). 곧바로 테슬라는 자연산 코발트를 사용하지 않는 제품의 개발 계획을 발표했고, 애플은 모든 단계의 공급사에 대한 근로조건, 인권, 아동노동, 성차별 등에 대한 행동 기준을 마련했다. 리튬이온 배터리를 최종 제품에 장착하거나 생산하고 있는 우리나라의 삼성전자, 현대자동차, LG이노베이션, 삼성SDI, SK이노베이션 등은 이 사태에 화들짝 놀라면서 원재료로부터 부품이나 제품의 생산에 이르기까지 관여하는 모든 공급사에 대한 지속가능성을 평가·감시하는 체제를 갖추겠다고 선언했다. 이들 기업은 코발트 공급의 투명성을 높이기 위하여 현장 조사와 함께 책임광물 보고서를 발간하였고, 모든 공급사에 국제 가이드 라인에 부합하는 실천 시스템을 구축하도록 요구했고, 국제 NGO, 경쟁사 등과 협의체를 구성하여 공동으로 대응하기로 했다. 더불어 분쟁 광물인 코발트를 대신하여 마그네슘을 재료로 쓰는 방법도 모색하고 있다(https://snucsr. tistory.com/189).

기업은 이같이 공급사슬에서 발생하는 반사회적이고, 비윤리적인 문제에 적극적인 관심을 기울여야 한다. 기업은 공급사슬의 각 단계에서 발생하는 비윤리적이고, 반사회적인 문제를 조기에 찾아내어 체계적으로 해결할 수 있는 시스템을 갖춤으로써 공급사슬에서 발생하는 위험을 최소화할 뿐만 아니라 경쟁 우위를 확보할 수 있다.

최근 글로벌화, 통신 기술의 발달, 이해관계자들의 참여 확대 등과 함께 기업경영에서 인권 신장, 착취 및 아동 노동 근절, 근로자에 대한 공정한 대우, 삶과 일의 균형, 차별금지, 건강과 안전 등과 같은 작업장 내의 문제뿐만 아니라 지역 현안 해결, 다양성(인종, 성 등의 다양성) 확대, 윤리성 제고(공정 경쟁, 정실 배제, 알 권리 충족, 부패 근절 등) 등이 중요한 요소로 등장하였다(Joshi, 2022). 특히 UN은 새천년의 전 지구적인 실천 목표로 환경보호 외에 절대빈곤과 기아 퇴출, 문명퇴치, 차별 해소, 영유아 사망 감소, 모성보호, 감염병 퇴치 등을 정하고 이러한 목표들의 달성을 위해 기업들의 참여를 독려하고 있다. 기업들은 이러한 요구에 부응하기 위하여 자사뿐만 아니라 공급사슬 참여자, 즉 공급사들이 보유한 전문성과 자원을 투하하고 있다(Allen, Zhu and Sarkis, 2021; Carter and Easton, 2011; Joshi, 2022).

우리가 기업시민 경영이념을 공급사슬에 접목함에 있어서 잊지 말아야 하는 것은 디지털 시대 도래에 따른 새로운 형태의 사회적 문제 대두이다. 즉, 디지털 시대는 산업시대와는 다른 형태의 인권, 불평등, 차별 문제를 배태한다. 다시 말해 디지털화는 노동자 감소, 가치의 불균형 분배, 디지털 접근권의 차이(정보의 불평등), 개인정보 노출 등의 사회적 문제를 야기한다(Tomasello, 2022). 그런데 디지털화에 따른 사회적 문제는 과거와는 다른 형태의 접근을 요구한다. 이를테면, 기업은 디지털 시대에 특화된 인권 보호, 개인정보 보호, 사회안전망 구축, 가치 재분배 등의 실행 방법을 고안해야 한다. 따라서 디지털 제품이나 기술과의 접촉이 큰 기업, 디지털 사회에 몸담고 있는 기업은 디지털 시대의 특성을 반영한 SSCM을 구사해야 한다.

3) 친경제적 공급사슬관리

최근 지속가능한 발전, 기업의 사회적 책임, ESG경영 등과 같은 기업시민정신을 고취하는 관행들이 크게 유행하면서 3가지 기축 성과 목표 중에서 환경적, 사회적 성과가 부각되고 있기는 하나 여전히 기업에게는 경제적인 목표 달성이 중요하다. 기업이 장기적으로 우수한 수익성을 유지하는 것은 기업의 직접적인 (내부) 이해관계자인 종업원, 주주, 투자자, 채권자들을 위해서도 중요하지만 소비자, 정부, 지역사회, 고객, 잠재적 종업원, NGO 등과 같은 간접적인 (외부) 이해관계자에게도 중요하다(김경묵, 2020). Loaiza-Ramirez, Moreno-Mantilla and Reimer(2022)의 연구에 의하면, 지속가능한 발전을 중시하는 소비자가 특정 기업의 친환경 제품을 웃돈을 주고 살 확률은 그 제품의 품질에 달려있다. 아무리 환경을 중시하는 소비자라 할지라도 제품의 경제적인 측면을 반드시 고려한다. 그 소비자에게는 친환경적이면서 사회적인 물의를 일으키지 않은 기업에서 생산한 고품질의 저가 제품이 최고이다. 따라서 지속가능한 공급사슬 정책을 도입한 기업은 경제적인 책임을 첫 번째로 놓고 환경적, 사회적 책임을 다하는 자세를 가져야 한다. 기업이 환경적, 사회적인 책임을 진다고 해도 그것이 적어도 기업이 경제적 책임을 다하는 데에 있어서 적극적인 해가 되어서는 안 된다.

기업이 경제적 성과 달성을 우위에 두고 환경적, 사회적 성과를 균형 있게 달성해야 한다는 논리는 원가절감 활동으로써 설명할 수 있다. 잘 알다시피 원가절감은 기업이 경제적인 책임을 다하는 데에 있어서 매우 중요한 요소이다. 기업은 원가 절감형 설계, 품질 향상, 기업 이미지 제고 등과 같은 활동뿐만 아니라 포장비용, 이직에 따른 충원 비용, 건강 및 안전 비용, 원재료비, 폐기물 처리비용, 에너지 비용, 운송비용, 보관비용, 재고 부족 비용 등과 같은 비용 절감 활동뿐만 아니라 원재료 및 양호 부품의 재사용·재활용, 세제 혜택의 활용, 빠른 물류, 역물류^{reverse logistics} 등과 같은 가치 부가 활동을 통하여 이익 증대를 꾀할 수 있다. 또한 공급사와 신뢰를 기반으로 한 동반자 관계를 맺으면서 공급사의 장기적인 경쟁력 제고를 위한 혁신·개발 활동을 펼치고 지속가능 경영을 정착시키는 것은 사회적 정의를 실현하고, 환경 영향을 줄이는 역할도 한다^(Baliga, Raut and Kamble, 2020a, 2020b). 요컨대, 기업의 친경제적인 활동은 지속가능한 발전의 한 축인 경제적인 성과^(재무적 이익 증대) 목표를 달성케 할 뿐만 아니라 환경적, 사회적 성과를 조화롭게 달성케 하는 초석이다^(Carter and Easton, 2011; Joshi, 2022).

지속가능한 공급사슬 관련 활동을 경제적, 환경적, 사회적 성과 지표로 나누어 정리하자면 원가절감, 쓰레기 감소, 재활용, 역물류, 빠른 운송, 에너지 절약, 세제 혜택 활용 등은 경제적 성과와 관련이 있고, 환경오염 방지, 자원 절약, 청정 기술 활용, 친환경적인 포장, 친환경적인 운송, 생물학적인 다양성 관리 등은 환경적 성과와 관련이 있고, 공급사 근로자의 인권 신장, 근로조건 개선, 지역 개발 지원, 공정 거래 확립, 빈곤퇴치, 공급사 근로자를 대상으로 한 훈련·개발 등은 사회적 성과와 관련이 있다고 할 것이다. 그러나 3가지 기축 성과 목표 및 각 성과 목표를 구성하는 세부 활동은 〈그림 2〉에서 보는 바와 같이 상호 중첩되는 부분을 포함한다.

기업이 공급사슬에서 환경적, 사회적, 경제적인 목표를 조화롭게 달성하기 위해서

그림 2 | 지속가능한 공급사슬관리와 3가지 기축 성과 목표의 관계

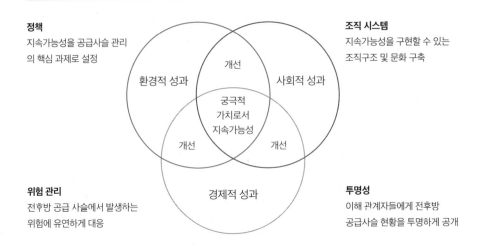

정책
지속가능성을 공급사슬 관리
의 핵심 과제로 설정

조직 시스템
지속가능성을 구현할 수 있는
조직구조 및 문화 구축

환경적 성과

개선

사회적 성과

궁극적
가치로서
지속가능성

개선

개선

위험 관리
전후방 공급 사슬에서 발생하는
위험에 유연하게 대응

경제적 성과

투명성
이해 관계자들에게 전후방
공급사슬 현황을 투명하게 공개

출처: Carter and Easton(2011), 45쪽을 토대로 저자 작성

는 전략적인 접근이 필요하다. 이를테면, 공급사슬 관리에서 지속가능성을 핵심 과제로 설정하고, 이를 실행할 수 있는 시스템을 구축하고, 전후방 공급사슬에서 발생하는 다양한 형태의 위험을 체계적으로 관리하고, 이해관계자들에게 공급사슬에 관한 사항들을 투명하게 공개하는 것이 필요하다. 〈그림 2〉는 SSCM을 구성하는 정책, 조직시스템, 위험관리, 공급사슬 투명성 등과 지속가능한 발전을 구성하는 3가지 기축 성과 목표의 관계를 표시한 것이다.

공급사슬을 종합적으로, 전략적으로 관리한다는 것은 원재료 및 부품의 속성, 생산 과정 등에 대한 분석뿐만 아니라 주문, 계약 체결, 운송, 생산, 저장, 유통 등과 같은 공급사슬 관리와 관련된 활동들을 기업의 장기적인 생존 차원에서 관리한다는 것을 의미한다. 기업은 공급사슬과 관련된 전략 수립, 조직시스템 구축, 위험관리, 정보 공개 등에 있어서 공급사슬과 관련된 법적인 문제뿐만 아니라 정부 정책의 방향, 사회 단체 및 소비자의 기대, WTO, GATT, EU, APEC, UN 등 국제협력기구 및 NGO의 규범 및 가이드라인을 체계적으로 반영할 필요가 있다. 더불어 SSCM을 실행함에 있어

서 정부, 국제협력기구, NGO, 소비자, 지역사회, 공급사, 경쟁자 등과 협력하는 것이 필요하다.

SSCM의 세부 활동

1) 총소유비용(total cost ownership) 관리

기업의 운영에서 원가절감이 차지하는 비중은 매우 크다. 〈표 1〉에서 보는 바와 같이 동일한 비율의 원재료비 절감, 생산비 절감, 매출 증가 등을 가정했을 때 세전 이익에 기여하는 정도는 원재료비 절감이 가장 크다. 또한 동일 비율의 원가절감은 매출 증가에 비해서 이익 측면에서 10배의 효과가 있다. 기업을 운영하는 다수의 경영자가 공급사들의 강한 원망을 들으면서도 납품단가를 깎으려는 이유가 바로 여기에 있다.

그러나 기업들은 원가절감에 혈안이 된 나머지 비용 산출의 범위를 좁히려는 성

표 1 | 원재료 비용 절감과 이익 개선의 관계

	개선 전	5% 원재료비 절감	5% 생산비(노무비) 절감	5% 매출 증가
매출액	1,000억 원	1,000억 원	1,000억 원	1,050억 원
원재료비	500억 원	475억 원	500억 원	525억 원
생산비(노무비)	300억 원	300억 원	285억 원	315억 원
총이익	200억 원	225억 원	215억 원	210억 원
총이익증가율		+12.5%	+7.5%	+5%
판매관리비	100억 원	100억 원	100억 원	105억 원
R&D 및 엔지니어링	50억 원	50억 원	50억 원	52.5억 원
세전 이익	50억 원	75억 원	65억 원	52.5억 원
세전 이익증가		+50%	+30%	+5%

출처: Wincel(2004), 6쪽을 바탕으로 저자 재작성.

향을 가지고 있다. 즉, 대부분 기업은 부품, 원재료, 서비스 등의 원가를 산출할 때 직접 지불한 비용(구매, 운반, 저장 등과 관련된 비용)만을 계산한다(Joshi, 2022). 그러나 기업의 구매 활동과 관련하여 이러한 표면적인 비용 외에 준비비용, 유지비용, 수리비용, 반품비용, 교체비용, 폐기비용 등이 추가적으로 발생한다(포스코, 2020; Chadwick and Rajagopal, 1995). 여기에다 최근에 정부, NGO, 소비자들이 원시 재료가 다단계 공급사슬을 거치는 과정에서 발생하는 사회적, 환경적인 문제를 지적함에 따라서 해당 문제를 해결하기 위한 비용이 추가적으로 발생하는 경우가 왕왕 있다(Carter and Easton, 2011; Joshi, 2022).

따라서 낮은 단가에 부품이나 원재료를 구매하였다고 하더라도 부대비용이 많이 든다면 높은 단가에 낮은 부대비용이 수반되는 원재료의 구매에 비하여 못할 수 있다. 이에 따라 SSCM을 도입한 일부 기업은 총소유비용 관점에서 구매 관련 비용을 관리하고 있다. 총소유비용이란 구매단가, 구매 활동과 관련된 비용, 사용 및 폐기 비용 등을 합한 것이다(Handfield and Nichols, 2002; Liebetruth, 2017).

이를테면 구매 가격에 준비비용, 운송비용, 공급사 관리비용, 서비스 비용, 반품비용, 수리비용, 교체비용, 폐기비용, 환경비용, 사회적 위험비용 등이 포함된다. 과거에는 기업들이 총소유비용을 계산하여 관리하는 것의 중요성을 인식하고 있음에도 불구하고, 다수 항목을 계산하는 과정이 복잡하여 많은 어려움을 겪었으나 최근 정보처리기술(예: ERP)의 발전으로 비용을 실시간 집계할 수 있게 되어 총소유비용 관점을 쉽게 도입할 수 있게 되었다. 특별히 최근 이해관계자의 기업에 대한 요구 증대와 함께 환경비용, 재활용비용, 회수비용, 지역 개발 지원 비용, 종업원 훈련 비용, NGO 지원비용 등과 같은 비경제적인 비용이 크게 증가함에 따라 총소유비용 관점에 기반을 둔 원가관리의 필요성은 점증하고 있다.

예컨대, 공급사의 아동노동으로 인하여 야기되는 완성품 생산 기업의 지명도 하락, 해당 제품의 매출 감소 등의 위험비용을 구매원가에 더함으로써 공급사슬 전체 활동에서 발생하는 비용을 보다 적확하게 반영할 수 있게 된다(Liebetruth, 2017). 따라서 총소유비용은 기업시민 경영 관점을 효과적으로 반영하는 구매 관련 회계법이라고 할 수 있다.

〈그림 3〉은 총소유비용의 얼개와 주요 구성요소를 표시한 것이다. 〈그림 3〉에서 보는 바와 같이 구매원가, 재고 및 유지비용은 빙산 위에 떠 있기 때문에 쉽게 인지된다. 그러나 반품·수리, 준비, 회수·폐기, 환경, 이해관계자 관리 등의 비용은

그림 3 | 총소유비용의 얼개 및 구성요소

수면 아래 깊숙이 감춰져 있기 때문에 잘 감지되지 않는다. 기업시민 경영이념을 구매 활동에 적용한다는 것은 바로 이와 같은 숨은 비용을 찾아내어 해당 비용을 절감하는 활동을 한다는 것을 의미한다. 다만, 이러한 숨은 비용은 투자의 성격을 강하게 지니고 있어 장기적인 이익을 추동할 수 있다는 점에서 구매원가, 재고·유지비용 등 수면 위의 비용과 다르다. 따라서 기업이 총소유비용을 줄이는 노력을 기울인다면 그렇지 않은 기업에 비하여 원가 우위를 지닐 수 있게 된다.

총소유비용 관리는 기업의 가치사슬 전반에 걸친 활동으로 확대할 수 있다. 이를 테면 기업은 구매 외에 전략 수립, 개발, 생산, 마케팅, 유통, 서비스 등에서 발생하는 빙산 아래의 비용을 찾아서 총소유비용에 반영할 수 있다. 결국 기업이 책임 있는 시민으로서 어느 정도의 역할을 할 것이냐는 어떤 항목을 비용으로 처리할 자세가 되어 있는가, 그 비용을 얼마나 효과적으로 관리할 수 있는가에 달려있다.

2) 공급사와의 지속가능한 성장

(1) 신뢰에 기반을 둔 동반 성장 체제 구축

그 어떤 기업도 공급사의 협조 없이 글로벌 경쟁력을 확보할 수 없다. 오늘날의 경쟁은 위탁기업 및 다수의 공급사들로 구성된 네트워크를 중심으로 이루어진다. 이를

테면, 현대자동차와 도요타자동차의 경쟁은 현대자동차 네트워크와 도요타자동차 네트워크 간의 경쟁이다. 공급사의 협력은 최종 제품의 품질뿐만 아니라 앞에서 언급한 바 있는 총소유비용을 결정한다. 기업은 공급사들과 상생 협력 체제를 구축함으로써 신제품 개발, 품질 향상, 적시 조달 체제 구축, 리드 타임lead time 단축, 총원가 절감, 환경 변화에 유연한 대응, 빠른 출시, 고객에 대한 서비스 강화, 구매 위험 감소 등을 한층 쉽게 할 수 있게 된다(김경묵, 2017; Chadwick and Rajagopal, 1995).

특정 네트워크는 위탁기업과 협력 관계에 있는 공급사들이 공동의 노력으로 제품이나 서비스에 대한 가치를 부가하는 체제이다. 그러므로 공급사들이 지속가능한 경영에 협조 혹은 동조하지 않으면 SSCM 자체가 불가능하다(Dentoni et al., 2016; Gallear, Ghobadian and Chen, 2012; Shafiq et al., 2020). SSCM을 도입한 기업이 가장 먼저 해야 할 일은 공급사와 상호신뢰 및 동반자적인 협력에 기반을 둔 관계를 구축하는 것이다(김경묵, 2017, 2020; Kim, 2016). 즉, 위탁기업과 공급사가 투명하게 정보를 공유하고, 장기 계속 거래를 지향하고, 상생 협력 문화를 조성하고, 공동 혁신을 하고, 성과를 기여도에 따라서 공정하게 나누는 체제를 구축하는 것이 필요하다. 다수의 선행연구(Kumar et al., 2018; Parmigiani, lassen and Russo, 2011; Roy et al., 2020; Shafiq et al., 2020)는 이러한 논리의 근거로서 기업과 공급사가 상생 협력할 경우 경제적, 환경적, 사회적 성과가 높다는 결과를 제시하고 있다.

고객들은 친환경적이면서 질 좋은 제품을 값싸게 구매하고 싶은 욕구를 가지며, 그 욕구의 충족을 위해 최종 제품을 판매하는 기업에게 끊임없이 요구한다. 기업은 고객들의 압력을 두 가지 형태로 반영하게 되는데 하나는 제품의 차별성과 품질을 높이는 것이고 다른 하나는 비용을 줄임으로써 제품의 가격을 낮추는 것이다. 위탁기업은 공급사와 공동 혁신을 함으로써 제품(혹은 서비스)의 품질을 높이고, 협력 관계의 효율성을 높임으로써 비용을 줄이려 한다(김경묵, 2012; Kumar et al., 2018; Lim et al., 2017). 기업과 공급사가 공동 혁신을 효과적으로 수행하기 위해서는 무엇보다도 양사가 가지는 핵심 지식이나 원가에 대한 정보를 공개해야 한다(김경묵, 2012; Kim, 2016; Youn et al., 2013). 그런데 기업 및 공급사가 공동 혁신 과정에서 자사의 기술과 원가에 대한 민감한 정보를 공개하기 위해서는 기술과 원가에 대한 정보를 상대방에게 넘겨주더라도 상대방이 기회주의적인 행동을 하지 않을 것이라는 믿음과 공동 혁신의 이익을 기여도에 비례하여 공정하게 나누어 가질 수 있다는 믿음이 추가적으로 필요하다(김경묵, 2012; Dyer and Hatch, 2007; Kim, 2016; Youn et al., 2013). 이러한 믿음을 뒷받침하는 것이 바로 위탁기업과 공급사 간의 동반성장 체제이다. 동반성장 체제가 형성되면 특정 기업은 기업시민 경영 이념을 실천할 수 있는 각종 지침을 공급사(1차 공급사)에 쉽게 접목시킬 수 있게 되며, 그 공급사는 바로 아래 단계 공급사를 선발할 때 기업시민 경영을 반영한 기준을 평가지표로 활용할 수 있게 된다. 요컨대, 특정 기업이 공급사슬 전체를 대상으로 SSCM을 하겠다면 먼저 공급사들과 동반성장 체제를 갖추는 것이 필요하다.

(2) 다층위 공급사 관리(multi-tier supplier management)

수많은 기업이 원가절감을 목적으로 해외, 특히 저개발 국가에서 부품, 원재료 등을 조달하고 있다. 그런데 이들 저개발 국가에 진출한 다수의 기업은 예상치 못한 엄청난 비용을 지불했다. 2010년에 멕시코 걸프만에 재앙에 가까운 기름 유출 사고가 발생했을 때 주된 책임은 공급사에 있었으나 대중은 그 책임이 위탁기업인 BP에 있는 것으로 인식했다. 그리고 실제로 이 사고 책임 대부분은 BP가 졌다. 이외에 2013년 서구의 명품을 OEM 생산하던 방글라데시의 의류 공장인 라나플라자 붕괴로 1,100여 명이 죽자 그 책임은 위탁기업인 서구 명품 의류회사들의 탐욕과 노동 착취로 돌려졌다. 당시 NGO와 소비자들은 방글라데시의 젊은 소녀들이 한 달에 평균 39달러를 받으면서 닭장 같은 작업장에서 일하고 있었다는 사실에 더욱 분개하여 원청회사 제품에 대한 불매운동을 대대적으로 벌였던 것이다.

오늘날 정부, NGO, 소비자 등과 같은 이해관계자들은 특정 기업 구매 활동의 지속가능성을 평가할 때 원재료가 가공되어 그 기업에게 인도되기까지의 전 과정을 살핀다. 즉, 특정 기업의 지속가능한 경영을 평가할 때 해당 기업, 1차 공급사는 물론

2~4차 공급사의 활동도 분석의 대상으로 삼는다. 그러므로 특정 기업의 직접적인 영향력이 미치지 않는 2~4차 공급사의 사회적, 환경적인 부정 혹은 오류는 최종 제품을 생산하는 기업 몫이다(Lechler et al., 2020; Pauiraj, Chen and Blome, 2017). 가령 특정 기업의 2~4차 공급사가 유독 물질을 배출했거나 노동 착취를 했을 경우 소비자와 NGO는 그 책임을 최종 제품을 생산하는 기업에게 묻는다.

최근 몇 년 동안 정보통신 기술의 발달, 사회관계망의 확산 등에 따라서 기업이 안게 되는 공급사슬발 위험이 미증유로 커졌다. 기업이 1차 공급사를 넘어서는 공급사들의 환경 및 사회적 책임 관련 내용을 투명하게 공개하지 않거나, 감시·감독의 결과로 밝힌 문제들에 대한 개선책을 제대로 도출하지 못했을 경우 NGO와 소비자 단체는 그 기업이 반환경적이고, 반사회적인–정부, 소비자, NGO 등을 기만하는–것으로 간주한다(Lechler, Canzaniello, Wetzstein and Hartmann, 2020; Pauiraj, Chen and Blome, 2017). 따라서 최종 제품을 생산하는 기업은 원시 재료가 제품으로 변형되는 공급사슬의 전 단계를 관리해야 하며, 지속가능한 경영이 1차 공급사는 물론 그 이하 차수의 공급사까지로 전파되어 체계적으로 실행될 수 있도록 물적, 비물적 자원을 쏟아부어야 한다(Seuring, Aman, Hettiarachchi, de Lima, Schilling and Sudusinghe, 2022).

오늘날 SSCM을 도입한 많은 기업들이 1차 공급사 선정의 기준으로 거래 희망 공급사의 SSCM 기준 충족 여부는 물론 그 이하 차수 공급사의 지속가능성 정도를 평가하는 것은 결코 우연이 아니다. SSCM을 도입한 기업은 폐기물의 회수, 우량 부품의 재사용, 자연자원(원재료) 사용 절감, 희귀 원재료(자원)의 대체물질 개발, 쓰레기 절감, 재활용, 에너지 효율성 제고 등 환경 성과를 높이는 구매 전략을 세우고, 그 정책을 1차, 2차, 3차, 4차 공급사에게까지 확신시킨다. 더불어 1차 공급사를 선발·유지할 때 그 공급사가 원재료의 구성 및 포장 정보의 공개, 총소유비용 도입, 포장·설계·라벨링 등의 우수성, 에너지원의 종류 및 사용량, 친환경 활동, 환경감사 구비 정도, 유해 물질 관리 정도, 폐기물의 회수 정도, 자원 절약, 건강 및 안전관리 체계 구축 정도, 근로조건 개선 및 인권 신장에 대한 노력 정도 등의 지표를 충족하는지를 평가한다.

글로벌 기업이 SSCM을 해외 공급사에까지 확대하는 것은 단순히 이해관계자들의 이해를 충족시키는 것을 넘어선다. 글로벌 기업에게 있어서 해외 공급사 리스크는 고스란히 기업 및 제품의 이미지와 연결된다. 이를테면, SSCM의 질이 기업의 글로벌 경쟁력으로 연결된다. 따라서 글로벌 기업은 공급사가 들어선 지역의 정부, NGO, 국제기구 등과 협력하여 해외 공급사들이 본사가 부과하는 지속가능성 지표들을 잘 지키고 있는지를 평가·감독해야 한다. 해외 공급사들에게 지속가능경영과 관련된 ISO 14001, ISO 37001, ISO 37301, ISO 5001, SA 8000 등의 인증을 취득하게 하는 것도 글로벌 기업이 SSCM을 하는 한 방법이 될 수 있다.

(3) 공급사 개발(Supplier Development)

공급사 개발의 원래 의미는 위탁기업이 자본과 기술^(지식)을 투하하여 경쟁력이 떨어지는 공급사의 제품 개발, 생산 공정, 회사의 전반적인 운영을 개선하는 것^(Handfield and Niecols, 2002, 220쪽; Nelson, Moody and Stegner, 2001, 47쪽)을 말한다. 공급사 개발은 제품이나 서비스를 구매하는 기업과 공급사 모두에게 큰 이점이 있다. 즉, 위탁기업 입장에서는 공급사 개발을 통하여 구매 제품의 품질을 높이고, 원가를 절감할 수 있는 기회를 갖게 되며, 공급사 입장에서는 품질 및 원가 경쟁력이 향상된다는 장점이 있다. 최근 신냉전과 국수주의 팽배로 인하여 글로벌 공급사슬을 갖춘 많은 기업들이 소위 '공급사슬 대란'으로 상당한 어려움을 겪었다. 공급사 소재국의 각종 규제에 더하여 물류 대란으로 운송비가 크게 올라서 글로벌 조달의 이점이 사라졌다. 이러한 상황에서 유효한 것이 국내 공급사의 개발이다. 기업이 자사가 지닌 뛰어난 제품 및 생산 기술과 자원을 투하하여 공급사의 생산 과정을 포함한 운영 전반을 개발해 줌으로써 생산 효율성을 크게 높일 수 있다.

공급사 개발이 비단 국내 조달에만 한정되는 것은 아니다. 글로벌 공급 대란에도 불구하고 여전히 많은 글로벌 기업들이 개발도상국에 위치한 공급사로부터 부품이나 원재료를 조달하고 있다. 그런데 첨단제품을 생산하는 글로벌 기업의 경우 개발도상국 공급사 제품(부품)이 낮은 원가의 이점에도 불구하고 품질이 낮다는 문제점을 안고 있다. 글로벌 기업은 개발도상국 공급사와 장기적인 공급 계약을 맺고, 공급사 개발을 단행함으로써 조달 부품의 품질을 높이고, 구매단가를 낮추는 성과를 낼 수가 있다(Seuring et al., 2022). 국내외를 막론하고 공급사 개발은 공급사의 경쟁력을 높여줌으로써 소비자, NGO, 언론 등이 제기하는 불공정거래, 오염의 이전, 현지인 착취, 환경 파괴 등과 같은 환경적, 사회적 비난을 피할 수 있다는 장점도 아울러 지닌다(Rodríguez, Thomsen, Arenas and Pagel, 2016; Seuring et al., 2022).

최근 많은 기업들이 공급사 개발을 '공급사에 대한 지속가능한 경영 보급' 기회로 활용하고 있다. 즉, 많은 기업들이 공급사 개발을 통하여 CSR Corporate Social Responsibility(기업의 사회적 책임), ESG 등과 같은 지속가능경영 관련 기법들을 공급사에 이식시키고 있다. 기업이 공급사에 이와 같은 지속가능한 발전 관련 기법을 보급하는 데는 통제·감시에 기반을 둔 방법과 조언·권유에 기반을 둔 방법이 활용된다(Johnsen et al., 2014, 119쪽). 통제·감시에 기반을 둔 방법은 기업이 지속가능한 경영에 필요한 사항들을 규정·표준으로 만들어 공급사에게 지키도록 하는 방법이다. 그리고 나서 준수 여부를 기업 자체 또는 제3의 기관이 평가하고 그 결과를 계약의 지속 여부에 반영하는 것이다. 조언·권유에 기반을 둔 방법은 신제품 개발 시 공급사 참여, 공급사 임직원을 대상으로 한 교육과 훈련, 기술과 자금 지원, 노하우 및 정보 제공, 공동 문제해결 등의 방법으로 공급사 활동의 지속가능성을 높이는 것이다. 통제·감시에 기반을 둔 방법과 조언·권유에 기반을 둔 방법은 상호배타적인 것은 아니며 병존이 가능하다.

지속가능한 경영 체제 구축을 위한 공급사 개발을 위해서는 기업의 지속적, 심층적, 체계적인 평가와 피드백이 중요하다. 왜냐하면 지금까지의 경험상 상당수 공급사가 피상적 지속가능 경영 체제를 구축할 가능성이 크기 때문이다. 특히, 공급사가 해외에 있는 경우에는 감시·통제의 한계로 인하여 공급사의 기회주의적인 행동을 막기 어렵다. 따라서 체계적이고도 심층적인 감시·통제도 중요하지만 '신뢰에 기반을 둔 동반자적인 관계 구축'이 필요하다. 더불어 취약 공급자에 대한 적극적 조치 affirmative

　　　　　　　　　　　　　　　　　　　　본원 활동

action가 필요하다. 기업은 취약 지역(저개발 국가)의 공급자, 사회적기업, 여성 및 소수자가 소유한 기업, 중소기업 등에 대한 지원·구매를 늘릴 필요가 있다.

3) 이해관계자(특히 NGO)와의 협력

기업의 이해관계자는 기업이 지속가능한 경영을 하도록 압력을 가하는 중요한 원천이기도 하지만, 기업이 지속가능한 경영 활동을 원활하게 하도록 돕는 역할을 하기도 한다. 예를 들어 자원의 재활용은 소비자, NGO 등의 압력에 의해서 도입되었지만, 결과적으로 기업에 값싸게 자원을 조달할 수 있는 기회를 가져다주었다.

기업이 정부, NGO, 지속가능경영 관련 국내외 협회, 연구기관 등과 SSCM과 관련된 지침, 법규, 모델 등에 대한 지식을 교환하고 세부 실천 방법을 공동으로 모색하는 것은 SSCM 자체의 성과를 넘어 기업의 경쟁력과 연결된다(Moshood, Nawanir, Mahmud and Sorooshian, 2021; Rodreguez et al., 2016; Seuring et al., 2022). 예컨대, 기업이 SSCM을 잘함으로써 얻게 되는 이해관계자들과의 관계적 자산(신뢰감, 후원, 애호심 등)은 기업에게는 지속가능한 경쟁 우위를 가져다주는 요소가 될 수 있다(Barney, 2012; Barney et al., 2011; Seuring et al., 2022).

이해관계자들은 SSCM을 기업에게 유익이 되도록 도와주는 촉진자, 그리고 SSCM을 제대로 하고 있는지를 감시·통제하는 감독자 역할을 한다. 이러한 역할을 하는 대표적 이해관계자가 바로 NGO이다. NGO는 기업에 압력을 넣어 SSCM을 도입케 하고, 기업이 SSCM을 당초 목적대로 잘하고 있는지를 감시한다.

NGO는 기업, 특히 글로벌 기업의 공급사슬에 관심이 많다. 예컨대, NGO는 최근 열대우림으로부터 채취하는 원재료 조달로 인한 생태계 파괴를 멈추고자 하고, 탄소 과배출로 인한 지구 과열화 문제를 해결하고자 하고, 저개발국가에 위치한 공급사들의 저열한 근로조건, 아동 및 착취 노동, 인종 및 성차별, 인권 유린 등을 개선·근절하고자 한다. 이를 위해서 NGO는 글로벌 기업의 공급사슬을 철저히 감시하고, 문제 발생 시 다양한 형태로 해당 공급사는 물론 위탁 글로벌 기업을 응징한다. 글로벌 기업 대부분은 개발도상국에 위치한 공급사로부터 원재료, 제품^(부품), 서비스 등을 조달하기 때문에, 글로벌 기업 공급사슬 대부분은 희귀자원의 고갈, 자연환경 파괴, 물 및 대기오염, 현지 근로자의 열악한 근로조건, 인권유린, 성·인종 차별, 아동 노동 등의 문제를 한 가지 이상 안고 있다.

NGO는 공급사슬을 감시하고, 문제 발생 기업을 윽박지르는 활동만 하는 것이 아니라 자신이 가지는 전문성을 활용하여 공급사슬이 안고 있는 환경적, 사회적 문제를 해결하고자 한다. 일부 기업은 NGO가 가지는 지식, 영향력, 정당성 등을 활용하는 것이 지속가능한 성장에 절대적으로 필요하다는 것을 깨닫고, 최근 공급사슬관리 감시·감독 부분에서 NGO로부터 광범위하고도 심도 있는 정보를 얻고 있다(Johnsen et al., 2014). 더불어 일부 글로벌 기업은 NGO와 협력하여 공급사에 대한 환경 및 사회적 부분의 세부 평가지표를 마련하여 공동으로 평가한다(Seuring and Müller, 2005). 앞서 언급한 콩고민주공화국의 코발트 채굴과 관련된 사건이 발생한 직후 삼성전자 등 다수의 기업이 NGO, 국제기구 등과 협력하여 코발트의 채굴 과정에서부터 최종 제품의 생산에 이르기까지 전 과정을 데이터화하여 감시·감독, 평가하는 체제를 구축하고 그 결과를 정기적으로 공개하고 있다.

또 하나의 방법은 동종 업계의 경쟁사들과 협의체를 만들어 공급사슬과 관련된 위험을 공동으로 줄이는 방법이다. 이러한 예로 200여 개의 글로벌 전자, 유통, 자동차 회사로 이루어진 책임지는 경영협력기구^{Responsible Business Alliance}, 130여 개 철강회사로 이루어진 책임지는 철강^{Responsible Steel}, 250개의 글로벌 의류회사로 이루어진 지속가능 의류연합^{Sustainable Apparel Coalition} 등을 들 수 있다. 이들은 모두 공급사슬의 지속가능성을 높이기 위해서 공동으로 공급사들을 감시, 평가, 개발하는 시스템을 도입하고 있다. 특히 이들 협의체는 윤리 강령 등을 제정하여 그 강령을 1차 공급사들이 반드시 지키도록 압력을 가함으로써 공급사슬에서 발생하는 위험을 예방한다.

기업은 이해관계자들과 긴밀한 협력 관계를 유지함으로써 SSCM과 관련된 역량을

표 2 | 전통적 공급사슬관리와 지속가능한 공급사슬관리의 주요 특징 비교

주요 항목	전통적 공급사슬관리	지속가능한 공급사슬관리
기업의 활동 영역	기업의 경제적 이해와 관련된 영역	경제적, 정치적, 문화적, 법적, 기술적, 윤리적 영역
적합한 흐름	원재료, 용역, 재무, 정보, 쓰레기 등의 흐름	물, 대기, 토양, 에너지, 윤리, 사회, 정치 등의 흐름 추가
이해관계자에 대한 관점	경영자, 주주, 투자자, 종업원 등 직접적 이해관계자 중심	직접적 이해관계자와 정부, 지역사회, NGO, 소비자 등 간접적 이해관계자 간 균형
의사결정의 수혜자	경제적 성과 관련자	사회적, 환경적 성과가 융합되어 있고, 경제적 성과와 조화/trade-off 관계에 있음.
협력 대상이 되는 공급사의 차수(tiers)	1차 공급사	원재료 채집부터 최종 제품생산에 이르기까지 참여하는 모든 차수의 공급사
공급사 차수 간의 관계	수요기업을 중심으로 한 순차적 관계 (사슬형)	공급사슬상 관계되는 모든 기업 간 연속적이고도 순환적인 관계(바퀴형)
위탁기업과 공급사 간의 관계	제품 수급 중심의 일방 협력 관계	다면적 가치 실현을 위한 쌍방 협력 관계
공급사의 역할	해당 영역의 전문성 제공	지속 가능한 발전의 동반자
글로벌 공급사슬 관리 주체	개별 기업	동종 또는 업종을 넘어서는 기업들로 구성된 협의체
시간적인 지향	단기간(1-5년)	장기간(5-20년)
비용에 대한 접근	구매원가, 운송, 저장, 재고 등의 비용	준비, 유지, 교체, 회수, 폐기, 재활용, 환경, 지역개발, 이해관계자와의 협력, 종업원 훈련, 공급사 관리/개발 등의 비용 추가
산출물	수요 대기업의 주문(요구)을 충족하는 제품(서비스)	수요 대기업의 요구와 이해관계자를 만족시키는 가치

키울 수 있게 된다. 따라서 이해관계자와의 협력은 기업에게 있어서 공급사슬과 관련된 하방 위험을 줄이면서 상방 잠재력을 높이는 방편이 된다고 결론지을 수 있다.

〈표 2〉는 지금까지 언급된 SSCM의 주요 특징을 전통적 공급사슬 관리와 대비시켜 요약한 것이다.

SSCM의 효과성

        SSCM은 실제로 기업시민 경영이념이 지향하는 경제적, 환경적, 사회적 성과 목표를 균형 있게 달성할 수 있게 할까? SSCM과 3가지 기축 성과 목표와 관계를 분석한 다수의 연구(Baliga, Raut, and Kamble, 2020a, 2020b; Prasada et al., 2020; Sezen and Cankaya, 2019)는 SSCM을 도입한 기업은 경제적, 환경적, 사회적 성과를 균형 있게 달성할 가능성이 그렇지 않은 기업에 비하여 차별적으로 크다는 결과를 내놓았다. 이러한 선행연구의 결과에 터를 잡는다면 SSCM은 지속가능한 발전을 구성하는 3가지 기축 성과 목표를 조화롭게 달성케 하는 경영관행이라고 결론지을 수 있다.

  기업시민 경영이념을 실천하는 방편으로, 3가지 기축 성과 목표를 균형 있게 달성하는 것이 큰 의미를 가지나 경영자를 비롯한 내부의 이해관계자들은 여전히 경제적인 성과에 가장 큰 관심을 둔다. 그렇다면 SSCM은 기업의 경제적(재무적) 성과에 어떤 영향을 미칠까? 먼저 SSCM은 비용의 증가를 초래하므로 기업의 재무적 성과의 하락을 초래한다는 주장이 있다(예컨대, McWilliams and Siegel, 2001). 즉, SSCM은 전통적인 공급사슬에 드는 비용 외에 폐기비용, 환경비용, 교환비용, 회수비용, 공급사 지원 비용, 대체에너지 개발 비용, 지역 개발 지원 비용, 종업원 훈련비용, NGO 지원비용, 홍보비용 등을 수반하기 때문에, SSCM을 도입한 기업은 도입 전에 비하여 이익이 줄어든다. 반면에 SSCM은 종업원의 사기를 진작시키고, 소비자들의 애호심을 높이고, 정부, NGO, 언론매체, 지역사회, 투자자 등과 같은 이해관계자들의 후원을 기대할 수 있고, 운영 효율성이 증대되어 재무적인 성과가 오히려 향상된다는 연구도 있다(Pauiraj, Chen and Blome, 2017). Pauiraj et al.(2017)에 의하면 SSCM은 기업에게 총자산이익률, 세전이익, 매출액총이익률 등과 같은 재무적 성과 향상을 가져다준다. SSCM은 영업이익 증대를 가져다준다는 Prasada et al.(2020)의 연구, SSCM은 지속가능한 경쟁력과 결합하여 재무적 성과 향상을 가져다준다는 Mukhsin and Suryanto(2022)의 연구도 SSCM의 경제적인 효과성을 뒷받침한다.

SSCM과 재무적 성과 간의 관계를 분석하여 SSCM의 경제적 성과를 단정 짓는 것은 다소 성급하다는 비난을 면하기 어렵다. 이를테면, 기업시민 경영이념을 실천하는 방편으로 SSCM을 도입한 기업에게는 짧은 기간 내 재무적 성과 지표로써 그 효과를 측정하기보다는 장기적이고, 포괄적인 지표로 기업의 재무적 성과를 측정하는 것이 필요하다. SSCM과 기업의 경제적 성과 간의 관계를 규명하기 위해서는 무엇보다도 SSCM의 본래 의미를 살릴 수 있는 지표, 즉 '지속가능성을 담은 경제적 지표'가 필요하다. 그렇다면 지속가능성을 반영한 경제적 성과 지표로는 어떤 것이 있을까? 그것은 바로 기업의 '지속가능한 경쟁력(경쟁 우위)'이다. 기업이 지속가능한 경쟁 우위를 가지기 위해서는 가치 있고, 모방·대체가 어려운 자원을 가져야 한다. 일련의 연구(Barney, 2012; Barney et al., 2011)에 의하면, SSCM을 잘하는 기업은 공급사슬관리 역량을 축적할 수 있을 뿐만 아니라 종업원의 충성심, 명성, 이해관계자들의 지원 등과 같은 무형자산을 획득할 수 있게 된다. 그런데 SSCM은 경로 의존적path dependent인 자원이어서 획득이 어렵고, 모방 또한 어려운 특이자산으로서의 성질을 가지고 있다(Seuring et al., 2022). 다수의 연구(Joshi, 2022; Kumar, Subramanian and Arputham, 2018; Mukhsin and Suryanto, 2022; Saikat and Hassen, 2022)는 SSCM을 잘하는 기업은 경쟁력이 높아진다는 연구 결과를 도출함으로써 기업이 전략적인 목적에서도 SSCM을 추구해야 한다는 논리가 타당하다는 것을 뒷받침하고 있다.

SSCM은 위탁기업의 상대방이라고 할 수 있는 공급사에게는 어떠한 영향이 있을까? Gallear(2021)는 위탁기업과 공급사가 상호신뢰에 기반을 둔 협력 관계를 유지하면서 SSCM을 공동으로 펼칠 경우 공급사의 사회적 성과 향상은 물론 경쟁력이 높아진다는 연구 결과를 도출하였다. Pauiraj et al.(2017) 또한 SSCM에 참여하는 공급사는 세전이익 등 재무적인 성과가 향상된다는 점을 밝혔다. 따라서 SSCM은 위탁기업은 물론 그 대상이 되는 공급사에게도 유익한 경영관행이라는 것을 알 수 있다.

대중들이 '지속가능한 공급사슬관리를 하는 기업은 SSCM의 질과 관계없이 좋은 기업이다'라고 생각하는 경향이 있다는 사실에 주목해야 한다. 즉, 소비자들은 SSCM

의 진정성^(질과 양) 여부와 상관없이 SSCM을 하는 기업의 제품을 선호하는 경향이 있다 (Loaiza-Ramfrez, Moreno-Mantilla and Reimer, 2022). 이러한 대중의 무조건적 선호는 공급사슬에서 발생하는 대형위험을 막는 데도 큰 힘이 된다.

〈그림 4〉는 지금까지 진행된 연구 결과에 터를 잡아서 작성한 SSCM과 기업의 경제적 성과 간의 관계를 표시한 것이다. 〈그림 4〉에서 보는 바와 같이 SSCM이 경제적 성과와 연결되는 경로는 크게 네 가지이다. SSCM은 첫째, 기업 및 공급사슬 구성원들의 능력 및 사기 향상, 대안적 기술 개발 등으로 인한 고품질 제품 출시, 생산성 향상 등을 유발한다. 둘째, 이해관계자들의 고발, 불매운동 등 비우호적인 활동 감소로 인한 안정적인 현금흐름을 가능하게 한다. 셋째, 자원 및 폐기비용 절약, 리콜 등 공급위험 저감에 따른 비용 감소를 가져온다. 마지막으로, 기업 평판 및 제품^(서비스) 이미지 제고에 따른 매출 증대 효과가 있다. 이러한 효과는 모두 기업의 경쟁력 향상과 연결된다. 따라서 SSCM은 기업의 지속가능한 경쟁력 향상을 가져다준다고 결론지을 수 있다. 이러한 결론에도 불구하고, 기업시민 경영이념 실천 활동이 전략적으로 수행되

그림 4 | SSCM이 경제적 성과에 미치는 영향

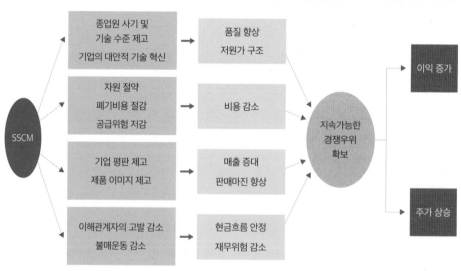

　　　　　　　　　　　　　　　　　　　　　　　　　　본원 활동

느냐, 그렇지 않느냐에 따라서 재무적 성과가 달라진다는 연구 결과—전략적으로 이루어질 경우 재무적 성과가 증대되나 비전략적으로 이루어질 경우 재무적 성과가 하락한다는 연구 결과(Barney, 2012; Barney et al., 2011, Muksin and Suryanto, 2022)—에 주목할 필요가 있다. 이를테면, 우리는 기업이 다른 기업이 수행하고 있는 SSCM을 단순 모방하여 실천하는 것이 아니라 기업의 장기적 전략과 연계하여 실천할 경우에만 핵심 노하우, 종업원의 충성심, 명성, 네트워크 관리 역량 등과 같은 무형자산을 획득하고, 생산성 향상, 공급사슬 효율성 제고, 현금흐름 개선 등과 같은 효익을 누릴 수 있다는 점을 명심할 필요가 있다.

Wrap-up

공급사슬관리 책임자의 자세

기업시민 경영이념의 실천은 자선을 넘어선다. 기업이 시민으로서 역할을 제대로 하기 위해서는 자신이 가지고 있는 우월적인 자원을 활용하여 다양한 형태의 사회적 문제를 해결하는 데 앞장서고, 사회적 혁신을 주도함으로써 새로운 형태의 삶을 사람들에게 제공할 수 있어야 한다. 세계 시민으로서 역할을 자각하는 공급사슬관리 책임자의 계몽된 인식이야말로 기업의 장기적인 발전을 담보하는 초석이라고 할 것이다.

기업시민정신 구현은 국경을 넘어선다. 지구의 지속가능성을 높이는 세계 시민으로서 공급사슬관리 책임자는 국경을 넘어서는 자원 고갈, 생물학적인 다양성 파괴, 빈곤과 질병, 지구 과열화, 물 부족, 환경오염, 문맹, 불균등한 발전, 불공정거래, 인종 및 성차별, 폭력과 테러 등과 같은 문제들을 정부, 국제 협력 기구, NGO 등과 협력하여 해결하려는 자세를 견지해야 한다.

공급사슬 관리자가 기업시민 활동을 잘 수행하기 위해서는 내부 구성원은 물론, 공급자, 소비자, 주주/투자자, NGO 등과 같은 외부 구성원들의 깊은 참여와 몰입을 이끌어야 한다. 구매 부문에서 기업시민 경영이념을 성공적으로 구현하기 위해서는 이해관계자들의 이해를 단순히 기업경영에 반영하는 것을 넘어 이해관계자들의 적극적인 참여를 유도하는 다양한 프로그램을 개발해야 한다.

공급사슬 관리에서 기업시민 경영이념의 구현이 아무리 강조되더라도 기업은 지속가능한 발전과 관련된 모든 문제를 해결할 수는 없다(김경묵, 2021). 기업은 모든 공급사슬 활동에 대해서 책임을 질 필요가 없을뿐더러 모든 문제를 다 해결할 정도의 역량을 갖추고 있지도 않다. 기업으로서는 이해관계자들의 관심이 큰 분야, 해결에 필요한 자원을 보유하고 있는 분야, 그리고 자신이 전문성을 가진 분야 등을 선택할 수밖에 없다. 그러므로 공급사슬 관리자는 공급사슬과 관련된 내외부 환경을 분석하여 공급사슬 관련 전략을 세우고, 그 전략에 특화된 SSCM을 구현해야 한다.

사례 연구

포스코는 2004년에 우리나라 최초로 성과공유benefit sharing제도를 도입하였다. 성과공유제도란 수요대기업(위탁기업)과 공급사(협력사)가 원가절감, 품질 개선, 수명 연장, 사양 개선, 공사 기간 단축, 설계 개선, 운영시스템 개선, 신기술/신공정 개발 등과 같은 혁신 활동을 공동으로 하고 그 성과를 기여도에 따라서 공정하게 나누는 것을 말한다. 겉보기와는 다르게 성과공유제도는 위탁기업의 동반성장에 대한 강한 의지와 양사 간에 깊은 신뢰가 형성되어 있지 않으면 적용이 어렵다. 포스코는 일찍이 공급사슬관리에 기업시민 경영이념을 도입하고 그 실천 과제로서 성과공유제도를 설정했다.

포스코는 포항제철소와 광양 제철소 안팎의 대기 정화를 위해서 약 1,700개의 집진기를 설치했다. 그런데 이 집진기는 분진을 충분히 제거하지 못하고 전력 소모량이 지나치게 많다(제철소 전체 전력 소모량의 9%)는 문제점을 안고 있었다. 포스코는 이러한 문제를 해결하는 방편으로 기존의 집진기 공급 및 유지 업체인 AERIX와 성과공유제도를 활용하기로 했다. 성과공유제도 활용 필요

본원 활동

성은 AERIX에게도 있었다. AERIX 입장에서는 당장에 납품·유지하고 있는 집진기와 관련된 문제의 해결이 필요했으며, 최근 포스코가 제정하여 협력사들에게 강요하는 기업시민 동반성장 행동 규범code of conduct을 준수하는 기회로 활용할 수 있게 되었다.

포스코와 AERIX의 기술진은 집진 성능 개선, 에너지 절감, 수명 연장 등의 목표를 세우고 공동으로 팀을 꾸렸다. AERIX는 풍량, 진동, 차압, 탈진 압력, 온도, 습도 등과 관련된 기계적인 전문성을 제공하였고, 포스코는 이러한 요소들을 IoTInternet of Things(사물인터넷) 스마트 시스템Smart System과 연결하는 기술을 내어놓았다.

양사는 전문성을 결합하여 혁신 활동을 공동으로 펼침으로써 에너지 절감, 집진 성능 개선, 수명 연장 등의 목표를 달성할 수 있었고, 모든 데이터를 실시간으로 그리고 통합적으로 운영하는 체제-IoT Smart 집진 System-를 도입하여 예방 정비, 운영의 안정성 등과 같은 부수적인 효과를 누릴 수 있게 되었다. 구체적인 효과를 나열하면, 공기 사용량이 당초의 9,600만(m^2/Hr)에서 5,900만(m^2/Hr)으로 감소(39%)하였고, N2의 사용량이 1,600만(m^2/Hr)에서 800만(m^2/Hr)으로 감소(50%)하였다. 전력 사용량은 360만KW에서 240만KW로 33% 감소하였다. 성과공유제도 활용을 통한 가장 큰 효과는 ThingARX라는 모니터링 시스템으로 어디서나 운영 상태를 확인하고, 문제 집진기를 찾아낼 수 있다는 점이다.

포스코는 집진기 개선의 경제적 성과와 AERIX의 기여도를 절차에 따라 측정·평가하였고, 사전에 체결한 계약서대로 그 성과를 공정하게 나누었다.

토의 아젠다

1. 공급사슬에서 위탁기업과 공급사 간에 성과공유가 어려운 이유는 무엇인가?

2. 포스코의 성과공유제도의 의의를 지속가능한 공급사슬 관점에서 설명하시오.

3. 위 사례를 기반으로 하여 1차 협력사가 2차 협력사와 함께할 수 있는 지속가능한 공급사슬 활동을 나열해 보시오.

| R&D/신성장 |

새로운 가치창출과
기업시민 산업생태계

—

손영우(포스텍 인공지능대학원 교수)

국내 주요 대기업들이 CVCCorporate Venture Capital(기업 주도형 벤처캐피털)를 설립하면서 벤처 투자를 향한 길을 넓히고 있다. CVC란 대기업이 전략적인 목적으로 독립적인 벤처기업에 투자하는 회사를 말한다. CJ는 CJ인베스트먼트를 통해 향후 5년간 4,000억 원을 신규 출자해 문화Culture, 플랫폼Platform, 웰니스Wellness, 지속가능성Sustainability 등 신성장 동력 발굴에 나설 방침이다. CJ 관계자는 "산업 트렌드에 기민하게 대응하고 보다 효과적으로 신규 사업모델과 혁신기술을 발굴하기 위해 그룹 CVC를 공식 출범시키게 됐다."고 말했다.

GS그룹의 CVC GS벤처스는 지난달 1,300억 원 규모의 첫 번째 펀드 'GS 신기술투자조합'을 결성했다. 신기술·벤처를 중심으로 그룹 계열사의 핵심역량을 결집한다는 의미다. 올해 초 GS는 CVC 법인을 설립하며 500억 원 규모의 펀드를 만들겠다는 계획을 세운 바 있는데 이번 펀드 규모는 이를 훌쩍 뛰어넘는 수준이다. GS벤처스는 향후 바이오, 기후변화 대응, 스마트 건축 등 GS 그룹이 주목하는 신성장 분야에 투자할 예정이다. GS그룹 회장은 "빠르게 변화하는 사업환경에서 스타트업 투자는 미래성장을 위한 필수적인 도구"라며 "적극적인 벤처투자와 개방형 혁신을 통해 GS와 벤처 등 지역 협력사가 함께 성장하는 건강한 사업 생태계를 만들어 가겠다."고 했다.

같은 달 효성그룹도 CVC 설립을 공식화했다. 자본금 100억 원을 출자해 100% 자회사 '효성 벤처스'를 설립한다는 계획이다. 효성벤처스 역시 신기술사업자에 대한 투자, 신기술사업투자조 합의 설립과 자금 관리·운용을 담당할 예정이다.

이코노미스트(2022. 8. 22.)

기업시민 관점으로 본
기업 성장

최근 코로나19로 전 산업계가 영향을 받고 있지만 융복 합 제품의 확산, 디지털 기술의 발전과 고도화, 플랫폼 비즈니스의 활성화 등 경영환 경의 급격한 변화로 인해 개방과 협력이 더욱 중요해지면서 기업들의 오픈 이노베 이션 건수나 투자 규모가 크게 증가하고 있다. 초기 기술 소싱이나 벤처투자에서 혁 신 생태계 구축까지 다양한 형태로 나타나고 있는데 기업 현장의 움직임을 살펴보면 R&D^Research & Development(연구개발)뿐만 아니라 신성장 사업 발굴 등 기업의 가치 창출 활 동Value chain 전반으로 확장되고 있다. 지금까지는 신기술 소싱, 벤처투자를 통한 신기 술 확보 등의 외부 아이디어를 내부 혁신 과정에 유입하는 One way 방식이 주로 사용 되었지만, 최근에는 특허 공개, 데이터 공개 등 내부 혁신의 결과물을 외부와 공유하 고 가치를 확대 재생산하는 Two way 방식으로 전환되었고 M&A와 Startup을 기반으 로 한 협업 모델이 급격히 증가하고 있는 추세이다. 이와 같은 환경 변화하에서 기업 들의 R&D를 통한 가치 창출 플랫폼으로 산업 생태계 구현 방안을 기업시민 관점에서 다음과 같은 질문으로 모색해 본다.

(1) ESG 차원에서 기업 성장을 위해 혁신시스템은 어떻게 변화되어야 하는가?

(2) 제조업에서 기술 스타트업과 연계한 새로운 R&D 모델은 무엇인가?

(3) 지속성장하는 산업생태계를 어떻게 구현할 것인가?

ESG 차원에서 기업 성장을 위해 혁신시스템은 어떻게 변화되어야 하는가? : Innovation System의 진화, 동반성장 협력 클러스터

1) N-Helix 기반 협력 클러스터 모델의 등장

혁신시스템은 기술, 지역, 산업을 중심으로 지식의 창출, 확산, 활용도를 높이기 위한 상호 협력체제를 구축해 왔으며 지역 내의 클러스터 간의 상호작용 관계를 중시하는 개념으로 클러스터는 기업 또는 혁신 주체 간의 공간적인 양상을 의미하고 있다. 결국, 지식기반 산업사회에서 산업 혁신을 통해 시장을 선도하는 핵심 열쇠는 기업 측면에서 혁신 프로세스 관리, 개방형 혁신을 지향하는 산학연 등 주체 간의 협력, 이를 촉진할 수 있는 긴밀한 네트워크라 할 수 있다. 이에 따라서 많은 선도 국가에서는 오래전부터 국가혁신 전략으로서 트리플 헬릭스Triple Helix를 강조하고 있다(Etzkowitz, Henry & Leydesdorff, Loet, 1997). 즉, 혁신적인 기술과 지식도 산학관 사이의 삼중나선구조가 형성될 때 새로운 지식 기반 경제의 원천이 될 수 있다고 주장하면서 혁신의 기반으로 산학 협력의 중요성을 강조한 것이다.

4차 산업혁명 시대를 끌어가는 최적화된 혁신 패러다임 전환이 필요하며, 산업–대학–정부–시민사회가 참여하는 쿼드러플 헬릭스Quadruple-Helix를 넘어서 자연 환경까지 구성 요소에 포함되는 퀸터플 헬릭스Quintuple-Helix 형태로 사회 생태적으로 전이되고 있다(Carayannis et al., 2012).

트리플 헬릭스 모델은 시스템 혁신 관점에서 산–학–관의 역할을 강조한 이론으

그림 1 | Quintuple-Helix Model

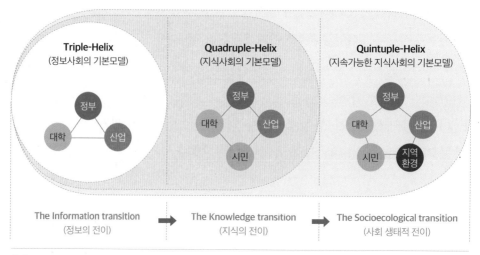

출처: Carayannis et al., 2012

로 지식사회에서 혁신과 경제발전을 위한 잠재력은 지식의 생산, 이전transfer 및 적용 application에 필요한 새로운 제도적·사회적 형태format를 창출하기 위한 대학의 역할 그리고 대학, 기업, 정부 간의 상호작용에 달려 있다고 강조하고 있으며 지식혁신 과정에서 하위시스템을 추가하며 진화하고 있다(Carayannis et al., 2012). 특히 지역은 점차 사회기술적, 사회경제적, 사회정치적 갈등요소를 공유하는 조직, 기관, 이해관계자의 집합체로 기업의 인재, 지식의 수요를 대학이 공급하고 정부가 자금 등의 지원을 통해 공통의 목적을 가진 '산학관'이 지역에 맞는 혁신 클러스터를 이루고 지역 혁신체제의 틀을 마련하여 정부 통제하의 하향식 구조에서 각 주체가 수평적으로 연결되는 구조로 변화되고 있다.

기존 트리플 헬릭스 모델의 세 주체에 시민사회가 추가되어 보다 개방적이고 공동 창조적인 프로세스가 적용되어 공적 가치가 있는 사회적 주도(Bozeman et al., 2015)의 중요성을 강조하였는데 바로 쿼드러플 헬릭스 모델Quadruple-Helix이다. 이는 지역 혁신을 위한 오픈 이노베이션의 가치와 일치(Chesbrough and Garman, 2009)하였고, 이에 따라 정형화된 발전 틀에서 벗어나 지역별 특성을 활용한 개성적인 발전이 가능하여 트리플 헬릭스 주체 사이의 프로세스가 수평적 구조에서 상향식 구조로 변화되었다. 쿼드러플 헬릭스는 EURO 2020의 전략 중 하나인 혁신의 연속성에 근거하여 시민들의 참여를 촉진시키는 사회적 진화 모델로 선정된 바 있으며 기존의 트리플 헬릭스 모델 적용을 넘어 쿼드러플 헬릭스 모델을 적용한 Eco Campus Innovation을 통해 대학, 기업, 정부의 삼자 협력을 넘어 학생과 시민들, 방문자들까지 주체에 포함시켜 '리빙랩Living Lab' 형태를 이루고, 실시간으로 사용 주체의 피드백을 받아 신속한 연구, 개발이 가능하게 되었다. 이와 같이 기업–대학–정부를 핵심으로 보던 트리플 헬릭스 모델에서 새로운 행위 주체가 추가되면서 N–Helix 모델로 확장되었는데 새로운 혁신은 인류의 보전, 생존 및 활력, 새로운 녹색기술의 무한한 가능성을 제기하여 지역의 자연환경을 추가한 퀸터플 헬릭스Quintuple Helix까지 확장되었다. 퀸터플 헬릭스 모델은 지속가능성을 위한 교육투자 효과에서 시작되며, 이를 기준으로 선순환구조를 구축하여 환경 혁신과 친환경 기업가 정신이 중요한 키워드로 자리 잡고 있다.

2) Quintuple-Helix Model 기반 생태계 구현: 포스코플로우의 공생 Workplace 사례

대표적인 인프라 기업인 포스코의 본질적 경쟁력은 협력업체의 역량에 상당 부분 기인한다. 또한 산업의 쌀로서 고객사까지 확대하면 거의 모든 국내 제조 산업을 기반으로 하고 있다. 포스코가 스스로 경쟁력을 갖추는 것 못지않게 중요한 것이 바로 고객사와 협력업체들과 손을 잡고 혁신 생태계를 만들어 가는 것이다. 동반성장 활동은 포스코와 협력업체가 모두 경제적 가치를 창출하여 상생할 수 있으며, 건강한 비즈니스 생태계 조성을 통해 사회적 가치도 창출할 수 있는 대표적인 기업시민 활동으로 꼽힌다.

포스코 그룹사 중에서 포스코플로우는 최근 탈석탄 정책, 경기침체, 경쟁 심화 등으로 경영환경의 불확실성이 확대되고 있어 플랫폼 기반의 디지털트랜스포메이션

그림 2 | 포스코 동반성장 활동

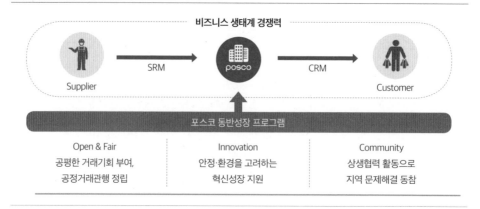

그림 3 | 포스코 동반성장 활동

Digital Transformation 혁신을 통해 물류 4.0시대를 능동적으로 준비 중으로 그룹 차원의 기업시민 활동인 동반성장 프로그램과 연계한 퀸터플 헬릭스 기반 생태계 구현을 추진하고 있다. 국내 최초로 CTSCentral Terminal System(대량 화물유통체제) 사업 개시를 시작으로 포스코와 일본 미쓰이물산의 합작으로 설립된 포스코플로우는 석탄과 원료를 중심

으로 한 복합물류서비스업으로 사업모델의 혁신과 함께 포스코 기업시민 경영이념의 내재화를 필수적인 과제로 설정하였다. 포항과 광양에 사업장을 가지고 있는 포스코플로우의 주요 고객사와 협력사는 대부분 중소 규모의 지역기업과 발전소를 포함한 공기업으로 기업시민 경영이념을 패밀리 차원에서 구현하고 35년간 쌓아온 역량을 기반으로 글로벌 종합물류회사로 성장하기 위해 CTS 산업생태계를 만들어 가는 중이다.

포스코플로우는 공공에서 중소기업까지 이해관계자와 상생을 통한 CTS Ecosystem 구현을 위해 공생 Workplace(광양더함센터)를 광양 부두에 구축하고, 중소기업과 공생 가치를 창출하는 다양한 프로그램과 성장을 위한 기업–학교–시민 협력 클러스터 모델을 도입하여 패밀리 기업시민 활동과 연계한 포스코 기업시민의 성공적인 안착을 위한 실행 방안을 제시하고 있다. 더함센터는 기업시민이라는 새로운 경영이념을 바탕으로 대기업이 중소기업과 상생할 수 있는 비즈니스 모델을 발굴하기 위해 본격적으로 생태계를 조성해 나가는 기초 과정으로, 직접적으로 연결된 협력사와 고객사뿐만 아니라 지역사회까지도 확장되어 상호 기업 간 더 큰 공생 가치를 창출할 것으로 보인다. 앞으로 물적, 인적으로 관련 기업 및 지역민들과 자유롭게 연계해 나간다면 국내 산업생태계 고도화에 이바지하는 모범적인 기업시민 실천 사례가 될 것으로 기대할 수 있다.

그림 4 | 포스코플로우 '더함센터'

광양 더함센터는 '더불어 함께', '고객 성공으로 공급사와 포스코플로우(포스코터미널) 두 배의 행복을 누린다', '포스코플로우와 협력사 간 조화와 신뢰의 장'의 의미를 담고 있다.

더함센터에는 포트엘, 신창, 서강, SMC, 유니테크 등 100여 명이 넘는 협력사 직원들이 입주해 있으며 관제실, 정비실, 휴식공간, TBM룸, 회의실은 물론 반출설비 운영과 복포 작업, 준설 작업 요원들이 업무 전 대기할 수 있는 공간이 마련되어 있다. 따라서 협력사 간 정보 공유, 비상상황 발생 시 즉각적이고 빠른 대응체계 확립 등으로 안전하고 효율적인 근무 여건을 제공하여 기 구축된 광양지역CTS 생태계를 지원하여 포스코플로우와 협력사, 고객사의 동반성장을 실현하는 공간이다.

제조업에서 기술 스타트업과 연계한 새로운 R&D 모델은 무엇인가?
: 새로운 R&D Model, Tech Startup (기술솔루션 프로바이더)

연구개발은 회사의 지속가능 성장 견인에 필요한 기술 경쟁력을 확보하여 최고의 제품과 솔루션을 제공하는 데 앞장서야 한다. 점점 치열해지는 글로벌 경쟁하에서 지속 성장을 하기 위해서는 우수한 제품 및 솔루션(PI: Product Innovation), 원가경쟁력 강화 기술(CI: Cost Innovation), 친환경 기술(EI: Environment Innovation)을 First Mover로 선도해서 개발해야만 한다. 또한 4차 산업혁명으로 대표되는 인공지능AI, 로봇 등 첨단 기술 접목을 통해 더 효율적이고 혁신적인 기술개발이 이루어져야 한다. 연구개발을 통해 최고의 제품과 솔루션 기술을 개발하고 이를 고객에게 제공하게 되면 자연스럽게 고객의 성공 가능성은 높아지고, 고객의 성공은 다시 우리의 성공으로 이어지게 된다. 이러한 선순환이 차곡차곡 쌓이다 보면 결국 자사를 포함한 모든 비즈니스 파트너가 속한 산업생태계가 구축될 수 있다. 다음으로 친환경, 스마트 공정기술을 개발하여 우리 사회가 안고 있는 이슈 해결에도 도움을 줄 수 있다.

현대사회는 지구온난화, 미세먼지, 환경오염 등 급격한 산업화의 후유증으로 몸살을 앓고 있는데 이 문제를 해결할 수 있는 친환경 기술과 스마트 기술을 개발하여 현재 혹은 미래에 직면하게 될 사회문제에 솔루션을 제시할 수 있다면 더 나은 사회 구현과 동시에 우리에게도 더 많은 비즈니스 기회가 찾아올 것이다. 또한 연구개발의 속도도 중요하다. 내외부 고객의 요구가 발생했을 때 신속하게 대응할 수 있어야 하는데, 자체 연구만으로는 점점 빨라지는 기술발전 속도에 대응하기 어렵다. 따라서 개방적 협력Open & Collaboration 원칙을 적용하여 자사가 보유하지 않은 기술에 대해서는 관련된 외부 전문가나 타 연구기관과도 적극적으로 협업해 나가야 한다. 따라서 지속가능한 기업을 만들어가기 위한 연구개발은 최고의 제품기술과 솔루션을 개발하여 고객 성공을 지원하고, 친환경·스마트 기술 등을 통해 미래 경쟁력을 제고하며, 시장 변화에 적기에 대응할 수 있도록 개방적 협력에 적극적으로 나서야 한다.

1) 내외부 고객 성공을 위한 최고의 제품기술과 솔루션 제공

제조업 분야에서 연구개발은 기업의 미래가 달려 있는 핵심 영역이다. 기업이 연구개발을 통해 최고의 제품을 만들어내지 못하면 그 기업의 미래는 밝다고 할 수 없다. 여기서 중요한 것은 최고의 제품이라도 시장의 트렌드가 반영되어야 하는 것이다. 궁극적으로 '고객이 원하는 제품'이 아니라면 시장에서 외면당할 수밖에 없다. 최고의 제품을 제공하기 위해서는 비즈니스 파트너와 가장 접점에 있는 판매 현장의 니즈를 정확히 반영하는 것이 중요하다. 따라서 수요산업의 발전 동향을 면밀히 파악한 후 여기에 맞춰 최적의 제품을 최적 시점에 공급할 수 있게 하는 기술개발 로드맵을 잘 구축해야 한다. 그리고 이미 수립된 기술개발 계획이라도 시장 트렌드의 변화를 고려하여 지속적으로 조정해야 한다. 최고의 제품을 고객에게 판매할 때 최적 조건으로 제공할 수 있는 솔루션도 함께 개발해야 한다. 이를 통해 고객은 제품을 최적화하여 사용할 수 있게 되어 최종 제품의 품질 향상과 수익성 제고가 가능하게 된다. 솔루션 제공을 통해 고객사의 제품 개발·생산과 신규고객 확보에 모두 기여함으로써 기업의 수익 확대와 산업생태계 전반의 경쟁력 강화라는 두 가지 목표를 동시에 달성할 수 있어야 한다.

2) 미래 경쟁력을 제고하는 친환경 스마트 기술개발

과거 제조업은 국가의 발전에 핵심적인 기여를 하였고, 지금도 사회를 지탱하는 기반제품을 공급하고 있다. 하지만 제조기업들은 생산 공정의 특성상 CO_2를 배출하기 때문에 환경문제로부터 자유롭지 못하다. 이제부터는 혁신적인 친환경 기술개발을 통하여 제조업이 미래 사회의 든든한 기반으로서 역할을 할 수 있도록 준비해야 한다. 대표적인 소재 산업인 철강의 경우, 어떠한 소재보다도 우수한 친환경적인 요소를 가지고 있으므로 수소환원제철법 등 제조공정에서의 CO_2 감축 기술을 개발한다

그림 5 | Smart Factory 최종 모습

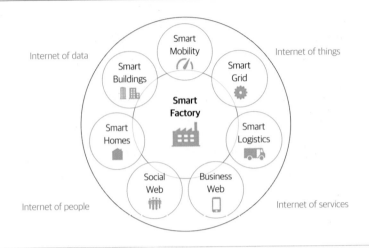

출처: Sadiku and Ashaolu, 2021

면 친환경 소재로 부각될 수 있다. 다만 수소환원제철법을 단기에 확보하여 기존 설비를 전면 교체하기에는 한계가 있기 때문에 단기적으로는 석탄 사용량을 줄이는 기술을 개발해야 한다. 중기적으로는 기존 제철설비를 활용하여 수소를 생산하고, 그린수소와 신재생전력을 경제성 있는 가격으로 공급받을 수 있는 환경이 구축되면 100% 그린수소를 활용한 수소환원제철법을 통해 청정 철강을 제조할 수 있도록 장기적 관점의 기술개발도 진행될 수 있다. 이러한 친환경 기술을 개발하고 완성하는 과정에서 그린제철소를 구현하고 새로운 비즈니스와 일자리도 만들 수 있다. 또한 인공지능과 빅데이터를 활용한 스마트 기술은 4차 산업혁명 시대를 열어가는 핵심기술임과 동시에 강건한 산업생태계를 실현시키는 촉매 역할을 할 수 있다. 스마트 기술을 제조공정에 폭넓게 접목하면 제조비용을 낮추고 고품질의 제품을 생산할 수 있으며 작업자들이 안전한 환경에서 일할 수 있는 Smart Workplace 구축에도 활용할 수 있다. 최근 주요 제조기업들의 성공적인 스마트 팩토리 구현 사례 경험을 중소기업과 공유하여 국가 제조업의 스마트화에도 기여할 수 있다.

3) 시장 변화에 적기 대응하는 개방적 협업형 연구개발

기술의 발전 속도가 급격히 빨라지고 경계를 초월한 융복합 기술이 속속 등장하면서 기술개발의 난이도와 복잡성이 날로 커지고 있다. 또한 고객의 요구 사항도 점점 다양해지고 고객의 눈높이도 높아지고 있으며, 시장 환경도 기술의 발전 속도처럼 빠르게 변화하는 등 불확실성 역시 증대되고 있다. 이러한 상황에서 과거와 같은 폐쇄적인 인하우스In-house 방식의 연구개발로는 급격한 기술 발전 및 시장 변화를 따라잡을 수 없기 때문에 업의 지속성장이 가능한 기술개발을 위해서는 기존의 독자적인 방식에서 벗어나, 어느 누구와도 협력할 수 있는 개방과 협업의 연구개발 방식으로의 전환이 필요하다.

개방적 협력형 연구개발을 위해 내부적으로는 사내 부서 간 긴밀한 소통이 필요하며 급속하게 변화하는 외부 환경에 대응하기 위해서는 빠른 실행과 신속한 판단을 통해 시장에 적기 대응이 가능한 연구를 해야 한다. 조직 간 벽을 허물기 위해서는 함께 모여 회의를 통해 소통하는 기존의 방식뿐만 아니라, 시간과 장소에 구애 받지 않는 다양한 방식의 소통 방법들을 적극 활용해야 한다. 예를 들어, 현재 현업부서의 업

그림 6 | 대학과 기업의 시너지 창출 모델

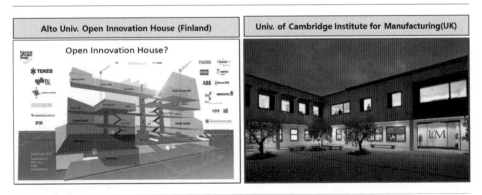

출처: Aalto Center for Entrepreneurship, Univ. of Cambridge Institute for Manufacturing(2015)

무 수행 시 고민되는 기술적 애로사항을 해결하기 위해 구축한 오픈연구소 시스템을 활용하면 언제 어느 때나 필요한 소통을 할 수 있다. 외부와 협업할 때는 다양한 대상과 전향적으로 협력하는 자세도 필요하다. 미래 신기술 개발을 위해 기업과 연구소, 대학의 유기적인 연계를 통해 시너지를 창출한 사례도 있다. 핀란드 알토대의 Open Innovation House는 Microsoft APP Campus, RUKKI, ABB, KONE 기업이 대학과 한 건물에 "Fresh ideas come together"라는 모토로 모여서 융합솔루션 개발에서 사업화까지 연계하고 있으며, 캠브리지대 Institute for Manufacturing은 제조업을 대상으로 제품공학, 운영관리, 경영 등 관련 분야의 다양한 연구진이 모여서 30개 국가 170개 기업과 함께 언 100개 이상의 프로젝트를 진행하고 있다. 기존 산업의 자리를 위협하는 신기술이 속속 등장하고 있기 때문에 업종에 관계없이 전 세계 누구와도 손을 잡아야 한다. 특히, 산업의 미래 방향과 관련된 R&D에서는 산업생태계 차원에서 공동 기술개발에 나설 필요가 있다. 협업 방식도 대학에 연구용역을 위탁하는 소극적인 방식에서 벗어나, 외부에서 개발한 원천기술을 도입하는 B&D[Buy & Development] 방식이나 공급사, 고객사 혹은 유망 벤처와 공동으로 기술을 개발하는 S&D[Seeding & Development] 등과 같은 방식으로 확대해야 한다.

지속성장하는 산업생태계를 어떻게 구현할 것인가?
: 가치창출기반 플랫폼으로 산업생태계 구현(비즈니스 크리에이터)

포스코 기업시민헌장 전문에는 "우리는 사회의 자원을 활용하여 성장한 기업이 …(중략)… 인류의 번영과 더 나은 세상을 만들어 가는 데 기여하는 것이 올바른 길이라고 믿는다"라고 나와 있다. 기업의 지속가능한 성장과 더 나은 세상을 만들어 간다는 것이 별개의 것이 아니라 서로 어우러져 함께 지향해야 하는 가치임을 천명한 것이다. 기업이 지속적으로 성장하기 위해서는 기존에 영위하던 사업에 안주하지 않고 시대의 변화에 부합하는 새로운 먹거리, 즉 신성장 사업을 끊임없이 추구해야 한다. 기업시민의 경영이념 속에는 지속적인 변화와 혁신을 통해 지속 성장하겠다는 의지가 담겨 있다. 기존의 사업을 유지하는 데 그치지 않고 새로운 가치를 가진 제품과 서비스를 개발하여 경제적 이익뿐만 아니라 더 많은 일자리를 창출하고 사회에 더 많은 기여를 하기 위해서는 신성장 사업을 발굴하고 추진하는 것은 필수적이다. 따라서 사회적 가치 창출도 가능한 지속가능한 기업이 되기 위해서는 신성장 사업 추진을 통한 새로운 성장동력 확보가 필요하다. 이때 추구하는 신성장 사업의 방향은 "인류의 번영과 더 나은 세상"을 만드는 데 기여할 수 있어야 한다. 즉 회사의 이윤 창출에도 도움이 되고 사회에도 이득이 되는 윈-윈Win-Win형 신사업을 통해 공생가치를 창출하고 회사의 지속성장을 이끌어야 한다. 신성장 업무는 발굴, 육성, 사업화의 3단계로 나누어 살펴볼 수 있다. 우선 발굴 단계에서는 기업의 성장 전략에 부합하는지를 면밀히 짚어봐야 한다. 다음으로 육성 단계에서는 벤처 플랫폼과 연계하는 방식이 필요하며 마지막으로 사업화 단계에서는 미래 산업생태계를 고려한 개방적 협력과 도전적 조직문화 조성을 염두에 두어야 한다.

1) 지속가능한 성장을 창출하는 신사업 발굴

최근 신성장 사업 발굴에서 가장 중요한 요소는 미래 변화에 기반한 성장성과 인류와 사회발전에 공헌하는 공공성이다. 이를 통해 기업과 사회가 함께 발전하며 새로운 가치를 창출할 수 있는 기회를 만들어야 한다. 지속가능한 성장을 위해 우리는 사회와 기술, 경제, 환경, 정치 전반에 걸쳐 거대한 시대적 변화의 흐름을 탐색해야 한다. 이를 위해 긴 호흡으로 장기적인 관점에서 ① 사회 대전환의 흐름, 삶의 방식의 변화, ② 인공지능, 로봇, 모빌리티 등의 기술혁신, ③ 지구온난화, 고령화 등 사회적 이슈까지 다양한 영역에서의 변화를 이해하고 미래를 예측할 수 있어야 한다. 이러한 메가

트렌드 변화에 대한 인사이트에 기반하여 새로운 가치를 만들어 내는 신사업을 발굴하고, 사회문제를 해결할 수 있는 솔루션도 함께 제공하여 회사와 사회 모두에게 더 나은 미래와 더 큰 가치를 만들어낼 수 있어야 한다. 이를 위해 기업은 성장전략과 기업시민 경영이념에 부합하는 신성장 도메인Domain을 설정하여 신사업 아이템을 지속적으로 발굴, 관리하고 중장기 사업 포트폴리오를 기반으로 일관되게 추진해 나가야 한다. 또한 개별 아이템 단위로 신사업을 찾는 과정에서는 성장성뿐만 아니라 기업시민 경영이념에 부합하는지를 검토하여 발생 가능한 리스크를 최소화해야 한다. 이미 선정된 사업 아이템도 경영환경 변화에 따라 지속적으로 재검증하여 사업 추진 여부를 판단해야 할 것이다.

2) 벤처 플랫폼을 활용한 신성장 사업 육성

신사업을 추진하는 데 있어 그린필드Greenfield, M&AMergers & Acquisitions(기업 인수·합병), 합작 투자, 벤처 투자 등 가능한 모든 사업진출 방식에 문을 열어 놓고 사업 아이템의 특성에 맞는 최적의 방식을 선택해 나가야 한다. 이 중 벤처 밸리 구축과 벤처 펀드 조성은 신성장 사업의 중요한 발판이다. 4차 산업혁명 시대의 도래와 함께 산업 각 분야에서 '파괴적 혁신'이 이루어지고 있고 이러한 변화는 이제 벤처기업들이 주도하고 있기 때문이다. 기업들은 벤처기업 등 다양한 비즈니스 파트너들의 참여와 협력을 통해 벤처 밸리와 벤처 펀드로 구성된 벤처 플랫폼을 구축하고 있다. 그 과정에서 '비즈니스 파트너와 함께 강건한 산업생태계를 조성한다'는 비즈니스 원칙에 입각하여 진행해 나가는 것이 중요하다. 이를 위해 첫째, 대학, 연구소 등 산학연 인프라를 활용하여 벤처밸리와 같은 생태계를 조성해야 한다. 이들을 지자체와 지역 벤처기업 등 지역 인프라와 연계한 벤처 플랫폼의 경쟁력을 차별화하여 우수 R&D 성과를 창업 및 신사업으로 연계시킬 수 있는 새로운 산학연협력체계를 만들고, 창업 기업들을 체계적으로 육성해야 한다. 둘째, 벤처기업의 육성뿐 아니라 시장에서 우수한 기업에 투자할 수 있는 벤

그림 7 | 벤처 플랫폼 구축 사례

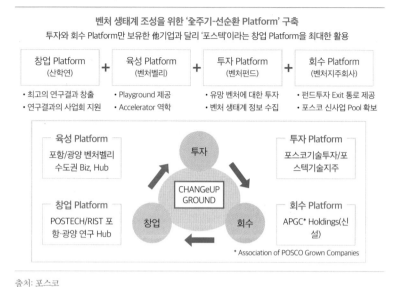

벤처 생태계 조성을 위한 '全주기-선순환 Platform' 구축
투자와 회수 Platform만 보유한 他기업과 달리 '포스텍'이라는 창업 Platform을 최대한 활용

창업 Platform (산학연)	+	육성 Platform (벤처밸리)	+	투자 Platform (벤처펀드)	+	회수 Platform (벤처지주회사)
• 최고의 연구결과 창출 • 연구결과의 사업회 지원		• Playground 제공 • Accelerator 역학		• 유망 벤처에 대한 투자 • 벤처 생태계 정보 수집		• 펀드투자 Exit 통로 제공 • 포스코 신사업 Pool 확보

육성 Platform
포항/광양 벤처밸리
수도권 Biz, Hub

투자 Platform
포스코기술투자/포스텍기술지주

투자

CHANGeUP GROUND

창업 Platform
POSTECH/RIST 포항·광양 연구 Hub

회수 Platform
APGC* Holdings(신설)

창업   회수

* Association of POSCO Grown Companies

출처: 포스코

처 펀드를 '전 주기–글로벌–선순환' 원칙하에 운영해야 한다. 기업 주도의 벤처캐피탈인 CVC(Corporate Venture Capital) 설립을 통해서 적극적인 벤처 투자 지원이 가능하다. 국내외 최고의 투자 운용사들과 벤처기업의 성장단계별 최적의 펀드를 조성하여, 투자한 기업의 성장과 글로벌 진출을 지원하고, 투자 수익을 창출하여 벤처 플랫폼이 지속적으로 운영되도록 재투자해 나가는 것이 필요하다. 이를 통해 벤처 펀드에서 투자한 우수한 기업을 신사업 후보로 선별, 육성하고 회사의 지속 성장을 위한 원동력을 만들어 나가야 한다. 이에 더해 지역 경제 활성화와 청년 일자리 창출에도 기여하며, ESG 관점의 성과 및 기업시민 관점의 임팩트도 지속 제고해 나가야 할 것이다.

3) 미래 산업생태계를 고려한 사업화 추진

신성장 도메인 테두리 내에서 신성장 핵심사업으로 결정된 아이템은 개발, 투자, M&A 등의 사업화 과정을 거쳐 기업의 주력사업으로 설정한다. 사업화 과정은 적극적인 형태의 대외 상호작용이 이뤄지는 단계로, 그 어느 때보다 엄격한 원칙의 적용이 필요하다.

신성장 핵심사업은 다음과 같은 원칙에 입각하여 사업화를 진행해야 한다. 첫째, 빠르고 진취적인 사업 추진이다. 최근의 주요산업 동향을 살펴보면 시장을 선점한 소수업체들의 과점화 경향이 더 뚜렷하게 자리 잡고 있다. 급변하는 산업현장에서는 과거와 같은 보수적, 안정 지향적 방식으로는 경쟁력을 확보하기 어렵기 때문에 변화에 빠르게 대응하며 진취적 사업방식 마인드를 기반으로 선제적인 투자를 통해 사업화를 추진해야 한다. 둘째, 건전한 산업생태계 구축이다. 신성장 사업의 성패는 사업형성 초기 단계의 건전한 생태계 구축에 달려 있다. 전후방 밸류체인 파트너들이 받쳐주지 않으면 성장은 물론 생존조차 담보하기 어렵다. 새로운 기술 표준을 선점하고 시장표준de-facto standard을 확보하는 데도 전후방 산업에 속한 업체들과의 긴밀한 협업이 필수이다. 이를 통해 생태계 전체의 공생 가치 창출도 자연스럽게 달성할 수 있다. 셋째, 협업을 통해 외부역량을 우리 것으로 만들 수 있는 개방적 협력을 강화해야 한다. 현시대는 사업의 트렌드와 기술발전 변화의 속도가 매우 빨라서 모든 필요 역량을 적시에 자체적으로 확보하기 어렵다. 특히 신사업 분야는 그 어느 때보다 개방적 협력 관계 구축을 통해 외부의 다양성과 전문성을 활용하는 것이 중요해지고 있다.

그림 8 | 미래 자동차산업의 밸류체인의 변화

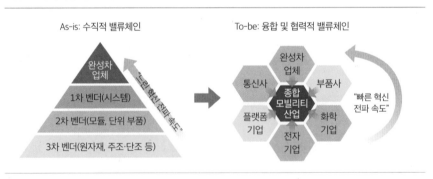

출처: 삼정KPMG경제연구원(2021)

본원 활동

사업에 따라서는 M&A, 조인트 벤처Joint Venture, 공동 R&D 등을 적극 활용함으로써 외부 역량을 빠르게 흡수하고 우리 것으로 승화시켜 빠른 시간 내에 업계 최고의 사업 역량을 확보해야 할 것이다. 이외에도 신사업에 필요한 외부 전문인력을 적기에 영입하고, 긍정적이고 도전적인 조직문화를 구축해 나가야 한다. 또한 이해관계자들의 요구를 만족시킬 수 있는 수준의 투명성과 윤리의식이 필요하다. 이를 통해 신성장사업은 성장과 수익성뿐만 아니라 인권, 환경 등 기업시민으로서 지켜 가야 할 보편적 가치를 추구해야 한다.

Wrap-up

본 장에서는 기업시민 관점에서 새로운 가치를 창출하기 위한 동반성장 혁신시스템과 기술 솔루션 R&D 모델을 소개하고 벤처기업과 연계한 산업생태계 구현 방안을 살펴보았다. 먼저 ESG 차원에서 기업 성장을 위해 혁신시스템은 어떻게 변화되어야 하는가에 대해서 동반성장 협력 클러스터 형태의 혁신시스템의 진화를 설명하였다. 기업-대학-정부를 핵심으로 한 트리플 헬릭스 모델에 시민사회가 추가되면서 쿼터플 헬릭스 모델로 확장되었으며 쿼터플 헬릭스 모델은 지속가능성을 위한 교육투자(Carayannis et al., 2012) 효과에서 시작되며, 이를 기준으로 선순환구조의 생태계를 구축하여 지속가능한 환경 혁신과 지역 기반 기업가 정신이 중요하게 되었다. 따라서 대학을 중심으로 지역벤처를 육성하도록 산업-시민-정부-기업-대학이 선순환하는 생태계를 조성하는 방안을 제시할 수 있다. 다음으로 제조업에서 기술 스타트업과 연계한 새로운 R&D 모델로서 기술솔루션 프로바이더인 기술스타트업을 제안했다. 내외부 고객 성공을 위한 제품기술과 솔루션의 제공, 스마트팩토리 같은 미래 경쟁력을 제고하는 친환경 스마트기술 개발을 중심으로 소개하였다. 마지막으로 비즈니스 크리에이터로서 지속가능한 성장을 창출하는 신사업 발굴과 벤처 플랫폼을 활용한 신성장

사업 육성을 위해 가치 창출 플랫폼으로 산업생태계 구현 방안을 모색하였다. 신성장 사업의 성패는 지역과 시민이 연결된 전후방 밸류체인 파트너들이 참여한 건전한 생태계 구축에 달려 있다.

최근 AI를 중심으로 반도체, 이차전지, 바이오 등 첨단기술분야의 혁신으로 세계 산업 지형도가 급변하고 있는 가운데 기업들은 지속적인 성장을 위해 신사업을 발굴하고 신기술 연구개발에 집중하고 있다. 기업시민 관점에서 제시된 혁신시스템인 N–Helix 동반성장 협력 클러스터 기반의 산업생태계를 구축하기 위해서는 다양한 이해관계자와 지역 특성을 반영한 시스템 마련과 함께 공통된 인식이 중요하다. 기술 스타트업을 발굴 육성하기 위한 벤처 플랫폼 구현에도 정책/제도 측면의 상생 관점에서 동반성장 문화 관점으로의 전환이 요구된다. 또한 해당 산업영역별로 차이가 크다는 점도 혁신 시스템 구축 시 고려되어야 한다. 산업생태계는 계속 움직이고 변화되는 속성을 가지고 있기 때문에 시행착오 하에서도 이해관계자들의 유기적인 소통으로 상생

그림 9 | 쿼터플 헬릭스 모델에서 교육 투자가 지속가능발전에 미치는 영향(Carayannis et al., 2012)

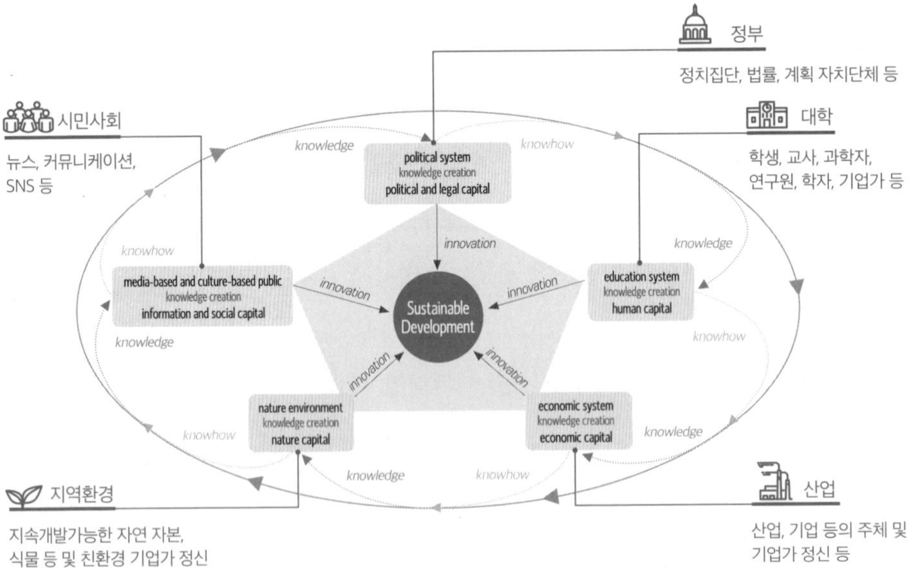

을 넘어서 지속성장하는 가치 창출 플랫폼으로 새로운 가치를 만들어 가야 한다.

전기차 배터리 순환경제와 ESG 차원의 기업 대응

전기차 확산에 따라 글로벌 전기차 배터리 시장 규모는 2020년부터 37% 성장하여 2030년 3,364GWh까지 증가할 전망이다. 글로벌 전기차 폐배터리 재활용 시장 규모도 2025년부터 연평균 33%씩 성장하여 2030년에는 574억 달러(약 68조 원)를 상회할 것으로 전망되고 있다. 이에 그린딜 달성을 목표로 EU의 폐배터리 정책이 개정되고 미국 역시 배터리를 양질의 일자리 창출 유망산업이자, 기후변화 대응을 위한 핵심수단으로 인식하여 정부의 주도하에 기업들이 관련 인프라 및 기술개발에 적극적으로 투자를 추진 중이다. 따라서 배터리 라이프사이클에 기반하여 폐배터리 재활용 및 재사용을 통해 지속가능성을 추구하는 친환경 경제모델이 기업의 신성장 사업으로 대두되고 있다. 폐배터리 재활용 및 재사용 산업은 폐배터리의 배출, 분리, 보관, 회수, 성능 검사 후 재활용 또는 재사용 공정을 거쳐 배터리 제조사나 일반 기업, 단체, 개인에게 판매하는 밸류체인으로 구성되어 기업을 중심으로 민관 이해관계자가 연계된 생태계 구축이 필수적이다.

정부는 '녹색융합클러스터' 지정과 미래 폐자원 거점수거센터 등으로 폐배터리 생태계 형성에 나섰다. 거점수거센터는 전기차 소유주가 정부나 민간에 반납한 배터리의 잔존 용량과 수명 등을 측정하고 재사용 가능성을 판정한다. 이곳에서 보관한 폐배터리는 규제자유특구인 나주나 포항으로 옮겨져 재사용·재활용을 위한 연구개발에 사용한다. 내년에는 민간 매각도 허용돼 폐배터리를 거래하는 유통 허브 역할을 한다.

현재 폐배터리 녹색융합클러스터를 적극적으로 추진하는 지역은 포항시다. 배터리 산업을 지역 산업으로 채택한 포항시는 현재 '배터리 밸류체인' 완성에 사활을 걸고 있다. 포항시는 지난 2019년 차세대 배터리 리사이클링 규제자유특구로 지정된 이후 3년째 사업을 이어가고 있다. 에

그림 10 | 전기차 배터리를 중심으로 본 재활용 및 재사용 밸류체인

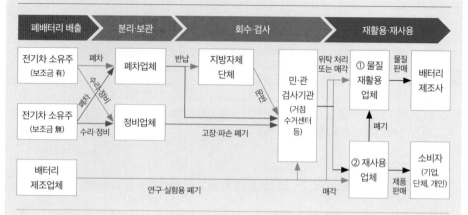

출처: 삼정KPMG 경제연구원(2021)

코프로, 포스코케미칼, GS건설, 피엠그로우 등 배터리 소재·재활용 기업이 포항에 자리를 잡은 상황이다.

포스코케미칼은 이차전지용 인조흑연 음극재 공장을, 에코프로는 양극재 공장을 착공해 배터리 소재를 생산했고 GS건설과 에코프로씨엔지는 폐배터리 재활용 사업을, 피엠그로우가 재사용 사업을 포항에서 진행할 계획이다. 이를 통해 포항시는 배터리 소재부터 재활용에 이르는 배터리 전 주기에 걸친 밸류체인을 경북 지역 중심으로 완성할 방침이다. 배터리 순환경제는 경제적 가치와 환경적 가치를 모두 끌어올릴 수 있는 일석이조의 효과가 있다. 경제적 가치는 폐배터리 산업 활성화를 통한 이익과 고용 창출이며, 환경 가치는 이산화탄소 배출량 감축이다.

Challenge With POSCO 브랜드는 벤처 생태계 활성화와 신성장 산업 육성을 목표로 탄생했다. 벤처기업이 사업과 연구를 병행할 수 있는 창업 인프라를 만들어 가고, 신생 기업이 순조롭게 성장하도록 돕는 육성제도를 운영하고 있다. 포스코는 민관협력형(중소벤처기업부) 인큐베이팅 센터인 'CHANGeUP GROUND 포항'을 비롯해 벤처기업 인큐베이팅 공간을 조성하여 창업을 지원하고 있다.

포스코, 포스코케미칼, 포스텍은 경상북도, 에너지 플랫폼 분야 스타트업 에이치에너지, 배터리 ESS 사업 분야 스타트업 피엠그로우와 친환경 에너지 관련 사업을 추진 중에 있으며, 산-학-

연 협력으로 이루어지는 프로젝트다. 친환경 전기버스·자동차용 배터리팩 경량화 협력이다. 이 사업은 전기차 서비스 플랫폼 스타트업 피엠그로우와 함께한다. 피엠그로우는 전기차 배터리팩 제조와 배터리 구독서비스 등 전방사업과 중고·폐 배터리를 활용한 재사용Reuse 후방사업을 해 온 국내 유일의 BaaS(Battery as a Service) 기업이다. 양사의 기술협력으로, 피엠그로우는 배터리 용량 증가를 통한 사용 시간 연장 및 경량화, AI 대비 원가절감 등을 기대하고 있다. 특히 포스코기술투자가 엔젤투자자로 참여하기도 했는데, 지속적으로 경쟁력을 강화해 기업가치가 높아지면, 포스코의 수익 창출에도 기여할 수 있다.

국내 대기업 주관의 최초의 스타트업 발굴·육성 프로그램인 포스코 IMP는 10년간 창업·벤처 생태계 활성화에 큰 기여를 해 왔으며 포스코 미래 신성장사업 발굴 채널로 발전하였다. 향후 10년 안에 글로벌 유니콘 기업과 나스닥 상장사 등을 배출해 포스코그룹의 미래 성장동력으로 적극 육성해 나간다는 방침이다. 이와 같이 기업-시민-학교가 동반성장하는 플랫폼을 바탕으로 포스코그룹의 신성장 사업 기반을 만들고 일자리 창출, 경제 활력을 제고하는 것이 Challenge With POSCO 브랜드가 만들어 갈 미래라고 할 수 있다.

디지털투데이(2021. 9. 15.), 한국경제(2022. 10. 27.)

토의 아젠다

1. 새로운 가치를 창출하는 산업생태계 구축을 위한 기업시민의 역할을 정의하고, 주요 산업별로 적용 가능한 모델을 제안하시오.

2. 사례 연구에서 전기차 배터리 순환경제와 기업 대응을 살펴보았다. 전기차 배터리 산업생태계를 도식화하여 지자체, 대기업, 기술벤처, 벤처캐피털, 대학 등 참여한 이해관계자의 역할을 정리하고 이를 기반으로 전기차 배터리 산업 활성화 방안을 제시하시오.

PART 2

지원 활동 :
자본·기술

| 재무 |

ESG경영의 재무와 기업지배구조

—

박경서(고려대 경영대학 교수)

INTRO

美블랙록 ESG 안건 찬성률 급감

2002년 7월 26일(현지 시간) 글로벌 의결권 자문기관 ISS에 따르면 세계 최대 자산운용사 블랙록은 올 상반기 투자기업들의 연례주주총회에서 환경 및 사회 이슈 관련 주주제안의 24%에만 찬성표를 던진 것으로 나타났다. 전년도 상반기 찬성률이 43%에 달했던 것에 비하면 절반 가까이 줄어들었다.

블랙록은 이날 발표한 주주제안 투표 현황 보고서에서 "대부분의 기후변화 대응 관련 주주제안은 기업의 재무 실적에 미치는 영향을 고려하지 않은 채 이들이 세운 에너지 전환 계획의 속도를 좌지우지하려고 한다"고 꼬집었다. 이어 "우리는 변하지 않았다"며 "우리 주변의 투자환경과 맥락이 바뀌고 있는 것"이라고 강조했다.

한국경제신문(2022. 7. 27.)

지원 활동 : 자본·기술

서론

기업경영에 있어 주주뿐만 아니라 다양한 이해관계자의 가치를 고려하는 ESG경영은 재무적 관점에서 어려운 판단을 요구한다. 기업의 재무적 의사결정이란 자본의 투입과 이에 따른 경제적 성과를 판단하는 과정이 필요한데 ESG경영의 성과는 화폐단위에 의한 측정이 매우 어렵기 때문이다. 프랑스의 오래된 식음료기업인 다논Danone은 'One Planet, One Health'라는 경영이념하에 기업의 사회적 책임을 선도해온 대표적 기업이었으나 최근 CEO가 경영 성과 부진으로 교체된 바 있다. 전 세계 최대 규모의 자산운용사인 블랙록은 투자 대상 기업의 선정에 있어 기업의 ESG경영 수준을 고려하는 ESG 투자정책을 채택한 바 있다. 하지만 최근 우크라이나 사태와 에너지 위기하에서 블랙록은 수익률 제고를 위해 탄소배출이 많은 기업에 대한 투자를 확대함으로써 논란을 일으키기도 했다. 이러한 사례들은 재무적 성과가 유지되지 않는 한 ESG경영이나 ESG 투자가 투자자의 반대에 직면할 수 있으며, 지속가능한 ESG경영을 위해서는 재무적 관점에서도 이의 정당성을 확보할 필요가 있음을 보여준다.

전통적인 관점에서의 기업 재무corporate finance란 크게 자본의 조달, 투자 그리고 주주환원의 순환 과정을 거치며 기업가치 극대화를 목적으로 한다. 실무적으로는 부채비용과 자기자본비용을 고려한 자본조달구조의 선택, 수익성이 자본조달비용을 초과하는 투자안의 선택, 그리고 잉여자금free cashflow의 주주환원이 재무적 활동의 핵심이다. 하지만 ESG경영하에서는 주주가치뿐만 아니라 여타 이해관계자의 가치도 고려하는 개념으로 변화하므로 이러한 기준도 변화한다. 예를 들어, ESG경영은 요소별 자본조달비용에 영향을 미치므로 최적자본조달구조에 영향을 미칠 것이다. 투자 여부를 판단하는 데 있어서는 순현재가치(NPV)법이나 내부수익률(IRR)법 등을 적용하는 과정에서 화폐단위로 측정된 사회적 가치social value를 반영하는 방법론이 필요하다. 배당 등 주주환원은 자기자본을 줄이는 행위인데 이는 여타 이해관계자의 이익을 보호하기 위한 완충자본에 영향을 미친다는 점에서 이 또한 변화가 예상된다.

한편, 기업의 목적이 변화하면 이를 통할하는 기업의 지배구조에도 변화가 발생할 것이다. 전통적인 관점에서의 기업지배구조란 주주의 이익을 보호하고 주주가치를 극대화하기 위한 통제 장치로 이해되었다. 반면에 ESG경영하에서는 주주의 이익뿐만 아니라 근로자, 고객, 거래회사, 지역주민, 환경 등을 동시에 고려할 수 있는 지배구조로의 전환이 예상된다. 이러한 변화가 기업의 경쟁력에 어떠한 영향을 미칠지에 대한 논란도 활발히 진행 중인데 20세기 이후 유럽의 이해관계자자본주의stakeholder capitalism와 미국의 주주자본주의shareholder capitalism 간 경쟁력 우위 논쟁이 그것이다.[14]

본 장에서는 ESG경영이 기업의 재무적 의사결정에 어떻게 반영될 수 있는지, 이에 수반되는 기업지배구조상의 변화는 기업경영에 어떤 영향을 미칠지 등에 대해 살펴본다. 특히 주주가 의사결정권을 갖는 주식회사 제도의 한계와 이를 보완하기 위한 대안으로서 ESG경영의 의의, 그리고 재무적 관점에서 ESG경영의 실행방안에 대해 논의한다. 이를 위해서는 우선 주식회사라는 사업 조직의 특징에 대해 이해할 필요가 있다.

주식회사의 장점과 단점 [15]

1) 회사(company)의 출현 배경

주식회사로 대변되는 회사company는 근대 사회가 만들어낸 가장 획기적인 개념이다. 17세기 초 영국이 인도에 설립한 동인도회사East India Company가 최초의 합자회사joint stock

---

14 Freidman 교수의 1970년, The New York Times 기고문, 'A Friedman Doctrine: The Social Responsibility of Business is to Increase Its Profits'에 이러한 주장이 정리되어 있다.

15 이하에서는 『기업시민, 미래경영을 그리다』, 나남신서, 2020, 5장(박경서)의 일부를 인용하고 있다.

company로 출현한 이후 이는 전 세계 모든 국가에 있어 가장 대표적인 생산조직의 형태로 부상하였다. 파트너십 등 과거의 사업 조직과 비교할 때 주식회사의 가장 중요한 특징은 투자자의 유한책임limited liability과 투자계약의 증권화securitization이다. 16세기 신대륙의 발견으로 대항해와 식민지 시대가 도래한 이후 식민지 사업에는 상당한 규모의 장기적 자본이 필요하였다. 하지만 기존의 사업형태에서는 사업 실패 시 투자자가 그 손해를 모두 부담하는 무한책임unlimited liability이 적용되었고 이는 새로이 부를 축적하기 시작한 소상공인과 시민계급의 투자를 제약하는 주요한 요인이었다. 영국은 주식회사의 투자자에게 사업실패 시 손실 부담의 최대금액이 자신의 투자금으로 한정되는 유한책임의 특혜를 제공하게 된다. 또한 전통적인 계약 형식으로는 다수 투자자의 소유권을 관리하기 어려워짐에 따라 표준화된 계약서인 주식stock 발행을 허용하였다. 손실에 대한 유한책임과 현금으로의 전환이 가능한 주식발행은 다수의 투자자를 모으는 데 크게 기여하였다.

2) 기업경영의 외부효과(externality)

기업은 다양한 상품과 서비스를 효율적으로 생산하고 공급할 뿐만 아니라 근로자에게 고용의 기회를 제공하고, 세금을 납부하여 국가재정을 지원하며, 국민 일반에는 투자수익 기회를 제공한다. 주식회사가 유한책임, 법인격을 통한 영속성 확보, 사업비에 대한 세제 혜택 등의 특혜를 지속적으로 누릴 수 있는 것은 이러한 사회적 기여에 기인할 것이다.

반면에 기업은 생산활동을 수행하는 과정에서 근로자, 고객, 지역사회, 환경 등 다양한 이해관계자에게 외부불경제external diseconomy를 유발한다. 여기서 외부불경제란 경영활동 과정에서 발생하는 사회적 비용을 원인 제공자인 기업이 충분히 부담하지 않는 현상을 의미한다. 환경오염이 대표적 사례이며 자본주의의 성장 과정에서 미성년자 고용, 저임금 등 노동 착취, 하청업체와의 불공정거래, 빈부격차 등의 문제도 심화되었다. 하지만 경제 수준과 시민의식의 발달로 삶의 질, 인권, 공정사회, 소비자권리, 환경보호 등의 중요성이 강조되면서 기업활동의 부정적 측면에 대한 비판적인 시각은 지속적으로 확대되어왔다.

사회적 압력에 대해 기업은 스스로 부정적 문제를 해결하기 위해 노력을 기울이기는 하나 그 정도는 제한적일 수밖에 없다. 근본적으로 기업의 사회적 책임 이행은 회사가 비용을 부담하는 반면, 그 혜택은 사회와 공유하는 공공재public good이기 때문이다. 공공재는 무임승차free riding 문제로 인해 사회가 요구하는 것보다 공급이 적은 시장실패market failure의 대표적 현상이다. 즉, 기업 스스로 또는 시장의 압력에 의해 해결하기 어려운 문제이다. 이를 해결하기 위한 가장 고전적인 방법은 정부의 개입으로서 각국은 근로기준법, 소비자보호법, 환경법, 공정거래법 등의 법 규정을 도입하며 이에 대응하였다. 하지만 정부의 규제는 제도의 경직성, 관료의 비전문성과 비효율성, 대리인 문제 등으로 인한 한계를 갖는다. 예를 들어 과도히 엄격한 환경기준은 기업의 생산비용을 높이고 경쟁력을 약화시킨다.

ESG경영은 기업경영의 부정적 외부효과를 완화하기 위한 기업의 자발적 선택이다. 이는 법제도적 접근에 비해 연성규범soft law이라는 점에서 기업에게 선택의 폭을 넓혀주는 장점을 갖는다. 반면에 강제성이 없다는 점에서 이의 지속가능성을 확보할 수 있는 방안의 모색이 필요하다. 지구온난화 문제가 심각해짐에 따라 환경 분야에 있어 탄소제로 또는 탄소세 부과와 같은 규제도입을 도모하고 있는 것이 한 가지 예이다.

3) 단기업적주의(short-termism)

기업경영에 있어 또 다른 문제점으로 지적되는 부분은 의사결정자의 단기적 시각이다. 원래 기업은 영속성을 갖는 존재going concern이지만 주주 또는 경영자는 유한한 경제적 이해관계를 갖고 있다. 주주는 개인사업자나 파트너와 달리 보유주식의 매도를 통해 기업에 대한 투자를 비교적 쉽게 회수할 수 있다. 특히 상장된 기업에 소액을 투자하는 개인주주들은 평균 주식 보유 기간이 수개월에 불과하며 이에 따라 배당보다는 단기간 내에 자본이익$^{capital\ gain}$을 추구하는 투자 관행을 보인다. 최근에는 사모펀드와 같이 수년 내에 고객의 투자금을 돌려줘야 하는 주주의 비중도 증가하고 있다. 단기투자 성향을 보이는 주주의 비중이 높을수록 회사는 근로자의 임금을 보다 낮게 책정하고, 제품의 원가비용을 절약하며, R&D$^{Research\ \&\ Development}$(연구개발)와 같은 장기적 투자를 줄이는 것으로 나타난다$^{(Bushee,\ 2004)}$.

주주를 대신하여 주요한 의사결정을 내리는 경영자도 임기가 유한하다. 높은 보너스와 연임을 위해서는 당장 눈앞에 보이는 성과가 필요하며 장기적인 지출이 수반되는 R&D나 인적투자, 환경 관련 투자 등에 인색하기 쉽다. 특히 소유가 분산되어 전문경영자가 주된 의사결정자인 경우에는 투자 시한이 보다 더 단기화되는 것으로 평가된다.

ESG경영은 주주뿐만 아니라 다양한 이해관계자의 가치를 동시에 추구한다는 점에서 보다 장기적 시각으로 기업의 의사결정을 유도하는 장점이 있다. 이해관계자는 사회의 구성원 전체라는 점에서 기업보다 더 영속적 존재이며, 환경은 사실상 영원한 이해관계를 갖는다. 반면에 ESG경영의 결과^{output} 내지 효과^{impact}는 매우 장기적으로 구현되고 이의 가치를 측정하기가 매우 어렵다는 특징이 있다. 이는 경영자의 선임, 성과평가, 보상 등 기업지배구조 전반에 있어 문제점을 유발한다. 특히 ESG경영이 지속성을 갖기 위해서는 기업의 생존이 전제되어야 한다. 경제 상황이 안 좋거나 기업이 재무적 곤경에 빠진 상황에서 환경 관련 비용을 부담하는 것은 쉽지 않은 선택이다. ESG경영은 성과가 좋은 기업이 주도하거나 외부적 압력에 순응하는 것일 뿐 그 자체가 기업의 성과를 제고하는가에 대해서는 학술적으로 많은 의문이 제기되어 왔다$^{(Hong,\ Kubik\ and\ Scheinkman,\ 2012)}$.

4) 유한책임과 모험경영

주식회사의 주주에게 제공되는 유한책임의 혜택은 주주로 하여금 매우 위험한 사업에 투자하여 기업의 성장을 유도하는 긍정적 측면도 있지만 경우에 따라 사회적으로 열등한 선택을 하게 만드는 부정적 측면도 있다. 예를 들어, 100억 원을 1년간 투자하여 기대수익률이 각각 10%와 (-)10%인 두 개의 투자안 A와 B가 있다고 가정하자 (〈표 1〉 참조). 직관적으로는 당연히 투자안 A를 선택하는 것이 합리적이다. 이때 주주가 50억 원을 투자하고, 이자율 4%에 50억 원을 부채로 조달하는 경우 주주 입장에서는 유한책임으로 인해 투자안 B의 기대수익률이 더 높고 이를 선택할 유인이 있다. 투자안 B는 A에 비해 사업이 크게 실패하거나 크게 성공하는, 즉 사업의 위험성이 높다는 특성을 갖는다. 주주는 사업 실패 시 채권자에게 약속한 52억 원을 갚지 않아도 되는 유한책임의 혜택을 누릴 수 있기 때문에 사회적으로 최적의 대안을 선택하지 않는 왜곡된 의사결정을 한다. 이러한 모험경영의 유인은 부채비율이 높을수록 더 강해지는데 〈표 1〉에서 제시되듯이 주주의 수익률 증가는 온전히 채권자의 손실에 기인한다. 즉, 유한책임하에서는 채권자로부터 주주로 부의 이전이 발생할 수 있는 것이다.

ESG경영은 주주가치가 아닌 사회적 가치의 관점에서 투자안을 선택한다는 점에서 사회적으로 열등한 선택을 줄일 수 있다. 이는 주주와 채권자 간의 이해 상충 문제일 뿐만 아니라 근로자, 고객, 환경 등 다양한 이해관계자와의 이해 상충 문제에도 적용된다. 위 사례의 경우 모험경영의 또 다른 희생자는 불황 시 파산으로 직장을 잃는 근로자일 것이다.

반면에 ESG경영은 성공 가능성은 낮지만 성공할 경우 매우 큰 성과를 내는 모험투

표 1 | 주주의 유한책임과 투자안 선택

경기(확률)	투자안 A (10% 수익률)			투자안 B (-10% 수익률)		
	총수익	채권자	주주	총수익	채권자	주주
불황(0.5)	100억 원	52억 원	48억 원	0원	0원	0원
호황(0.5)	120억 원	52억 원	68억 원	180억 원	52억 원	128억 원
기대수익	110억 원	52억 원	58억 원	90억 원	26억 원	64억 원
기대수익률	10%	4%	16%	-10%	-48%	28%

지원 활동 : 자본·기술

자를 줄이는 측면도 동시에 있다. 또한 상대적으로 국민소득이 낮은 후진국에서 안전사고나 환경오염문제가 있는 사업을 선택하는 현실은 빈곤에서 탈출할 기회가 산업안전이나 환경보호보다 높은 우선순위를 갖기 때문일 것이다. 일정한 소득수준에 달한 선진국에서는 이러한 산업을 기피하는 선택을 하고 이는 오늘날 환경오염문제에 대한 국가 간 이해충돌의 주요한 배경이 되고 있다.[16]

다음에서는 ESG경영이 기업의 재무적 의사결정과 기업지배구조에 어떠한 변화를 가져올지에 대해 설명하고 이를 보다 지속적으로 구현하기 위한 방법 등에 대해 논의한다.

ESG경영과 재무적 의사결정

1) ESG경영과 기업가치(firm value)

기업의 재무적 의사결정에 있어 가장 중요한 개념은 기업가치이다. 기업가치 극대화가 기업의 존재 이유이고 이를 경제적 관점에서 구현하는 것이 기업의 재무적 활동이기 때문이다. 전통적인 재무에서는 기업의 가치(V)를 시장가치market value로 평가된 자산assets의 가치, 또는 시장가치로 평가된 부채debt와 자기자본equity 가치의 합으로 측정한다. 실무적으로 기업가치를 측정하는 가장 전통적인 방법인 할인현금흐름법discounted cash flow method에서는 기업이 보유한 '자산으로부터 발생하는 미래의 현금흐름CFFA, Cash Flow from Assets'을 연도별로 측정한 후 적정할인율로 이를 할인한 현재가치present value의 합

---

16 산업혁명 이후 지구상에 발생한 대부분의 탄소배출에 책임이 있는 서구 국가의 경우 제조업의 비중을 줄이고 금융 등 서비스 산업의 비중을 늘려 온 반면에, 제조업 중심의 산업구조로 탄소 배출량이 많은 중국과 인도 등 신흥국가들은 탄소규제 강화에 있어 선진국과 이해가 충돌되고 있다(Chang, 2005).

으로 기업가치를 측정한다.

$$V = \sum_{t=1}^{\infty} \frac{CFFA_t}{(1+R_A)^t}$$

실무적으로 CFFA$_t$는 다음과 같이 투자자산 구입에 자금을 공급한 채권자와 주주에게 귀속되는 연도별 현금흐름으로 측정된다.

CFFA$_t$ = (t년의) 세전이자전영업이익(EBIT) – 세금 + 감가상각비

= (t년의) 순이익 + 이자 + 감가상각비

이때 할인율 R$_A$은 투입된 자산에 대한 기대수익률인데 실무적으로는 아래와 같이 세후가중평균자본비용After-tax Weighted Average Cost of Capital으로 측정한다.

$$R_A = WACC = w_E R_E + w_D R_D (1-T_C)$$

여기서, w$_E$와 w$_D$는 시가로 평가된 자기자본과 부채의 조달 비중, T$_c$는 법인세율이다. R$_E$와 R$_D$는 각각 자기자본비용과 타인자본비용으로서 통상 자본적자산가격결정모형Capital Asset Pricing Model을 사용하여 아래와 같이 추정한다.

$$R_i = R_f + \beta_i (E(R_M) - R_f)$$

여기서 R$_f$=무위험이자율, E(R$_m$)=시장포트폴리오의 기대수익률, β_i는 주식 또는 채권의 체계적 위험을 나타내는 베타 값으로 KOSPI와 같은 시장포트폴리오수익률의 변화에 대한 해당 증권의 수익률민감도로 측정된다.

기업가치를 측정하는 모형에서 제시되듯이 이는 기업이 영속적인 존재라는 가정

하에 무한한 미래의 기업 수익을 모두 반영하는 개념이다. 물론 현실적으로 어떠한 기업도 영원히 존재할 수는 없다. 수익 감소로 파산 등이 발생할 수 있는데 이러한 위험은 투자자들에 의해 금융시장에서 결정되는 자본비용에 반영된다. 즉, 파산 가능성이 높아지면 할인율이 높아지고 기업가치는 보다 낮게 평가되는 것이다.

한편, 주주가치(E)는 위 기업가치(V)에서 부채의 시장가치(D)를 제외한 값으로 추정하거나 또는 미래에 '주주에게 귀속될 현금흐름CFFE, Cash Flow From Equity'을 적정한 할인율 R_E로 할인한 값으로도 추정한다.

$$E = V - D, \text{ 또는 } E = \sum_{t=1}^{\infty} \frac{CFFE_t}{(1+R_E)^t}$$

여기서 $CFFE_t$ = (t년의) 순이익+감가상각비

한편, 'ESG경영기업의 가치(V_s)'는 전통적인 재무적 가치(V)에 추가하여 외부효과의 가치 또는 '사회적 가치(S)'가 더해진 가치로 정의할 수 있다.

$$V_s = V + S$$

여기서 사회적 가치란 기업의 경영활동으로 주주 이외의 이해관계자들에게 발생한 모든 가치의 총합이다.[17] 과거 ESG경영이 도입되기 이전에는 환경오염 등과 같은

---

[17] ESG경영을 '기업시민경영'의 개념으로 추진하고 있는 POSCO의 경우 종업원에 지급된 임금, 국가에 납부한 세금 등이 모두 기업활동을 통해 창출된 가치의 일부라는 점에서 이들을 포함한 '실질가치(real value)'의 개념을 사용하고 있다. 예를 들어 두 기업의 재무적 가치가 같은 경우라도 종업원 수에 큰 차이가 있을 경우 이들의 파산 시 종업원이 많은 기업의 사회적 가치 감소가 보다 클 것이다. 다만 본 원고에서는 기업이 그 비용을 충분히 부담하지 않는 외부불경제로 논의를 한정하고 있고, 고용시장이 충분히 경쟁적일 경우 내재화(internalization)를 통해 외부효과를 어느 정도 반영할 수 있다는 점에서 본 원고에서는 이를 포함하지 않는다.

외부불경제 효과로 인해 주로 (−)의 값을 가졌을 것으로 판단할 수 있다. 즉, 사회적 관점에서 외부불경제 효과를 고려할 경우 기업의 진정한 가치 Vs는 재무적 가치 V에 비해 적다.

반면에 ESG경영을 통하여 이러한 외부불경제를 최소화하거나 긍정적인 외부경제 external economy효과를 가져올 수 있다면 외부효과의 가치는 (+)의 값을 가질 수 있다. 긍정적 외부효과의 예로는 ESG경영에서 추구하듯이 보다 공정한 고용정책에 따른 근로자의 만족도 증가, 보다 안전한 생산시설로 인한 산업재해의 예방, 보다 좋은 품질의 상품과 서비스 제공에 따른 소비자안전과 만족도 증가, 탄소 저감을 통한 지구환경 개선 효과 등이 포함될 것이다. 이하에서는 이러한 외부효과를 '사회적 가치'로 통칭하여 사용한다.

물론 이러한 ESG경영의 효과는 기업의 전통적 재무활동(즉, CFFAt)에도 긍정적 영향을 미칠 수 있다. 예를 들면 기업에 대한 고객의 신뢰 제고 등을 통해 매출이 증가하는 효과, 경영상 예상되는 위험을 사전에 예방함으로써 사업 위험을 낮추고 자본조달비용을 낮추는 효과 등이 그것이다. 만약 이러한 효과가 충분하다면 기업은 사실상 자발적으로 ESG경영을 모색할 것이다. 하지만 기업이 ESG 활동에 소극적인 현실은 일반적으로 ESG경영의 재무적 가치가 투하된 비용에 비해 낮다는 중요한 시사점을 제공한다.

한편 ESG경영의 성과는 장기적으로 실현되는 특징이 있다는 점에서 이의(현재) 가치는 자본비용 R_A에 보다 민감하게 증감하는 성격을 가질 것이다. 자본비용이 높아질 경우 할인율의 증가로 ESG경영의 장기적인 효과가 상대적으로 더 많이 할인될 것이기 때문이다. 이러한 점에서 최근의 금리상승 기조는 ESG경영의 기회비용을 높이는 부담 요인으로 작용할 것이다.

지원 활동 : 자본·기술

2) ESG경영과 기업가치극대화

전통적 재무하에서 기업은 주어진 자본으로 이해관계자의 기본적 요구를 충족하면서 기업가치 극대화를 위해 투자(I) 결정을 하는 것으로 해석할 수 있고 이를 의사결정모형으로 표시하면 다음과 같다.

$$\text{Max } V(I)$$

subject to 이해관계자의 기대수준 충족

$$I \leq K$$

I는 다양한 경영의사결정의 조합 내지 매트릭스를 의미하나 논의의 편의상 투자액으로 가정한다. K는 기업이 사용할 수 있는 총자원이며, 이해관계자의 기대수준 충족은 제약조건이 된다. 예를 들면 근로자에게는 경쟁적 노동시장에서 근로자가 받을 수 있는 임금(즉, 노동의 한계생산성) 이상을 제공하며, 다른 기업과의 거래에 있어서는 최소한의 자본이익을 보장하는 수준(즉, 자본의 한계생산성)에서 거래가격이 결정되고, 환경의 경우는 정부가 부과하는 환경기준을 충족하며, 소비자의 경우에는 경쟁력 있는 품질 내지 관련 법규상 안전기준 등을 충족하는 것 등이 제약조건이 된다. 전통적인 재무에서는 다양한 이해관계자의 기대수준을 충족하는 가운데 투자의 한계생산성이 가중평균자본비용WACC과 같아지는 점에서 최적 I*가 결정되고 기업가치는 극대화된다.

반면 ESG경영에서는 다음과 같이 기업의 재무적 가치뿐만 아니라 사회적 가치를 고려하여 최적 의사결정을 하게 된다.[18]

$$\text{Max } Vs = x \times V(I, s) + y \times S(s)$$

subject to $I+s \leq K$,

$$x+y=1$$

---

[18] 기업의 목적에 다양한 이해관계자의 가치를 포함하는 것을 다원적(Plural) 이해관계자자본주의로 정의하기도 한다.

V(I,s)는 가용한 총자원 K에서 ESG 활동에 소요되는 자원 s를 제외한 자원을 본업에 투자하고 s만큼의 ESG 활동을 한 경우 달성하는 재무적 가치로 정의되며, S(s)는 s만큼의 ESG 활동을 통해 얻어지는 사회적 가치로 정의된다.[19] 전통적 경영과의 주된 차이는 ESG경영의 경우 사회적 가치를 최소 제약조건이 아닌 목적함수에 포함하여 재무적 가치와 사회적 가치의 가중치를 극대화하는 의사결정 과정이다.

여기서 재무적 가치와 사회적 가치에 곱해지는 가중치인 x와 y는 양자 간 상대적 중요도를 반영하며 이는 의사결정자의 선호에 따라 달라진다. 만약 사회적 가치가 재무적 가치와 같이 화폐단위로 측정이 가능하다면 x와 y는 동일한 값(예를 들면 1)을 가질 수 있을 것이다. 하지만 100만 원의 비용을 투입하여 1톤의 탄소를 저감할 수 있을 경우 이의 사회적 가치는 얼마인가를 판단하는 것은 매우 주관적 문제이다. 탄소배출권이 거래되는 시장에서 가격이 정해질 수 있지만 탄소배출권을 어느 국가의 어떤 기업에 얼마나 배정하는가 등의 국제적 합의에 따라 달라지며, 그러한 합의가 언제 어떤 형식으로 이루어질지 또는 계속 유지될지 등은 매우 불확실하다.

그나마 기업이 배출하는 탄소의 양은 계량적 측정이 가능하고 배출권 거래시장을 통해 가격이 정해질 수 있지만 공정 고용, 공정거래, 산업안전, 지역사회공헌, 인권보호, 소비자 보호 등의 사회적 가치는 매우 주관적이고 측정이 용이하지 않다. 이러한 점에서 ESG경영은 경영자의 사회적 가치에 대한 개인적 선호preference 내지 판단에 따라 최적 의사결정이 달라지는 불안정한 개념이라는 비판이 있다(Bebchuk and Tallarita, 2020).

물론 재무적 투자도 경영자에 따라 판단이 다를 수 있다. 예를 들어 생산시설의 자동화가 얼마나 수익성에 영향을 미칠지, 신소재사업에 얼마를 투자해야 판매 가능한 제품을 만들어낼 수 있을지 등에 대해 경영자마다 판단은 다를 수 있다. 하지만 이는 경영자가 갖고 있는 정보information의 차이이지 개인의 선호에 따른 차이는 아니라

---

19 최적해의 존재를 위해 통상 이들 함수는 모두 한계생산성이 체감하는 오목(concave)함수로 가정한다.

는 점에서 전통적인 투자 결정과 ESG 활동에의 투자 결정 과정에는 중요한 차이가 있다. 결론적으로 ESG경영하에서는 재무적 가치와 사회적 가치 간 상대적 중요도에 대한 경영자의 판단에 따라 기업의 선택이 달라질 것이며 이에 대한 판단을 누가, 어떻게 할 것인가라는 기업지배구조 이슈가 대두된다.

실무적 관점에서는 ESG경영에 투입되는 기업 내 자원의 규모를 결정해야 하는데 이는 사업의 특성과 재무 상태, 성장의 단계 등을 반영할 필요가 있을 것이다. 예를 들어, 보다 엄격한 ESG 기준을 요구하는 글로벌 시장을 대상으로 제품과 서비스를 공급하는 기업과 국내 내수판매에 주로 의존하는 기업 간 ESG경영의 수준은 다를 수 있다. 개인 고객인지, 기업 고객인지도 영향을 미칠 것이다. 구매 결정에 있어 상대적으로 기업보다는 개인이 ESG의 사회적 가치에 보다 높은 가치를 부여할 가능성이 높다. 미래의 사업 기회 여부도 ESG경영에 고려될 요소이다. 좋은 사업 기회가 많은 회사의 경우, ESG 문제로 이러한 기회가 무산되는 기회비용이 크므로 사전적으로 ESG경영에 보다 많은 자원을 투입할 필요가 있을 것이다. 관련하여 성장성이 높고 사업 기회가 많은 기업이 기업지배구조를 좋게 갖춘다는 기존 연구를 참조할 수 있다(Black et al., 2006).

기업의 재무 상태는 무엇보다도 중요한 고려 요소이다. 양호한 재무 상태가 사회적 책임 활동의 확대를 유도한다는 연구결과에서도 나타나듯이 ESG경영은 기업의 재무적 건전성을 전제로 진행되는 특성을 갖는다. 성과가 나빠 부도를 걱정하는 기업이 사회책임 이행과 환경보호에 신경 쓸 여유가 없을 것이기 때문이다. 설사 현재는 기업이 재무적으로 여유가 있더라도 향후 성과가 나빠질 경우에 대비하여 장기적 관점에서 ESG경영을 추진할 필요가 있다. 특히 회사가 장기적으로 감당할 수 없는 섣부른 약속commitment이 경영환경 변화에 따른 대응의 유연성을 제약하지 않도록 유의해야 할 것이다.

<참고 1> ESG경영의 재무적 성과에 관한 실증연구

ESG경영의 한 가지 중요한 이슈는 이것이 과연 전통적인 의미의 기업가치에는 어떠한 영향을 미칠 것인가이다. 물론 재무적으로는 조금 열등하여도 사회적으로는 보다 나은 가치를 창출할수 있다는 것이 ESG경영의 전제조건이지만 ESG경영이 지속성을 갖기 위해서는 장기적으로 투자자의 동의가 중요하기 때문이다.

ESG경영의 재무적 성과와 관련하여 그동안 수행된 실증연구들은 크게 기업 단위에서 비교하는 방법과 ESG 펀드의 수익률을 비교하는 방법론을 사용하는데 다소 상충적 결과들을 제시하고 있다.[20] 거시적 관점에서 이해관계자의 이익을 보다 중요시하는 국가와 주주가치를 보다 중시하는 국가 간 경제적 성과를 비교하는 연구들도 있다. 일찍이 기업의 사회적 책임을 강조해 온 유럽 대륙 국가의 경우 상대적으로 주주가치를 강조해 온 영미법 국가에 비해 자본시장 발달이 지연되고, 은행 중심의 자본공급구조가 형성됨으로써 위험자본의 공급기능이 약화되고 경제성장률이 낮은 것으로 나타난다(Rajan and Zingales, 1998; Fisman and Love, 2007). 2000년 기준 세계 100대 기업 중 유럽기업은 총 41개였으나 2021년 현재 15개로 감소하였고, 지난 50년간 1천억 달러 이상의 가치로 성장한 신생기업은 미국기업 27개, 중국기업 10개인 반면 유럽기업은 1개뿐인 것으로 나타난다(이코노미스트지, 2021. 6.). 20세기 이후 유럽기업의 쇠락과 자본시장의 침체가 이해관계자 자본주의에 기인한 것만은 아나나 어느 정도는 영향을 미쳤을 것으로 해석된다.

한 가지 일관된 시사점은 기업지배구조가 열등한 것으로 평가되는 국가에 속하거나 지배구조 등급이 안 좋은 기업의 경우 사회적 책임 활동이 주주가치보다는 경영자의 사적 이해와 연결되어 있다는 점이다.

---

[20] ESG경영의 성과 관련 연구로는 Dowell, Hart and Yeung, 2000; Renneboog, Horst and Zhang, 2008; Hong, Kubik and Scheinkman, 2012; Deng, Kang and Low, 2013; Ferrell, Liang and Renneboog, 2016; Renneboog, 2008; 장승욱 등, 2013; Byun, Lee and Park, 2015 and 2018 등 참조. ESG 투자의 수익률에 관한 연구로는 Bebchuk, Cohen and Wang, 2013; Benson et al., 2006; 박영규, 2013; Jackson, 2013; 이호, 박경원, 2014; Statman and Glushkov, 2013; 김우찬, 2022 등 참조.

지원 활동 : 자본·기술

3) ESG경영의 투자의사결정

전통적 재무에 있어 특정한 사업 활동에 대한 투자 의사결정은 이의 순현재가치 NPV, Net Present Value가 0보다 큰지 여부에 따른다.[21]

$$NPV = \sum_{t=1}^{\infty} \frac{CF_t}{(1+WACC)^t} - I \times 0$$

즉, 동 사업으로부터 미래에 벌어들일 현금 흐름의 현재 가치의 합이 초기 투자비용(I)보다 크면 기업가치를 제고하는 사업이라는 점에서 이는 채택되며, 아니면 기각된다. 반면에 ESG경영하에서는 NPV에 '순사회적가치(Net Social Value, 이하 NSV)'를 더한 값인 NPVs가 0보다 큰지 여부로 투자안의 채택여부를 판단하게 될 것이다.

$$NPV_s = NPV + NSV \times 0$$

여기서 NSV란 특정 투자 활동으로부터 창출된 사회적 가치에서 이에 투하된 자원을 차감한 값으로 정의한다.

NSV = 특정 ESG활동의 사회적 가치 – 특정 ESG활동 투자 및 비용

특정 ESG 활동 투자 및 비용에는 초기투자비, ESG 활동과 관련된 직접비용, 관련 인력의 ESG 활동 시간 등의 기회비용이 포함되며 NPV 계산에서와 마찬가지로 ESG경영을 담당하는 중앙부서 등의 운영비 등 이미 발생한 매몰비용sunk costs은 포함되지 않는다.

---

21 투자안평가법에는 이외에도 IRR(내부수익률)법 등 다양한 방법이 있으나 논의의 전개에 차이가 없어 생략한다.

예를 들어, 과거 CSR^{Corporate Social Responsibility(기업의 사회적 책임)}활동의 주된 형태였던 기부의 경우는 주주에게서 특정 수혜자에게 부가 이전되는 단순한 활동이라는 점에서 일단 NSV는 0에 가까울 것이다. 다만 평균적으로 주주가 기부금의 수혜자보다 부유하다면 소득재분배 효과가 있어 NSV는 0보다 커질 수 있다. 이는 기부가 가능한 한 사회적으로 어려운 처지에 있는 사람에게 제공될수록 NSV가 증가할 것임을 보여준다. 한편, 기부를 통해 기업의 이미지 제고에 따른 영업현금흐름^{CFFA}의 증가 효과가 있다면 기존 사업의 NPV도 증가하여 NPVs는 더욱 커질 것이다.

결론적으로 재무적 여유가 있는 기업의 기부 행위는 비록 이의 NPVs가 크지는 않으나 0보다는 클 것으로 추정된다는 점에서 언제나 유효한 ESG 활동이다. 주주에게서 국민으로 부가 이전되는 법인세도 항상 NPVs가 0보다 큰 행위로 해석된다는 점에서 세금을 납부하는 기업은 사회에 기여한다.

ESG경영하에서 재무적 의사결정의 가장 큰 난관은 사회적 가치의 측정 문제일 것이다. ESG경영에 따른 추가적 비용은 비교적 측정이 용이하나 이의 결과물을 화폐단위로 평가하는 것은 매우 어려운 일이기 때문이다. 따라서 기업은 가능한 범위 내에서 ESG경영의 성과를 측정하기 위한 노력을 기울일 필요가 있다.

예를 들어, 육아 문제가 심각한 한국의 경우 일정 규모 이상의 기업이라면 직장 내에 어린이집을 운영함으로써 사회적 가치를 창출할 수 있을 것이다. 일정 인원 이상의 어린이를 돌보는 시설에 투자할 경우 이는 어차피 국가 내지 민간사업자가 해야 할 일이므로 사회적 기회비용^{social cost}은 0이다. 반면에 부모 입장에서 어린이집에 데려다주거나 통학 차량을 이용하는 비용과 시간 등을 절약할 수 있다는 점에서 순사회적가치^{NSV}는 0보다 클 수 있다. 회사가 운영하는 어린이집의 비용 일부 또는 전부를 근로자에게 부담하게 할지 여부는 단순히 회사^(주주)와 근로자 간 부의 이전 문제이므로 NPVs에 거의 영향을 미치지 않는 요소이다. 다만 제도의 무임승차문제를 최소화하기 위해 일정한 비용 부과를 고려할 수는 있을 것이다.

산업재해를 줄이기 위한 안전설비 관련 투자의 경우도 일정한 시간이 경과하여 산업재해 건수의 변화에 대한 데이터가 축적되면 사회적 가치와 비용의 측정이 가능하고 이는 산업재해 감축을 위한 추가적 투자 여부 판단에 도움이 될 것이다. 예를 들면 산업재해로 인한 의료비, 근로시간 손실, 신체 및 정신적 피해에 대한 보상금 등을 사회적 가치의 최솟값으로 사용할 수 있을 것이다. 사망사고를 포함한 중대 재해의 경우 인간의 생명이나 존엄성 등이 관련되어 있다는 점에서 이의 감소 효과를 경제적 가치로 판단하기는 매우 어려운 일이나 중대 재해 시 회사나 보험사가 지급하는 보상금, 관련 법규 위반에 따른 법적 위험과 대응비용 등을 참고 지표로 활용할 수 있을 것이다. 회사에 재무적 여유가 있다면 동일한 산업 내 가장 상위의 산업안전 수준을 달성하는 것을 목표로 설정하는 방법도 있다. 이는 타기업의 안전 수준을 제약조건으로 설정하고 이를 달성하지 못하는 정도에 비례하여 NPVs가 (–)의 값을 갖도록 설정하는 방식이다. 탄소 저감 등 환경설비에 대한 투자의 경우는 탄소거래 가격이 형성되어 있다는 점에서 이를 탄소 저감량에 곱하여 사회적 가치를 측정하고 환경설비투자비용을 차감하여 NPVs를 구할 수 있을 것이다.

지역사회공헌 프로젝트의 경우 유사한 시설이나 서비스를 지역사회가 자체적으로 갖출 경우에 비해 더 낮은 비용으로 제공이 가능하다면 양자 간의 차이를 NSV로 측정할 수 있을 것이다. 이와 관련하여 효용이론utility theory에 따르면 1억 원으로 지역사회에 도서관을 지어주는 것보다 1억 원을 현금으로 제공하고 지역주민이 그 돈을 어떻게 사용할지 선택하도록 하는 것이 지역주민의 만족도(사회적 가치)는 더 높을 수 있다. 이는 ESG경영이 진정한 의미의 사회적 가치를 창출하기 위해서는 제한된 자원을 기업이 보다 효율적으로 사용할 수 있을 경우에만 의미가 있음을 시사한다. 회사가 사회적 가치의 창출에 있어 상대적 우위가 없는 ESG 활동은 굳이 회사가 실행할 필요가 없고 차라리 현금 형태로 특정 이해관계자들에게 지원하는 것이 나을 수 있음을 시사한다.

이러한 점에서 하버드대학의 마이클 포터 교수는 기업의 사회적 책임 활동이 경영의 전 과정에서 CSVCreating Shared Value(공유가치창출)가 일어나야 한다고 주장하고 있다.

예를 들면 영국의 통신회사인 보다폰은 신용도가 낮아 은행거래가 어려운 아프리카의 저소득층이 소유한 휴대폰에 SMS를 통한 모바일 현금송금서비스$^{M-PESA}$를 제공한바 있다. 이는 보다폰의 본업과 연결하여 규모의 경제$^{economy\ of\ scale}$ 내지 범위의 경제$^{economy\ of\ scope}$를 이용한 사회적 가치를 창출한다는 점에서 유효한 ESG 활동으로 해석될 수 있다. 또한 네슬레는 저개발국의 저소득층 가족에게 영양가 높은 유제품을 낮은 가격으로 제공한 바 있는데 이 또한 규모의 경제를 이용하여 다른 경제 주체보다 낮은 비용으로 동일한 제품을 공급할 수 있는 장점을 활용한 예이다. 재무적 관점에서 판단하자면 기업의 생산 활동과 분리된 사회공헌활동은 순사회적가치가 0과 크게 다르지 않을 것이므로 기업의 본업과 관련하여 보다 잘할 수 있는 부분에 기업의 ESG 역량을 집중하는 것이 필요함을 시사한다.

4) ESG경영과 자본비용(cost of capital)

ESG경영이 기업에게 중요한 이슈로 다가온 주된 배경 중의 하나는 기업에 자본을 공급하는 금융시장 내지 자본시장의 변화이다. 소위 SRI$^{Socially\ Responsible\ Investment}$(사회책임투자)로 대변되는 ESG 투자관행은 ESG경영을 뒷받침할 가장 시장적 배경으로 이해된다. 예를 들어 책임투자 전략하에서는 탄소 발생이 많은 기업, 주류, 담배, 무기 등 인류에 해로운 상품을 제조하는 기업 등에 대한 투자를 제한하는 투자 포트폴리오를 구성한다. 초기에는 UN PRI의 권고에 따라 이에 가입한 공적연기금을 중심으로 ESG 투자가 확대되어 왔다. 연기금은 대부분의 이해관계자가 강제적으로 가입하고 있고 주식이나 채권을 포함 거의 모든 유형의 자산에 투자하는 주체$^{universal\ owners}$라는 점에서 이러한 투자 전략의 타당성도 높다.

하지만 최근에는 미국의 블랙록과 같은 민간 자산운용사들도 ESG 투자의 확대를 선언한 바 있다. 다만 공적연기금과 달리 민간 자산운용사는 수익률에 따라 고객 자금의 유입이 달라질 수 있다는 점에서 민간운용사의 책임투자 전략은 수익률 확보가 중요한 이슈이다. 전통적인 여신기관인 은행도 ESG경영의 일환으로 대출 등의 신용 공급에 있어 해당 기업의 ESG 수준이나 녹색 기준 충족 등을 고려하기 시작하였다.

기업 입장에서는 ESG 특히 환경 관련 투자를 위한 자금 조달의 경우 조달 비용을 줄일 수 있다는 점에서 소위 녹색금융green finance의 혜택을 누릴 수 있다. 무엇보다도 ESG경영의 핵심이슈가 주주 이외의 다양한 이해관계자의 이해를 고려하는 것이고 양자 간 이해충돌이 있다는 점에서 어려운 부분이 있는데 투자자가 이를 요구한다면 경영자 입장에서 ESG경영이 훨씬 쉬워질 것이다. 이러한 점에서 ESG 투자는 ESG경영을 뒷받침할 수 있는 매우 유효한 배경이 된다. 관련하여 최근 전 세계에서 투자 대상 기업의 ESG 수준을 투자기업 선정에 활용하는 사회책임투자펀드의 규모와 비중은, 특히 비유럽 국가에 있어 꾸준히 증가하는 추세를 보이고 있다.

ESG경영의 수준 내지 등급을 기업의 주가에 어떻게 반영할 수 있을지 그 방법론을 찾아내는 것은 쉽지 않다. 반면에 ESG경영이 잠재적인 ESG 관련 위험요인을 완화하는 것으로 해석한다면 이는 기존의 재무적 모델을 사용하여 추정이 가능하다. 예를 들면, 갑질이나 부당고용 행위, 산업재해 등에 따른 법적 위험, 소비자행태 변화, 기후변화로 인한 제품 수요 변화, 생산비용의 변화, 규제 리스크 등이 기업의 성과에 미치는 영향을 ESG 리스크로 정의하고 이를 기존의 자산가격결정모형CAPM 등을 통해 자본비용에 반영하는 방법론이다.

표 2 | 지역별/국가별 사회책임투자(SRI) 펀드의 비중 추이

	2014	2016	2018	2020
Europe	58.8%	52.6%	48.8%	41.6%
Canada	31.3%	37.8%	50.6%	61.8%
United States	17.9%	21.6%	25.7%	33.2%
Australia/New Zealand	16.6%	50.6%	63.2%	37.9%
Japan	-	3.4%	18.3%	24.3%

출처: GSIA(2021)

CAPM을 확장하여 실무적으로 많이 사용되는 Fama-French의 3 Factor 모형에서는 자기자본비용cost of equity이 다음과 같이 결정된다(Fama and French, 1993).

$$E(R_i) = R_f + \beta_{mkt}(R_m - R_f) + \beta_{SMB}(R(\text{Small firms}) - R(\text{Big firms})) + \beta_{HML}(R(\text{High BTM}) - R(\text{Low BTM}))$$

여기서 β_{mkt}은 시장 포트폴리오 수익률에 대한 개별 주식 수익률의 민감도, β_{SMB}는 중소기업 포트폴리오와 대기업 포트폴리오의 수익률 차이에 대한 개별 주식 수익률의 민감도, β_{HML}은 높은 Book-to-Market 비율을 가진 기업들의 수익률과 낮은 BTM 비율을 가진 기업들의 수익률 차이에 대한 개별 주식 수익률의 민감도로 정의된다. 반면에 ESG경영하에서의 자기자본비용은 다음과 같이 ESG경영 수준을 반영한 새로운 요인factor이 추가될 수 있을 것이다.[22]

$$E(R) = R_f + \beta_{mkt}(R_m - R_f) + \beta_{SMB}(R(\text{Small firms}) - R(\text{BIG firms})) + \beta_{HML}(R(\text{High BTM}) - R(\text{Low BTM})) + \beta_{LMH}(\mathbf{R(\text{Low ESG}) - R(\text{High ESG})})$$

여기서 R(Low ESG)는 ESG 평가가 낮은 기업들의 수익률, R(High ESG)은 ESG 평가가 높은 기업들의 수익률이고 β_{LMH}은 양자의 수익률 차이에 대한 해당 기업 주식수익률의 민감도이다. 만약 β_{LMH}가 통계적으로 유의하게 0보다 크다면 β_{LMH}가 작을수록 ESG 관련 경영위험이 낮아 해당 기업의 자기자본비용이 낮고 기업가치를 높일 수 있는 것으로 해석되고, 기업 입장에서는 ESG경영을 강화할 유인을 갖게 되며, 동 값이 0

---

22 국내 주식시장에 대한 연구로 박영규(2017) 등이 있으나 동 모형의 유효성에 대해서는 보다 장기적 데이터를 사용한 추가적 실증 분석이 필요하다. 블랙록은 탄소세 1$ 변화 시 기업의 시가총액이 변화하는 % 정도를 Carbon Beta로 정의하는 방식으로 탄소배출 관련 위험을 자기자본비용 추정에 반영하는 모형을 도입한 바 있다.

지원 활동 : 자본·기술

과 다르지 않다면 ESG 평가 등급이 기업가치에 미치는 영향은 통계적으로 유의하지 않게 된다. 최근 녹색금융이 크게 증가하고 있는데 β_{LMH} 값이 유의하게 0보다 크다면 보다 낮은 이자율 내지 수익률에 자금을 공급하는 투자자의 행태가 재무적으로도 정당화될 수 있을 것이다. 물론 β_{LMH} 값이 유의하게 0과 다르지 않음에도 녹색금융의 수익률이 상대적으로 낮다면 이는 투자자나 금융기관이 자기 부담으로 사회적 책임을 이행하는 행위로 설명이 가능하다. 한편, 기업별로 E, S, G의 수준이 다를 수 있다는 점에서 각 항목별로 β_{LMH}를 추정하여 자본비용을 측정할 수도 있을 것이다.

ESG 기업의 부채자본비용cost of debt은 ESG경영이 기대파산비용expected bankruptcy cost을 낮출 수 있는가에 따라 달라질 것이다. 예를 들어 ESG경영으로 자금조달의 용이성 증가, 자본비용감소, 노사갈등 완화, 근로자 중대재해 감소, 갑질 문제로 인한 고객 이탈 감소, 하청업자와의 관계 개선 등이 이루어질 수 있다면 이는 파산 확률의 감소로 연결될 수 있을 것이다. 또한 실제 재무 상황 악화로 파산이나 재무적 곤경 상태가 발생한다고 하더라도 이해관계자와의 원만한 타협 등이 가능할 경우 파산 비용이 감소할 수 있다. 현실적으로 녹색금융의 상당 경우는 주로 채권발행을 통해 이루어지고 있고 이의 만기수익률YTM이 통상의 조달 비용보다 낮은 편이다.[23]

한편, 현실적으로는 기업이 의미 있는 환경보호 노력을 기울이지 않으면서 겉으로만 흉내를 내는 녹색세탁green washing의 문제도 동시에 제기되고 있다. 관련하여 미국의 자본시장 규제기관인 SEC는 2022년 6월 골드만삭스가 ESG 펀드라는 이름으로 투자자를 현혹하였다는 의혹에 대한 조사에 착수했다(Wall Street Journal, July 11, 2022). 이는 투자업계에서 내용적으로는 여타 펀드와 큰 차이가 없으면서 운용수수료를 더 받기 위해 ESG 펀드라는 이름을 사용하는 경우가 늘고 있다는 논란을 반영한다. 사실상 ESG 관련 정보는 재무적 정보와 달리 그 정확한 내용을 외부자가 판단하기 어렵다는 특징

---

23 녹색채권의 조달비용이 낮은 또 다른 이유는 기관투자자의 자체적인 ESG경영 실천으로 녹색금융의 공급이 일시적으로 늘어난 것에도 기인한다.

이 있다. 평가기관별로 평가 대상 기업의 ESG 등급이 다르고 상관관계가 낮은 것으로 나타나며, ESG 관련 기업의 공시량이 증가할수록 외부기관의 평가 등급 간 차이가 증가하는 문제도 지적된다(Christensen et al., 2020; 이인형 등, 2021).

5) 최적자본구조의 선택

전통적인 재무에서는 기업의 최적자본구조를 부채조달에 따른 세금 절약 효과tax saving effect와 한계파산비용marginal cost of bankruptcy이 같아지는 점까지 부채를 조달하는 것으로 정의하며, 이때 기업가치는 극대화되고 기업의 자본비용은 최소화된다. 세금 절약 효과는 법인세율로 고정되어 있지만 한계파산비용은 부채의 증가에 따라 점증하므로 기업가치를 극대화하는 최적의 부채 규모가 존재한다.

만약 ESG경영을 통해 파산의 확률을 낮추거나 재무적 곤경하에서 발생할 수 있는 비용financial distress costs을 낮출 수 있다면 최적의 부채 규모는 ESG경영을 하지 않는 경우에 비해 좀 더 증가할 것이며 회사 가치는 좀 더 높은 수준까지 상승한 후 하락하는 모

그림 1 | 최적자본구조의 선택

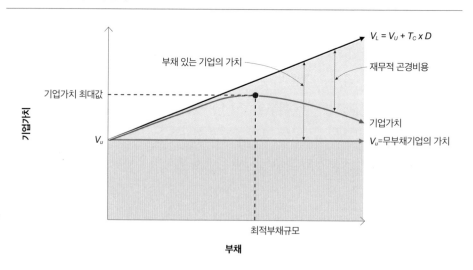

양을 나타낼 것이다. 반면에 자기자본이 채권자 등 여타 이해관계자에 대한 완충자본의 역할을 한다는 점에서 오히려 자기자본규모를 늘려야 하는 반대요인도 있을 것이다. 어느 요인이 더 많은 영향력을 행사할지는 지극히 실증적 이슈이다.

최적의 부채 규모는 기업의 자본비용을 최소화하는 부채비율로도 추정될 수 있다. 〈그림 2〉에서 투자의 기회비용인 가중평균자본비용은 부채비율이 낮을 때는 감소하는 경향을 보이다가 부채비율이 일정 수준을 지나면 증가하는 경향을 보인다. 이때 ESG경영을 통해 자기자본비용보다 부채 비용을 보다 낮출 수 있다면 부채를 좀 더 사용하는 것이 가중평균자본비용을 더 낮출 수 있다. 물론 반대의 경우에는 오히려 부채 사용을 줄이는 것이 보다 나은 선택일 수 있는데 이는 지극히 실증적 이슈이다. 기업의 재무적 상황, 규모, 사업의 특성, 기업경영의 투명성 등 매우 다양한 원인에 의해 기업별로 상황이 다를 수 있다는 점에서 사전적으로 일관된 판단은 어려울 것이다.

최근 녹색금융의 대부분이 채권발행 등 부채성 자금조달에서 관찰되고 있는 점을 고려하면 ESG경영을 통한 자본조달비용의 감소는 주로 부채조달의 경우에 발생하며 기업들도 이를 보다 적극적으로 활용하고 있는 것으로 판단된다. 주식발행의 경우

그림 2 | 최적부채비율의 선택

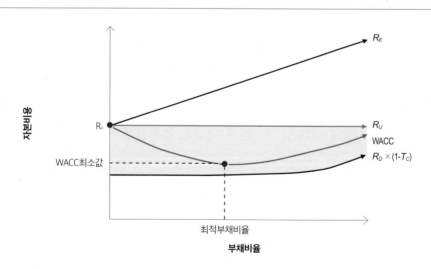

ESG경영을 통해 얼마나 자본조달비용을 낮출 수 있을지에 대해서는 보다 많은 실증적 검증이 필요하다.

ESG경영과
기업지배구조(corporate governance)

1) 기업지배구조의 정의와 목적

기업지배구조는 다양한 정의를 가지고 있다. '기업경영의 전 과정을 통할하는 메커니즘'과 같은 포괄적 정의부터 '기업경영에 있어 누가 어떠한 권한과 책임을 가지는가를 정하는 기준이나 절차' 또는 '주주가 투자 회수를 위하여 경영자agent를 감시하는 장치' 등의 협의적 정의도 있다(Williamson, 1985; Shleifer and Vishny, 1997; Zingales, 1998).

기업지배구조를 이해하는 보다 쉬운 방법은 이를 구성하는 장치mechanism들을 파악하는 것이다. 기업지배구조는 크게 내부지배구조와 외부지배구조로 구분하는데 전자에는 이사회, 감사 등 내부통제시스템, 재무제표와 공시제도, 주주총회, 정관, 소유구조 등이 포함되고 후자에는 주식시장, 기관투자자, M&AMergers & Acquisitions(기업 인수·합병) 시장, 지배구조 관련 법제도, 상품시장경쟁 등의 규율기능이 포함된다.

기업지배구조의 목적은 기업가치의 극대화이다. 따라서 특정 기업의 지배구조가 좋은지 나쁜지 여부는 다양한 기업지배구조 관련 장치 및 내규 등이 기업가치 극대화에 도움이 되는가로 판단한다. 기업이 재무적으로 충분한 자기자본을 갖고 있는 경우 기업가치 극대화는 주주가치 극대화와 동일하기 때문에 좋은 기업지배구조란 주주가치를 극대화하는 지배구조로 해석되어 왔다.

주주가치는 통상 경쟁적인 주식시장에서 결정되는 주가로 측정할 수 있고 이는 매우 객관적인 지표라는 점에서 특정한 지배구조 내지 장치가 주주가치에 도움이 되는

가를 판단하는 작업은 비교적 용이하다. 예를 들어, 이사회는 능력 있는 경영자를 선임하고, 경영자가 사익을 추구하지 않도록 감시하며, 성과에 대한 적절한 보상을 제공함으로써 경영자가 최선을 다하여 기업을 경영하도록 유도하는 기능을 수행하고 있는가 등으로 평가한다. 사외이사는 주요한 의사결정에 참여하는 가운데 경영자를 감시함으로써 투명성을 높이고 성과에 대해 책임을 묻는 역할을 한다는 점에서 이의 중요한 자격요건은 기업경영에 대한 전문성과 경영자로부터의 독립성이다.

한편, ESG경영의 목적을 기업가치와 사회적 가치의 합을 극대화하는 것으로 정의한다면 ESG경영을 위한 기업지배구조는 기존의 지배구조와 달라져야 하는지에 대한 질문이 제기된다. 이는 궁극적으로 주주 이외의 이해관계자가 기업경영에 참여할 필요가 있는가, 이해관계자의 이익을 보호하기 위해 어떠한 장치가 필요한가, ESG경영이 갖는 단점을 극복할 수 있는 방안은 무엇인가 등의 이슈로 요약될 수 있다. 이러한 논의를 위해서는 전통적인 관점에서 주주 중심의 기업지배구조가 정착되어 온 배경에 대해 이해할 필요가 있다.

2) 주주 – 기업의 주인

기업지배구조 관점에서 주식회사 제도의 가장 중요한 특징은 주주가 기업의 주인이며 이사의 선임을 포함하여 기업경영의 주요한 의사결정 권한을 갖는다는 것이다. 회사의 효율성 등에 관하여 연구하는 회사이론firm theory이나 조직이론 등에 따르면 주주가 다양한 이해관계자 간 위계hierarchy의 최상위에 위치하면서 주요한 의사결정을 하고 회사의 활동을 감시하는 것이 최적인 것으로 제시된다(Coase, 1937; Alchian and Demsets, 1972; Williamson, 1975 등). 이러한 기업지배구조는 주주가 잔여청구권자residual claimer로서 다른 이해관계자에게 약속한 보상을 모두 이행한 후에야 보상을 받는 계약에 기초하고 있다. 즉, 주주는 기업의 성과 변동에 따른 손익을 온전히 부담한다는 점에서 여타의 이해관계자에 비해 이를 극대화할 경제적 유인을 갖고 있다.

반면에 근로자나 채권자는 그 보상의 대부분이 고정적이고 이는 회사의 성과와는 크게 비례하지 않기 때문에 수익을 극대화할 유인이 부족하다. 설사 높은 수익성이 기대되어도 위험투자는 파산으로 이어질 가능성이 있기 때문에 수익률은 낮더라도 안전한 투자를 선호한다. 즉, 고정적 보상을 받는 이해관계자는 위험사업에 대한 투자를 통해 수익을 추구하는 것이 본질인 기업enterprise의 '좋은 주인'은 아니라고 해석된다. 물론 회사가 채권자에 대한 이자와 원금의 지급에 실패할 경우에는 채권자가 경영권을 갖게 되는데 이 또한 파산 시에는 채권자가 위험에 노출된 잔여청구권자라는 일관된 논리에 따른다.

여기서 중요한 점은 좋은 주인과 나쁜 주인 간의 구분이 이들의 경영능력에 의하기보다는 경제적 유인에 기초한다는 것이다. 즉, 주주는 기업의 성과를 높일 능력을 갖고 있기보다는 그렇게 되기를 바라는 경제적 유인을 가지고 있다. 따라서 기업가치를 높일 수 있는 경영자를 선임하고 그를 감시할 유인을 갖는 것이다. 설사 특정 경영자가 기업경영에 대해 보다 잘 알고 있고 경험도 많다고 하더라도 이를 지배하는 것은 궁극적으로 주주이다. 이는 지분을 많이 가진 주주가 주주총회에서 자신이 선호하는 이사를 선임함으로써 회사에 대한 경영권을 행사하는 기업지배구조의 중요한 배경이 되고 있다.

3) ESG경영의 계약적 특성

ESG경영하에서 필요한 기업지배구조에 대해 논의하기 위해서는 기업지배구조 관점에서 ESG경영과 전통적인 기업경영 간의 차이를 파악할 필요가 있다.

첫째, ESG경영은 상대적으로 다양한 이해관계자의 이익을 기업의 목적에 포함한다는 점에서 복수의 주인multiple principals 현상이 발생하고 이는 주주권을 약화시키는 동시에 기업의 의사결정 과정에 혼란을 가져올 수 있다. 예를 들어, 기존에도 일부 기업에 있어 외부세력이 경영진 선임에 영향력을 미치거나, 생산시설의 위치 결정 등에

지원 활동 : 자본·기술

노조가 영향력을 행사하는 현상이 관찰되는데 이는 주주권이 약한 경우에 발생한다. 회사이론에 따르면 다양한 이해관계자의 집합체임에도 불구하고 회사가 경쟁력을 가질 수 있는 이유는 최종적 의사결정자의 권한을 가진 주주가 다양한 이해충돌문제를 해결해 나감으로써 조직의 효율성을 높일 수 있다는 것이다(Berle and Means, 1932; Coase, 1937; Williamson, 1975 등). 하지만 주인이 여러 주체인 경우 이들 간 이해충돌을 누가 중재할 수 있는가의 문제가 생겨난다. 이들 간의 이해충돌이나 갈등은 결국 외부자인 정부나 사법적 판단을 필요로 하는 상황을 가져올 수 있다.

둘째, 전술한 바와 같이 ESG경영은 그 결과물의 가치를 수익이나 시가총액 등과 같이 객관적인 방법에 의해 측정하기 어렵다는 특징을 갖는다. 또한 ESG경영을 위한 자원의 투입과 산출물input-out 간 인과관계가 명확하지 않고, 그 성과가 장기적으로 실현된다는 특징을 갖는다. 이는 경영자의 공과를 판단하기 어렵게 만드는 요소이다. 좋은 기업지배구조의 핵심이 경영자에 대한 평가를 통해 능력 있는 경영자를 선임하고 이 경영자가 기업가치를 극대화하도록 규율하는 메커니즘이라는 점에서 성과 측정상의 모호성은 기업지배구조의 작동에 부정적인 영향을 미칠 수 있다.

셋째, ESG경영하에서는 회사와 이해관계자 간 계약의 성격이 보다 암묵적 계약implicit contract의 성격을 갖게 될 것이다. 과거에는 주주가 계약의 주체로서 여타 이해관계자의 기회비용opportunity cost을 최소한으로 충족시키는 명시적 계약explicit contract의 성격이 강했다. 임금이나 근로조건 등은 노동시장에서 형성된 경쟁적 수준이 그 기준을 제공한다. 환경의 경우는 정부가 제시한 최소 기준을 지키면 되었다. 하지만 ESG경영은 더 이상 최소 수준의 충족이 아니며 기업이 기여할 수 있는 정도에 제한이 없다. 암묵적 계약은 명시적 계약에 비해 환경변화에 유연하게 대응할 수 있다는 장점이 있지만 동시에 계약의 모호성으로 인해 일방에 의한 무리한 요구가 비효율성을 낳거나 불명확한 계약을 악용하는 도덕적 해이moral hazard가 증가할 수 있다(Hart and Holmstrom, 1987).

넷째, ESG경영 자체가 경영자의 개인적 선호나 이익을 반영하는 대리인 문제agency

problem일 수 있다. 기업지배구조 논의의 시발점이 된 그들의 고전적 연구에서 Jensen and Meckling[1976]은 경영자가 명성과 재량권을 확대하기 위해 과잉투자를 할 유인이 있다고 주장한 바 있다. 다수의 실증연구들도 경영자가 수익성보다는 성장성을 중시하여 과도한 투자empire building를 하는 유인이 있는 것으로 확인하고 있다.

ESG경영과 관련된 이슈로는 자신이 선한 CEO라는 명성을 얻기 위하여, 또는 사회적으로 물의를 일으키는 경우 이를 만회하기 위해 사회적 책임을 강화한다는 연구결과가 있다[Barnea and Rubin, 2010]. 또한 경영자의 지분이 적을수록 기부금이 많거나 ESG경영에 보다 적극적이라는 연구결과도 있는데 이는 결국 주주의 돈으로 선한 일을 할 수 있기 때문일 것이다[Brown, Helland and Smith, 2006; Masulis and Reza, 2015; 김영식 등, 2019 등]. 사실상 이러한 대리인 문제는 경영자뿐만 아니라 이를 규율할 책임이 있는 사외이사들에게도 발생한다. 이사의 선관의무가 다양한 이해관계자의 이익 보호로 확대되는 가운데 회사가 사회적 약자를 돕거나 환경을 보호하는 것에 반대하기란 쉽지 않기 때문이다. 그나마 경영자는 보수가 재무적 성과와 연계되어 있는 반면 사외이사의 경우 통상 고정적 임금형태로 보상을 받는다는 점에서 오히려 경영자보다 ESG경영을 강하게 지지할 수 있다.

정보 비대칭하에서 ESG경영의 책임자인 경영자는 다음과 같은 의사결정 구조를 갖게 된다.

$$\text{Max } V_s^a = x \times V(I, s) + y \times S(s) + z \times U(I, s)$$
$$\text{subject to } \quad I + s = K,$$
$$x + y + z = 1$$

경영자는 기업의 재무적 가치 V, 사회적 가치 S 뿐만 아니라 자신의 사적효용 U(I, s)를 목적함수 V_s^a에 포함한다. 이는 투자변수 I를 선택함으로써 달성한 성과에 기초하여 기업으로부터 받는 경제적 보상과 s에 해당하는 ESG 활동으로부터 얻어지는 사회적 명성 등을 반영한다. 목적함수에 경영자의 효용변수가 추가됨에 따라 경영자가 선택하는 s의 규모는 V+S를 극대화하는 사회적 관점의 최적 수준보다 더 클 것으로 예상된다.[24] ESG경영하에서의 기업지배구조는 경영자의 대리인 문제를 최소화하면서 기업가치와 사회적 가치를 제고하는 규율기능을 수행할 수 있어야 할 것이다.

4) ESG경영의 기업지배구조

ESG경영의 계약적 특성과 대리인 문제의 가능성, 주주 중심의 기업지배구조가 갖는 장점 등을 고려할 때 기업지배구조 관점에서 ESG경영은 다음과 같은 이슈를 고려해야 한다.

첫째, 다양한 이해관계자의 이익을 도모하기 위해 이들이 기업의 의사결정 과정에 참여할 필요가 있는지를 판단할 필요가 있다.[25] 실제로 이해관계자자본주의를 추구하는 독일을 비롯 유럽의 일부 국가에서는 근로자의 경영 참여를 법제화한 바 있다.

기존의 전통적 기업지배구조에서 주주가 기업의 최종의사결정권을 갖는 지배구조의 논리는 주주의 이익이 기업의 성과와 밀접하게 연동되어 있다는 것이었다. 따라서 주주 이외에 이해관계자가 기업경영의 성과나 위험에 노출된다면 이들의 경영 참여 여부를 고려할 수 있다. 예를 들면, 성과가 나쁘거나 파산 시 근로자는 직업을 상실한다는 점에서 일상적인 위험은 아니지만 장기적으로는 경영실패의 위험을 근로자도 일정 수준 부담한다(Greenfield, 1997). 또한 근로자는 주식을 팔고 떠날 수 있는 옵션을 가진 주주와 달리 자신이 일하는 기업을 변경하는 데 한계가 있다. 특정 기업에 근무하면서 자연스럽게 이에 특화된firm specific 능력을 습득하게 되고 이러한 능력은 다른

---

24 다만 사회적으로 선한 일을 하는 행위에서 불행을 느끼는 경영자라면 오히려 반대일 수 있다.

25 관련하여 한국은 2022년 1월 한전 등의 공기업과 준정부기관에 근로자 대표를 이사로 임명하는 '노동이사제'를 도입한 바 있다.

기업에서 동일한 가치를 갖기 어렵기 때문이다(Blair, 1999). 특히, 근로자는 내부정보에의 접근이 외부주주에 비해 용이하다는 점에서 기업지배구조의 핵심인 경영감시 역할에 기여할 수 있다.

반면에 근로자는 기본적으로 경제적 이해관계에 있어 고정적 보상의 비중이 높다는 점에서 기업이 위험한 사업을 추구하는 것에 반대할 유인이 있다. 또한 근로자로서 자신의 이익을 도모하기 위해 이사의 직분을 활용할 경우 이해 상충의 문제가 발생한다(박경서 등, 2010). 이러한 점에서 노동이사제의 대안으로 근로자대표가 추천하는 전문가가 이사회에 참여하는 방안이 고려되기도 한다.[26] 반면에 근로자 대표 이외에 소비자 대표, 환경단체 대표 등이 이사회에 참여하도록 제도화한 국가는 아직 없다. 기업이 개별적 상황에 따라 관련 전문가를 선임하는 것이 보다 합리적인 대안인 것으로 판단되기 때문이다.

둘째, ESG경영의 기업지배구조는 경영자의 대리인 문제를 통제할 수 있는 방안을 확보하여야 한다. ESG경영은 성과 측정이 어렵다는 점에서 경영자의 재량권이 증가하고 이사회의 경영규율 기능이 약화될 가능성이 있다. 기업지배구조가 잘 갖추어진 선진국의 경우는 이사회가 독립적인 감시기구로서 잘 작동하기 때문에 경영자의 대리인 문제가 어느 정도 통제되고 ESG경영이 기업에 도움이 되는 경우로 제한될 수 있을 것이다. 하지만 기업지배구조가 낙후된 경우 ESG경영의 대리인 문제에 대한 규율 기능도 약화될 수 있다. 특히 외국과 달리 경영자보다는 특정 분야의 전문가 위주로 사외이사를 구성한 국내기업의 이사회가 경험과 정보 열위하에서 경영자의 선택을 적절히 판단할 수 있는가가 관건이다. 경영자의 소유지분이 낮을수록 회사의 기부금이 증가한다는 연구결과 등을 고려할 때 소유가 분산된 기업의 경우 보다 신중한 접

---

26 일부 국내 상장회사에서 종업원주식보유제도(ESOP)를 통해 주식 보유 근로자들이 추천한 이사 후보의 선임 안건이 주주총회에서 통과되지 못하고 있는 상황을 국내기업의 주주들이 장점보다 단점이 더 많은 것으로 판단하고 있음을 시사한다.

지원 활동 : 자본·기술

근이 필요하다(Masulis and Reza, 2015).

대리인 문제를 해결하는 가장 원론적인 방법은 경영의 투명성transparency과 책임성 accountability을 강화하는 것이다. 기업은 ESG경영 내지 활동과 관련된 비용과 성과를 이 사회 등에 가능한 한 상세히 보고하고 대외적으로 지속가능성 보고서 등을 통하여 공개할 필요가 있다. ESG경영의 사회적 가치는 측정이 어렵지만 이에 투입된 비용과 성과(예를 들면 산업재해율 등)는 비교적 화폐화 내지 계량화가 용이하다는 점에서 투자자의 판단이 가능하다. ESG경영 관련 비용에는 기부금, 환경오염 감소나 산업안전 시설 강화 등에 추가된 투자비의 연간화비용annualized costs, ESG경영을 담당하는 인력과 조직운영비용, ESG 활동에 참여하는 임직원의 기회비용 등을 포함할 수 있을 것이다.

경영진과 이사회는 특정 ESG 활동이 과연 충분한 사회적 가치를 만들어내는지, 회사의 재무적 가치에도 도움이 되는지, 아니면 상식적인 범위에서 과도히 벗어나는지 등에 대해 판단할 수 있어야 한다. 재무적 성과는 낮지만 ESG 활동을 활발히 해온 임원과 재무적 성과는 높지만 ESG 활동에는 소극적인 임원 중 누구를 차기 CEO로 선임하는 것이 좋을지 판단해야 하는 상황도 발생할 것이다. 어떤 경우든 전술한 바와 같이 개별 ESG 활동의 재무적 가치와 사회적 가치를 측정할 수 있는 방법론이 뒷받침된다면 보다 객관적인 판단이 가능할 것이다.

셋째, ESG경영의 사회적 가치 측정이 어렵고 경영자는 이에 과도히 투자할 유인이 있다는 점에서 이를 보완하는 한 가지 대안은 경영자의 보상을 기업의 재무적 성과와 보다 민감하게 연동시키는 것이다(Holmstrom, 1979). 예를 들어, 회사의 지분 100%를 보유한 경영자는 ESG 활동 비용이 모두 자신의 개인 비용이 되므로 판단에 있어 매우 신중할 것이다. ESG경영하에서 성과급의 일부를 주식으로 지급하거나, 성과급을 총주주수익률Total Shareholder Return과 보다 민감하게 연동하는 것이다. 특히 ESG경영의 성과는 매우 장기적으로 나타날 것이기 때문에 ESG경영의 경영자보상구조는 현재보다 더 장기적인 재무적 성과와 연동할 필요가 있다.

미국 서브프라임사태 이후 금융기관 경영자에 대한 보상구조의 가장 중요한 변화는 성과급의 이연 지급deferred payment 확대와 환수claw back 제도의 도입이었다. 이는 금융업의 경우 제조업과 달리 수익(예대마진이나 수수료 등)은 단기에 실현되고, 비용(대손비용이나 지급보증비용 등)은 장기적으로 나타나는 특성을 악용한 경영진의 도덕적 해이를 방지하기 위한 조치였다. ESG경영이 사회적으로 선한 사업이라는 점에서 모두에게 환영 받고 반대하기 어려운 반면 그 비용은 기업경영의 여러 부분에 숨겨지는 불투명한 측면이 있다는 점에서 참고할 필요가 있다.

Wrap-up

ESG경영은 기업경영의 외부효과와 단기업적주의, 위험사업 선호에 따른 부정적 효과 등을 완화하는 긍정적 효과를 갖는다. 또한 부당한 경영 행위에 따른 법적 리스크를 사전에 방지하고 고객, 종업원, 거래기업 등의 신뢰를 확보할 수 있다는 점에서 기업의 재무적 성과에도 긍정적 영향을 미칠 수 있다. 특히 법이나 규정에 의해 강제되는 것이 아니기 때문에 기업이 자신의 상황에 맞는 해법을 선택할 수 있다는 장점이 있다. 하지만 기업경영의 목적이 다원화됨으로써 주주권이 약화되고, 성과 측정이 어려워 경영자 규율이 주된 역할인 기업지배구조에 부정적 영향을 미칠 수 있다.

기업자원의 사용 시 비용cost과 효익benefit을 동시에 판단하는 재무적 관점에서 ESG경영은 매우 어려운 주제이다. 인사관리나 마케팅 등 여타 분야와 달리 ESG경영하에서 재무담당 임원은 기업의 모든 활동이 기업의 재무적 가치뿐만 아니라 사회적 가치에 어떤 영향을 미칠 것인가를 판단해야 한다. 이를 위해서는 개별 ESG 활동의 사회적 가치를 측정하는 방법론을 개발하고 이를 실무에 접목하는 방법을 연구할 필요가 있다. 이는 ESG경영이 경영자의 개인적 상황이나 선호에 기인한 대리인 문제 현상이라는 비판을 극복하기 위해서도 매우 중요한 과제이다.

ESG경영은 자발적인 선택의 개념으로 출발하였으나 환경 분야의 경우 국가 차원을 넘어 글로벌 차원의 규제로 다가올 것이다. 관련하여 최근 이코노미스트지는 ESG 가 탄소배출 억제에 집중될 필요가 있음을 주장한 바 있다.[27] ESG경영의 자율규제 형식이 원하는 목적을 달성하기 어려운 반면 기업지배구조조상 약점으로 인해 기업의 경쟁력을 약화시킬 수 있다는 우려 때문이다. 향후 환경보호가 국제적 합의를 통해 규제로 부과될 경우 이는 국내기업의 가장 중요한 원가요소이자 경영위험요소로 대두될 것이다. 환경 분야에서의 선제적인 기술개발과 제품생산이 주주와 이해관계자 모두에게 도움이 되도록 기업의 자원을 효율적으로 배분할 필요가 있다.

무엇보다도 중요한 점은 ESG경영이 기업가치와 경쟁력을 제고하기 위한 전략적 관점에서 이행되어야 한다는 것이다. 기업의 경제적 자원이 여타 이해관계자에게 단순히 이동되는 형태의 사회적 공헌이나 기부는 매우 원론적 수준의 ESG경영으로 볼 수 있다. 기업과 사회 모두에 호혜적인 선택을 유도하기 위해서는 의사결정 주체인 경영자와 이를 선임하는 주주 내지 잠재적 투자자의 경제적 유인이 가능한 동조화 alignment of incentives될 필요가 있다. 특히 ESG경영은 매우 장기적 성격의 기업활동이라는 점에서 경영자의 인센티브 구조는 회사의 장기적 가치를 반영할 수 있도록 설정되어야 한다.

사례 연구

POSCO는 '기업시민경영' 이념을 구현하는 방법론으로서 Business, Society, People의 3개 분야에 대해 사회적 비용과 편익 측정, 결과outcome 중심 측정, 당해 연도 기준 측정, POSCO기여분 기준 측정, 법 기준 baseline 측정, 환경 영향의 절대량 측정 등 7가지 원칙을 적용하고 있다. 특히

---

27 Economists, July 2022, 'ESG should be boiled down to one simple measure: emissions. Three letters that won't save the planet.' 기사 참조.

ESG경영 활동의 투입비용이나 산출물output 중심의 측정에서 한발 더 나아가 사회적 영향impact

내지 가치value를 측정하는 노력을 기울이고 있다.

그림 3 | POSCO의 '기업시민가치' 측정

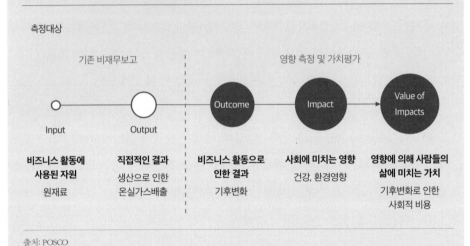

출처: POSCO

온실가스의 예를 들면 탄소저감 투자를 통해 일정한 양의 온실가스 배출 감소가 달성될 경우

이를 화폐가치로 평가하는 것이다.

그림 4 | 온실가스의 사회적 비용 측정

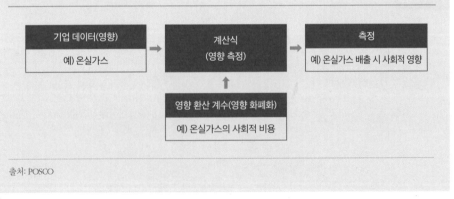

출처: POSCO

지원 활동 : 자본·기술

1. 공정고용정책, 산업재해 예방, 하청업체와의 공정거래, 지역사회공헌 등의 사회적 가치는 어떻게 측정할 수 있을 것인가?

2. ESG 활동의 재무적 가치(기존 사업에 미치는 영향)는 어떻게 측정할 수 있을 것인가?

3. 사회적 가치의 측정이 가능하지 않은 경우 의사결정을 위한 다른 대안은 무엇인가?

4. CEO, ESG경영 담당 임원, ESG경영 실행부서의 담당자, ESG경영에 참여한 근로자 등에 대한 ESG 성과 평가는 어떻게 할 수 있을 것인가?

비재무정보의 측정과 보고

—

한종수(이화여대 경영대학 교수)

INTRO

　　최근 지속가능성 및 비재무보고nonfinancial reporting를 향한 관심은 실로 지대하다고 할 수 있다. 먼저 2021년 초 금융위원회에서 발표한 '기업공시 제도 종합 개선방안'에 따르면, 자산총액 2조 이상 상장사는 2025년부터, 그 외의 모든 상장사는 2030년부터 지속가능성 정보를 의무 공시해야 한다(강계만, 이유섭, 김규식, 2021). 산업통상자원부는 국내 상황을 고려하고 기업일반/중소·중견기업/평가·검증기관이 두루 활용 가능하며 국내 산업 전반의 ESG 수준 제고를 위한 가이드라인 제정을 목표로, ESG와 관련한 DJSIDow Jones Sustainability Indices(다우존스 지속가능경영지수), MSCIMorgan Stanley Capital International(모건스탠리캐피털인터내셔널), Sustainalytics, GRIGlobal Reporting Initiative(글로벌리포팅이니셔티브) 등의 국내·외 주요 13개 평가지표와 공시기준 등을 분석하여 한국형 ESG 가이드라인인 'K-ESG 가이드라인'을 2021년 12월에 발표하였다. 환경부도 '환경기술 및 환경산업 지원법' 개정안을 공포하고, 역시 2021년 12월에 '한국형 녹색분류체계'를 배포하였다. 한국형 녹색분류체계는 녹색채권 및 녹색 프로젝트 파이낸싱, 녹색여신, 녹색펀드 등에 먼저 적용될 예정이며, 해당 분류체계와 관련된 자산 비중, 매출액 규모 등의 정보를 공개할 수 있는 제도와의 연계를 강화해 나갈 방침이다.

해외에서의 지속가능성 보고 관련 동향 또한 매우 급격한 속도로 진척되고 있다. EU의 EFRAGEuropean Financial Reporting Advisory Group(유럽재무보고자문그룹)는 2022년 4월 CSRDCorporate Sustainability Reporting Directive(기업 지속가능성 보고지침) 초대 기준서를 발표하였으며, 이후 법제화하여 시행할 계획이다(박초영, 2022). 미국의 SECSecurities Exchange Commission(증권거래위원회) 역시 2022년 3월 기후변화공시법climate disclosure rule을 발의하였고(Bloomberg Law, 2022), ISSBInternational Sustainability Standards Board(국제지속가능성기준위원회)[28] 역시 지속가능성 보고 관련 일반 기준인 S1과 기후변화 관련 기준인 S2에 대한 공개 초안을 2022년 3월에 발표한 바 있으며, 2023년 6월경에 최종안을 발표할 계획이다. 이에 그치지 않고 이후 S(사회) 및 G(기업지배구조) 부분으로 확대해 나가 지속적으로 추가 기준서를 발행할 예정이다.

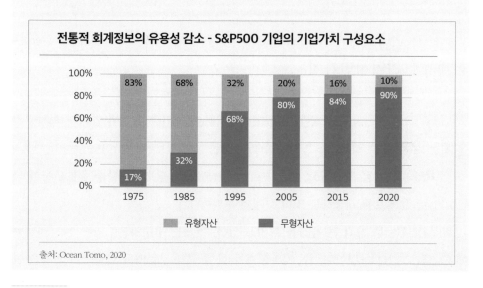

전통적 회계정보의 유용성 감소 - S&P500 기업의 기업가치 구성요소

출처: Ocean Tomo, 2020

---

28 ISSB는 2021년에 창설된 직후, 기존의 지속가능성 기준을 제정해오던 CDSB(Climate Disclosure Standards Board, 기후공시기준위원회), SASB(Sustainability Accounting Standards Board, 지속가능회계기준위원회), IIRC(International integrated Reporting Committee, 국제통합보고위원회), TCFD(Task force on Climate-related Financial Disclosures, 기후변화관련재무정보공개전담협의체)를 흡수 합병하여 가장 주목받는 지속가능성 기준 제정기관이 되었다.

회계학의 석학 Lev 교수는 『The End of the Accounting』이라는 저서(Lev and Gu, 2016)에서 전통 회계의 유용성은 지난 수십 년간 계속 저하되고 있다고 지적하고 있다. 예를 들어 회계 정보의 영향은 주식시장에서 기업의 주가 변동성의 5%밖에 되지 않는다고 한다. Lev 교수는 가장 큰 이유로 전통 회계가 실물자산과 같은 유형자산tangible assets의 보고에 집중하고 있으므로 기업의 가치에 중요한 영향을 미치는 무형자산intangible assets 등을 적절히 보고하지 않기 때문이라고 주장하였다. 유사하게 미국 시카고에 본사를 둔 지적재산권 전문 자문 서비스를 제공하는 업체인 Ocean Tomo사의 최근 조사에 따르면, 미국의 S&P 500에 속한 기업들의 기업가치를 설명하는 데 있어 유형자산이 차지하는 비중은 계속 감소하고 무형자산의 비중은 계속 증가하여, 2020년에는 무형자산이 기업가치의 무려 90%를 차지한다고 발표하였다.

회계학과 기업시민가치

회계는 "이해관계자들이 기업과 관련된 합리적 의사결정을 하는 데 유용한 정보, 즉 통찰력을 제공하는 재무정보시스템"이다(한종수와 이정조, 2016). 기업의 거래를 기록하고 분류하여 보고함으로써, 정보이용자들에게 도움이 되는 기업 관련 정보를 제공하는 것이 회계의 목적이다.

회계 정보는 두 가지 큰 특징을 가지고 있다. 첫째는 주주자본주의shareholder capitalism에 근거하고 있다는 것이다. 즉, 자본투자를 한 주주가 기업의 주인이므로 기업은 이익 창출을 통하여 주주의 가치를 극대화해야 한다는(Friedman, 1970) 주주자본주의에 기반하여, 주주와 함께 채권자를 보호하기 위하여 정보를 제공하는 것이 회계의 기본적인 목적이라는 것을 의미한다. 따라서 회계가 제공하는 정보의 대상은 주주나 채권자와 같은 투자자이다. 둘째, 회계는 화폐로 측정할 수 있는 재무정보만을 제공한다. 따라서 회계 보고서는 비재무정보는 포함하지 않는다.

이에 반하여 기업시민가치는 이해관계자자본주의stakeholder capitalism에 기반하고 있다 (Freeman, 1984). 이해관계자자본주의 관점에 따르면 주주는 수많은 이해관계자들 중 하나이다. 따라서 기업은 주주의 가치 제고만을 추구하는 것이 아니라 기업의 다양한 이해관계자들(예를 들어 종업원, 소비자, 정부, 공급자 등)의 가치를 고려해야 하며, 이 경우에만 기업은 지속가능하며 생존할 수 있다(한종수 외, 2021). 수많은 이해관계자를 고려해야 한다는 것은 비재무정보나 화폐로 측정할 수 없는 정보도 보고해야 한다는 것을 의미한다. 다양한 이해관계자들이 필요로 하는 정보는 매우 다양하기 때문이다. 다시 말해서 다양한 이해관계자에 따라서 기업의 지속가능성이 결정된다는 것은 더 이상 기업의 생존은 재무적 가치로만 결정되지 않는다는 것을 의미하며, 회계도 기업시민가치를 포함해야 한다는 것을 의미한다.

이러한 사회적 흐름과 맞물린 회계 역할과 기여도의 변화에 관한 논의가 최근 전 세계적으로 굉장히 활발하게 정립되고 있다. 기업시민가치를 포괄하는 회계의 개념을 폭넓게 이해하기 위해 본 장에서는 소챕터별로 다음의 질문에 대해서 논의한다.

(1) 기업시민가치를 위하여 회계는 무엇을 보고해야 하는가?

(2) 현행 지속가능성 보고 기준에 따르면 무엇을 보고해야 하는가?

(3) 지속가능성 정보를 화폐로 측정할 필요성은 없는가?

기업시민가치를 위하여
회계는 무엇을 보고해야 하는가?

1) 'Financial Materiality(재무적 중요성)'와
'Environmental & Social Materiality(환경 및 사회적 중요성)'

회계에는 '중요성Materiality'이라는 개념이 있다. '어떤 정보가 누락되거나 잘못 기재된 경우, 재무정보에 근거한 이용자의 경제적 의사결정에 영향을 미친다면 이는 중요한 정보'라는 뜻으로, 정보이용자의 의사결정에 영향을 미칠 정도로 중요한 정보를 보고해야 한다는 것을 의미한다.[29] 이는 기업시민가치를 보고할 때에도 중요한 정보를 중심으로 보고해야 한다는 것을 의미한다.

지속가능성을 다루는 기업시민 관점에서 중요한 정보는 〈그림 1〉과 같이 'Financial Materiality(재무적 중요성)'와 'Environmental & Social Materiality(환경 및 사회적 중요성)'로 구분

그림 1 | Financial Materiality and Environmental & Social Materaility

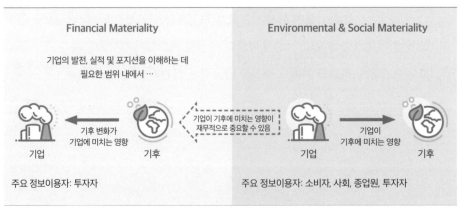

출처: European Commission 자료 수정

---

29 K-IFRS '재무 보고를 위한 개념 체계' 문단 QC 11.

할 수 있다. Financial Materiality란 기업의 재무성과 등 기업가치에 중요한 영향을 미치는 지속가능성 이슈에 대한 정보를 의미한다. 이러한 의미에서 value-to-business 라고도 부른다. 여기서 주의할 것은 〈그림 2〉가 보여주는 바와 같이, Financial Materiality는 과거 전통적인 회계에서 제공하던 재무제표의 정보를 의미하지는 않는다는 것이다. 전통적인 재무제표에는 포함되지 않으면서 기업의 가치를 증가 또는 감소시키는 중요한 지속가능성 관련 이슈들에 대한 정보를 일컫는다. 예를 들어, 세계적 석유기업인 ExxonMobil은 2021년 말에 미래의 에너지 공급, 환경 관련 정부의 정책 및 규제 등을 검토한 끝에 기후변화로 인해 일부 자산에 손상 위험이 있으며, 탄소 감축을 위하여 향후 $15 billion을 지출할 것이라 발표하였다.

Environmental and Social Materiality란 기업의 활동으로 인하여 환경과 사회에 중요한 영향을 미치는 지속가능성 이슈에 대한 정보를 의미한다. 다른 표현으로는 value-to-society 또는 Impact Materiality라고도 부른다. 기업의 영업활동에서 이산화탄소^{CO_2}, 메탄^{CH_4}, 아산화질소^{N_2O} 등을 배출함으로써 환경에 미치는 영향, 예를 들

그림 2 | 지속가능성 이슈와 관련한 Global baseline

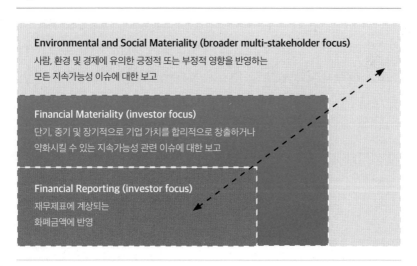

출처: IFRS Foundation 자료 수정

어 지구온난화에 미치는 부정적인 영향이 하나의 예이다. 그러나 항상 부정적인 영향만을 의미하지는 않는다. 기업은 고용을 창출함으로써 사회에 긍정적 영향을 미칠 수 있다. 또한 자동차에 사용되는 철강 소재를 가볍게 만듦으로써, 자동차가 소비하는 연료를 감축하여 환경보호에 공헌할 수도 있다.

이 두 가지 중요성의 개념은 보고체계에 있어 정보이용자의 범위를 어떻게 정의하는가 하는 사안과도 연결되어 있다. Financial Materiality는 정보이용자의 범위를 주주와 채권자를 포함한 투자자로 제한하고 있다. 반면 Environmental and Social Materiality는 종업원, 고객, 공급자, 지역사회 등 다양한 이해관계자를 대상으로 하고 있다. 이러한 측면에서 Financial Materiality는 주주자본주의에 가깝고, Environmental and Social Materiality는 이해관계자자본주의에 가깝다.

2) Single Materiality와 Double Materiality

지속가능성과 관련된 두 가지 중요한 정보를 모두 보고하는 것을 Double Materiality라 하고, 그중에서 하나만을, 특히 Financial Materiality만을 보고하는 것을 Single Materiality라고 한다.[30] 어느 것을 보고해야 하는가에 대해서는 견해가 대립한다. Single Materiality를 주장하는 측은 투자자 중심의 지속가능성 보고가 가장 중요하며 시급한 문제라고 말한다. 반면, Double Materiality를 주장하는 측은 재무적 중요성 렌즈를 통한 투자자 중심의 지속가능성 보고만으로는 환경과 사회에 미치는 영향에 대한 기업의 책임과 지속가능성을 보여주지 못한다고 말한다. 즉, 기업의 책무성을 높이고 기업의 지속가능성을 평가하기 위하여 필요한 비교가능하고 효과적인 보

---

[30] Environmental and Social Materiality만을 보고해도 Single Materiality라고 할 수 있을 것이다. 그럼에도 Financial Materiality만을 Single Materiality라 지칭하는 이유는 전통적으로 주주자본주의에 근거한 재무정보를 가장 중요시해 왔기 때문이다.

고 수단은 투자자뿐 아니라 이해관계자 모두를 대상으로 중요한 지속가능성 이슈를 보고하는 Double Materiality라는 것이다.

이 두 개념은 기업시민가치에 영향을 미치는 지속가능성 이슈 보고에 있어서, '어디까지 보고 범위에 포함할 것이냐' 하는 '보고의 범위'를 결정한다. 이를테면, 재무적 중요성인 Single Materiality가 지속가능성 보고 기준으로 채택된다면, 각 기업은 자신의 기업에 재무적으로 영향을 미치는 지속가능성 이슈만을 보고하면 된다. 반면 Double Materiality가 지속가능성 보고 기준으로 채택된다면 모든 지속가능성 이슈를 보고해야 한다. Single Materiality가 채택된다고 하여도 이와 관련된 정보를 수집하고 요약한 후 보고하는 것은 쉽지 않다. 또한 어디까지가 Single Materiality의 범위인가에 대해서도 많은 고민이 필요하다. Double Materiality는 이보다 훨씬 더 많은 정보를 보고해야 하며 더 많은 판단을 필요로 한다.

현재, 기업시민가치에 영향을 미치는 지속가능성 보고 기준은 IFRS Foundation(국제회계기준 재단)에서 2021년에 새롭게 출범시킨 ISSB의 'IFRS Sustainability Disclosure Standards(IFRS 지속가능성 공시 기준)'와, 전 세계 기업들이 지속가능성 보고서의 작성 시 가장 많이 준용하는[31] GRI 내 GSSB Global Sustainability Standards Board(글로벌지속가능성기준위원회)가 제정하는 'GRI Standards'가 있다. 이 두 기준 사이의 차이점에 대하여 다음 소챕터에서 보다 자세히 알아보자.

---

31 KPMG International(2022).

현행 지속가능성 보고 기준에 따르면
무엇을 보고해야 하는가?

1) IFRS Sustainability Disclosure Standards

ISSB는 IFRS Sustainability Disclosure Standards를 최근 발표하였다. IFRS Sustainability Disclosure Standards는 IFRS S1 '일반 요구사항General Requirements for Disclosure of Sustainability-related Financial Information'과 IFRS S2 '기후 관련 공시Climate-related Disclosures'[32]로 구성되어 있다.[33] 이름에서 알 수 있듯이, IFRS S1은 지속가능성 관련 재무정보 공시 전반에 대한 핵심 요소를 설정하여 지속가능성 관련 재무정보에 대한 포괄적인 기준선을 제시하는 기준서이고, IFRS S2는 기후에 특화된 구체적인 공시 기준서이다. 이 두 기준서의 내용은 〈부록 1〉에 요약되어 있다. 이들 공시 기준의 주요 특징을 살펴보면 다음과 같다.

(1) IFRS S1 일반 요구사항

IFRS S1의 주요 내용은 IFRS Sustainability Disclosure Standards의 ① 목적과 적용 범위, ② 핵심요소, ③ 일반사항으로 구성되어 있다. 이들 각각을 살펴보면 다음과 같다.

---

32 IFRS Foundation은 Building Blocks Approach를 채택하겠다고 발표하였다. Building Blocks Approach는 시급한 기준서부터 하나씩 순차적으로 제정하는 것을 의미한다. 이에 따라, 기업의 지속가능성을 구성하는 요인 중 환경 문제를 우선시하여 기후와 관련된 기준인 IFRS S2 '기후 관련 공시'를 먼저 발표하였다. 이후에 기준 제정과 관련한 논의 및 범위를 확장하여 다른 분야(자연, 물, 생물 다양성 등 다른 환경 관련 분야, 사회 및 기업지배구조 분야) 관련 공시 기준을 순차적으로 제정할 계획이다.

33 이 두 공시 기준은 본 저서의 저술 당시 공개 초안(exposure draft)의 상태였다. 공개 초안이란 최종 기준서가 아니라, 기준을 최종 확정하기 전 이해관계자의 의견을 수렴하기 위하여 공개한 초안을 말한다. 최종확정본은 2023년에 발표될 예정이다. 의견 수렴으로 인해 구체적인 규정에 수정이 있을 수는 있지만, 최종확정본도 공개 초안과 큰 차이가 없을 것이며, 따라서 본 저서의 내용에 영향은 없을 것이다.

지원 활동 : 자본·기술

① **목적과 적용 범위:** IFRS S1은 IFRS Sustainability Disclosure Standards가 일반목적재무보고의 주요 정보이용자, 즉 투자자가 기업가치를 평가하고 투자 의사결정을 할 때 유용한 유의적인 지속가능성 관련 위험과 기회를 기업이 공시하도록 요구하는 것을 목적으로 한다고 명시하고 있다. 이는 IFRS Sustainability Disclosure Standards가 모든 이해관계자를 대상으로 하는 것이 아니라 투자자를 대상으로 하고 있다는 것을 의미한다. 즉, 투자자가 기업가치를 평가할 때 영향을 미칠 것으로 합리적으로 예상할 수 없는 지속가능성 관련 재무정보는 적용 범위에 포함되지 않는다는 것이다.

② **핵심요소:** 이용자가 기업가치를 평가할 수 있는 기업 운영방식의 핵심요소에 대한 정보로서 IFRS 지속가능성 공시에 반드시 포함되어야 하는 정보를 의미한다. IFRS S1은 (a) 지배구조, (b) 전략, (c) 위험관리, (d) 지표 및 목표의 네 가지 핵심요소에 중점을 두어 지속가능성 관련 재무정보를 공시할 것을 요구한다.

(a) 지배구조: 기업이 지속가능성 관련 위험 및 기회를 감독하고 관리하기 위해 사용하는 지배구조 과정, 통제 및 절차에 대한 정보

(b) 전략: 유의적인 지속가능성 관련 위험 및 기회에 대응하기 위한 기업의 전략, 이러한 위험 및 기회가 전략 계획(재무계획 포함)에 포함되는지와 해당 전략의 핵심인지를 평가할 수 있는 정보

(c) 위험관리: 기업이 지속가능성 관련 위험 및 기회를 어떻게 식별, 평가 및 관리하는지와, 이를 위험관리과정에 통합하는 방식을 이해할 수 있는 정보

(d) 지표 및 목표: 기업이 지속가능성 관련 위험 및 기회를 측정, 감독 및 관리하는 방법을 이해하고, 기업의 성과(목표 달성 정도)를 평가할 수 있는 정보

③ **일반사항:** 일반사항은 핵심사항을 보고함에 있어서 고려해야 할 사항으로, IFRS 지속가능성 공시 정보가 가져야 하는 특징을 말한다. IFRS S1이 제시한 일반사

항 중 중요한 몇 가지를 설명하면 다음과 같다.

(a) 연계된 정보: 정보이용자가 다양한 지속가능성 관련 위험 및 기회 간의 연계성connections을 평가할 수 있는 정보와 지속가능성 관련 재무정보가 재무제표의 정보와 어떻게 관련linked되는지에 대한 정보가 포함되어야 함

(b) 공정한 표시: 기업에 노출되는 지속가능성 관련 위험 및 기회를 공정하게 표시해야 함. 공정한 표시를 위해서는 기준서에 명시된 원칙에 따라 지속가능성 관련 위험 및 기회를 충실하게 표현해야 함

(c) 비교정보: 당기 공시되는 모든 지표에 대해 전기 비교정보를 공시해야 함. 목적 적합한 경우에는 서술형 지속가능성 관련 정보도 비교 표시해야 함

(2) IFRS S2 기후 관련 공시

IFRS S2는 여러 지속가능성 이슈 중 기업이 노출된 기후 관련 위험 및 기회에 대한 정보를 제공하는 것을 목적으로 한다. 즉, IFRS S1을 기후라는 특정 지속가능성 이슈에 적용한 것이다. 따라서 IFRS S2는 IFRS S1의 범용적인 요구사항을 따라 ① 지배구조, ② 전략, ③ 위험관리, ④ 지표 및 목표의 네 가지 핵심 요소를 어떻게 공시하는가에 중점을 둔다. 보다 구체적으로 살펴보면 다음과 같다.

① **기후 관련 지배구조**: 기업이 기후 관련 위험 및 기회를 감독 및 관리하기 위해 활용하는 지배구조 과정, 통제 및 절차에 대한 정보로 다음 정보에 대한 공시를 요구함. (i) 기후 관련 위험 및 기회의 감독에 대한 책임자(의사결정기구), (ii) 기후 관련 위험 및 기회에 대한 의사결정기구의 책임 위임사항terms of reference, (iii) 이사회 권한 및 기타 관련 정책에 반영되는 방식, (iv) 의사결정기구가 기후 관련 위험 및 기회에 대한 대응 전략을 감독하기 위해 적절한 기술과 역량을 활용할 수 있도록 보장하는 방안 등

② **기후 관련 전략**: 유의적인 기후 관련 위험 및 기회에 대한 기업의 대응 전략에 대한 정보로, (i) 사업모형, 전략 및 현금 흐름에 단기, 중기 또는 장기에 걸쳐 영향을 미칠 것으로 합리적으로 예상되는 유의적인 기후 관련 위험 및 기회, (ii) 유의적인 기후 관련 위험 및 기회가 사업모형 및 가치사슬에 미치는 영향, (iii) 유의적인 기후 관련 위험 및 기회가 보고 기간 말 기업의 재무상태, 성과 및 현금 흐름에 미치는 영향 등

③ **기후 관련 위험 및 기회**: 기업이 기후 관련 위험 및 기회를 어떻게 식별, 평가 및 관리하는지에 대한 과정에 대한 정보로, (i) 기후 관련 위험 및 기회를 식별하는 과정, (ii) 위험관리를 위해 기후 관련 위험을 식별하는 과정, (iii) 기후 관련 기회의 식별, 평가 및 우선순위 지정 방법에 대한 과정, 관련 정책을 포함한 기후 관련 위험 및 기회가 감독 및 관리되는 과정 등

④ **기후 관련 지표 및 목표**: 기후 관련 위험 및 기회를 측정, 감독 및 관리하는 방법에 대한 정보인 지표 및 목표에 해당하는 기후 관련 공시사항으로, 산업 전반 지표cross-industry metrics와 산업 기반 지표industry-based metrics로 구성되어 있음. 산업 전반 지표는 산업 및 기업의 사업모형과 관계없이 기업이 공통적으로 공시해야 하는 기후 관련 위험 및 기회에 대한 정보임. 예를 들면, 온실가스 배출량, 전환위험, 물리적 위험, 기후 관련 기회 등이 있음. 산업기반 지표는 산업별로 산업별 특성을 반영하여 공통된 특성을 공유하는 지표임. 예를 들어, 자동차산업에 속한 기업은 무공해 차량의 판매, 차량의 연비에 대한 정보를 공시해야 함. IFRS S2는 68개 산업 각각에 대한 산업 기반 지표를 별도의 책으로 제시하고 있음.

[참고] IFRS 기준제정기구의 변화: IASB 단독체제 → IASB와 ISSB의 양립체제

IFRS Foundation은 2021년 11월 제26차 유엔기후변화협약 당사국총회(COP26)에서 국제 표준의 IFRS Sustainability Disclosure Standards 제정을 위한 ISSB의 설립을 발표하였다. 이로 인해 <그림 3>과 같이, IFRS Foundation 산하에는 재무보고기준을 다루는 IASB와 독립적이고 병렬적으로 지속가능성공시기준을 다루는 ISSB가 양립하게 되었다. IFRS Foundation은 2001년 4월 이후 IASB를 통해서 IFRS(국제회계기준)라는 재무보고에 대한 기준만을 제정해 왔다. 그 이후 20년 만에 IFRS와 함께 IFRS Sustainability Disclosure Standards를 동시에 제정하는 것은 매우 큰 조직적인 변화가 아닐 수 없다.

그림 3 | IFRS 재단의 구조

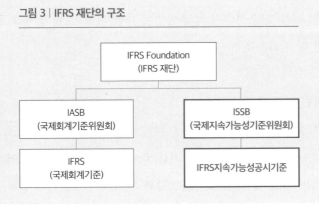

2) GRI Standards

1997년에 설립된, 네덜란드에 본사를 둔 NGO인 GRI의 GRI Standards는 현재 기업들이 지속가능성 보고서 제작 시 가장 많이 준용하는 가이드라인이다. GRI Standards는 G1 버전부터 시작하여 계속 개정 및 추가되고 발전하여 현재 G4 버전이 통용되고 있

지원 활동 : 자본·기술

그림 4 | GRI Standards: Universal, Sector, Topic별 표준

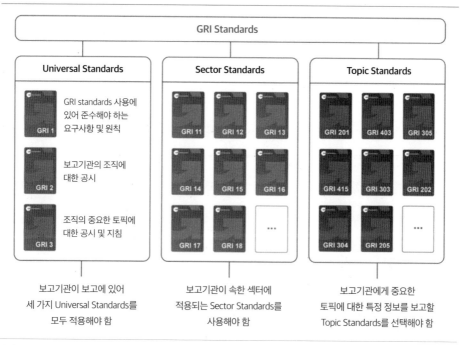

출처: GRI

다.[34] 〈그림 4〉와 같이, GRI Standards는 ① Universal Standards, ② Sector Standards, ③ Topic Standards 세 가지 부분으로 구성되어 있다. GRI Standards의 전체 구성은 〈부록 2〉에 요약되어 있다.

① GRI Universal Standards: GRI Universal Standards는 모든 보고 기관 및 Topic Standards와 Sector Standards의 적용 시 고려되어야 하는 GRI 범용 표준으로 GRI 1/GRI 2/GRI 3으로 구성된다. GRI 1은 GRI Standards의 목적, 핵심 개념, 표준을 사용하는 방법, 보고 기관이 GRI 표준에 따라 보고하기 위해 준수해야 하는 사항 등을 제시한다. GRI 2는 해당 보고 기관의 프로필과 규모에 대한 정보,

---

34 본서에서는 2022년 8월 말 기준으로 GRI Standards를 설명한다.

조직의 영향을 이해하기 위한 '활동 및 근로자', '지배구조', '전략', '정책', '관행', '이해관계자 참여' 등 각 보고 기관의 구조 및 보고 관행에 대한 세부 정보와 관련된 공시를 다룬다. GRI 3은 해당 보고 기관별로 지리적·법적·문화적 맥락/지배구조/산업군 등에 따라 각 기관마다 적합한 주제별 중요성materiality을 판단할 수 있도록 의사결정 과정 및 기준을 제시한다.

② GRI Sector Standards: GRI 10번대에 해당하는 Sector Standards는 산업 섹터별로 해당 산업 섹터 내 대부분의 조직에 필수적인 지속가능성 이슈에 대한 공시 사항을 제시한다. 각 보고 기관별로 중요한 보고 주제를 결정함에 있어 첫 단계가 해당 보고 기관이 속한 산업 섹터 맥락을 이해하는 것이다. 각 산업 섹터별로 공통 이슈 및 리스크에 노출되어 있을 가능성이 높기 때문에 해당 기업 고유의 세부 중요 주제를 고려하기 전에 산업 섹터별 공통 이슈를 먼저 규명해야 한다. 예를 들어, 농축수산업 섹터에서는 food securities & safety가 중요한 이슈이지만, 석유/가스 섹터에서는 중요한 이슈가 아니다.

③ GRI Topic Standards: GRI 100번대의 Topic Standards는 각 토픽에 대한 정보를 제공하기 위한 공시사항들을 다룬다. 주제별 중요성에는 경제적 성과/반부패/세금/에너지/생물 다양성/고용/아동 노동 등의 토픽별 가이드라인이 있다. 해당 기업이 속한 산업 섹터별로 중요한 주제가 다르고, 동일 섹터 내라고 할지라도 기업의 비즈니스 모델, 국가적·지리적 상황, 경영전략 등에 따라서도 다르다. 따라서 해당 기업에게 있어 중요한 토픽에 맞게 보고하는 것이 목적 적합하다.

3) IFRS Sustainability Disclosure Standards와 GRI Standards의 차이점

IFRS Sustainability Disclosure Standards와 GRI Standards 사이에는 차이점이 있다. 가장 큰 차이는 IFRS Sustainability Disclosure Standards는 재무제표와 동일하게 투자

자에게 정보를 제공하는 것이 목적이며, 지속가능성 관련 정보가 재무제표의 정보와 연계되어야 함을 요구한다. 이는 IFRS Sustainability Disclosure Standards는 주주자본주의에 기반하여 Financial Materiality를 보고 및 공시하는 데 집중하고 있다는 것을 의미한다. 반면, GRI Standards는 Environmental & Social Materiality의 공시에 보다 많은 중점을 두고 있다. 즉, 이해관계자자본주의에 기반하여, 투자자를 넘어서 이해관계자 측면에서 유용한 정보가 무엇인지를 정의하고 공시하도록 요구하고 있다. 예를 들어 GRI Topic Standards 중 2021년 한 해 동안 다운로드 수가 가장 많았던 'GRI 306: 폐기물'을 살펴보자. GRI 306은 폐기물 발생량, 재사용이나 리사이클링에 사용된 폐기물 및 재사용이나 리사이클링에 사용되지 못하고 매립한 폐기물의 양, 그리고 폐기물을 감소시키기 위하여 기업이 취한 관리 활동을 보고하도록 요구하고 있다. 이러한 보고사항은 대부분 기업의 영업에서 발생한 폐기물이 환경과 사회에 미치는 영향에 대한 정보이다. 즉, GRI Standards는 기업의 재무적 가치에 중요한 영향을 미치는 지속가능성 이슈에 대한 정보(Financial Materiality 또는 value-to-business)보다는, 기

그림 5 | 재무보고와 지속가능보고 간 상호 연관성

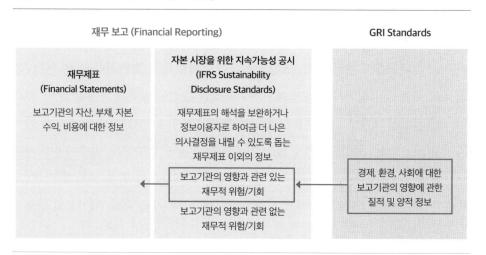

출처: GRI 수정

업의 활동으로 인하여 환경과 사회에 중요한 영향을 미치는 지속가능성 이슈에 대한 정보(Environmental and Social Materiality)를 보고하는 것에 더 많은 중점을 두고 있음을 알 수 있다.

이러한 두 지속가능성 보고 기준은 상호보완적이라 할 수 있다.[35] 두 공시기준이 서로 다른 측면에서의 정보를 공시하도록 요구하므로, 기업이 이 두 공시기준을 모두 따르면 기업의 지속가능성의 양면을 공시하는 Double Materiality를 성취할 수 있기 때문이다. 〈그림 5〉는 전통적인 재무제표, 투자자를 위한 IFRS Sustainability Disclosure Standards 그리고 이해관계자를 위한 GRI Standards의 상호보완적 관계를 잘 요약하고 있다.

지속가능성 정보를
화폐로 측정할 필요성은 없는가?

'현대 경영학의 아버지'라 불리는 피터 드러커Peter F. Drucker는 "측정되지 않는 것은 관리할 수 없다"고 하였다. 이는 측정되지 않거나 측정되어도 측정이 성과평가와 연관되지 않으면 기업은 변화하지 않으며 목표를 이룰 수 없다는 것을 의미한다(한종수 외, 2021). 또한 측정한다고 하여도 측정 단위가 통일되지 않으면 비교 가능성이 떨어지고, 기업의 지속가능성과 관련된 효과를 분명히 알 수 없으며, 의사결정이 제대로 이루어질 수 없다는 것을 의미한다. 그런데 우리가 앞서 살펴본 지속가능성과 관련된 두 현행 보고 기준은 모두 공시 기준이다. 경우에 따라서는 측정을 요구하기도 하지만 대부분의 공시사항은 비계량적이며, 측정을 요구한다고 해도 공시사항별로 측정 단위가 다른 것이 대부분이다. 예를 들어, 폐기물의 방출량

---

35 GRI. 2022. 2. 22. "GRI Perspective: The materiality madness: why definitions matter"

지원 활동 : 자본·기술

은 '미터 톤metric ton' 단위로 측정하지만 아동 노동과 관련한 주제는 '해당 위험에 노출된 아동의 인원수', 반부패 관련 주제에서는 '해당 보고 기관 내 반부패 관련 사건의 개수' 등으로 측정 단위가 제시되어 있다.

이를 보완하기 위해 스위스에 본사를 둔 건설사인 Lafarge Holcim사는 〈그림 6〉과 같이 통합보고손익계산서integrated profit & loss statements를 매년 발표하고 있다. 이를 통하여 기업이 측정을 위하여 어떤 노력을 하고 있는지를 살펴보자.

Lafarge Holcim사의 통합보고손익계산서는 두 부분으로 구성되어 있다. 첫 번째 부분은 공급자supplier이며 두 번째 부분은 기업 자신own operation이다. 이는 기업의 지속가능성을 알기 위해서는 기업 자신뿐 아니라 기업에 원재료나 부품 등을 공급하는 공급자까지 고려해야 한다는 것을 의미한다. 기업 자신 부분은 전통적인 재무적financial 가치, 사회경제적socio-economic 가치, 환경environmental 가치로 구성된다. 마지막으로 이들을 모두 합한 Triple bottom line 가치가 있다. Triple bottom line이란 John Elkington이 1994년에 제시한 개념으로 기업의 지속가능성을 평가함에 있어서 경제적/재무적 가치뿐 아니라 사회적 가치와 환경적 가치를 함께 고려해야 한다는 것이다(Elkington, 2004).

그림 6 | 2019 INTEGRATED PROFIT & LOSS STATEMENT

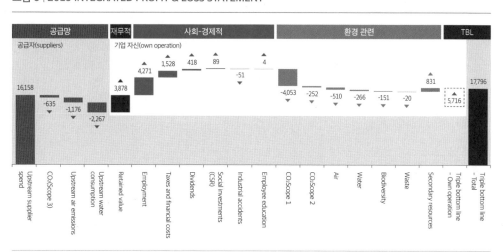

출처: Lafarge Holcim

해당 개념을 화폐 금액으로 환산한 Lafarge Holcim사의 예시를 보면, 기업 자신이 창출한 가치의 경우 전통적인 경제적/재무적 가치는 $3.9 billion이지만, 사회경제적 가치와 환경적 가치를 함께 고려할 때, 기업이 창출한 Triple bottom line 가치는 $5.7 billion이다. 이는 환경적 가치는 음$(-)$이지만 더 많은 양$(+)$의 사회경제적 가치를 창출하여 경제적/재무적 가치보다 더 많은 가치를 창출하였음을 의미한다. 이에 공급자가 창출한 가치인 $12.1 billion을 더하면, 기업이 창출한 총가치는 $17.8 billion이 된다. 이는 환경/사회/공급망 관련 효과 등을 통합적으로 화폐 금액으로 측정하면 손익계산서의 당기순이익인 전통적 재무적 가치보다 기업은 약 4.6배의 가치를 창출한다는 것을 의미한다. 세부 구성 요소들을 살펴보면, 사회·경제적 차원에서 많은 긍정적 가치 기여가 있었지만, 환경적 측면에서 회사의 Scope 1[36] 이산화탄소 배출량에서 많은 마이너스 효과가 있었음을 알 수 있다.

[참고] 다양한 임팩트를 측정하여 공시하는 기업들

많은 기업들이 다음의 표와 같이 자발적으로 해당 기업에 영향을 주거나 반대로 해당 기업으로 인해 다양한 이해관계자들이 영향을 받는 지속가능성 관련 가치를 수량화하고 화폐화하여 공시 자료를 통해 보고해오고 있다.

---

36 1997년 채택된 교토의정서(The Kyoto Protocol)와 2015년 파리동맹(The Paris Alignment) 이후 CDP(The Carbon Disclosure Project)는 온실가스의 배출을 그 원인에 따라 다음과 같이 세 가지로 구분하였다.
Scope 1: 기업이 소유하고 통제하는 발생원(예: 공장)에서 배출하는 온실가스 배출량
Scope 2: 기업이 구매하여 소비하는 전기, 증기 등의 생산에서 배출하는 온실가스 배출량
Scope 3: 기업이 소유하거나 통제하지 않는 시설에서 발생한, 가치 사슬 전반에 걸친 간접적인 배출량(물류, 출장, 협력사, 제품 사용으로 인한 배출 등)

지원 활동 : 자본·기술

다양한 임팩트를 측정하여 보고자료에 반영하고 있는 기업 예시

기업	측정 대상	측정법	임팩트 관련 구체적 측정 내용
ABN·AMRO	모기지, 기업 대출 및 자문	화폐화 (Monetization)	고객의 금전을 수탁하거나 관리하는 행위, 데이터 및 사생활 침해 보호, 금전 관련 범죄 의 감소, 대출 상환의 어려움으로 인한 재정 위기 등의 가치를 측정하여 화폐화
BASF We create chemistry	각종 석유화학 관련 제품군, 작물 코팅, 작물 관리	화폐화 (Monetization)	제품 소비로 인한 건강 향상, 작물 수확량의 증가 등의 가치를 측정하여 화폐화
VOLVO	차량, 굴착기, 트럭, 지게차, 각종 부품	수치화 (Numerization)	외부 소음 수준 감소, 부품의 재활용 증가 등 을 수치화
NOVARTIS	의약품	수치화 (Numerization)	의약품을 사용한 환자 수 및 건강 개선 정도 등을 수치화

출처: Serafeim and Trinh(2020)

Wrap-up

 본 챕터에서는 기업시민가치와 관련한 비재무정보의 측정과 보고의 주요 이슈들을 살펴보았다. 무엇보다도, Financial Materiality와 Environmental & Social Materiality 간의 차이점을 알아본 후, ISSB는 Financial Materiality를 GRI는 Environmental & Social Materiality에 보다 중점을 두고 있음을 이해하였다. ISSB는 채권자와 주주 등 투자자에게 기업에 대한 영향을 보여주는 재무제표와의 연계된 정보를 중시하며, GRI는 시작부터 기업에 대한 영향보다는 이해관계자와 관련된 사회와 환경에 대한 영향을 중시해 왔기 때문에 이러한 차이는 당연한 것으로 보인다.

 고무적인 것은 2022년 3월 ISSB와 GSSB가 지속가능성 공시를 위한 상호 보완되는 접근법을 만들기 위한 협업을 선언하였다는 것이다(Forbes, 2022). 이는 Financial Materiality와 Environmental & Social Materiality를 모두 포함하는 Double Materiality 관점에서의 공시 기준서가 곧 만들어질 것이라는 것을 의미하지는 않는다. 그러나 두

기관의 협업은 투자가와 투자가 이외의 이해관계자를 모두 포함하는 전체적인 지속가능성 기준이 만들어지는 시발점이 될 것이다.

통일된 기준이 없음으로 인하여 지속가능성 공시가 비난받았던 가장 큰 이유는 그린워싱Green Washing이다. 그린워싱은 'green'과 'white washing'의 합성어로, 기업이 실질적인 친환경 경영과는 거리가 있지만 친환경 경영을 표방하는 것처럼 홍보하는 것을 말한다. 실제로 기업이 발간하는 지속가능성 보고서를 보면, 기후 관련 위기와 대응에 대한 설명보다는 기업에 대한 홍보와 광고가 대부분이다. 그린허싱Green Hushing이라는 용어도 있다. 기업이 그린워싱으로 비판받는 것을 두려워하여 환경 정책이나 논란 등에 대하여 침묵으로 일관하는 것을 의미한다.

통합된 지속가능성 공시 기준은 그린워싱이나 그린허싱을 매우 어렵게 만들 것이고, 기업 간 비교를 가능케 함으로써, 기업의 지속가능성 평가에 크게 도움을 줄 것이다.

비재무정보의 측정 또한 지속가능성 보고와 관련하여 매우 중요한 문제이다. 측정은 아직도 매우 초기 단계라 할 수 있다. 그럼에도 학계와 여러 기업들은 스스로 또는 다른 기업과 함께 재무, 환경, 사회에 대한 영향을 측정하고자 많은 시도를 하고 있다. 그중 가장 대표적인 것이 기업을 중심으로 결성된 Value Balancing Alliance와 하버드 경영대학을 주축으로 한 IWAI(Impact–Weighted Accounting Initiative)의 Impact–weighted accounting(임팩트가중회계)이다. 앞서 설명한 Lafarge Holcim사도 Value Balancing Alliance의 중심 기업 중 하나이다. 아직은 성숙되지 않았고 많은 시행착오와 합의가 필요하지만, 기업시민가치를 측정하고자 하는 시도는 밝은 미래를 보여준다.

지속가능성 기준이 만들어지면 기업 간 비교가 가능해지고, 기업이 지속가능성에 관심을 가질 수 있는 환경을 조성해준다. 이는 기업이 자신과 사회를 위하여 기업시민정신을 발휘하도록 이끄는 유인이 되며, 기업과 사회가 건강하게 공존하는 선순환 구조의 틀을 제공할 것이다. 다시 말해, 비재무정보의 측정과 보고인 지속가능성 보고는 기업시민경영의 기반이며, 기업시민경영의 선행조건이다.

Impact-weighted accounting의 환경 관련 임팩트 측정

지속가능성 공시와 관련하여 측정은 매우 중요한 요소이다. IWAI는 2022년 6월 기업시민가치의 측정에 적용해야 하는 Impact-Weighted Accounts Framework를 발표하였다(IEF, 2022). 이 framework에 포함되어 있는 예시를 통하여 Impact-weighted accounting이 제시하는 기후변화 임팩트에 관한 측정법을 소개한다.

Glutilicious는 글루틴프리 빵을 제조하는 베이커리 기업이다. 이 기업의 가치사슬은 <그림 7>과 같다.

그림 7 | Glutilicious사의 가치사슬 구조도

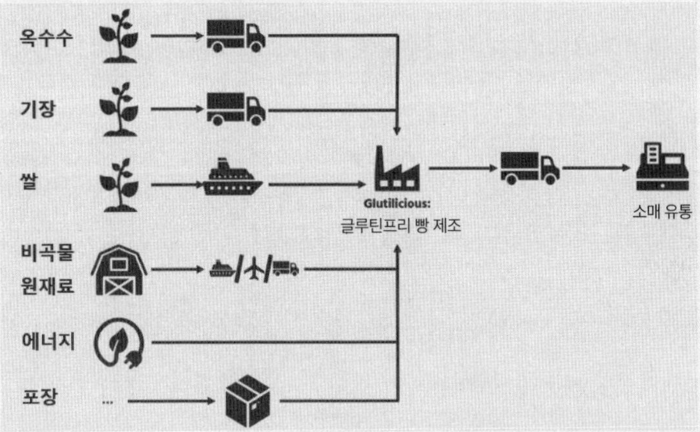

출처: IEF.

<그림 7>에는 Glutilicious의 글루틴프리 빵 제조를 가운데에 두고, 왼쪽에는 가치사슬 이전 단계upstream인 곡물 생산 및 생산된 곡물의 운송, 매 기간에 있어서의 에너지 사용, 포장 단계 등이 도식화되어 있으며, 오른쪽에는 생산된 빵이 소매점에 유통되어 판매되는 과정downstream이 도식화되어 있다.

이러한 가치사슬의 기업이 기후변화에 미치는 영향은 직접적인 영향과 간접적인 영향으로 구분할 수 있다. 먼저, 직접적인 영향으로는 Glutilicious의 운영에 필요한 직원의 활동과 제빵에 필요한 전기 사용량, 가스 사용량에 따른 온실가스 배출이 있다. 간접적인 영향으로는 제빵의 원료인 공급자가 곡물의 생산 및 운송 과정에 있어서 배출하는 온실가스, 완성된 빵의 유통에서 배출하는 온실가스, 소매점이 판매 과정에서 배출하는 온실가스가 있다.

Glutilicious의 운영에서 발생하는 직접적 영향 및 가치사슬의 전·후 단계에 있어서의 간접적 영향과 관련된 온실가스 배출량은 다음 식을 이용해 측정할 수 있다.

- Glutilicious의 운영에 있어서의 측정: (전기 사용량 X 단위당(kWh) 온실가스 배출량)

  + (가스 사용량 X 단위당(m^3) 온실가스 배출량)

- 가치사슬 전·후방 단계에 있어서의 측정:

$$\sum_{투입요소} (밀, 쌀\ 등의\ 원재료\ 요소[요소당 kgCO_2-ep|투입kg] \times 재료별\ 투입량$$
$$+ 운송에\ 있어서의\ 온실가스\ 배출[kgCO_2-ep|배출tonne.kg] \times 운송된\ 질량 \times 주행거리)$$

※ CO_2-eq : Carbon dioxide equivalent(이산화탄소 환산)의 약자이다. 온실가스 종류별 지구온난화 기여도를 수치로 표현한 지구온난화지수에 따라 온실가스 배출량을 이산화탄소로 환산한 단위이다.

이 수식에 의해 계산된 Glutilicious 운영에서 발생한 기후변화에 영향을 미치는 온실가스는 연간 16 kton의 CO_2-eq 그리고 가치사슬 전·후방 단계에 있어서 발생한 온실가스는 연간 45 kton의 CO_2-eq이다.

온실가스 배출량을 화폐단위로 환산하기 위해 IWAI는 CE Delft와 True Price Foundation의 화폐화 환산기준을 토대로 CO_2-eq 1톤의 배출이 환경에 미치는 영향을 Int$224(2021년 미국 $ 화폐가치 기준)라고 제시한다. 이를 적용하면, Glutilicious의 운영에서 발생한 직접적 온실가스의 화폐가치 및 가치사슬 전·후방 단계에서 발생한 간접적 온실가스의 화폐가치는 각각 연간 Int$3.6 million(=16kton×Int$224/ton)와 int$10.1 million(=45kton×Int$224/ton)이다.

지원 활동 : 자본·기술

마지막 단계는 앞서 계산한 Glutilicious의 화폐 금액으로 측정된 환경 관련 직·간접적 영향을 Glutilicious사에 배분해주는 과정이다. 앞 단계에서 계산한 금액은 Glutilicious뿐 아니라 전·후방 단계에서 공급자upstream 및 소매점downstream에서 발생한 총 온실가스 발생량의 화폐가치이기 때문에, Glutilicious에 귀속되는 부분을 구분해야 한다.

이를 위해서 IWAI는 두 가지의 가정을 사용한다. 첫째는 Glutilicious 운영에서 발생한 직접적 온실가스의 50%는 Glutilicious에 귀속된다고 가정한다. 따라서 Int\$1.8 million(=16kton×50%× Int\$224/ton)은 Glutilicious에 귀속된다.

이제 나머지 Int\$11.9 million(=1.8million+10.1million)을 배분해야 한다. 이를 위해서 IWAI는 온실가스의 발생량이 가치사슬에서 발생하는 부가가치(added value)에 연동되어 있다고 가정한다. 예를 들어, Glutilicious가 소매점에 공급하는 빵의 납품가가 int\$1.2이고 소매점의 판매가가 int\$3이라면, 소매점의 부가가치는 전체의 60%(=1.8/3)이고, 그 외의 부가가치는 40%(=1.2/3)이다. 그 외의 부가가치는 다시 Glutilicious 자신과 공급자의 부가가치로 구분된다.

이때, Glutilicious가 공급자에게 곡물 원재료의 대가로 수익 중 30%를 지급한다면, 공급자와 Glutilicious에게 부가가치 기준에 따라 3:7로 배분해준다. 그 결과 Glutilicious의 가치사슬 내 온실가스 발생에 대한 기여도는 28%(40%×70%)로 계산된다. 이 과정이 <그림 8>에 요약되어 있다.

그림 8 | Glutilicious사의 가치사슬 내 부가가치 기여도 가중치 배분

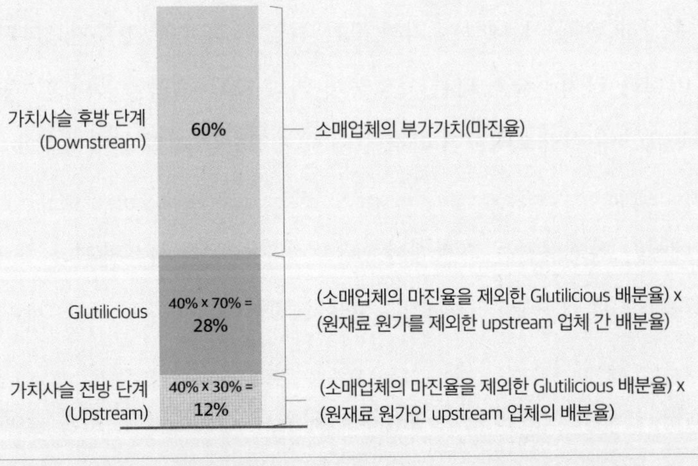

가치사슬 후방 단계 (Downstream)	60%	소매업체의 부가가치(마진율)
Glutilicious	40% × 70% = 28%	(소매업체의 마진율을 제외한 Glutilicious 배분율) x (원재료 원가를 제외한 upstream 업체 간 배분율)
가치사슬 전방 단계 (Upstream)	40% × 30% = 12%	(소매업체의 마진율을 제외한 Glutilicious 배분율) x (원재료 원가인 upstream 업체의 배분율)

출처: IEF

이 가중치를 사용하여 Glutilicious에 귀속되는 직·간접 기후변화 관련 영향을 화폐화된 가치로 환산하면 다음과 같다.

- 직접적인 영향 중 Glutilicious 귀속분=50%×3.6+50%×28%×3.6=Int\$2.3 million/year
- 간접적인 영향 중 Glutilitious 귀속분=50%×28%×10.1=Int\$1.4 million/year
- 기후변화 관련 총 영향 중 Glutilicious 귀속분=2.3 million+1.4 million=Int\$3.7 million/year

토의 아젠다

1. 위 사례에서는 E$^{(환경)}$ 부문 관련 측정법을 살펴보았다. S$^{(사회)}$ 부문의 측정과 관련하여, S$^{(사회)}$ 부문 중 인적자본과 관련한 사항도 측정이 가능하다. 인적자본의 측정과 관련된 예제를 두 가지 제시하고 설명하라.

2. 위 사례는 보고 기업이 온실가스배출에 있어 주된 책임이 있고, 가치사슬의 다른 기업들도 책임이 있는 경우이다. 이 경우, IWAI는 온실가스배출로 인한 영향을 보고 기업과 가치사슬의 다른 기업에 5:5로 배분할 것을 제안하고 있다. 그런데 보고 기업이 온실가스배출에 대하여 거의 모든 책임을 져야 할 경우가 있다. 또한 보고 기업이 아니라 가치사슬의 다른 기업들이 거의 모든 책임을 져야 할 경우가 있다. 이런 경우에는 온실가스배출이 환경에 미치는 영향을 어떻게 배분해야 하는가?

3. 위 사례에서는 화폐화하는 과정에서 Int\$$^{(International \$)}$를 사용하였다. Int\$가 무엇인지 설명하고, Int\$ 단위를 사용하는 장점을 설명하라.

4. 위 사례에서는 환경에 미치는 영향을 화폐단위로 측정하였다. 이와 같이 환경에 미

치는 영향, 나아가 기업시민가치 전반을 화폐단위로 환산하여 측정하는 것의 장점
을 서술하라.

<부록 1>

IFRS S1 '일반 요구사항(General Requirements for Disclosure of Sustainability-related Financial Information)' 및 IFRS S2 '기후 관련 공시 (Climate-related Disclosures)' 요약

표 1 | IFRS S1 일반 요구사항

목적	일반목적재무보고의 주요 정보이용자(투자자)가 기업가치를 평가하고 투자 의사결정을 할 때 유용한 '유의적인 지속가능성 관련 위험과 기회'를 기업이 공시하도록 요구	
적용 범위	IFRS SUSTAINABILITY DISCLOSURE STANDARDS에 따라 기업이 지속가능성 관련 재무정보를 작성 및 공시할 때 적용	
핵심요소	지속가능성 관련 재무정보를 다음의 네 가지 핵심 요소에 중점을 두어 공시할 것을 요구(TCFD 권고안 기반)	
	지배구조	기업이 유의적인 지속가능성 관련 위험 및 기회를 감독 및 관리하기 위해 사용하는 지배구조 과정, 통제 및 절차에 대한 정보
	전략	유의적인 지속가능성 관련 위험 및 기회를 다루기 위한 기업의 전략, 이러한 위험 및 기회가 전략 계획(재무계획 포함)에 포함되는지와 해당 전략의 핵심인지를 평가할 수 있는 정보
	위험관리	기업이 지속가능성 관련 위험 및 기회를 어떻게 식별·평가·관리하는지와, 이를 위험관리 과정에 통합하는 방식을 이해할 수 있는 정보
	지표 및 목표	기업이 지속가능성 관련 위험 및 기회를 측정, 감독 및 관리하는 방법을 이해하고, 기업의 성과를 평가할 수 있는 정보
일반사항	일반목적재무제표(즉, 재무제표)와 지속가능성 관련 재무정보 공시를 함께 고려할 수 있도록 설계 • **보고 기업**: 재무제표의 보고 기업과 동일하게 정의 → 종속기업에 대한 지속가능성 관련 위험 및 기회 관리 요구 • **연계된 정보**: 정보이용자가 다양한 지속가능성 관련 위험 및 기회 간의 연계성을 평가할 수 있는 정보와, 지속가능성 관련 재무정보가 재무제표의 정보와 어떻게 연계되는지에 대한 정보 제공 요구 • **공정한 표시**: 지속가능성 관련 위험 및 기회에 대한 정보를 충실하게 표현하도록 요구 • **비교 정보**: 당기 공시되는 모든 지표의 비교정보를 공시. 목적 적합한 경우, 서술형 정보도 비교 표시 • **보고 빈도**: 지속가능성 관련 재무정보는 재무제표와 동시에 보고하며, 보고 기간 또한 재무제표와 동일	

출처: 금융위원회 보도자료 요약

표 2 | IFRS S2 기후 관련 공시

목적	일반목적재무보고의 주요 이용자에게 유의적인 기후 관련 위험 및 기회에 대한 정보를 제공하기 위함
적용 범위	기업이 노출된 기후 관련 위험 및 이용 가능한 기회

지배구조	기업이 기후 관련 위험 및 기회를 감독 및 관리하기 위해 활용하는 지배구조 과정, 통제 및 절차에 대한 정보

지배구조

1	기후 관련 위험 및 기회의 감독을 담당하는 의사결정기구(조직 또는 개인) 식별
2	기후 관련 위험 및 기회에 대한 의사결정기구의 책임을 위임사항, 이사회 권한 및 다른 관련 정책에 반영하는 방법
3	의사결정기구가 기후 관련 위험 및 기회에 대한 대응 전략을 감독하기 위해, 적절한 기량과 역량을 확보하는 방법
4	의사결정기구가 기후 관련 위험 및 기회를 통지받는 방법 및 빈도
5	기업의 전략, 주요 거래에 대한 의사결정 및 위험관리 정책의 감독 시, 의사결정기구가 기후 관련 위험 및 기회를 고려하는 방법
6	의사결정기구가 기후 관련 목표 설정 및 진척을 감독하는 방법
7	기후 관련 위험 및 기회를 평가 및 관리하는 경영진 역할을 설명

전략	유의적인 기후 관련 위험 및 기회에 대한 기업의 대응 전략에 대한 정보

전략

1	단기, 중기 또는 장기에 걸쳐 기업의 사업모형, 전략 및 현금흐름에 영향을 미칠 것으로 합리적으로 예상되는 유의적인 기후 관련 위험 및 기회
2	유의적인 기후 관련 위험 및 기회가 사업모형 및 가치사슬에 미치는 영향
3	유의적인 기후 관련 위험 및 기회가 기업의 전환 계획을 포함한 전략 및 의사결정에 미치는 영향
4	유의적인 기후 관련 위험 및 기회가 보고 기간 동안의 기업 재무상태, 성과 및 현금흐름에 미치는 영향 및 단기, 중기, 장기에 걸친 예상 영향
5	유의적인 기후 관련 위험에 대한 전략의 회복력(climate resilience)

위험 관리	기업이 기후 관련 위험 및 기회를 어떻게 식별, 평가, 및 관리하는지 과정에 대한 정보

위험관리

1	기후 관련 위험 및 기회를 식별하는 데 사용하는 과정
2	위험관리 목적을 위해, 기후 관련 위험을 식별하는 데 사용하는 과정
3	기후 관련 기회를 식별, 평가 및 우선시하기 위해 사용하는 과정
4	관련된 정책을 포함한 기후 관련 위험 및 기회가 감독 및 관리되는 과정
5	기후 관련 위험의 식별, 평가 및 관리 과정이 기업의 전체 위험관리 과정에 통합되는 정도 및 방법
6	기후 관련 기회의 식별, 평가 및 관리 과정이 전반적인 관리 과정에 통합되는 정도 및 방법

지표 및 목표	기후 관련 위험 및 기회를 측정, 감독 및 관리하는 방법에 대한 정보 • **산업전반 지표**: 산업 및 사업모형에 관계 없이 기업이 공시해야 하는, 일곱 가지 산업전반 지표 범주(1. 온실가스 배출량, 2. 전환 위험, 3. 물리적 위험, 4. 기후 관련 기회, 5. 자본 배치, 6. 내부 탄소 가격, 7. 보상과 관련된 정보 • **산업기반 지표**: 산업별 공시 주제와 관련이 있고, 해당 산업에 속하거나 사업모형 및 근본적인 활동이 해당 산업의 공통적인 특성을 공유하는 기업과 관련된 지표 • **기타 성과 지표**: 기후 관련 목표에서 식별한 목표에 대한 진척을 측정하기 위해 이사회 혹은 경영진이 사용하는 지표 • **기후 관련 목표**: 기후 관련 위험을 완화 또는 적응하거나 기후 관련 기회를 극대화하기 위해 기업이 설정한 목표

출처: 금융위원회 보도자료 요약

<부록 2>

GRI standards 세부 구성 항목

표 1 | Universal standards

색인	주제(항목)	제정 연도
GRI 1	Foundation	2021
GRI 2	General Disclosures	2021
GRI 3	Material Topics	2021

출처: GRI

표 2 | Sector Standards

색인	주제(항목)	제정 연도
GRI 11	Oil and Gas Sector	2021
GRI 12	Coal Sector	2022
GRI 13	Agriculture Aquaculture and Fishing Sectors	2022

출처: GRI

표 3 | Topic standards

색인	주제(항목)	색인	주제(항목)
GRI 201	Economic Performance	GRI 402	Employment
GRI 202	Market Presence	GRI 403	Labor/Management Relations
GRI 203	Indirect Economic Impacts	GRI 404	Occupational Health & Safety
GRI 204	Procurement Practices	GRI 405	Training and Education
GRI 205	Anti-corruption	GRI 406	Non-discrimination
GRI 206	Anti-competitive Behavior	GRI 407	Freedom of Association and Collective Bargaining
GRI 207	Tax	GRI 408	Child Labor
GRI 301	Materials	GRI 409	Forced or Compulsory Labor
GRI 302	Energy	GRI 410	Security Practices
GRI 303	Water and Effluents	GRI 411	Rights of Indigenous Peoples
GRI 304	Biodiversity	GRI 413	Local Communities
GRI 305	Emissions	GRI 414	Supplier Social Assessment
GRI 306	Effluents and Waste	GRI 415	Public Policy
GRI 307	Waste	GRI 416	Customer Health & Safety
GRI 401	Supplier Environmental Assessment	GRI 417	Marketing & Labeling
		GRI 418	Customer Privacy

출처: GRI

지원 활동 : 자본·기술

| 디지털 |

디지털트랜스포메이션과
ESG 실행[37]

—

김용진(서강대 경영대학 교수)

INTRO

왜 ESG실행에 있어 디지털트랜스포메이션이 중요한가

코로나19 팬데믹이 전 지구를 뒤덮으며 수많은 사상자를 낳고, 경제활동을 약화하여 많은 문제를 야기하고 있다. 처음 시작될 때는 단순한 전염병 극복 이슈로 끝날 것 같던 코로나19가 장기적인 흐름을 보이면서 사람들에게 기후와 환경 문제 그리고 사회적 불평등 문제 해결의 중요성을 일깨우고 있다. 이러한 흐름은 ESG 혁신 혹은 ESG 투자를 가속화하면서 기업들에게 사회와 환경문제 해결에 동참할 것을 강하게 요구하고 있다. 2016년 7.8조 달러이던 글로벌 ESG 투자 규모가 2019년에는 13.8조 달러에 이르면서 3년간 연평균 약 21%의 증가세를 보였다. ESG 투자의

---

37 이 장은 김용진의 『온디맨드 비즈니스혁명』(2020)과 디지털트랜스포메이션과 포스코 기업시민 전략(2020)에서 디지털트랜스포메이션에 관한 핵심내용을 발췌하고 이를 ESG경영과 연계하여 작성했다.

급격한 증가는 공적연기금과 기관투자자들이 공적 목표를 달성하기 위해 운용자산을 확대하고 있을 뿐만 아니라 높은 잠재적 성장가능성에 투자하면서 나타나고 있다. 투자 측면만이 아니라 정책적인 측면에서 세계 각국 정부는 2050년까지 Net-Zero(탄소 배출 총량을 0으로 만드는 것)를 달성하기 위한 다양한 프로그램과 규제들을 만들어 내고 있다.

코로나19 팬데믹은 또한 비대면 기술의 사용을 극대화하면서, 지난 십여 년간 지속되어 오던 디지털트랜스포메이션Digital Transformation 흐름을 가속화하고 있다. 오프라인 비즈니스들이 고통받는 상황에서도 온라인을 중심으로 하는 비즈니스들, 특히 디지털서비스 기업들이 큰 폭의 성장세를 보였다. 시가총액 기준 글로벌 10대 기업 순위를 보면 애플, 아마존, 마이크로소프트, 구글, 페이스북, 알리바바, 텐센트 등 디지털 기업들이 다수를 차지한다. 과거에는 단순한 비즈니스 지원 수단이던 디지털기술이 이제는 기업의 운명을 좌우하는 핵심자원으로 기능하고 있다는 말이다.

결국 규모가 큰 대기업이든 규모가 작은 중소기업이든 모든 기업들은 미래에도 지속가능한 경쟁력을 가지기 위해 두 가지 이슈에 적극적으로 대응해야 한다는 것을 의미한다. 하나는 ESG라는 거대한 흐름이며 또 다른 하나는 디지털트랜스포메이션이라는 흐름을 수용하고 이에 대응하는 것이다. 두 가지 다 쉽지 않다. 특히 중소기업들은 ESG 혁신이나 디지털트랜스포메이션 모두 많이 뒤처져 있어서, 본격적으로 이러한 패러다임이 강화되면 경쟁력을 잃고 도산하게 되어 국가적 위기를 초래할 가능성이 매우 높다.

이 두 가지에 동시 대응할 수 있는 방법은 없을까? 실제로 이 두 가지 문제는 동전의 양면처럼 밀접한 관계를 가지고 있다. ESG 혁신을 실천하는 것은 상당히 많은 투자를 요구한다. ESG 방향에 맞춰 사업을 전개하기 위해서는 물리적인 사업구조와 제품·서비스의 구조를 바꿔야 하고 비즈니스 모델 자체를 바꿔야 하기 때문이다. 더구나 ESG 혁신에 투자한다고 해서 금방 수익이 나는 것은 아니기 때문에 자원을 가진 대기업조차도 ESG 투자를 하기 어렵다. 자원이 부족한 중소기업들은 두말할 필요가 없다. 조금 더 이론적으로 말하면, ESG 혁신에 투자하고자 하는 기업들은 가치-원가 딜레마에 봉착한다는 것이다. 사회적, 환경적 가치를 높이기 위해 투자를 하고자 하나 원가가 기하급수적으로 증가하기 때문에 현실적으로 불가능하다. 대안은 디지털트랜스포메이션이다. 이미 세계 경제는 제품 중심의 경제에서 지식과 서비스를 기반으로 하는 온디맨드경제(고객이 원하는 시점에 고객이 원하는 장소에서 고객이 원하는 형태로 고객의 문제를 해결하는 상품과 서비스 거래가 이루어지는 경제)로 이행하고 있고, 이 변화를 이끄는 핵심은 가치-원가 딜레마를 기술적으로 해결할 수 있는 디지털트랜스포메이션이다. 비즈니스 구조를 디지털로 바꾸지 않고는 생존 자체가 어렵다. 비즈니스 구조를 디지털로 트랜스포메이션 하면 고객들의 온디맨드 서비스 요구에 대응할 수 있을 뿐만 아니라 ESG 혁신도 과감하게 추구할 수 있다.

문제는 일부 대기업을 제외하고는 대부분의 기업들이 아직 디지털트랜스포메이션에 대응할 준비가 되어 있지 않다는 점이다. 디지털트랜스포메이션은 그냥 디지털기술을 사용한다고 이루어지는 것이 아니다. 고객의 문제를 중심으로 사업의 본질을 명확하게 정의하고 사업의 본질적 가치를 추구하기 위해 자원과 프로세스를 표준화하고 모듈화하여 디지털로 변화해야 한다. 이를 통해 기존에는 비용이 너무 많이 들어 할 수 없었던 온디맨드서비스나 ESG 혁신을 달성할 수 있다.

요약하면, 대량생산된 솔루션이 아닌 개별화된 솔루션으로 원하는 소비자들의 변화에 대응하고, 환경적 그리고 사회적 가치를 반영하는 사업모델을 개발하여 운영하기 위해서는, 기업이 가진 자원과 프로세스 전체를 디지털로 전환하는 디지털트랜스포메이션이 필수라는 것이다. 디지털화된 방법이 아니고서는 개별 소비자가 원하는 솔루션을 만들고 운영하거나 혹은 친환경적인 제품이나 서비스, 친환경 공정이나 설비, 그리고 제품이나 서비스의 생애주기 관리 자체가 매우 어렵고 비용이 많이 들어간다. 따라서 기업들은 ESG를 실행하고자 할 때 반드시 디지털트랜스포메이션을 같이 고민하고 ESG 문제에 대한 해결책을 찾아야 한다.

ESG경영과 기업의 문제

I) ESG경영은 무엇인가?

ESG라는 용어는 많이 이야기되고 있지만 기업 입장에서 ESG경영이 무엇인지에 대한 논의는 매우 제한적이다. 대부분의 경우, ESG경영은 탄소중립, 폐기물 관리, 자연복원과 같은 환경친화적인 활동을 하는 것, 사회적 문제를 해결하기 위해 기업의 사회적 책임을 강화하는 것, 그리고 기업의 의사결정 과정과 구조의 투명성을 확보하는 것이라고 인식되고 있다. 하지만 기업경영은 그렇게 단순하지 않다. ESG 이슈는 기업에게 위협이 되기도 하지만 기회를 주는 것이기도 하기 때문이다. 따라서 경영 활동이라는 측면에서 보면 ESG는 크게 네 가지로 나누어 볼 수 있다. 다음 그림은 ESG경영 프레임워크를 도식화하고 있다.

그림 1 | ESG경영 프레임워크

신사업기회는 ESG 전반에 걸쳐 존재한다. 친환경적인 새로운 소재나 제품을 개발한다든지, 부품을 다용도화한다든지, 새로운 에너지원을 개발한다든지, 혹은 자원재순환 비즈니스를 개발하거나 수소산업에 진입한다든지 하는 것을 말한다. 이러한 신사업기회 이외에도 공정기술을 소프트웨어로 전환하여 새로운 사업기회를 창출하는 것도 포함된다. 신사업기회에 대한 부분들은 다음 그림과 같이 정리할 수 있다.

신사업기회를 창출하는 것만큼 중요한 것은 ESG에 대응하기 위한 경영 효율화이다. 현재의 생산, 운영, 배송, 사후관리 등 모든 경영 프로세스를 저에너지 사용 구조로 바꾼다든지, 시간을 단축하는 방식으로 바꾸는 것을 말한다. 이러한 경영 효율화

지원 활동 : 자본·기술

그림 2 | 신사업기회 창출을 위한 ESG경영

소재·부품

반도체·디스플레이
연마제, 용사코팅제, 타겟, 콘덴서,
폴리실리콘(태양광), 투명전극, 땜납

전기차·신에너지
영구자석(전기차·풍력)
이차전지(전기차·ESS)
스테인리스(수소용 철강)
사용후배터리

기계·항공·우주·자동차
경량금속, 초경공구, 촉매

바이오 소재
친환경 고부가 바이오소재

공정전환

엔지니어링 역량
수소환원제철, 전기가열 분해로,
EPC(설계·조달·건설)

공정 연구개발
산업 탄소중립 핵심기술
화합물 반도체, 저탄소 공정 기술,
에너지효율화 공정

친환경모빌리티
부품 전동화, 부품 다용도화,
목적기반차량 부품 생산

친환경 생산설비
클린팩토리 구축, 컨설팅, 디지털트윈

신사업

클린에너지
태양광, 태양열, 수열, 풍력,
해상풍력, 수소발전

클린환경
공장·건물 에너지관리시스템, CCUS
설비, 친환경플라스틱 클린워터

자원재순환
폐열, 폐수 등 원료·에너지화,
CO2건설소재화, 폐기물순환

수소산업
수소 생산, 저장, 처리, 유통, 활용

는 비즈니스 프로세스 리엔지니어링reengineering이나 비즈니스 리스트럭처링restructuring 이라는 이름으로 지속적으로 진행되어 온 것이 사실이나, 에너지나 환경을 고려하여 프로세스가 재설계되지 않았다는 점에서 지금 이루어지고 있는 경영 효율화와 차이 가 있다. 비즈니스 프로세스 리엔지니어링은 고객을 중심에 놓고 프로세스를 효율화 하는 노력을 말하지만 탄소중립이나 자원재순환 등 환경 이슈를 명시적으로 고려한 다거나 노동 환경 혹은 의사결정 구조의 투명성을 고려한다는 측면은 부족했다고 평 가할 수 있다. 특히 ESG 관점에서는 새로운 공정을 개발하거나 친환경 설비를 도입하 는 등 공정 전환이 매우 중요한 이슈이기 때문에 기존의 비즈니스 프로세스 리엔지니 어링과는 사뭇 다른 접근이 필요하다.

리스크 관리는 ESG경영에 있어 매우 중요한 이슈이다. 최근에 진행되고 있 는 RE100Renewable Energy 100%(재생에너지 100%), 공급망 ESG 실사제도, CBAMCarbon Border

Adjustment Mechanism(탄소국경조정제도), 그리고 ESG 평가 등 다양한 이슈들이 존재한다. 재생에너지를 100% 사용하지 않으면 글로벌 공급망에서 퇴출되거나 심각한 불이익을 받을 수 있으며, 탄소발자국 추적이나 노동환경 관리에 실패하는 경우 또한 공급망 퇴출 위기를 겪을 수 있다. 이러한 문제는 민형사적 제재를 주로 하는 법적인 측면을 포함해서 비즈니스 프랙티스 차원에서 이루어지는 것이기 때문에 단순한 규제 이슈로 접근하면 큰 낭패를 볼 수 있는 것들이다. 또한 제품이나 서비스의 생애주기 전체를 관통해서 세세하게 관리해야 하는 문제이기 때문에 사전 설계와 꼼꼼한 관리가 무엇보다 중요하다.

미지막으로 파트너십 관리이다. ESG 이슈는 어느 한 기업이 잘하고 못하고의 문제가 아니라 공급망 전체, 조금 더 확장하여 비즈니스 생태계가 변화해야 실질적인 효과를 얻을 수 있는 이슈이다. 이안시티Iansiti와 레비엔Levien은 그들의 책『The Keystone Advantage』(2004)에서 자연에서 한 종의 운명은 각 개체의 능력보다는 각 개체가 속한 종의 운명과 성쇠를 같이한다는 생물학적 생태계 현상을 예로 들면서, 지금처럼 네트워크화된 환경에서는 개별적인 기업 간의 경쟁이 아니라, 기업이 속한 생태계 간의 경쟁이 산업의 미래를 결정한다고 주장한다. 애플이 글로벌 10대 회사 중 최고가 된 것은 단지 아이팟이나 아이폰, 아이패드와 같은 제품의 경쟁력에 있는 것이 아니라, 그 제품에 연결되는 운영체계, 음악·영상 콘텐츠와 앱, 주변기기, 나아가 소비자 네트워크에 있다. 또한 마이크로소프트의 성공 또한 마이크로소프트 자체의 노력이라기보다는 다양하고 광범위한 생태계 구축과 활성화 덕분이라고 볼 수 있다. 특히 코로나19 팬데믹은 ESG 문제에 기업들이 보다 많은 관심을 가지고 실천할 것을 요구하면서 새로운 에너지 체계와 이에 기반한 비즈니스 생태계를 만들어 가고 있는데, 이런 환경에서 지속가능한 성장을 하기 위해서는 역량 있고 혁신적인 파트너들이 많이 필요하다. 역량 있는 파트너들이 많이 있어야 생태계가 풍부해지고 혁신의 기회가 많아져서 지속가능한 성장을 이룰 수 있기 때문이다.

지원 활동 : 자본·기술

2) ESG경영이 초래하는 문제점

ESG경영을 ESG를 중심으로 한 새로운 사업 기회의 창출, 경영 효율화의 추진, 리스크 관리 그리고 파트너십의 구축이라고 정의할 수 있는데 기업들이 ESG경영을 추구하기 위해서는 많은 장애물을 넘어야 한다. 새로운 소재나 제품, 서비스를 만들기 위해서는 다양한 시도와 시행착오를 거쳐야 하고 이는 상당히 많은 시간과 자원의 투자를 요구하며, 경영 효율화를 위해 새로운 생산설비를 들여오고 공정과 프로세스를 만든다고 해도 실행에 상당한 비용이 들어간다. 이러한 문제를 이 글에서는 가치-원가 딜레마, 즉 가치를 극대화하기 위해 노력하면 원가가 기하급수적으로 증가하여 실질적 효용이 급격하게 감소하는 상황에 처하게 되는 것으로 정의한다(김용진, 2020).

리스크 관리 또한 마찬가지이다. 세계 각국이 추구하는 ESG의 방향과 단계가 다르고 그 절차가 달라 각 국가가 요구하는 형태로 제품이나 서비스를 만들고 이에 대한 정보를 생애주기에 따라 수집하여 가공하는 일도 만만치 않은 자원과 시간을 요구한다. 예를 들어, 특정 제품이 생애주기 동안 발생시키는 탄소의 양을 추적한다고 생각해 보자. 재료 생산 단계, 부품 생산 단계, 제품 생산 단계, 소비 단계, 폐기 단계 등 모든 생애주기 단계에서 발생시키는 탄소의 양을 추적하고 계산해야 한다. 제품 생산 단계까지는 이러한 탄소 발생량 추적이 쉬울 수 있으나 소비 단계나 폐기 단계의 탄소 배출량을 추적하기는 만만치 않은 일이다.

특히 파트너십 관리 영역에서 일은 더 커진다. 파트너십은 적은 범위로 보면 그 기업이 속해 있는 가치사슬로 정의할 수 있다. IFRS International Financial Reporting Standards(국제회계기준) S2는 가치사슬을 "한 기업이 제품이나 서비스를 창출하기 위해 개념화 단계에서부터 배송, 소비, 폐기까지 직접 사용하거나 의존하는 활동, 자원 그리고 관계를 포괄하는 것 A value chain encompasses the activities, resources and relationships an entity uses and relies on to create its products or services from conception to delivery, consumption and end of life"이라고 정의하고 있다. 탄소배출과 관련해서 IFRS S2 Scope3는 업스트림과 다운스트림의 탄소배출을 모두 포함할 것을 요구하고 있다. 즉 가치사슬 내에서 발생하는 탄소 배출량을 모두 보고하도록 하고 있다. 이러한 요구들은 공식화될 경우 보고해야 하는 활동들의 범위가 넓고 과학적인 근거를 제시해야 해서 기업들에게 심각한 비용 부담을 안겨 줄 가능성이 높다.

요약하면, ESG경영을 기업들이 추구하는 경우 상당한 비용 부담을 안거나 리스트 관리를 위해 투자해야 한다는 것이다.

ESG경영 문제점 해결 전략으로서의 디지털트렌스포메이션

1) 디지털트랜스포메이션이란

지난 20여 년간 세계 경제는 급격하면서도 광범위한 변화를 경험하여 왔다. 그 변화의 핵심은 제품의 서비스화Product Servitization와 서비스의 제품화Service productization로 표현되는 제품-서비스의 융합이었다(Baines et al., 2017; Raddats et al., 2019). 이러한 변화는 과거와 같이 제품과 서비스를 구분하여 비즈니스 모델을 정의하는 이분법적인 접근을 무력화하였고, 기업들이 시장의 불확실성을 이해하고 생존과 성장을 도모하기 위해 새로운 경쟁 규칙을 따를 것을 강요하고 있다.

제품의 서비스화는 제조업이든 농업이든 심지어는 전통적 서비스업이든 제공하는 제품이나 서비스가 고객의 문제를 해결하기 위한 것이라는 이해를 바탕으로 고객이 얻고자 하는 본질적 가치에 초점을 맞추는 것이다. 예를 들어, 건설회사에게 가장 중요한 것은 건축물을 제시간에 완성하는 것이다. 이를 위해서 건설사들은 건설장비들을 구매하여 보유한다. 하지만 많은 경우, 건설장비들이 고장을 일으키면서 공기가 지연되는 문제가 발생하고 있고, 이러한 문제가 건설사들의 경영에 많은 애로를 유발하고 있다. 따라서 계획된 시간에 공사를 마무리하기 위해서는 건설장비를 소유하기

지원 활동 : 자본·기술

보다는 제시간에 공사에 사용할 수 있도록 해 주는 서비스를 활용할 필요가 있다. 건설장비 판매 회사는 건설장비를 유지·보수하고 건설사들이 언제든 필요한 시점에 사용할 수 있도록 해주는 것이 필요하다.

정수기의 경우도 마찬가지다. 고객들은 깨끗한 물을 마시기 위해 정수기가 필요한 것이지 정수기를 소유하기 위해 구매를 하는 것은 아니다. 따라서 정수기 판매 회사는 고객들이 언제든 깨끗한 물을 필요로 할 때 마실 수 있도록 서비스를 제공할 필요가 있다.

자동차 판매의 경우도 고객은 자동차를 소유하기 위해 사는 것이 아니라 이동이라는 서비스를 얻기 위해 자동차를 산다는 점을 이해하고 관련된 재무적 지원, 컨설팅, 유지보수 등과 같은 각종 서비스를 통합 제공함으로써 제품의 사용을 촉진하고 고객의 문제를 해결할 필요가 있다.

이러한 예들은 최근 들어 급격하게 증가하고 있다. 구글이 2014년 인수한 자동 온도 조절기 네스트를 제품 시장에서 서비스 시장으로 사업 영역을 확대한 것, 삼성전자가 스마트 TV를 판매 후 다양한 콘텐츠 서비스를 제공하는 것 등도 그 예가 될 수 있다.

제품의 서비스화는 지향점에 따라 제품 지향적 서비스(유지 운영 계약, 컨설팅 등), 사용자 지향적 서비스(제품의 리스나 공유 등), 결과 지향적 서비스(이동성과 같은 최종 목표에 초점)의 3가지 유형으로 구분된다.

서비스의 제품화란 기존에는 무형적 형태로 제공되던 서비스를 소프트웨어 등과 같은 제품의 형태로 제공하는 것을 의미한다. 기존의 서비스가 제공하는 사람, 시간, 장소에 따라 달라지던 문제를 해결하기 위한 것이다. 예를 들어 인튜이트 터보택스는 전통적으로 회계사에 의해 제공되는 무형의 세무서비스를 제품화하였는데, 과거 회계사에 의존하여 세금 정산을 했던 고객들에게 스스로 해결할 수 있는 새로운 방법을 제시함으로써 사업을 확장했다. 일반적으로 회계사가 처리할 경우 129~229달러의 비용을 지불해야 하지만 터보택스 소프트웨어는 30~50달러만 주면 구입할 수 있다.

또 다른 예로 서적 판매 서비스를 하는 아마존은 전자책e-book 킨들을 제공하고 있는데, 이 서비스를 통해 고객들이 가진 물리적인 책에 관련한 다양한 문제를 해결하면서 신규 시장을 창출했다. 구글은 검색 서비스를 완벽하게 구현할 수 있는 넥서스폰을 제공하였다. 카카오는 고급 외제차를 기반으로 카카오 택시 블랙이라는 서비스 앱을 출시하여 승객에게 고급 운송 서비스 경험을 제공하고 있다. 이와 같은 서비스의 제품화에서 제품은 제공되는 서비스의 물리적 표현으로 서비스 자체에 포함되는 특징을 갖는다.

최근에는 한 걸음 더 나아가 통합된 제품–서비스를 고객 개인에게 맞춤화하여 제공하는 비즈니스 모델이 각광받고 있다. 전통적인 생산방식인 대량생산Mass production은 생산자가 가진 4M(사람 Man, 기계 Machine, 자본 Money, 재료 Material)을 기반으로 물건을 만들어 창고에 보관하고 이를 매장에 공급하여 고객에게 판매하는 프로세스이다. 이를 재고생산Make to Stock이라고 한다. 이에 반해 맞춤화Customization는 원래 존재하던 것을 소비자의 요구에 따라 적합하게 수정할 수 있도록 한다. 이는 4M을 기반으로 하는 과정이 아닌 고객의 주문을 기반으로 제작 생산하여 고객에게 전달하는 방식으로 주문생산make-to-order 하는 방식이다. 맞춤화 생산이 고도화되면 결국 개인화가 이루어진다. 개인화는 '솔루션이 특정 개인에게 잘 맞춰진, 제품 차별의 전문화된 형태' 또는 '프로파일이 있는 사용자에게 범주화된 콘텐츠를 맞추어 제공하는 것' 등으로 정의된다.

다음 그림은 대량생산에서 맞춤화 생산으로 변화하는 산업 트렌드를 잘 보여주고 있다.

제품–서비스의 통합 방법은 표준화와 맞춤화라는 두 가지 기준으로 구성된다. 표준화는 제품의 소재 및 부품, 제품을 만드는 방식, 혹은 서비스를 생산하는 방식을 얼마나 표준적인 형태로 규정하고 관리할 수 있는가 하는 것이다. 표준화는 고객의 요구에 능동적으로 대응하기 위한 모듈화의 근원이 된다. 맞춤화는 기존 또는 새로운 제품이나 서비스를 개발하고 활용하는 데 있어 개별 고객이 가진 문제 해결을 위해 얼마나 쉽게 변형할 수 있는가 하는 문제이다. 자원과 프로세스가 체계적으로 표준

지원 활동 : 자본·기술

그림 3 | 고객의 요구와 환경의 변화, 그리고 생산방식의 변화

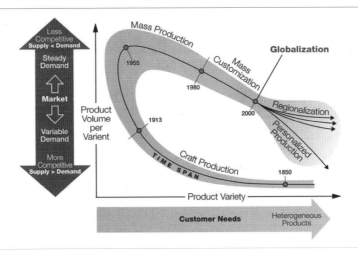

출처: Koren, Yoram(2010), The Global Manufacturing Revolution: Product-Process-Business Integration and Reconfigurable Systems

화, 모듈화되어 있으면 개별 고객들에게 맞는 솔루션을 제공하기는 쉽다.

문제는 자원과 프로세스의 표준화와 모듈화가 오프라인상에서 이루어져 있으면 맞춤화가 가능하기는 하지만 매우 비효율적이라는 것이다. 이러한 문제를 해결하기 위해 필요한 것이 디지털트랜스포메이션이다. IDC[2015]는 디지털트랜스포메이션을 '기업이 새로운 비즈니스 모델, 제품 및 서비스를 창출하기 위해 디지털 역량을 활용함으로써 고객 및 시장의 변화에 적응하거나 이를 추진하는 지속적인 프로세스'로 정의하였으며, IBM[2011]은 '기업이 디지털과 물리적인 요소들을 통합하여 비즈니스 모델을 변화시키고, 산업에 새로운 방향을 정립하는 전략'이라고 정의하였다. A.T. Kearney[2016]는 디지털트랜스포메이션을 '모바일, 클라우드컴퓨팅, 빅데이터, 인공지능, IoT[Internet of Things(사물인터넷)] 등 디지털 신기술에 의해 생겨나는 경영환경의 변화에 선제적으로 대응함으로써 현행 비즈니스의 경쟁력을 획기적으로 높이거나 새로운 비즈니스를 통한 성장을 추구하는 기업활동'으로 설명하였다. 디지털트랜스포메이션에 관한 이와 같은 정의들은 기업들이 디지털 기술을 적극적으로 활용하여 스스로를 디

지털화함으로써 새로운 변화에 적응하여 경쟁력을 확보하거나 새로운 비즈니스를 만들어내는 활동을 수행한다는 것을 설명한다.

디지털트랜스포메이션의 핵심은 기업이 가진 자원이나 프로세스를 디지털화함으로써 표준화와 모듈화를 가능하게 하고, 이를 통해 고객들이 요구하는 맞춤화 서비스를 가능하게 한다는 것이다. 자원 혹은 자원에 대한 정보가 표준화 그리고 모듈화되어 있어야 고객이 원하는 시점에, 원하는 형태로 자원을 통합해서 고객이 필요로 하는 제품이나 서비스를 만들어 낼 수 있기 때문이다. 이처럼 고객이 원하는 시간에 원하는 장소에서 고객이 원하는 형태로 고객이 가지고 있는 문제를 푸는 것을 온디맨드서비스라고 한다(김용진, 2020; van der Burg et al., 2019).

지금까지의 온디맨드서비스는 제품의 서비스화나 서비스의 제품화라는 이름으로 진행되어 왔다. 제품의 서비스화 혹은 제조의 서비스화의 핵심은 기존에는 제품만을 생산해서 판매하던 형태를 이제는 그 제품을 통해 소비자가 추구하는 본질적인 목적을 달성하는 것, 즉 서비스라는 형태로 제공하는 것을 말한다. 서비스의 제품화는 기존에는 제공하는 사람, 시간, 장소에 따라 달라지던 서비스를 조금 더 표준화하고 모듈화하여 고객들이 원하는 형태로 제공하고자 하는 것을 말한다. 앞으로 다가올 시대에는 디지털트랜스포메이션을 통해 자원을 제품 중심에서 서비스 중심으로, 그리고 온디맨드형으로 변혁하여 고객에게 전달할 수 있는 역량을 가진 기업들만 성장이 가능하다.

(1) 디지털트랜스포메이션과 산업패러다임의 변화

기업들의 디지털트랜스포메이션은 제품이나 서비스 자체의 디지털화, 전달 프로세스의 디지털화, 생산/운영체제의 디지털화, 그리고 거래의 디지털화를 중심으로 일어난다. 예를 들어 비디오 온디맨드Video On Demand를 보자. VOD는 카세트테이프에 담겨있던 비디오를 디지털로 전환하는 것에서 시작됐고, 전달 프로세스가 디지털화됨으로써 온디맨드서비스가 가능해졌는데, 이제는 생산체제마저 디지털로 바뀌고 있으며, 블록체인의 등장으로 거래 프로세스마저도 디지털화되고 있다. 디지털트랜스포메이션이 일어나면 온라인과 오프라인이 통합되며 온라인에서 오프라인을 컨트롤하거나 온라인만으로 모든 일들이 일어나는 현상이 벌어지게 된다. 또한 모든 지식이 디지털화되고, 지금까지 산업에 내재된 원천적 비효율성을 초래했던 지식과 프로세스의 분리, 혹은 작업과 지식의 분리 현상이 없어진다.

이러한 관점에서 보면 디지털다위니즘Digital Darwinism(디지털트랜스포메이션에 성공하는 기업만 생존한다)은 왜 애플, 아마존, 구글, 마이크로소프트 그리고 페이스북 같은 디지털서비스 기업들이 시가총액 기준으로 Top 5에 올랐는지를 설명한다.

대부분의 기업들은 현재까지 성별, 나이, 거주지역 등 고객의 인구학적 데이터를 바탕으로 개개인의 취향을 파악하였지만 이와 같은 단편적인 데이터로는 실제 고객의 마음속까지 들여다보기는 매우 어려웠다. 또한 기술적으로도 개별 고객들에게 맞춤화된 서비스나 제품을 만들어 고객에게 온디맨드로 제공하는 것은 너무나 많은 비용을 들여야 하는 비효율적인 일이었다. 그러나 디지털트랜스포메이션 시대에서는 웨어러블, IoT 등과 같은 IT의 발전으로 보다 직접적으로 소비자의 생리적 심리적 데이터(심박, 동공의 움직임, 체온 등을 통한 고객의 마음상태 분석)를 수집할 수 있는 길이 열리고 있고, 엄청난 양의 데이터를 실시간으로 분석할 수 있는 기술들이 개발되면서 기존의 인구통계학적, 행동, 거래 데이터와 결합하여 고객의 문제를 보다 잘 이해하고 그에 맞는 솔루션을 만들어 낼 수 있게 되었다. 이제는 기업의 수익 창출이 제품을 만들어 파는 것이 아니라 고객과 지속적으로 커뮤니케이션하며 그들의 문제를 해결하고 소유가 아닌 사용에 초점을 맞추어 개인화된 솔루션을 온디맨드로 제공할 수 있는 역량에 의해 결정된다.

다시 말해, 모든 제품이나 서비스가 온디맨드 형태로 제공되는 환경에서 기업이 경쟁력을 가지기 위해서는 기존의 모든 시스템을 온디맨드 서비스를 제공할 수 있는 형태로 바꾸어야 하고 이에 따른 비즈니스 모델을 만들어 내야 한다. 다음 그림은 제품의 서비스화, 서비스의 제품화, 그리고 온디맨드화가 어떤 관계를 가지고 일어나는지를 잘 설명하고 있다.

그림 4 | 제품의 서비스화, 서비스의 제품화, 그리고 온디맨드화

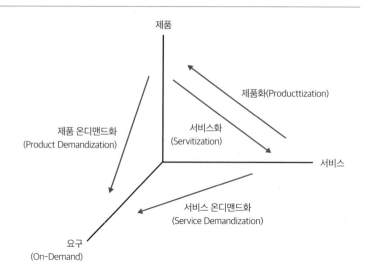

온디맨드화는 반드시 디지털트랜스포메이션을 수반한다. 물리적 세계에서의 온디맨드화는 막대한 비용을 요구하기 때문이다. 디지털트랜스포메이션은 물리적 경제체제를 지식기반 경제로 급격하게 변화시킨다. 또한 네트워크 효과를 기반으로 하는 무료경제Freeconomics를 활성화한다. 디지털 플랫폼 관련 인프라는 구축하고 나면 추가로 상품이나 서비스를 제공하는 경우에도 비용이 거의 발생하지 않는다. 따라서 디지털 서비스 기업들은 일반적인 서비스는 무료로 제공하고 광고나 프리미엄 서비스 등을 제공하여 보다 큰 수익을 창출하게 된다. 무료경제의 대표적인 사례로 포털 사이트들이 무료로 제공하는 이메일, 카페, 블로그 등과 유튜브, 페이스북, 트위터 등의 소셜네트워크서비스가 있다.

디지털트랜스포메이션은 세계화Globalization를 견인한다. 정보기술과 운송기술의 발달이 사람들의 이동을 가로막았던 물리적 거리의 제약을 없애면서 전 세계를 보다 작은 세상으로 만들고 있다. 인터넷의 발달은 전자상거래뿐만 아니라 각국의 투자 장벽을 낮추고 자본의 이동을 촉진했다. 디지털트랜스포메이션은 기존의 상품, 자본, 사

람의 자유로운 이동에 더해, 디지털 플랫폼을 중심으로 생산 및 판매 네트워크를 수평적으로 통합하여 다양한 참여자들이 고객의 문제를 해결하도록 한다. 기존의 세계화보다 직접적이고 유연한 통합 체계를 만들어낸다.

여기에 더해 디지털트랜스포메이션은 협력과 경쟁의 틀을 완전하게 변화시킨다. 개별기업의 공급사슬이 붕괴하고 글로벌 공급사슬이 확산되며, 대기업이 분해되고 중소기업이 플랫폼을 중심으로 통합되며 경쟁하게 된다. 글로벌 공급사슬은 기업의 핵심 경쟁 부분을 제외한 가치사슬 활동을 국제적으로 확대하는 것을 의미하는데, 디지털화로 기업 간 광범위한 협업, 실시간 의사소통이 가능해져 생산, 물류 등에서 물리적 공간의 의미가 없어졌기에 가능하다. 기업들이 플랫폼화된 수평적 글로벌 공급사슬을 통해 제품제작을 의뢰하고 스마트공장에서 제품을 생산해서 온라인 마켓플레이스를 통해 제품을 판매하게 된다. 이와 동시에, 온디맨드 경제에서는 소비자 경험을 극대화하기 위해 새로운 형태의 기업 간 혹은 산업 간 협업이 이루어져야 한다. 따라서 규모의 경제를 확보하기 위해 중간적인 성능을 대규모로 결집해서 비즈니스를 운영하던 대기업은 분해되고, 혁신적이고 창의적인 역량을 가진 중소기업들이 특정 부분들을 담당하게 된다. 컴퓨팅 기능이 모든 제품 및 서비스의 기본 기능으로 자리 잡게 되면서 데이터, 소프트웨어 애플리케이션, 인프라 제공 등을 위한 플랫폼이 만들어지고 이 플랫폼을 중심으로 경쟁이 이루어진다.

디지털트랜스포메이션은 기업들에게 많은 기회와 위협을 동시에 던지고 있다. 4차 산업혁명의 혁신적 기술과 다양한 방법을 통해 기업들은 경영 효율성을 높일 수 있는 다양한 수단들을 가지게 되고, 고객을 보다 잘 이해할 수 있는 수단들을 더 많이 확보하게 되어 경쟁력도 확보할 수 있지만 보다 치열한 경쟁 상황에 처하게 되었다. 따라서 이러한 경쟁을 헤쳐나가기 위해서 기업들은 다음과 같은 네 가지 일을 반드시 수행해야 한다.

첫째, 다양한 영역에 지능정보기술을 접목하면서 이를 구현할 수 있는 역량 있는 인재를 확보하고 새로운 비즈니스 모델을 만들어 내는 데 많은 노력을 기울여야 한다. 둘째, 모든 제품과 서비스에 컴퓨팅 기능이 핵심적인 역할을 수행하므로 제품과 서비스를 디지털화하고 서비스화하기 위한 다양한 협력 관계를 구축해야 한다. 데이터, 애플리케이션, 인프라 등을 활용할 수 있어야 생존이 가능하기 때문이다. 셋째는 글로벌 공급사슬에 편입될 수 있도록 노력해야 한다. 세계화는 막을 수 없는 추세이고 세계화가 잘된 기업들의 성과가 좋다는 점을 감안하면 반드시 가야 할 길이다. 마지막으로는 기술적인 측면이 플랫폼에 통합되면서 기업이 해야 하는 가장 중요한 일은 고객이 가진 문제를 이해하고 그 문제를 풀기 위한 솔루션을 만들어서 고객이 필요한 시점에 필요한 장소에서 필요한 형태로 제공하는 것이다. 고객 문제를 이해하고 문제가 발생하는 원인과 상황, 형태 등을 이해할 수 있는 역량이 없다면 아무리 좋은 최첨단 기술이 많아도 쓸모가 없다.

(2) 디지털트랜스포메이션과 온디맨드 서비스 전략

앞서 언급한 대로, 디지털트랜스포메이션은 온라인과 오프라인의 완벽한 결합, 온라인을 통한 오프라인의 통제, 그리고 서비스 중심의 새로운 비즈니스 모델 구현을 의미하며, 디지털트랜스포메이션의 목표는 고객의 문제를 고객이 원하는 시점에, 고객이 원하는 장소에서, 고객이 원하는 형태로 해결하는 온디맨드 서비스 제공이다. 따라서 디지털트랜스포메이션이란 기존에는 기업들이 고객의 주문과 상관없이 사전적으로 자원을 통합하여 제공하는 형태였던 제품 중심의 비즈니스 모델을, 고객들이 필요로 하는 시점과 장소에서 제공할 수 있도록 자원과 프로세스를 모듈화하고 표준화하여 사후적으로 통합하는 서비스 중심의 비즈니스 모델로 바꾸는 것을 의미한다.

그렇다면, 기업들은 거대한 온디맨드 서비스 흐름에 맞추기 위해 어떻게 해야 할까? 일반적으로 기업들은 시장에서 경쟁하기 위해 자신들만의 사업목표와 사업 영역, 자원과 프로세스를 가지고 있다. 디지털 경제에 적응하기 위해서 기업들은 자신들의 사업목표, 자원과 프로세스를 디지털로 트랜스포메이션해야 한다. 디지털트랜스포메이션에서 중요한 것은 디지털트랜스포메이션 전략, 고객 인터페이스 전략, 그리고 생산운영시스템 구축 전략이다(김용진, 2020). 디지털트랜스포메이션 전략은 기존의 제품이나 서비스가 가지는 본질적 가치가 무엇인지를 고민하고 이 가치를 중심으로 시장을 재정의하고 비즈니스 모델을 다시 만드는 것을 말한다(Hess et al., 2018; Singh and Hess, 2017). 디지털 경제에서 우리는 어떤 영역에서 어떤 형태로 경쟁해야 하는지 결정해야한다. 다양한 온디맨드 서비스 중 하나를 전략적으로 선택하고 그 서비스를 제공하기 위해 필요한 자원과 프로세스를 설계하며 필요한 기술과 인력을 확보하는 것을 디지털트랜스포메이션 전략이라고 할 수 있다. 다만 기존에 투자된 모든 것들을 디지털로 바꾸는 것은 쉽지 않기 때문에 현실적으로 가용한 기술과 장기 전략 계획을 만드는 것이 중요하다.

고객 인터페이스 전략은 디지털 기술들이나 이에 기반한 서비스가 기존의 제품이나 서비스와 많이 다르기 때문에 고객이 쉽게 수용할 수 있는 형태로 만드는 것이 매우 중요하다. 고객들이 당황하지 않고 자연스럽게 수용할 수 있도록 만드는 방법은 무엇인가에 대한 고민이 매우 중요하다. 고객 수용성이 부족하여 실패한 디지털 솔루션들은 수도 없이 많다.

생산운영시스템에서 디지털트랜스포메이션이 구현되기 위해서는 프로세스들이 표준화Standardization되고, 필요한 상황에 대응할 수 있도록 유연성flexibility을 가져야 하며, 전체 시스템이 유기적으로 연결되어 고객 문제를 해결할 수 있도록 통합integratability 되어야 한다(Koren, 2010). 특히 생산운영시스템의 디지털트랜스포메이션을 위해서는 기업이 생산하는 제품과 제공 서비스에 대해 명확하게 정의하고, 이 목표를 달성하기 위해 필요한 의사결정 체계, 조직 구조, 기능별 책임과 역할 규정, 모니터링 시스템, 성과의 측정과 반영 등을 제대로 디지털로 구현하여야 한다.

2) 디지털트랜스포메이션이 ESG경영 문제 해결에 있어 미치는 영향

디지털트랜스포메이션은 기업이 가진 자원과 프로세스를 표준화하고 모듈화하여 이를 디지털로 전환하고 온라인에서 오프라인을 통제할 수 있도록 구조화하는 것을 말한다(김용진, 2020). 이렇게 기업이 디지털로 전환되면 생산 효율이 향상되고 고객의 참여가 보장되어 고객들이 요구하는 맞춤화 서비스가 가능하다는 것이다. 자원 혹은 자원에 대한 정보가 표준화, 모듈화, 디지털화되어 온라인으로 통제 가능해져야 고객이 원하는 시점에, 원하는 형태로 자원을 통합해서 고객이 원하는 형태로 제품이나 서비스를 만들어 낼 수 있기 때문이다. 여기서 개별 고객이 원하는 시간에 원하는 장소에서 원하는 형태로 그 고객이 가진 문제를 해결한다는 것은 가치를 극대화한다는 것을 의미한다. 이러한 방식의 기업 운영은 전통적인 사업 구조에서는 불가능했다. 왜냐하면 고객이 원하는 것을 개별적인 솔루션으로 제공하려면 원가가 기하급수적으로 증가하기 때문이다. 다음 그림은 가치-원가 딜레마를 잘 표현하고 있다.

가치를 극대화하면서도 비용을 통제하려면 반드시 디지털트랜스포메이션이 필요하다(김용진, 2020). 이것이 ESG경영에서 디지털 트랜스포메이션이 필요한 이유이다. 왜냐하면 그것이 새로운 사업 기회를 창출하기 위한 것이 되었건 경영 효율을 높이거나 리스크를 관리하는 것이 되었건, 파트너십을 관리하는 것이 되었건 ESG경영을 하기 위해서도 많은 자원과 시간을 투자해야 하고 자원과 시간의 투입은 비용의 급격한 증가로 이어지며 기업의 손익에 악영향을 미치기 때문이다.

그림 5 | 가치-원가 딜레마

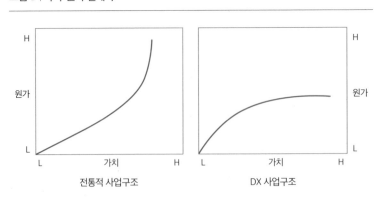

디지털트랜스포메이션은 고객의 문제 해결에 대응하고 자원과 프로세스 운영에 있어 유연성과 탄력성을 확보할 수 있는 가장 효과적인 방법이다. 디지털 디자인을 통해 제품이나 서비스 개념화 및 시제품 제작 프로세스에 유연성과 효율성을 제공하고, 디지털트윈을 통해 생산 운영 프로세스에 유연성과 탄력성을 부여하며, 제품과 서비스 생애주기 전체를 관리할 수 있는 수단을 제공하기 때문이다. 이를 위해서는 보다 깊은 시사점을 제공해 줄 수 있는 인공지능 분석, 상황에 대한 센싱과 데이터 확보를 위한 사물인터넷, 데이터를 저장하고 분석할 수 있는 빅데이터 기술, 다양한 위치기반 서비스와 데이터 확보가 가능한 모바일 기술, 그리고 광범위한 컴퓨팅이 가능하도록 만들어 주는 클라우드 컴퓨팅 등 다양한 디지털 기술들이 활용된다.

ESG를 위한 디지털트랜스포메이션 전략

1) 고객가치 영역

기업의 비즈니스에서 가장 기본적이면서도 중요한 것은 고객에게 제공하려는 새로운 서비스에 대한 가치 제안을 명확히 하는 것이다. 고객가치 제안은 기업이 제공하고자 하는 서비스가 무엇인지에 대한 기본적인 정의와 고객이 제공된 서비스를 어떻게 이용할지를 정의하는 활동을 포함한다. 여기서 말하는 가치란 '고객의 문제를 해결'하는 것을 의미한다.

가치 제안은 다음과 같은 단계를 따른다. 첫째, 가치를 창출하는 잠재적 기회를 식별하는 것으로, 고객의 관점에서 생각해야 한다. 즉, 기업이 해결하고자 하는 고객의 문제가 무엇이고, 그 문제가 얼마나 중요한지를 생각해봄으로써 가치를 창출할 수 있는 잠재적 기회를 식별하는 것이다. 둘째, 식별된 기회를 고객에게 제공할 제품 또는 서비스로 전환하는 것이다. 셋째는 제품과 서비스를 판매해 가치를 실현하는 것이다.

여기서 말하는 '가치의 실현'은 기업에 의해 일방적으로 실현되는 것이 아니라 고객이 기업의 제품이나 서비스를 사용하여 자신의 문제를 해결함으로써 실현된다.

이런 차원에서 고객가치 제안의 구성요소를 살펴보면 표적고객, 고객이 가진 문제 그리고 솔루션으로 구분할 수 있다(Johnson et al., 2008). 제품이나 서비스를 제공해야 하는 고객이 누구인지를 명확하게 정의하지 않으면 그들이 가진 문제 역시 알아낼 방법이 없다. 새로 사업을 시작하는 스타트업이나 창업자가 가장 자주 저지르는 실수가 바로 표적고객을 명확하게 설정하지 않는 것이다. 나사 하나를 만들어 팔더라도 누가 이 나사를 사용할지를 명확하게 정의해야 한다. 좁은 지역, 연령대, 성별 등으로 고객을 자세히 정의하지 않으면 너무 넓은 범위를 대상 고객으로 삼게 된다. 그렇게 되면 제품이나 서비스의 고유한 특성이 사라지고 얼마 못 가 사업은 경쟁력을 잃게 된다.

기본적으로 고객은, 현재 기업이 제공하는 서비스를 이용하는 집단과 아예 이용하지 않는 집단으로 나뉜다. 전자는 다시 미충족 고객과 과충족 고객으로 나눌 수 있다 (Christensen, 2011). 앞에서 설명했듯이 미충족 고객은 현재의 서비스에 만족하지 못하고 더 좋은 제품이나 서비스를 요구하는 집단이고, 과충족 고객은 현재 제공되는 서비스나 제품이 불필요한 요소가 너무 많아 가격이 높다고 생각하는 집단이다.

서비스를 아예 이용하지 않는 고객집단은 비사용자라고 부른다고 했는데, 이들은 제품이나 서비스의 존재를 모르거나, 사용방법을 모르거나 혹은 돈이 없어 이용할 수 없는 고객집단이다. 비사용자 집단은 다양한 문제를 안고 있지만 숫자로는 기존 고객보다 훨씬 많으므로 솔루션을 잘 개발하면 매력적인 시장이 될 수 있다.

그다음으로는 고객이 해결하고자 하는 문제를 정확하게 이해하는 것이다. 표적고객이 정해지면 그들은 무엇을 불편해하는지, 어떤 문제들을 안고 있는지를 정확하게 이해해야 한다. 고객 문제를 상품개발자나 공급자의 시각으로 이해하려다 보니 정확하게 이해하지 못하는 경우가 많다. 간혹 설문 등을 통해 고객에게 직접 물어보는데, 고객 스스로가 문제를 정의해서 알려줄 것이라고 생각하는 건 지나친 기대다.

그렇다면 고객은 언제 가치의 창출과 실현을 실감할까? 자신이 직면한 문제를 해결하는 데 드는 비용을 감소시켜주는 능력 혹은 새로운 기회와 해결책을 창출해낼 능력을 제공받을 때 비로소 가치를 실감한다. 따라서 기업이 고객에게 가치를 제공하기 위해서는 고객이 가진 문제를 정확하게 이해하고 해결책을 제시해야 한다.

그렇다면 ESG경영 관점에서는 고객가치 문제를 어떻게 바라보아야 할까? 고객이 자신의 문제를 해결하기 위해 기업이 제공하는 제품이나 서비스를 찾는다는 것은 동일한 전제이다. 그렇다면, 고민해야 하는 것은 두 가지 부분이다. 고객이 자신의 사업에서 ESG 문제를 어떻게 해결할 수 있는지의 문제를 다루는 것과 ESG에 관심이 있는 고객, 즉 ESG를 중요하게 생각하는 고객에게 적합한 제품이나 서비스를 만들어 제공하는 것이다. 이 두 가지 문제 모두 앞서 언급한 것처럼 개념화에서 실제 개발 및 판매까지 많은 시간과 노력을 기울여야 한다.

이 문제를 해결하기 위해서는 디지털 디자인을 사용하면 된다. 제품이나 서비스의 개념화를 위한 디지털 기술부터, 실제 개발에 사용할 수 있는 디지털트윈까지 다양한 디지털 기술들이 사용될 수 있다. 물론 고객의 문제를 이해하고 적정한 솔루션을 찾아내기 위해 다양한 데이터를 모으고 분석하는 빅데이터 기술이나 심층 분석을 위한 인공지능도 이 과정에서 사용될 수 있다. 지금은 디지털트윈을 사용하여 제품이나 서비스의 디자인부터 시제품의 생산, 테스트 그리고 생애주기 관리까지 수행하는 기업들이 많이 생겨나고 있다. 현대자동차나 지멘스 같은 회사들이 대표적이다. 특히, 지멘스나 롤스로이스, 버버리처럼 제품이나 서비스의 디자인 과정 혹은 생산과정에 고객이 직접 참여하게 하는 기업들도 많다. 고객이 직접 참여하여 제품이나 서비스를 디자인하게 되면 자연스럽게 적은 비용에 개별화된 솔루션을 개발하는 효과가 있다.

2) 자원 영역

고객가치 제안이 결정되면 이를 달성하는 데 필요한 자원을 조달해야 한다. 기존 연구에 따르면, 한 기업이 경쟁에서 성공을 유지하기 위해서는 크게 3가지 능력을 갖취야 한다고 말한다. 첫째는 핵심자원에 대해 경쟁자와 다르게 접근하는 능력이고, 둘째는 경쟁자가 쉽게 모방할 수 없는 가치를 고객에게 전달하는 내부 프로세스를 창출하는 능력, 셋째는 시장에 대한 풍부한 경험과 미래 시장에서 자신의 비즈니스를 운영할 추진력 등이다.

기업의 자원은 기업의 전략을 달성하기 위해 체계적이고 유기적으로 연결되어야 하고, 각각의 자원들이 고유한 목적에 맞게 기능해야 한다. 세계에서 가장 큰 유통회사인 월마트의 경쟁 전략을 살펴보자. 월마트는 원가우위 전략을 사용한다. 이 전략을 실행하기 위해 월마트는 원가우위를 달성할 수 있는 전략적 자산들을 구축하고 이들을 유기적으로 연계했다. 먼저 점포를 시골이나 한적한 곳에 두어 점포의 구축이나 운영 비용을 최소화했고, 충성도 높은 인적자원을 확보했다. 또한 크로스 도킹Cross Docking이라는 독특한 배송센터 시스템을 구축했으며, EDIElectronic Data Interchange(전자문서교환)에 기반하여 정보자원을 공급자와 공유해 공급자가 직접 매장에 제품을 공급하도록 했으며, 위성 기반의 트럭운송 관리시스템도 만들었다.

전통적 의미의 기업 자원은 더 이상 그 자체로는 경쟁력을 만들어 내기 어렵다. 디지털화 되어 있거나 아니면 디지털 자원과 연계되어야 한다. 디지털트랜스포메이션은 기업의 전략 실행에 필요한 자원들을 표준화하고 모듈화하여 디지털화함으로써 자원의 구축과 공유에 투입되는 시간과 노력을 절감할 수 있도록 하며, 운영 비용을 최소화할 수 있는 기반을 제공한다. 지멘스가 대표적인 예이다. 제품의 디자인부터 시제품 생산, 테스트, 제품생산, 유지보수까지 모든 과정에 물리적 자원을 그대로 디지털로 표현한 디지털트윈을 활용함으로써 고객이 직접 디자인하고 실시간으로 생산이 가능하게 하였고 이를 통해 경쟁력을 확보했다.

3) 프로세스 영역

기업의 자원이 얼마나 잘 활용되는가는 프로세스에 따라 다르다. 프로세스는 기본적으로 자원을 활용하여 업무를 수행하는 것이기 때문이다. 핵심프로세스를 설계할 때 중요한 것은, 가치사슬을 고려하는 것이다. 기업이 가치 제안(표적시장과 고객의 문제 그리고 필요한 서비스)을 보유했다면, 이를 실현하기 위한 자원과 프로세스를 정의함으로써 가치사슬을 구성할 수 있다. 가치사슬은 반드시 다음의 세 가지 목표를 충족시켜야 한다. 첫째, 가치사슬을 구성하는 특정한 참여자가 아닌 전체 참여자들이 가치를 창출해야 한다. 둘째, 가치사슬에 참여한 참여자들이 충분한 비율의 가치를 확보할 수 있도록 보장해주어야 한다. 셋째, 표적고객에게 서비스를 생산·전달하는 데 필요한 많은 행위들을 가치사슬로 조율할 수 있어야 한다.

고객의 문제를 해결하는 솔루션을 만들고 서비스하기 위해서는 기업 자신의 프로세스로 구성된 직접적인 가치사슬 외 제3자인 협력사와 파트너사 또한 고려하여야 한다. 가치사슬에 협력사와 파트너사를 포함하면 가치 네트워크가 된다. 비즈니스 모델을 기반으로 형성된 가치 네트워크는 공급자, 고객 그리고 제3의 파트너들로 구성되며, 이들은 혁신적 가치를 확보하는 데 중요한 역할을 한다.

기업은 가치 네트워크 속 구성원들과 강력한 연결고리를 형성해 자신이 제공하는 서비스의 가치를 향상시킬 기반을 마련한다. 가치 네트워크 구축에 실패하면 기업이 제공하는 서비스의 잠재적 가치가 하락할 수 있다. 따라서 기업 간 경쟁에서 강력한 가치 네트워크를 구축하는 것은 매우 중요하다. 다시 말해, 가치 전달 프로세스에 제3자가 가진 프로세스를 포함시키고 전체를 유기적으로 연결해야 지속가능한 경쟁력을 창출할 수 있다.

예를 들어 주유소, 카센터, 부품판매점, 도로 등 자동차 주행을 위한 가치 네트워크가 없다고 생각해보자. 이런 상황에서는 자동차 제조사가 아무리 좋은 차량을 생산해도 많이 팔리지 않을 것이다. 따라서 자동차 제조사의 성공은 가치 네트워크의 형성 정도에 비례한다.

비즈니스 모델 관점에서의
디지털트랜스포메이션

○ ESG 기반 디지털 비즈니스 모델

비즈니스 모델은 기업이 자신의 자원과 프로세스를 활용하여 고객의 문제를 해결함으로써 가치를 창출하는 구조를 말하는데, 디지털 비즈니스 모델은 기업이 고객에게 제공하는 솔루션, 기업과 고객 간의 커뮤니케이션 채널, 자원, 프로세스를 모두 디지털로 전환하여 고객의 문제를 보다 효율적이면서도 유연하게 해결하는 방식을 의미한다.

그렇다면 ESG 기반의 디지털 비즈니스 모델은 어떻게 정의할 수 있을까? ESG경영을 ESG를 중심으로 한 새로운 사업 기회의 창출, 경영 효율화의 추진, 리스크 관리, 그리고 파트너십의 구축이라고 정의한다면, ESG 기반의 디지털 비즈니스 모델은 ESG를 중요하게 생각하는 고객을 위한 제품과 서비스의 개발과 그 과정에서 디지털 자산의 적극적인 활용, ESG 친화적 디지털 자산의 구축 및 운용, 그리고 보다 효율화되고 탄력적인 디지털 프로세스의 운영이라고 정의할 수 있다.

비즈니스 모델의 기본은 고객가치 제안이다. 여기에서 표적고객은 자신들의 문제해결을 위해 ESG 관련 제품이나 서비스를 구매하고자 하는 고객들로, 자신들의 제품이나 서비스를 만들기 위해 소재나 부품으로서 특정 회사의 제품이나 서비스를 구매하는 고객부터 자신들의 ESG 위험관리를 위해 제품이나 서비스를 구매하는 고객, 그리고 자신들의 경영 효율화를 위해 제품이나 서비스를 필요로 하는 고객 등으로 정의할 수 있다. ESG 기반 디지털 비즈니스 모델에서는 고객들이 가진 문제를 이해하고 솔루션을 만들어 내는 과정에서 AI, 빅데이터, 클라우드 컴퓨팅, 그리고 디지털 트윈 등 다양한 디지털 기술을 활용하게 된다. 이러한 디지털 기술들은 곧 디지털 자원이다. 제품이나 서비스의 디자인부터 친환경적이고 친사회적인 형태를 갖출 수 있도록 지원하고, 최소 비용으로 최대의 효과를 얻을 수 있도록 구성되어야 한다.

　이러한 디지털 자원들은 결국 디지털 프로세스를 통해 작동하게 되는데, 제품의 디자인, 테스트, 주문, 생산, 배송, 사후관리 등 모든 프로세스가 디지털로 구성되고 온라인으로 통제되어 운영 비용의 최소화를 달성할 수 있을 뿐만 아니라 파트너들의 프로세스와 연계되어 고객들의 요청에 실시간으로 대응할 수 있다. 이 과정에서 생산되는 정보들 또한 파트너들과 공유되어 전체 가치 네트워크 혹은 생태계의 생산성을 향상시킬 수 있다.

　ESG 관점에서 본다면, 디지털 프로세스는 에너지 절감이나 환경 오염물질 배출 최소화 등을 통한 경영 효율화를 달성할 수 있도록 하며, 각종 정보의 수집과 분석, 그리고 제품, 설비의 생애주기 관리를 통해 ESG 리스크를 관리할 수 있도록 지원한다. 예를 들어, 한 제품이 발생시키는 탄소를 생애주기에 따라 관찰함으로써 탄소발자국 관리가 가능해지며, 화학물질 등록 및 관리에 관한 법적 의무를 수행할 수 있도록 지원한다.

Wrap-up

　디지털트랜스포메이션은 개인화와 맞춤화를 요구하는 고객들의 니즈를 수용할 수 있는 가장 좋은 방법이고, 현재 기업들에게 요구되는 ESG 대응에도 가장 적절한 방법이다. 왜냐하면 디지털트랜스포메이션은 기업의 생산 및 운영과정에 유연성과 탄력성을 부여하여 온디맨드 서비스를 제공하는데, 들어가는 과도한 개인화 비용 부담과 ESG 대응에 따른 원가 상승 부담을 최소화하여 줄 수 있기 때문이다.

　하지만 디지털트랜스포메이션 자체가 쉽지 않다는 점이 문제이다. 기업별로 상황도 다르고 가지고 있는 지원과 프로세스도 다르며, 디지털화 단계도 모두 다르기 때문에 표준화된 방법론으로 접근하기에는 한계가 있다. 물론 표준화된 방법론이 참조 역할을 하여 기업에게 도움이 될 수도 있으나, 기업 스스로 자신들의 비즈니스를 잘 정의하고 자신에게 필요한 자원과 프로세스를 ESG 관점에서 정확하게 도출하여 단계적인 접근을 할 수 있어야 성공적인 디지털트랜스포메이션을 이룰 수 있고 지속가능한 성장을 향유할 수 있다. 따라서 기업의 비즈니스를 잘 아는 전문가들이 ESG 관련 고객의 문제를 정확하게 도출하고 이를 해결할 수 있는 솔루션을 만들어 제공할 수 있는 프레임워크와 이에 따른 자원과 프로세스를 정의하는 방법론을 개발할 필요가 있다.

사례 연구

광의의 ESG 문제는 식량문제, 환경문제, 사회시스템 변화 문제의 해결, 그리고 코로나19 이후 확산되고 있는 비대면 비즈니스 확대에 대한 대응과 같은 것을 들 수 있다.

1. 식품산업의 사례

코로나19 이후 가장 각광받은 산업은 식품산업이다. 기존의 축산업이 과다한 탄소와 메탄가스 배출, 비위생적인 혹은 비윤리적인 관리 문제로 곤란을 겪고 있고, 이에 대응하기 위해 소비자들이 비건 식품이나 채식주의를 선호하는 경향을 보이고 있다. 이러한 문제를 해결하기 위해서는 어떻게 하는 것이 가장 좋을까? 퀀텀컴퓨팅이나 3D바이오 프린팅, 인공지능을 활용하여 소나 돼지를 사육하는 것이 아니라 아예 육류나 생선을 제조하는 것이 더 나을 수 있다. 인구의 급격한 증가로 대두되었던 식량문제가 코로나19 사태 이후 더욱더 중요한 문제로 부각되고 있어서 식량문제의 디지털적 해결방안을 제시하는 것이 필요한 시점에 많은 스타트업들이 이 영역에 뛰어들고 있다. Impossible Food, Mosa Meats, Memphis Meats 등은 육고기를 생산하고 있고, Finless Foods는 참치를 인공으로 생산하고 있다. 과거에는 높은 가격으로 인해 이러한 기술들이 매우 비효율적으로 인식되었으나 기술의 발달로 이제는 가격이 현저하게 낮아져서 상용화 가능성이 매우 높아지고 있다.

2. 인도 고드레지의 사회문제 해결 사례(Radjou et al., 2012)

고드레지 그룹Godrej Group은 1897년 설립되어, 자물쇠 제조를 시작으로 금고, 소비재 및 가전제품 등 다양한 분야로 사업을 확대하고 있는 인도의 대표 소비재 기업이다. 1990년대 후반 삼성, LG, 월풀 등이 높은 글로벌 인지도를 바탕으로 인도 냉장고 시장에 진입함에 따라 인도 가전시장은 경쟁이 심화되었고, 고드레지는 새로운 돌파구가 필요했다.

2010년도 인도에서는 인구의 18%만이 냉장고를 사용하고 있었고, 서민층 4억 명은 냉장고를 사용할 수 없는 상황이었다. 고드레지는 인도 서민층의 라이프스타일을 파악하고 미충족된 니즈를 찾아내기 위해 자사 직원 천여 명을 시골이나 서민들이 살고 있는 마을로 보냈다. 이러한 투자는 글로벌 기업이 아닌 로컬기업이었기 때문에 가능했다. 그 결과 고드레지는 2010년 2월 초 투쿨Chotukool이라는 신개념 소형 냉장고를 출시하게 되었다. 인도어로 초투는 '작다' 쿨은 '차다'라는 뜻이며, 가격은 69달러 당시 인도에서 가장 저렴한 냉장고의 절반 가격이었다. 기존의 냉장고와는 다르게 압축기와 냉매를 버리고 12볼트 배터리를 장착하여 전기 문제를 해결하였고, 200개 정도인 기존 냉장고의 부품을 20개로 줄였으며, 냉각 효과를 높이기 위해 김치냉장고처럼 위에서 여는 방식을 채택했다. 냉장고 내부 온도를 10도 전후로 맞추어 전기 사용량을 최소화했고, 단열재 사용으로 배터리가 부족해서 전원이 끊기더라도 몇 시간은 냉기가 유지되도록 설계했다. 또한 기존 냉장고 중 가장 가벼운 냉장고가 30kg 정도였는데 무게를 4분의 1인 7.8kg으로, 용량은 43리터로 설계하여 어린이가 들어서 이동해도 가능한 무게였다. 작고 가벼우며 집에 들여놓을 수 있는 제품으로 이사 갈 때는 머리에 이고 가면 되는 인도 서민층이 원하던 바로 그런 제품이었다. 이 제품을 통해 고드레지는 고객들에게는 최상의 솔루션을 제공했고, 자신은 인도의 냉장고 시장을 석권할 수 있게 되었다.

3. 기업의 디지털트랜스포메이션 사례

건설사의 경우 프로젝트 성공에 가장 중요한 것은 공사 기간을 단축하는 것이다. 건설사는 건물을 짓기 위해 토지를 매입하고 다양한 분야의 전문기술자, 중장비 등을 모아야 한다. 여기에는 막대한 자금이 투입된다. 건설사가 제시간에 공사를 마치려면 건설장비가 잘 정비된 상태로 준비되어 있고 필요한 시점에 즉시 투입되어야 한다. 이러한 건설사의 문제를 해결하기 위해 힐티Hilti 같은 회사는 건설장비 렌탈 서비스와 유지보수 서비스를 제공한다(Johnson et al., 2008). 과거에는 건설장비를 판매했지만 이제는 건설장비를 자신들이 보유하고 이를 서비스로 제공하는 비즈니스로 변신한 것이다. '고객가치 제안'이라는 관점에서 보면, '고품질의 장비를 낮은 가격에 판매'하던 것에서 '고객이 필요한 시점에 건설장비를 제공하는 서비스'로 가치 제안을 바꾼 것이다. 가치 제안의 변화에 따라 자원과 프로세스 또한 완전히 바뀌었다. 건설장비를 판매하던 과거의 힐티는 판매를 위한 유통채널, 신제품 개발을 위한 연구개발 부서, 그리고 인건비가 싼 지역에 위치한 공장을 핵심자원으로 보유했다. 그리고 판매 프로세스, 연구개발 프로세스 등이 핵심프로세스였다.

하지만 비즈니스 모델을 렌탈 및 유지보수 서비스로 바꾼 후에는 고객관계 관리 역량, 건설사와의 협상 역량, 재고관리 역량, 유지보수를 위한 정보시스템 등을 핵심자원으로 보유하게 되었고, 계약 프로세스, 유지보수 프로세스, 재고관리 프로세스를 핵심프로세스로 재설계했다.

토의 아젠다

1. 식품산업에서 디지털트랜스포메이션은 단백질, 바이오기술, 디지털기술을 융합하여 육고기나 생선을 제조함으로써 기존 목축업이나 어업이 가지고 있던 환경 파괴 문제를 해결하고자 한다. 이러한 변화가 실제 목축업에 가하는 위협은 어떤 것이 있고, 이로 인하여 발생하는 전환의 문제를 어떻게 해결하는 것이 바람직한지 논의하시오.

2. 많은 경우 기업들은 상위계층을 위한 제품이나 서비스를 중심으로 제한된 시장에서 경쟁하고자 한다. 왜냐하면 가난한 사람들은 소비 여력이 없어 첨단기술에 기

반하여 만들어진 고가의 제품들을 살 수 없다고 믿기 때문이다. 고드레지는 이러한 통념을 깨고 인도 국민에게 맞는 냉장고를 출시함으로써 인도의 빈민층이 가진 문제를 해결하고, 인도의 냉장고 시장을 장악했다. 이러한 비즈니스 모델을 BOP(Bottom of Pyramid, 피라미드 밑바닥)모델이라고 한다. 이러한 비즈니스 모델은 그라민폰이나 아라빈드 병원의 사례에서도 나타나는데, 이들 모델의 공통점에 대해 논의하시오.

3. 힐티는 전문가용 장비를 판매하던 비즈니스를 서비스 제공 비즈니스 모델로 변화시켰다. 최근에는 이처럼 제품 판매 중심의 비즈니스 모델들이 서비스 제공 비즈니스 모델로 바뀌고 있다. 이러한 비즈니스 모델의 변화를 일으키는 가장 중요한 요소는 무엇이고 그 실행 수단은 무엇인지를 논의하시오.

4. 위에서 논의된 사례들은 디지털트랜스포메이션이 과거에는 상상할 수 없었던 비즈니스 모델들을 작동 가능하도록 지원한다는 것을 알려준다. 디지털트랜스포메이션의 어떤 특성이 이러한 변화를 가능하게 하는지에 대해 논의하시오.

| 환경/안전보건 |

기업시민 기반의 환경 및
안전보건 이슈 대응

—

손예령(포스텍 기업시민연구소 연구조교수)

INTRO

"평소 플로깅plogging[38]을 즐기는 대학생 Y는 오랫동안 신을 운동화를 사기 위해 운동화를 전문적으로 판매하는 온라인 스토어에 접속했다. 해당 사이트에는 Y가 마음에 들어 하는 스타일의 운동화 두 켤레가 있었다. 그런데 이 둘은 각각 다른 기업의 제품이었고, Y는 이 둘 사이에서 깊은 고민에 빠진다. A사의 제품은 품질 대비 가격이 괜찮고 친구들 사이에서도 꽤 유명한 브랜드이다. 하지만 A사는 잦은 안전사고로 논란이 있었다. 반면 B사의 제품은 평소 많은 관심을 가졌던 친환경·리사이클 소재로 만들어진 운동화이지만, 다른 제품보다 가격이 비쌌다. 그러자 Y는 '가성비'를 따를지, 아니면 '가심비'[39]를 따를지 고민하는데… 만약 당신이 Y라면 어떠한 제품을 담을 것인가?"

----

38 플로깅은 '조깅을 하면서 쓰레기를 줍는 운동'으로, 스웨덴어 'plocka upp(줍다)'과 'jogga(조깅하다)'가 합쳐진 말.

39 가격 대비 마음의 만족을 추구하는 소비 형태로, 가격 대비 성능을 중시하는 가성비에서 파생된 말.

2021년 대한상공회의소가 실시한 'ESG 경영과 기업의 역할에 대한 국민인식 조사'에 따르면 "기업의 ESG 활동이 제품 구매에 영향을 준다"고 대답한 응답자의 비율은 63%로 나타났으며, "ESG에 부정적인 기업의 제품을 의도적으로 구매하지 않은 경험이 있다"고 대답한 응답자의 비율이 70.3%로 나타났다. 그리고 "친환경·사회공헌·근로자 우대 등 ESG 우수 기업 제품에 추가 가격을 지불할 의사가 있다"고 답한 비율은 무려 88%에 달했다(대한상공회의소, 2021).

특히 이러한 경향이 두드러지게 나타나는 세대는 바로 MZ세대[40]이다. 경제활동 인구의 절반 이상을 구성하고 있는 MZ세대는 공감 능력이 가장 뛰어남과 동시에 공감받기를 원한다. 그들은 소비자로서 굉장히 변덕스러워 보이지만, 자신들이 추구하는 가치를 존중하는 브랜드에 충성하는 편이다(손예령, 2021b). 글로벌 마케팅 솔루션 기업 '크리테오criteo'에서 실시한 조사에 따르면, MZ세대의 52%가 자신의 신념과 가치관에 맞는 '미닝아웃Meaning out'[41] 소비를 선호하는 것으로 나타났다(크리테오, 2021). 이들은 친환경 제품을 만들거나 사회적 문제 해결에 앞장서는 착한 기업에는 '돈쭐'[42]을 내주기 위해 선뜻 지갑을 여는 반면, 환경이나 안전을 고려하지 않는 등 사회적으로 물의를 일으킨 기업에 대해 보이콧boycott이나 불매운동으로 '혼쭐'을 내주기도 한다.

이는 기업이 단순히 제품을 팔아 이익을 창출하는 것을 넘어, 사회적 책임을 다해야 한다는 소비자의 요구가 드러난 결과라고 볼 수 있다. 즉, 오늘날 소비자들은 경제적 이익 창출뿐만 아니라 사회적, 환경적 가치를 고려한 착한 기업을 선호한다는 사실을 알 수 있으며, 이러한 기업들의 중심에는 ESG와 기업시민의 가치가 내재되어 있다.

---

40 밀레니얼 세대(1980년대 초반~2000년대 초반) + Z세대(1990년대 중반~2010년대 초반-언제까지를 Z세대의 끝으로 간주할지에 대하여 아직까지 의견이 합의되지 않음)

41 미닝아웃은 신념을 뜻하는 '미닝(meaning)'과 드러낸다는 '커밍아웃(coming out)'의 합성어.

42 '돈'과 '혼쭐'이 더해진 신조어로, 정의로운 일이나 선행을 베푼 기업 또는 가게에 대하여 소비자가 적극적인 구매로 보상한다는 의미.

이제는 착한 기업이
살아남는 시대

　　　　　　　　기업이 지속가능하려면 어떻게 해야 할까? 미국의 경제학자 밀턴 프리드먼Milton Friedman은 '기업의 사회적 책임은 이윤 창출'이라고 말했으며, 그의 주장은 기업 경영의 원칙처럼 여겨졌다. 기업은 더 많은 이윤을 얻기 위해 혁신을 추구하고, 새로운 기술과 제품을 개발해왔으며, 이 과정에서 일자리가 창출되고 경제의 성장에도 기여했기 때문이다.

　하지만 기업의 생산 활동이 사회에 항상 긍정적인 영향을 주는 것은 아니었다. 기업이 단기적인 이익이나 편익만 추구하다 보면, 무분별한 개발로 인해 환경오염을 일으키거나 각종 사회문제(노동 착취, 안전보건 문제 등)를 일으키기도 한다. 이러한 부정적인 영향을 줄이기 위해 기업에 여러 사회적 책임이 주어졌다. 이는 이윤 추구 과정에서 법과 윤리를 준수하고 주주뿐만 아니라 소비자, 근로자, 협력사 그리고 지역사회 등 다양한 이해관계들을 고려한 의사결정이 필요하다는 요구였다(기획재정부, 2021).

　그러자 2019년 개최된 BRTBusiness Round Table(비즈니스 라운드테이블)에서는 기업의 목표를 '다양한 이해관계자의 번영을 극대화하는 것'으로 확대하겠다고 밝혔다. 그리고 2020년 열린 다보스포럼에서도 이해관계자 자본주의에 대하여 논의되는 등 최근 기업 경영에 대한 새로운 패러다임이 요구되었다.

　이러한 시대적 요구에 부합한 개념이 바로 '기업시민'이다. 기업시민은 ESG, 사회적 가치, 지속가능경영 등을 포괄하는 개념으로, 현대사회의 시민처럼 생각하고 행동하는 기업을 일컫는다. 즉, 기업이 이윤을 추구하는 경제 주체로서 역할뿐만 아니라, 사회공동체 일원으로서 사회문제에 공감하고, 해결을 위한 노력에 자발적으로 동참하여 더 나은 세상을 만들어 가는 데 기여하는 것을 의미한다(송호근, 2019).

　사실 기업시민이라는 개념은 오래전부터 있었다. 1957년 윌리엄 고셋William Gossett이 출간한 『기업시민Corporate Citizenship』이란 책에서 기업시민이란 말이 처음 언급되었으며, 글로벌 기업들의 비전이나 미션으로 사용되기 시작한 것은 1990년대 말부터이다. 그리고 2002년 뉴욕에서 열린 다보스포럼에서 '글로벌 기업시민Global Corporate Citizenship 선언'을 채택한 이후 엑슨모빌, 나이키, 포드 등 많은 대기업들이 기업시민을 기업의 경영이념으로 채택하기 시작했다. 초기 기업시민 활동이 CSRCorporate Social Responsibility(기업의 사회적 책임)을 강조하는 것에 집중되었다면, 최근에는 환경보존과 탄소중립까지 그 영역이 확대되었다. 특히, ESG 경영이 기업 경영의 핵심요소로 부각되면서 기업시민 개념은 비즈니스 모델을 사회적 가치로 연결하는 핵심 개념으로 자리 잡게 되었다(Scheree & Palazzo, 2008; 곽수근, 송호근, 문형구 외, 2021).

이제 기업이 얼마나 벌었는지 숫자(재무적인 요소)로만 판단하기보다, 어떻게 벌었는지가 더 중요해졌다. 투자자들뿐만 아니라 소비자들 역시 기업이 얼마나 착하냐, 즉 기업이 어떻게 ESG 경영을 준수하고, 기업시민으로서 역할을 다하느냐에 더 관심을 가지는 시대가 된 것이다. 따라서 이번 장에서는 기업들이 관심을 가지는 이슈 중에서도 특히 '환경' 및 '안전보건'과 관련된 이슈에 대해 기업시민 관점에서 어떻게 대응하고 있는지 살펴보고자 한다.

기업은 왜 환경문제에 관심을 가지나?

1) 탄소중립 사회로의 전환

모든 것에는 양면이 존재한다. 지난 우리는 산업혁명을 통해 경제적, 사회적 발전과 풍요로움을 얻었으나 이러한 혜택은 모두에게 돌아가진 않았다. 급격한 산업화로 빈부격차가 심각해졌으며, 지구온난화 현상으로 각종 자연재해 및 해수면 상승 등 이상기후 현상이 세계 곳곳에서 나타났다. 현재 지구의 평균기온은 지난 400년 중 가장 뜨거우며, 지금 이 순간에도 기후변화가 현재진행형이다(Muller, 2008).

그림 1 | 유엔기후변화협약의 변천사

최초의 노력

유엔기후변화협약
- 1992년 채택, 1994년 발효
- '대기 중의 온실가스 농도 안정화' 목표
- 선진국과 개도국이 각자의 능력에 맞게 온실가스를 감축할 것을 약속

수정된 협약

교토의정서
- 1997년 채택, 2005년 발효
  1차공약기간 : 2008~2012년 / 2차공약기간 : 2013~2020년
- '온실가스 배출량 감축' 목표 : 1차 : 5.2%, 2차 : 18%
- 선진국에만 구속력 있는 온실가스 감축의무 부여, 주로 온실가스 감축에 초점

새로운 기후체제

파리협정
- 2015년 채택, 2016년 발효
  2021년 시행(종료 시점을 규정하지 않아 지속가능한 대응 가능)
- 산업화 이전 대비 지구 평균온도 상승을 2℃보다 훨씬 아래로 유지
  (나아가 1.5℃까지 억제할 것을 목표)
  최종적으로 모든 국가들이 이산화탄소 순 배출량이 0이 되는 것을 목표
- 모든 당사국에게 온실가스 감축의무 부여
- 온실가스 감축뿐만 아니라 적응, 재원, 기술이전, 역량배양, 투명성 등 포괄

국제사회에서는 기후변화 문제의 심각성을 인지하고, 지구온난화를 막기 위한 다양한 노력을 펼쳤다. 1992년 브라질 리우데자네이로에서 〈유엔기후변화협약United Nations Framework Convention on Climate Change, UNFCCC〉을 체결하였으며, 이후 협약에 참여한 당사국들이 매년 모여 당사국총회Conference of the Parties, COP를 개최하기 시작했다. 그러나 해당 기후변화협약은 구체적인 이행 방식을 규정하지 않았고, 온실가스 배출은 지속적으로 늘어났다. 이에 1997년 제3차 당사국 총회COP3가 열린 일본 교토에서 〈유엔기후변화협약〉의 구체적인 이행 방법을 담은 〈교토의정서〉를 채택하게 된다.

〈교토의정서〉에서 주의 깊게 살펴봐야 할 부분은 온실가스감축체제로서 '배출권거래제도Emissions Trading System, ETS'가 규정되어 있다는 것이다. 배출권거래제도는 온실가스 감축 여력이 낮은 사업장이 직접적인 감축을 하는 대신, 온실가스 감축 여력이 높은 사업장으로부터 탄소배출권을 거래할 수 있는 제도를 의미한다. 이는 자본주의로 발생한 환경문제를 자본주의 방식으로 해결하겠다는 취지라고 볼 수 있다. 〈교토의

정서)는 목표한 바 이상의 성과를 낳았지만, 감축 의무가 선진국에 국한되어 개발도상국의 온실가스 배출을 통제하는 데 한계가 있었고, 이에 '절반의 성공'이라는 평가를 받았다.

2015년 개최된 제21차 당사국총회에서는 온실가스 배출량을 더욱 엄격히 줄이지 않으면 세계적 재앙을 피할 수 없다는 공감대가 형성되면서 〈파리협정〉이 새롭게 채택되었다. 〈파리협정〉은 선진국뿐만 아니라, 개도국까지 모두 참여하는 보편적 기후변화체제로, 산업화 이전 대비 지구 평균온도 상승을 2℃보다 훨씬 아래로 유지하고, 나아가 1.5℃로 억제할 것을 목표로 삼았다.

2018년에는 IPCC^{Intergovernmental Panel on Climate Change}(기후변화에 관한 정부 간 협의체)에서 〈지구온난화 1.5℃ 특별보고서〉를 발표하며 온도 상승 억제 목표를 1.5℃로 권고하였다. 지구 온도 상승을 1.5℃ 이내로 억제하기 위해서는 2030년까지 2010년 대비 이산화탄소 배출을 45% 줄이고,[43] 2050년까지 탄소 순배출량이 '0'이 되는 탄소중립을 달성해야 한다. 즉, 탄소중립 사회로의 전환에 대한 필요성을 강조한 것이다.

2019년 유엔이 개최한 '기후행동 정상회의^{Climate Action Summit}' 이후 세계 각국에서 탄소중립 선언이 이어져 2021년 10월 기준 140개국이 탄소중립을 선언하였다. 이제 탄소중립은 전 세계에서 가장 중요한 이슈이자, 누구나 지켜야 할 국제사회 규범이 된 것이다(윤순진, 2021). 탄소중립이란 "지구의 온도를 높이는 주범인 온실가스(주로 이산화탄소) 배출량을 최대한 줄이고, 불가피하게 발생한 온실가스는 CCUS^{Carbon Capture, Utilization and Storage}(이산화탄소 포집·활용·저장) 기술을 통해 실질적인 이산화탄소 배출량을 '0'으로 만드는 것"을 의미한다(박지식, 2021: 35). 즉, 배출되는 탄소와 흡수되는 탄소량을 같게 하

---

43 2021년 10월, 우리나라 정부는 2030년 NDC(Nationally Determined Contribution, 국가 온실가스 감축 목표)를 2018년 대비 40% 감축하기로 결정했다. '국가 전체 감축 목표'는 2018년 대비 40%이지만 '부문별 감축 목표'는 다르다. 폐기물 부문(46.8%)과 전환 부문(44.4%)은 평균 이상의 감축이 필요하지만, 산업 부문은 14.5%로 가장 낮다. 산업 부문은 기술개발이나 시설 교체에 시간과 비용이 많이 들고 고용과 국가 경제 전반에 미치는 영향이 크기 때문에 좀 더 시간을 허용한 것이다(윤순진, 2021).

여 탄소 '순배출이 0'이 되게 하는 것을 의미하므로, 탄소중립을 '넷–제로Net-Zero'라고도 부른다.

기후학자들과 유엔을 포함한 국제기구들의 점점 더 심각한 경고와 함께 지속가능한 미래를 위한 ESG 경영에 대한 대내외적인 압력이 강해지고 있다. 유럽과 미국에서는 탄소배출을 많이 한 교역상품에 세금을 부과하는 '탄소국경세'까지 논의되고 있으며, '가치소비'나 '미닝아웃'을 중시하는 소비자가 늘어나면서 기업의 친환경 활동이 더욱 중요해졌다. 소비자 중 3분의 1이 제품을 구매할 때, 기업의 친환경 활동 여부를 고려하여 선택하기 때문이다. 이에 기업들은 친환경 경영 및 탄소배출을 줄이기 위한 계획을 밝히거나 이를 이행하기 위한 다양한 노력을 펼치고 있다(손광표, 황원경, 2021).

2) 환경 분야에 대한 기업의 주요 이슈는?

기업이 해결하고 관심을 가져야 하는 환경 이슈에는 어떤 것이 있을까? 환경 분야에 대한 기업의 주요 이슈 및 최근 연구 동향을 파악하기 위해 최근 3년간 기업시민 및 ESG에 관한 학술지(KCI급 등재지) 중에서 '환경'에 관한 주제를 다루고 있는 논문의 '초록'과 '키워드'에 대하여 LDALatent Dirichlet Allocation(잠재 디리클레 할당)를 활용한 토픽모델링[44] 분석을 진행하였다. 이를 통해 총 4개의 토픽을 도출하였으며, 각 토픽 안에는 상위 30개의 키워드가 들어있다. 그리고 토픽 안에 있는 키워드들을 중심으로 토픽이 의미하는 바를 추론하여 각각의 토픽명을 '기업의 사회적 책임과 환경윤리', '환경경영과 ESG 정보 공시', '그린 마케팅과 RE100' 그리고 '기후변화 대응과 탄소경영'이라 명명하였으며, 이를 환경 분야에 대한 기업의 주요 이슈로 보았다.[45]

---

44 토픽모델링은 대량의 문서 군으로부터 유사한 의미를 지닌 단어들을 묶어 토픽을 추론하는 알고리즘 기반의 텍스트마이닝 방식을 말한다.

45 자세한 연구방법 및 분석데이터는 [부록]에 정리해놓았다.

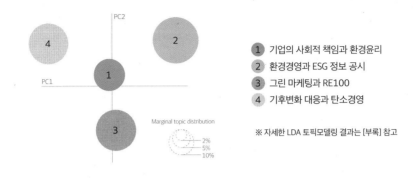

그림 2 | 환경 분야에 대한 기업의 주요 이슈(토픽모델링 결과를 주제별 거리지도로 시각화)

1 기업의 사회적 책임과 환경윤리
2 환경경영과 ESG 정보 공시
3 그린 마케팅과 RE100
4 기후변화 대응과 탄소경영

※ 자세한 LDA 토픽모델링 결과는 [부록] 참고

(1) 기업의 사회적 책임과 환경윤리[46]

① 기업의 사회적 책임CSR과 지속가능경영

기업의 사회적 가치에 대한 관심은 최근에 생겨난 게 아니다. 회사를 의미하는 'Company'의 어원은 라틴어로 함께라는 뜻의 'cum'과 빵을 의미하는 'panis'가 더해진 말로, 회사는 '빵을 함께 나누어 먹는 사람'을 의미한다. 즉, 오랫동안 기업은 사회적 책임을 다하기 위해 그들이 가진 자원이나 재원의 일부를 사회를 위해 나누어온 것이다.

기업의 사회적 책임을 의미하는 CSR은 하워드 보웬Howard R. Bowen이 쓴 『기업가의 사회적 책임Social Responsibilities of the Businessman』에서 처음 언급되었으며, 이를 통해 기업의 사회적 책임에 대한 논의가 대두되었다. 그런데 당시 기업은 조직을 운영하는 기업가에 따라 그 활동이 좌우된다고 여겨, 기업이 아닌 '기업가'의 사회적 책임에 대해 정의했다(Bowen, 1952). 반면 조셉 맥과이어Joseph W. McGuire는 '사회적 책임은 경제적, 법적 의

---

46 '토픽 1'은 전체의 16.2%의 비중을 차지하고 있으며, 여기에 '사회적책임', '지배구조', '기업의 환경윤리', '지속가능경영', '환경정보', '성과', '공개', '지속가능경영보고서', '의무공시', '자율공시' 등이 포함되어 있다. 이에 '토픽 1'을 "기업의 사회적 책임과 환경윤리"라 정의하였다.

무뿐만 아니라 의무 이상의 사회에 대한 책임을 지는 것'이라며 기업가가 아닌 '기업'의 사회적 책임에 대해 정의했다[McGuire, 1963]. 이후 CSR의 개념을 보다 체계화한 것은 아치 캐롤[Archie B. Carroll]이다. 그는 CSR을 경제적, 법적, 윤리적, 자선적 책임이라고 정의했다. 즉, CSR을 이윤 창출과 자선이라는 이분법적 시각으로 보는 것 대신, 경제적 책임을 바탕으로 한 윤리적 책임과 자선적 책임을 동시에 강조한 것이다[Carroll, 1998; 1999].

또한 CSR은 '사회책임경영'과 '지속가능경영'으로 설명될 수 있다. 그런데 사회책임경영은 '이해관계자경영'으로, 지속가능경영은 'TBL[Triple-Bottom Line(트리플바텀라인)경영]'으로 환원될 수 있다. 차이점이 있다면 '사회책임경영'은 절차나 과정을 중시한다면, '지속가능경영'은 성과나 결과를 중시한다. 그리고 '지속가능경영'은 지속가능 발전의 틀을 경영에 접목하였기 때문에 지속가능경영의 한 축에는 '환경경영'이 있다. 그런데 여기에 '사회책임'을 더하면서 비재무적 성과 개념이 완성되고, 더불어 '재무성과'까지 합치면 경제, 환경, 사회 성과가 합쳐진 TBL이 된다[안치용, 이윤진, 2022]. TBL은 1994년 존 엘킹턴[John Elkington]이 제창한 개념으로, 그는 주로 TBL과 기업의 관계를 다루었다. 엘킹턴에 따르면 "기업은 경제적 가치를 추구하는 과정에서 긍정적이든 부정적이든 환경과 사회에 영향을 끼치기 때문에 기업의 목표는 경제적 가치뿐만 아니라, 환경적 가치와 사회적 가치를 모두 고려해야 한다"고 보았다[Elkington, 1994].

표 1 | CSR을 설명하는 방법론

내용	TBL경영	이해관계자경영
지향	지속가능경영	사회책임경영
접근방법	성과, 결과	과정, 절차

출처: 안치용, 이윤진(2022), 138쪽

② 기업의 환경윤리

한편, 기업윤리는 "기업이 처한 상황, 활동, 의사결정에서 옳고 그름의 문제들을 윤리적으로 평가하는 것"을 의미한다. 기업윤리의 영역에는 노동문제를 비롯하여 성차별, 사회적 불평등 등 여러 가지 이슈들이 중요하게 다루어지고 있다. 그러나 오늘날 기후변화 및 환경오염 등의 문제가 심각해지면서 환경문제는 기업윤리의 가장 중요한 이슈로 자리 잡게 되었다.

기업의 환경윤리와 관련된 사례로 다국적 석유회사인 셸Shell의 '브렌트 스파Brent Spar 폐기 사건'이 있다. 1995년 셸은 북해에 있는 석유 저장시설 브렌트 스파가 노후화되자, 영국 정부의 허가하에 해상에서 폭파하여 수장하는 방식으로 폐기하고자 했다. 그런데 이 사실을 알게 된 국제환경기구 '그린피스Greenpeace'에서 해양 투기에 반대하는 캠페인을 벌였다. 설비를 폐기하는 것도 문제지만, 원유탱크 안에 들어있는 원유 찌꺼기로 해양생태계가 오염될 것이 자명했기 때문이다. 브렌트 스파 시위는 세계 언론의 이목을 집중시켰고, 바다를 공유한 주변 국가 및 시민들의 공분을 불러일으켜 셸 주유소에 불까지 지르는 등 거센 불매운동으로 이어졌다. 결국 셸은 브렌트 스파 해상 폭파 계획을 철회하였고, 이후 해양보전국제기구(OSPAR)에서는 유전시설의 해양 폐기를 금지하게 되었다. 이를 통해 기업이 폐기물을 처리하는 기준을 정할 때 전략적, 경제적 측면도 고려해야 하지만 도덕적인 측면, 즉 기업윤리가 의사결정 과정에 반영되어야 함을 알 수 있다(최윤필, 2018; 이병욱, 안윤기, 2015).

(2) 환경경영과 ESG 정보 공시[47]

① 환경경영과 환경경영체제(EMS)

1987년 세계환경개발위원회World Commission on Environment and Development, WCED에서는 환

---

[47] '토픽 2'는 전체 토픽 중 가장 높은 비중(33.8%)을 차지하고 있다. LDA 토픽모델링 분석 결과를 시각화한 〈그림 2〉를 보면, 각 토픽이 원의 형태로 그려져 있다. 원의 크기가 클수록 높은 빈도수의 단어들로 구성되어 있는데, 토픽 2는 토픽들 중 가장 원의 크기가 크므로 4개의 토픽 중 '메인 토픽'이라 볼 수 있다. '토픽 2' 안에는 'CES(기업의 환경경영)', '평가', '신뢰', 'CER(기업의 환경적 책임)'을 비롯해 'EEA(환경영향평가)', '공시' 등으로 구성되어 있어 '토픽 2'는 '환경경영과 ESG 정보 공시'라 보았다.

경을 고려하지 않는 무분별한 개발로 환경오염이 심각해지는 것을 반성하며 '지속가능한 개발 원칙'을 도출하였으며, 이를 계기로 기업에 '환경경영'이 도입되기 시작했다. 환경경영이란 "기업이 경영활동의 전 과정에서 환경에 미치는 영향을 최소화하거나, 더 나아가 적극적으로 환경문제를 해결해 나가는 활동을 통해 경제적인 수익성뿐만 아니라 환경의 지속가능성을 동시에 추구하는 일련의 경영활동"이다. 즉, 환경경영은 기존의 품질경영을 환경 분야까지 확장한 개념으로, 기업의 고유한 생산 활동에 의해 필연적으로 파생되는 환경 훼손을 최소화하면서, 환경적으로 건전하고 지속적인 발전을 도모하는 것을 의미한다(이종오, 2020; 손준호, 2022).

환경경영은 기존의 경영 패러다임에서 경제성과 환경성이 상충되는 문제를 해결하기 위한 대안으로 등장했다. 따라서 환경경영의 궁극적인 목표는 기존의 경영 패러다임을 환경 관점에서 재조명하여 '경제적 수익과 환경적 지속가능성의 조화'를 이루는 것이며, 그 대상 범위는 원료 구매에서부터 생산, 마케팅, 소비 그리고 폐기 단계에 이르는 '기업활동의 전 과정'이다. 그런데 환경경영에서 기업의 책임 범위가 전 과정으로 확대된다고 하더라도 기업활동의 기본적인 기능은 달라지지 않는다. 따라서 경영학의 주요 기능별 영역들을 환경적 관점에서 재조명한다면 '경영전략'은 '환경경영전략'으로, '생산'은 '청정생산', '마케팅'은 '그린 마케팅', '재무회계'는 '환경회계' 등으로 대치될 수 있을 것이다(이병욱, 안윤기, 2015).

또한 환경경영을 실천하기 위해서는 조직의 환경관리 활동을 체계화하는 데 필요한 시스템인 EMS^{Environmental Management System}(환경경영체제)를 도입해야 한다. EMS는 "기업이 스스로 기업활동이나 제품 및 서비스가 환경에 미치는 영향을 분석하고, 이를 바탕으로 환경경영의 구체적인 목표를 설정하고 이행하여, 기업의 환경성과를 개선하는 환경경영의 체계적인 접근방법"을 말한다. 이때 환경 영향을 체계적으로 관리한다는 것은 환경 측면을 관리하기 위한 조직·책임·절차 등을 규정하고, 인적·물적 경영 자원을 효율적으로 배분하는 것을 의미한다. EMS를 도입하는 목적은 환경경영의 목적과 일치하는데, 즉 경제적 수익성과 환경적 지속가능성을 이룩하기 위함이며, 이를

표 2 | EMS(환경경영체제) 도입 목적 및 구축 방향

도입 목적	도입 효과	구축 방향
• 경제적 수익성과 환경적 지속 　가능성의 조화 　- 기업이익 증대 　- 영업경쟁력 강화 　- 기업에 대한 신뢰성 향상 　　및 이미지 제고	• 기업 경쟁력 강화 　- 생산비 절감, 환경친화적 　　기업이미지 확보, 친환경 　　제품 개발, 기업문화 개선 • 환경 리스크 감소 　- 환경법령 규제, 환경을 　　매개로 한 무역장벽	① 환경친화적 기업문화 조성 ② 환경성 평가기법 개발 ③ 환경성과평가체계 확립 ④ 환경친화적 경영분석기법 개발 ⑤ 환경교육 프로그램 개발 ⑥ 환경감사제도 도입

출처: 손준호(2022), 66-67쪽; 전영승(2021), 76쪽 참고하여 작성.

통해 기업 경쟁력 강화 및 환경 리스크 감소에 기여할 수 있다(전영승, 2021; 손호준, 2022).

　그런데 전 세계적으로 다양한 기업에 EMS가 적용되려면, 공통으로 적용될 수 있는 환경경영 기준이 필요하였다. 그러자 1996년 ISO^{International Organization for Standardization}(국제표준화기구)에서는 환경경영체제에 관한 국제표준인 'ISO14001'을 마련하였다. ISO14001은 EMS 요건을 규정하고 있는데 여기에는 일반요건, 환경방침, 계획, 실행 및 운영, 점검 및 시정조치, 경영자 검토 등으로 구성되어 있다.

② ESG 정보 공시

　기업이 환경경영을 하거나 ESG 경영을 실질적으로 이행하기 위해서는 관련 평가정보를 공시하는 것이 매우 중요하다. 투자자들은 이러한 대외 평가정보를 기반으로 투자할 수 있고, 이를 통해 재무적 성과를 내는 선순환의 구조가 만들어질 수 있기 때문이다. 글로벌 최대 운용사인 블랙록^{Blackrock}의 래리 핑크^{Larry Fink} 회장은 "기후변화 리스크가 곧 투자 리스크이며, 이러한 리스크 평가를 위해 일관성 있는 양질의 주요 공개정보에 접근할 수 있어야 한다"며 환경의 지속가능성과 ESG 공시의 중요성을 강조했다(Blackrock 홈페이지 참고).

　이미 유럽에서는 평균 근로자 수 500인 이상, 매출 4천만 유로 이상의 기업에 대해 비재무적 정보를 의무적으로 공시하는 NFRD^{Non-Financial Reporting Directive}(비재무보고지침)를

2014년에 도입하여 이를 2018년부터 공개하고 있다. 글로벌 선도기업 중 96%가 ESG 보고서를 작성하고 있으나, 한국의 경우 전체 상장사 수와 비교하여 ESG 보고 수준이 미비한 실정이다. 이에 우리나라 금융위원회에서는 2025년까지 '지속가능경영보고서'에 대한 자율공시를 활성화하고, 2030년부터는 모든 코스피 상장사에서 의무적으로 공시하도록 시행할 계획임을 밝혔다. ESG 관점에서 기업의 전략 과제를 설정하고, 이러한 활동들을 공개하는 것은 기업의 가치 제고에 기여한다[손예령, 2021a]. 하지만 기업 혼자만의 힘으로 ESG 경영을 완성하기 어렵다. ESG 경영을 실천하기 위해서는 정부의 적정한 규제와 기업의 ESG 활동에 대한 투명하고 객관적 평가, 그리고 이를 반영한 소비와 투자가 이루어져야 가능할 것이다.

(3) 그린 마케팅과 RE100[48]

① 그린 마케팅

자동차 회사 볼보Volvo는 2025년까지 신차에 사용되는 소재의 25%를 재활용 또는 바이오 소재를 사용하고, 2040년까지 완전한 순환 비즈니스를 완성할 계획임을 밝혔다. 오늘날 소비행위를 통해 자신의 신념과 가치관을 표출하는 '미닝아웃 소비자'들과 가치 소비 중에서도 특히 친환경 제품을 선호하는 '그린슈머greensumer(녹색소비자)'[49]가 늘어나고 있기 때문이다. 이러한 맥락에서 '그린 마케팅Green Marketing'은 환경을 걱정하는 소비자와 기업이 반드시 실천해야 하는 경영전략이라 볼 수 있다.

---

48 '토픽 3'은 전체 24.4%의 비중을 차지하고 있으며, 'Green', '(고객)충성도', '녹색프리미엄', '기업이미지'가 두드러지게 나타났으며, 그 외에도 '소비자', '마케팅', 'RE100', '고객만족도', '재생 가능' 등이 주요 키워드로 등장하여 '토픽 3'은 '그린 마케팅과 RE100'으로 정의하였다.

49 그린슈머(녹색소비자)는 자연을 상징하는 '그린(green)'과 소비자라는 뜻의 '컨슈머(consumer)'의 합성어로, 1988년 줄리아 헤일스(Julia Halles)가 집필한 『그린컨슈머 가이드』를 통해 알려지기 시작했다. 이 책에서는 그린슈머에 대해 직접적으로 정의를 내리진 않았지만, '소비자의 건강을 해칠 우려가 있는 제품'이나 '환경에 심각한 피해를 주는 제품', '지나친 포장이나 짧은 수명으로 불필요한 폐기물을 양산하는 제품' 등의 구매를 바람직하게 생각하지 않는 고객 집단으로 보아, 그린슈머의 특성을 간접적으로 설명하고 있다(줄리아 헤일즈, 2014).

지원 활동 : 자본·기술

그린 마케팅이란 기업 활동의 전 과정에 걸쳐 환경에 대한 기업의 사회적 책임을 강조한 것으로, 소비자 효용과 기업 이익을 중시하던 전통적 마케팅 활동에 환경적 요소를 부가한 개념이다. 피아티(Peattie, 1992)는 그린 마케팅에 대하여 "인간을 둘러싼 자연환경과 지구 내에 존재하는 모든 생명에 대한 관심이 증가함에 따라 등장한 마케팅의 한 유형으로, 소비자와 사회의 환경개선에 대한 기업의 책임 있는 관리 과정과 기업이 사회적 삶의 질을 향상시키고자 하는 마케팅 활동"이라 보았으며, 미국마케팅학회American Marketing Association에서는 "환경적으로 안전한 제품 및 서비스를 제공하거나 알리는 활동"이라 정의하고 있다.

이러한 점들을 종합해볼 때, 그린 마케팅은 환경경영이 추구하는 경제적 수익성과 환경적 지속성의 조화를 전제로, 환경 부하를 최소화하면서도 소비자가 만족할 만한 수준의 제품 및 서비스를 제공하여 기업의 사회적 책임을 다하는 것을 의미한다. 그린 마케팅과 같이 환경적인 측면을 강조한 마케팅 개념으로는 친환경 마케팅environmental marketing, 생태 마케팅ecological marketing, 지속가능한 마케팅sustainable marketing 등이 있다. 전통적 마케팅과 그린 마케팅의 사이에 여러 가지 차이점이 있겠지만, 그중에서도 이념적 목표와 가치관의 차이점을 요약하면 〈표 3〉과 같다.

사실 ESG 경영, 친환경마케팅과 같은 '그린 활동'에 대한 투자는 단기적으로는 비즈니스 비용을 증가시키기도 한다. 하지만 이러한 투자는 기업의 성과 및 경쟁우위의

표 3 | 전통적 마케팅과 그린 마케팅의 차이점

	전통적 마케팅	그린 마케팅

이념적 목표	- 소비자 효용과 기업 이익의 양립
	  (경제적 균형 추구)
		- 자연 생태계 보전, 소비자 효용, 기업 이익 간의 조화
		  (사회적, 생태학적 균형 추구)

가치관	- 경제성장 지향적 가치관
	  (물질적 풍요에 의한 생활수준 향상)
	- 이익 극대화 가치관
	  (경제적 성과 중시)
		- 사회복지 지향적 가치관
		  (사회적 편의 향상에 의한 삶의 질 제고)
		- 생태학적 가치관

출처: 여현구(1995), 23쪽 참고하여 작성.

원천이 됨은 물론, 소비자가 기업의 제품이나 서비스를 판단하는 데 중요한 기준이 되므로, 기업은 친환경 경영활동을 꾸준히 지속하는 것이 중요하다^(유창근, 2022).

② RE100

오늘날 많은 기업들이 사용하는 전력의 100%를 2050년까지 재생에너지^{(태양광, 풍력,} ^{수력, 지열에너지, 바이오에너지 등)}로 전환하기 위한 'RE100^{Renewable Energy 100%(재생에너지 100%)}' 이니셔티브에 적극적으로 동참하고 있다^(RE100 홈페이지).

'아모레퍼시픽'의 경우, 국내 화장품 기업 중 최초로 RE100에 가입했다. 기업시민으로서 아모레퍼시픽은 제품과 서비스의 생애주기 전 단계에서 발생하는 온실가스를 저감하기 위하여 국내외 전 생산사업장의 재생에너지 사용률을 100%까지 끌어올리고, 국내 물류 차량을 친환경 차량으로 전환하는 등 탄소배출량 감소에 앞장서고 있다. 또한 사업장 내 태양광 발전 시설을 추가로 설치하였으며, 녹색 프리미엄 요금제를 도입하였다. 지난 2021년에는 국내 최초로 SK E&S와 'PPA^{Power Purchase Agreement(전력구} ^{매계약)}' 체결을 하는 등 재생에너지 사용 전환을 위해 노력하고 있다^(손예령, 2022).

국내 재생에너지 발전량은 기업이 필요로 하는 전력 소비량을 충족할 만큼 넉넉하지 않다. 따라서 당장 모든 기업이 RE100에 참여하는 건 현실적으로 어렵다. 이에 우

그림 3 | 녹색 프리미엄과 PPA

녹색 프리미엄

기업이 기존에 내던 전기 요금에 녹색 프리미엄 명목의 추가금을 내면 재생에너지를 사용한 것으로 간주한다. 녹색 프리미엄을 통한 추가 수익금을 재생에너지 확대에 사용함으로써 RE100을 이행하는 것과 동일한 효과를 가질 수 있다고 보지만, 실질적인 온실가스 감축에는 효과가 미미해 과도기적인 제도라는 지적도 있다.

PPA : Power Purchase Agreement

재생에너지를 이용하여 생산된 전기를 전기사용자가 직접 구매할 수 있는 제도다. 이전까지는 전기사용자가 직접 재생에너지전기를 구매할 수 없어 기업들의 RE100 참여방법이 제한적이었으나, PPA 시행으로 재생에너지 구매 선택 폭이 넓어져 국내 기업의 RE100 참여가 활성화될 것으로 전망된다.

리나라의 산업통상자원부에서는 재생에너지를 직접 사용하지 않더라도 RE100을 이행할 수 있는 방법으로 '녹색 프리미엄'과 'PPA' 제도 등을 시행하고 있다^(〈그림 3〉 참고).

(4) 기후변화 대응과 탄소경영[50]

세계 곳곳에서 자연재해 및 해수면 상승 등 심각한 기후변화가 나타나고 있으며, 이제 기후변화를 넘어 기후위기로 명명해야 한다는 의견도 커지고 있다. 기후변화는 먼 미래의 문제가 아니라 지금 당장 해결해야 할 문제인 것이다. 이에 많은 기업들이 기후변화에 적극적으로 대응하기 위하여 '탄소경영'을 도입하고 있다. 탄소경영이란 "지구온난화의 주요 원인인 온실가스 배출을 줄이면서도 기업 본연의 목적인 경제적 가치를 함께 창출하기 위한 계획을 수립하고 실행하는 경영 활동"이다.

아직까지 국내의 경제질서는 탄소문명에 머물러있으나, 세계 경제질서는 이미 탄소중립을 향해 탈탄소 전환 과정에 있다. EU의 경우 탄소배출 규제가 약한 국가의 제품을 수입할 시 제조과정에서 발생하는 탄소배출량에 따라 탄소세를 부과하는 'CBAM^{Carbon Border Adjustment Mechanism}(탄소국경조정제도)' 도입을 추진하고 있고, 미국 등이 시행하려는 탄소국경부담금^{carbon charge} 등은 탄소배출이 높고 수출의존도가 높은 우리 산업에 직접적인 위험요인이 되고 있다.

또한 기후변화는 금융 및 투자기관에도 많은 변화를 가져왔다. 이전까지 기업의 재무적인 성과를 중심으로 기업에 투자할지 말지를 결정했다면, 이제는 기업이 어떻게 기후변화에 대응하는가도 중요한 고려대상이 되었다. 즉, 블랙록을 비롯한 세계적인 투자사들은 '기후행동 100+^{Climate Action 100+}'를 구성해 투자기업들에 대하여 단기적인 재무적 가치가 아니라 비재무적 가치를 중시하는 ESG 경영을 요구하며 탄소 배출 기업에 대해 투자 철회를 공언하고 있다^(윤순진, 2021).

---

50 '토픽 4'는 전체 중 25.6%의 비중을 차지하며, 주요 키워드에 '성과', '기업이미지', '탄소배출', '공시', '기후변화대응', '탄소중립', 'CDP' 등이 포함되어 있어, '기후변화 대응과 탄소경영'으로 명명하였다.

이에 따라 기업의 탄소경영과 관련된 활동 및 성과에 관한 정보의 공개를 요구하는 기관들이 등장하게 되었는데, 대표적인 기관으로 지속가능보고서에 대한 가이드라인을 제시하는 'GRI^Global Reporting Initiative(글로벌리포팅이너서티브)'를 비롯하여, 글로벌 금융정보 제공기관인 'S&P다우존스인덱스^S&P Dow Jones Indices'와 지속가능경영평가 전문기관인 'S&P 글로벌 스위스 SA^S&P Global Switzerland SA'[51], 그리고 세계 주요 상장기업의 기후변화 대응 전략과 온실가스 배출량 등을 매년 공개해 투자자와 금융기관에 제공하는 비영리기관 'CDP^Carbon Disclosure Project(탄소정보 공개 프로젝트)' 등이 있다. 이 중에서도 S&P 다우존스인덱스 및 S&P 글로벌 스위스 SA가 공동으로 개발한 'DJSI^Dow Jones Sustainability Indices(다우존스 지속가능경영지수)'[52]와 'CDP'의 평가항목 및 체계는 〈표 4〉와 같다.

표 4 | DJSI와 CDP의 평가항목 및 체계

	DJSI	CDP
평가항목	• 기업의 경제적 성과뿐 아니라 환경, 사회, 거버넌스 측면의 성과를 종합적으로 평가 • 기업의 지배구조, 윤리경영, 리스크 관리, 기후변화, 인적자본개발, 사회공헌 등의 공통항목과 지속가능 금융, 차량 연비 등 산업별 항목으로 구성(매년 ESG 이슈의 중요성과 평가 필요성을 고려하여 평가항목 개정)	• 기후변화, 수자원, 산림자원에 대한 정보 공개를 요구 • 기후변화, 수자원, 산림자원에 대한 데이터 공개여부, 리스크 인식 및 관리 이해도, 목표 설정 등에 대해 피평가기업이 응답한 내용 기반으로 평가
평가체계	• ESG 총점뿐만 아니라, E(환경), S(사회), G(지배구조) 각 측면의 점수와 윤리경영 등의 항목별 점수까지 상세하게 명시 • 산업별 평균과 최고 점수도 공개해 기업별 ESG 평가 결과의 상대적 수준도 분석 가능	• 평가 등급이 총 8개로 구성되어 있음 Leadership A, Leadership A-, Management B, Management B-, Awareness C, Awareness C-, Disclosure D, Disclosure D-

출처: 한국생산성본부(2020); DJSI Korea 홈페이지; CDP 홈페이지를 참고하여 작성.

---

51 2020년 S&P Global이 로베코샘(Robeco SAM)의 지속가능경영 평가부문(Corporate Sustainability Assessment, CSA)을 인수하면서 사명이 변경되었다.

52 DJSI는 유동 시가총액 기준 글로벌 상위 2,500대 기업을 대상으로 하는 DJSI World 지수, 아시아·오세아니아 지역 상위 600대 기업을 평가하는 DJSI Asia Pacific 지수, 그리고 국내 상위 200대 기업을 평가하는 DJSI Korea 지수로 구성되어 있다.

이제 기업이 온실가스 배출 정보 공개와 관련하여 적절하게 대응하지 못한다면, 투자를 받는 데 불이익을 받음은 물론, 기업 경쟁력 저하 및 브랜드 가치에도 부정적인 영향을 받을 수밖에 없다. 온실가스 관리는 환경뿐만 아니라 사회, 경제 측면에서의 기업 경영활동에 영향을 주기 때문이다. 또한 온실가스를 성공적으로 관리하지 못하면 기업뿐만 아니라 국가, 나아가 인류 전체의 지속가능한 미래를 보장하기 어렵다(윤순진, 2021; 전영승, 2021). 그러므로 기업의 온실가스 관리 및 친환경, 저탄소 체제로의 전환은 앞으로도 중요한 과제가 될 것이다.

기업시민 관점에서 바라본 기업의 환경 이슈 대응은?
- CCMS 중심으로

기업이 환경 이슈에 대하여 기업시민 관점에서 어떻게 대응하고 있는지 살펴보기 위하여, 기업시민을 경영이념으로 삼고 있는 포스코에서 발간한 'CCMS Corporate Citizenship Management Standards(기업시민 실천가이드)'를 중심으로, 앞서 살펴본 4가지 이슈에 해당하는 각각의 대응 방향을 찾아 매칭하였다. CCMS는 기업시민 실천원칙을 업무영역별로 세분화한 실천가이드로, 임직원이 업무와 일상 속에서 기업시민을 자연스럽게 실천하도록 인도하는 안내서라고 볼 수 있다.

그림 4 | 기업의 주요 환경 이슈와 대응

이슈	기업의 사회적 책임과 환경윤리	환경경영과 ESG 정보 공시	그린마케팅과 RE100	기후변화 대응과 탄소경영
대응	저탄소·친환경 체제로의 전환	환경정보의 객관적 평가 및 공개	친환경 제품 개발 및 사회적 감축	폐자원의 재활용과 자원순환사회 실현

1) 저탄소·친환경 체제로의 전환

사회문제 해결과 더 나은 사회구현에 앞장서기 위해서는 지역사회 발전과 환경 보호를 위한 공익적 활동을 전개해야 한다. 이는 기업시민으로서 사회적 관심이 높은 기후변화, 미세먼지, 폐기물, 화학물질 등 환경 이슈에 주도적으로 대응하기 위함이다. 이제 기후변화, 대기오염, 그리고 미세 플라스틱 등으로 인한 환경문제는 미래세대의 생존을 위해 국가와 기업 등이 지금부터 해결에 나서야 하는 과제이다. 그러므로 생산공정뿐만 아니라, 전체 생산과정에서 탄소중립화를 위한 노력이 필요하다. 즉, 단기적인 생산공정에서의 탄소저감에 그치지 않고 장기적인 탄소중립 이행을 위한 구체적인 로드맵을 대내외에 제시하여 미래 경쟁력을 강화해야 한다. 그리고 탄소중립 정책 방향에 발맞추어 화석연료인 탄소에너지를 줄이고, 미세먼지와 폐기물의 배출을 최소화해야 한다. 나아가 환경 영향과 유해성이 낮은 원료, 용수, 자재와 신재생에너지 사용을 확대하여 저탄소 및 친환경 체제로 전환하는 데 앞장서야 한다.

* 대응사례: <2050 탄소중립 기본 로드맵> 수립

2) 환경정보의 객관적 평가 및 공개

최근 투자자와 고객사들이 투자나 제품 구매의 의사결정을 위해 제조사에 구체적인 환경정보를 직접 요청하는 경우가 늘어나고 있다. 특히 글로벌 투자사인 블랙록은 ESG 평가를 토대로 투자 여부를 결정하겠다고 공표했다. 이러한 이해관계자 요구에 적극적으로 대응하기 위해 기업은 제품의 환경 영향에 대한 과학적인 분석체계를 마련하여 정확하고 충분한 환경경영 정보를 제공해야 한다. 또한 생산한 제품에 대해 친환경 인증을 받게 되면 고객사도 자사 제품의 생애주기 관점에서 원부재료의 친환경성을 높게 평가받을 수 있으므로 경쟁사에 비해 비교우위를 갖추는 데 유리하다.

즉, 친환경 인증과 온실가스 저감 노력은 더 이상 비용이 아닌 경쟁우위 요소가 될 것이다. 따라서 고객의 요구에 맞출 수 있도록 친환경 인증을 확대하고, 온실가스 배출 저감을 위한 노력을 지속해야 한다.

* 대응사례: 환경성적표지인증(Environmental Product Declaration, EPD) 취득

3) 친환경 제품 개발 및 사회적 감축

저탄소·친환경 체제로의 전환을 위해서는 기업이 제품을 생산하는 과정뿐만 아니라 생산된 제품이 사용되고 폐기되는 단계까지의 전 과정에서, 공급사·고객사·최종 소비자를 포함한 가치사슬value chain 전반에 걸쳐 탄소배출을 감축하려는 노력이 수반되어야 한다. 기업을 둘러싼 이해관계자들의 요구는 이미 사업장 내 온실가스 감축뿐만 아니라, 친환경 제품과 비즈니스를 통한 사회적 감축까지 포괄하는 방향으로 변화하고 있기 때문이다. 그러므로 친환경·저탄소 제품의 개발과 보급을 통해 사업장을 넘어 사회적 온실가스 감축에 기여해야 할 것이다.

* 대응 사례: 사회적 감축 효과를 체계적으로 정량화하고 이를 투명하게 소통

4) 폐자원의 재활용과 자원순환사회 실현

발생된 부산물을 자원으로 가치 있게 재활용하는 것은 환경오염 물질의 배출을 저감하는 데 기여함은 물론, 천연자원을 사용함으로써 발생하게 되는 자연훼손 및 환경오염을 줄이는 데 큰 역할을 한다. 먼저 '고로 수재슬래그'의 경우, 시멘트 산업의 원료인 클링커를 대체함으로써 석회석 채취로 인한 자연훼손을 방지할 수 있다. '제강슬래그'는 토목용 천연 골재를 대체하는 등 환경오염을 축소하는 데 기여하고 있다. 이러한 폐자원 재활용은 비용 절감 측면에서도 큰 의미가 있다. 폐기물 소각 및 매립 비용이 갈수록 높아지는 상황에서, 자원순환 패러다임을 채택하여 실천해야 할

것이다. 이를 위해 철강 부산물의 고유 특성을 장점으로 살리고, 온실가스 저감에도 기여하는 기술을 발굴 및 개발해야 한다. 그리고 무엇보다 생산의 전 과정에서 불필요한 것은 줄이고, 다시 사용하며, 원료로 재활용하는 자원순환을 적극적으로 실천해야 한다.

* 대응사례: 사막화가 심한 해역에 제강슬래그로 제작한 트리톤(Triton) 인공어초로 바다숲 조성

기업은 왜 안전보건을 강조하나?

1) 안전보건은 경영 최우선의 원칙

'안전제일'이라는 말이 어떻게 나오게 되었을까? 미국의 US 스틸Steel사의 사훈이 원래 '생산제일, 품질제이, 안전제삼'이었다고 한다. 하지만 1906년 한 오너owner가 이 말을 '안전제일, 품질제이, 생산제삼'으로 바꾸면서 안전제일이라는 말이 유명해졌다고 한다. 안전이란, "위험이 생기거나 사고가 날 염려가 없는 상태 또는 위험 원인에 대한 대책이 세워져 있는 상태"를 뜻한다. 즉, 재해나 사고가 발생하지 않는 상태라고 하여 안전한 상태라고 보기 어려우며, 숨은 위험을 예측하고 이에 대한 대책이 수립되어 있을 때 안전한 상태라고 볼 수 있다. 그런 의미에서 안전이란 '만들어지는 상태'를 의미한다(이병문, 2020). 그렇다면 지금 우리 사회는 안전한 상태일까?

2014년 세월호 침몰 이후 우리 사회에서 안전이 중요한 이슈로 강조되는 듯했다. 하지만 8년이 지난 지금도 여전히 우리 사회의 고질적인 '안전에 대한 무관심'은 사라지지 않았다. 올해만 하더라도 SPC 청년 노동자 산재 사망사고 및 봉화 광산 매몰 사건과 같은 '산업재해'와 이태원 핼러윈 참사 등 '시민재해'가 연이어 발생하면서, 다시한번 시민들의 안전관리 시스템에 대한 성찰의 목소리가 빗발치고 있다. 우리나라는 경제협력개발기구OECD 회원국 중 산업재해 사망률 1위 국가라는 불명예를 수년째 안

고 있으며, 매년 2,000명 이상의 근로자가 사고나 질병으로 숨졌다.[53] 이처럼 근로자들이 위험한 상황에 지속적으로 노출되어 있는 것은 일시적인 현상이 아니라 우리나라 노동에 스며든 구조적인 문제라고 할 수 있다(노재현, 2022).

산업재해에 대한 경각심과 사업장 및 근로자의 안전보건에 대한 인식과 관심이 증대되면서, 그동안 '주주 제일주의' 시대에 무시되거나 금전으로 보상되었던 '일터의 안전'과 '직원의 보건'에 관한 이슈가 이제 사회의 중요한 영역으로 자리 잡게 되었다(문성후, 2022). 또한 사회안전망 구축 및 보건의료 체계의 확보를 위한 결과물이라 할 수 있는 〈중대재해 처벌 등에 관한 법률(이하, 중대재해처벌법)〉이 2022년 1월부터 시행되면서, 기업들은 안전보건 확보의 의무사항 등을 효과적으로 이행하기 위해 노력하고 있다.

2) 안전보건 분야에 대한 기업의 주요 이슈

안전보건 분야에 대한 기업의 주요 이슈 및 최근 연구 동향을 파악하기 위해 최근 3년간 기업시민 및 ESG에 관한 학술지(KCI급 등재지) 중에서 '안전보건'에 관한 주제를

그림 5 │ 안전보건 분야에 대한 기업의 주요 이슈(토픽모델링 결과를 주제별 거리지도로 시각화)

1 중대재해 예방 및 대응
2 안전문화
3 안전보건관리 체계
4 안전보건커뮤니케이션

※ 자세한 LDA 토픽모델링 결과는 [부록] 참고

---

[53] 산업재해로 인한 사망자 수는 2018년 2,142명, 2019년 2,020명, 2020년 2,062명(KOSIS 국가통계포털)

다룬 논문의 초록과 키워드에 대해 LDA 토픽모델링 분석을 진행하여 총 4개의 토픽을 도출하였다. 각 토픽 안에 있는 키워드들을 중심으로 토픽이 의미하는 바를 추론하여 각각의 토픽명을 '중대재해 예방 및 대응', '안전문화', '안전보건관리 체계', 그리고 '안전보건커뮤니케이션'이라 정의했으며, 이를 안전보건 분야에 대한 기업의 주요 이슈로 보았다.[54]

(1) 중대재해 예방 및 대응[55]

기업의 안전보건과 관련된 이슈 중 최근 가장 많은 관심을 받는 키워드는 바로 '중대재해'이다. 중대재해란 산업안전보건법상 산업재해 중 ①사망자가 1명 이상 발생하거나, ②동일한 사고로 6개월 이상 치료가 필요한 부상자가 2명 이상 발생 또는 ③동일한 유해요인으로 발생하는 직업성 질병자가 1년에 3명 이상 발생한 경우를 말한다(중대재해처벌법, 제2조).

2022년 1월 27일 〈중대재해처벌법〉이 시행되면서 개인사업자 또는 상시 근로자가 50명 미만인 사업 또는 사업장(건설업의 경우에는 공사금액 50억 원 미만의 공사)에 대해 해당 법이 적용되기 시작했다. 이 법은 기업이 안전보건 확보의 의무를 다하지 않아 근로자 또는 시민에게 인명피해가 발생할 때 기업과 경영책임자를 처벌하는 내용을 담고 있다. 또한 〈중대재해처벌법〉은 영국의 〈기업과실치사 및 기업살인법〉을 모태로 하고 있다. 하지만 〈중대재해처벌법〉은 기업뿐만 아니라 개인 사업주와 경영책임자도 처벌 대상으로 하며, 근로자뿐만 아니라 시민의 안전권 확보와 중대재해 사고 방지를 목적으로 둔다는 차이점이 있다.

---

54 자세한 연구 방법 및 분석 데이터는 [부록]에 정리해놓았다.

55 '토픽 1'은 58.8%로 전체 토픽 중에 가장 높은 비중을 차지하고 있으므로 메인 토픽이라 볼 수 있다. 이는 올해 〈중대재해처벌법〉이 처음 시행되면서 해당 법에 대해 관심이 높아진 영향으로 보인다. '토픽 1'은 '중대재해처벌법', '사업주', '경영책임자', '산업안전보건법', '산업재해', '예방', '감시의무' 등으로 구성되어 있다. 이에 토픽명을 '중대재해 예방 및 대응'이라 정의하였다.

표 5 | '중대재해처벌법'과 '기업과실치사법' 비교

구분	중대재해처벌법	기업과실치사법
제정 목적	종사자 및 시민의 안전권 확보와 중대재해 사고 방지	대형 산업재해 예방 및 기업의 안전문화 인식 제고
보호 대상	종사자 및 시민	명시되어 있지 않음
의무 주체	개인, 법인, 기관	기업(개인은 의무 주체가 아님)
범죄 성립 요건	사망 및 상해 사고	사망사고에 한함
주요 의무	안전보건 확보 의무	주의 의무
처벌 규정	개인: 징역, 벌금 / 법인: 벌금	개인: 처벌 규정 없음 / 법인: 벌금 등
손해배상	손해액의 최대 5배	관련 규정 없음

출처: 차맹기, 조서경(2022)

중대재해가 발생하지 않는 게 가장 좋지만 만약 중대재해가 발생하게 된다면, 기업이 취해야 할 조치는 〈그림 6〉과 같다.

〈중대재해처벌법〉은 기업에 부담을 주고, 예방보다 과도한 징벌에 집중하는 법이라는 비판을 받기도 한다. 하지만 이 법이 시행된 이후 기업들은 안전보건 확보 의무

그림 6 | 중대재해 발생 시 대응 방안

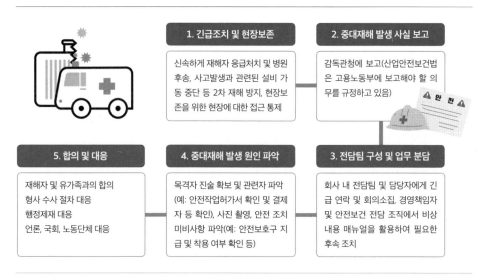

출처: 차맹기, 조서경(2022. 3.) 참고하여 재구성

를 다하기 위해 안전 전문인력을 배치하고, '아차사고near miss' 방지를 위한 규칙을 강화하였다. 또한 디지털화를 통해 고위험 작업을 무인으로 대체하는 등 임직원들과 협력업체의 의식 개선에도 기여하였다. 그러므로 중대재해를 줄이기 위해서는 처벌만이 능사가 아니라, 안전보건 조치를 강화하는 등 예방 및 재발 방지 조치가 중요함을 유념해야 한다(문성후, 2022; 김영국, 2021).

(2) 안전문화[56]

기업이 안전보건경영 대책을 수립할 때 관리적 측면에서 가장 기본적이고 핵심적인 것은 바로 '안전문화'이다. 이는 조직구성원이 자기가 수행하는 업무에 있을 수 있는 유해위험을 사전에 찾아내어 대처할 수 있는 지식이나 기능을 가지고 있음은 물론, 안전보건을 중시하는 것이 체질화되어 항상 안전한 생활을 실천하는 문화를 의미한다(윤석준 외, 2016).

GM 한국사업장의 CSOChief Safety Officer(최고안전책임자)인 웨인 오브라이언Wayne O'Brien은 〈중대재해처벌법〉 안에 있는 위험성 평가나 관련 교육, 예산, 안전보호구에 집중하고, 처벌보다는 사람들을 안전하게 보호하는 것이 최우선이라고 보았다. 이에 그는 직원들과 직접 얼굴을 맞대고 안전에 관한 이야기를 나누며 현장을 검증하는 '다이에거널 슬라이스미팅Diagonal slice meeting'을 중시하였으며, 현장 곳곳에 QR코드를 부착하여 직원들이 안전과 관련된 개선점을 익명으로 자유롭게 제출할 수 있는 '안전핫라인Safety hot line' 시스템을 준비하고 있다. 또한 브랜드 안전로고에 심장을 상징하는 '하트heart'를 새겨 넣었는데, 이는 보호구뿐만 아니라 직원들의 마음이 동해야지만 안전문화가 성장한다는 의미가 담겨있다. 이러한 노력으로 2022년 GM 한국사업장의 산업

---

56 '토픽 2'는 7.9%의 비중을 차지하고 있으며, '안전문화', '보호장비', '전문영역', '안전장치'가 주로 언급되었다. 그 외에도 '안전보건활동', '재해감소시스템', '직무교육', '평가지표', '관리감독', '산업안전보건교육' 등으로 구성되어 있어, '토픽 2'는 '안전문화'라고 정의했다.

재해율은 지난해 대비 약 18%나 감소했고, 매년 평균 6,960건 이상의 안전 위험요소들을 개선하고 있다^(김지윤, 2022).

'안전문화'라는 개념은 1986년 일어난 소련 체르노빌 원전사고 이후 제창되었으며, 1998년 IAEA^{International Atomic Energy Agency(국제원자력기구)}의 국제원자력안전자문그룹이 작성한 '체르노빌 원전사고 후 점검 회의 요약보고서'에서 안전문화라는 단어가 처음 사용되었다. 안전문화는 안전에 관하여 근로자들이 공유하는 태도나 신념, 가치관, 인식 등을 통칭하는 개념이다. 그런데 안전문화를 하나의 접근방식이나 평가도구만으로 평가하는 것은 적합하지 않으며, 여러 가지 방법을 통해 체계적으로 평가해야 한다. 또한 안전문화는 조직문화의 일부 영역이기 때문에 안전특성의 '성숙도'에 따라 안전문화 유형을 구분하여 개선방안을 마련해야 한다. 이를 '안전문화 성숙수준'이라고 부르는데, 3단계부터 5단계까지 다양한 유형의 모형이 있다^(윤석준 외, 2016).

① 3단계 성숙수준 모형

안전문화의 발전을 3단계로 소개한 '웨스트럼^{Westrum}의 모형⁽¹⁹⁹³⁾'은 안전문화에 대한 기본적인 틀을 구축하였다는 평가를 받는다. 웨스트럼은 조직이 안전 관련 정보 흐름을 처리하는 수준과 신뢰의 발전 정도에 따라 3단계[병리적^{Pathological} → 관료적^{Bureaucratic} → 생산적^{Generative}]로 발전한다고 보았으며, 특히 마지막 단계에 이르러야 조직이 진정한 안전문화를 달성했다고 보았다^(Westru, 1993).

표 6 | 웨스트럼의 모형

1단계 : 병리적	2단계 : 관료적	3단계 : 생산적
• 정보가 숨겨짐 • 정보전달자는 처벌됨 • 책임을 회피하고, 실패는 숨겨짐 • 새로운 아이디어는 일방적으로 무시됨	• 정보가 인정되나 무시됨 • 정보전달자를 용인함 • 책임이 구분되고, 실패는 사건을 만듦 • 새로운 아이디어는 인정되나 문제를 일으키기도 함	• 적극적으로 정보가 생성됨 • 정보전달자를 훈련함 • 책임이 공유되며, 조직이 공정함 • 새로운 아이디어를 환영함

출처: Ron Westrum(1993)

② 4단계 성숙수준 모형

'브래들리 커브(Bradley Curve, 1995)'가 듀폰DuPont사의 4가지 핵심가치(안전보건, 윤리준수, 환경보호, 인간존중) 중 안전을 조직적으로 성숙시켜 문화로 정착시키기 위해 만든 모형이다. 단계가 높아질수록 재해율이 낮아지므로, 4단계를 안전문화의 완성 단계로 여긴다.

그림 7 | 듀폰의 브래들리 커브

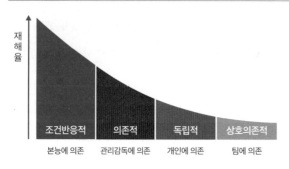

- **1단계(조건반응적)**: 구성원의 본능에 의해 안전리스크 관리, 법적인 요건만 준수, 안전은 안전부서 책임이며 경영층은 관심 없음
- **2단계(의존적)**: 안전관리가 관리감독자에 의해 이루어지며, 안전교육에 의존
- **3단계(독립적)**: 안전에 대한 충분한 지식이 있어, 본인 스스로 안전리스크 관리 가능
- **4단계(상호의존적)**: 팀 구성원들이 서로의 안전을 챙겨주며, 안전한 조직에 대한 높은 자부심을 가짐

출처: dss⁺ Bradley Curve 참고하여 재구성

③ 5단계 성숙수준 모형

패트릭 허드슨Patrick Hudson은 웨스트럼(1993)의 분류와 제임스 리즌(James Reason, 1997)의

그림 8 | 허드슨 사다리 모형

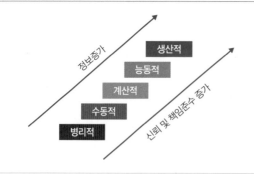

- **1단계(병리적)** : 우리 사업은 위험하므로 사고는 당연하며, 발각되지 않는 한 관심 없음
- **2단계(수동적)** : 심각성은 인정하지만 무엇을 해야 할지 몰라 문제 발생 시에만 조치
- **3단계(계산적)** : 안전경영시스템 유지 및 안전 감사 활성화, 통계자료 추적과 확보
- **4단계(능동적)** : 학습 및 새로운 아이디어 환영, 구성원 스스로 안전관리
- **5단계(생산적)** : 안전문화가 가장 성숙된 수준

출처: Hudson(2003), p.i9 재구성

지원 활동 : 자본·기술

분류를 혼합하여 수정한 '허드슨 사다리(Hudson Ladder, 2003)' 모형을 만들었다. 이는 5단계[병리적 → 수동적 → 계산적 → 능동적 → 생산적] 성숙수준으로 구성되어 있으며, 안전문화를 '정보의 양'과 '신뢰 및 책임 준수'와 비례하여 증가한다고 보았다(Hudson, 2003; Parker·Lawrie·Hudson, 2006).

안전과 사고 예방은 애초에 사람에 관한 것이기 때문에 행동적 측면과 사회·문화적 측면에서 모두 살펴봐야 한다. 안전문화를 평가하기 위한 활동 및 실천적 기법들이 활발하게 적용되고 있지만, 안전문화 평가는 평가결과에 따라 개선이 필요한 부분에 대하여 조치하겠다는 경영진의 명확한 의지가 있을 때 실시되어야 한다. 사후개선조치가 수반되지 않는 평가는 무용지물이기 때문이다. 또한 평가결과는 비판을 위한 것보다는 대화와 발전을 위한 건설적 피드백으로 사용되어야 한다(윤석준 외, 2016).

(3) 안전보건관리체계[57]

'안전보건관리체계'는 사고를 예방하도록 감시하고 평가하는 시스템을 말한다. 〈산업안전보건법〉에 따르면, "매년 회사의 대표이사는 매년 회사의 안전보건에 관한 계획을 수립하여 이사회에 보고하고 승인을 받아야 한다"고 규정되어 있다(산업안전보건법, 제2장). 또한 사업주 혹은 경영책임자는 안전보건관리체계를 구축하고 이행을 위한 조치를 해야 하는데, 이러한 의무 등을 소홀히 해서 중대재해가 발생하면, 사업주 또는 경영책임자가 책임을 지게 된다(문성후, 2022).

산업재해는 개인의 노력과 의지만으로 예방하기 어렵다. 따라서 '사람은 실수하고, 기계는 고장난다'는 사실을 인정하고, 기업별 특성을 고려한 안전보건관리체계를 구축하고 이행해야 한다(고용노동부, 2021). '안전보건관리체계의 구축'이란 "일하는 사람의

---

57 '토픽 3'은 전체 중 14.7%의 비중을 차지하며, '안전보건경영시스템', '중대재해처벌법', '안전관리비용', '안전관리', '안전관리방안', '개선방안', '안전관리유형' 등으로 구성되어 있다. 이에 토픽 3을 '안전보건관리체계'라고 보았다.

생명과 건강을 보호하기 위해, 기업 스스로 위험요인을 파악하여 제거·대체·통제방안을 마련 및 이행하며, 이를 지속적으로 개선하는 일련의 활동"을 의미한다(고용노동부, 한국산업안전보건공단, 2022).

고용노동부에서는 기업의 안전보건관리체계 구축을 위한 7가지 핵심요소(① 경영자 리더십, ② 근로자의 참여, ③ 위험요인 파악, ④ 위험요인 제거·대체·통제, ⑤ 비상조치계획 수립, ⑥ 도급·용역·위탁 시 안전보건 확보, ⑦ 평가 및 개선)를 제시했으며, 이를 달성하기 위한 목표 및 우수사례는 〈표 7〉에 정리해놓았다.

표 7 | 안전보건관리체계 구축을 위한 7가지 핵심요소 및 사례

핵심요소	사례
1. 경영자 리더십: 경영자는 안전보건경영에 대한 확고한 리더십을 가져야 함	한국공항공사: ESSG(Environment·Safety·Social·Governance, 환경·안전·사회·지배구조) 경영, CEO를 포함한 경영진과 전국 사업장을 매칭한 '안전멘토링', '안전관리실태보고제도'
2. 근로자의 참여: 모든 근로자가 안전보건에 대한 의견을 자유롭게 낼 수 있어야 함	한국지엠(주): 전 직원이 참여해 안전제안과 위험요소들을 발굴 및 개선하는 'Safety Map'
3. 위험요인 파악: 작업환경에 내재된 위험요인을 찾아내야 함	㈜만도: 잠재적인 위험을 사전에 발굴하는 '안전보건 모델라인', '월별 Theme 점검 활동'
4. 위험요인 제거·대체·통제: 위험요인을 제거·대체·통제할 방안을 마련해야 함	삼성중공업(주): Smart IoT를 활용한 안전관리(QR코드를 활용한 실시간 밀폐구역관리 및 장비 점검, AI 인체 충돌방지 시스템 등)
5. 비상조치계획 수립: 급박히 발생한 위험에 대응할 절차를 마련해야 함	삼성물산: 근로자들은 위험요소 발견 시 현장 특성에 맞게 구축된 신고 플랫폼(메신저, 핫라인 등)을 통해 작업중지권* 사용
6. 도급·용역·위탁 시 안전보건 확보: 사업장 내 모든 구성원의 안전보건을 확보해야 함	효성중공업(주): '도급업체 안전관리 책임자 적격성 평가제도' 도입, 현장 사각지대 관리를 위한 이동형 CCTV, 현장 점검용 드론 배치
7. 평가 및 개선: 안전보건관리체계를 정기적으로 평가하고 개선해야 함	CJ제일제당: 주기적으로 안전부서 평가를 진행하고 '안전경영 5대 체계(인식 ⇨ 개선 ⇨ 예방 ⇨ 대응 ⇨ 진단)' 운영

* 작업중지권: 산업재해가 발생할 급박한 위험이 있을 시, 사업주는 즉시 작업을 중지시키고 근로자를 작업장소에서 대피시켜야 하고, 근로자 역시 스스로 작업을 중지하고 대피할 수 있다(〈산업안전보건법〉 제51조, 제52조).

출처: 고용노동부(2021); 고용노동부, 한국산업안전보건공단(2022) 참고하여 작성

안전보건관리체계는 안전문화와 안전보건 역량이 상호작용할 때 효과적으로 작동될 수 있다. 따라서 기업의 경영책임자는 조직의 모든 프로세스에 안전을 통합함은 물론, 모든 구성원의 안전보건 역량뿐만 아니라 안전문화 역량을 최상위 수준으로 개발하고 확충해야 한다(이혁필, 2022).

(4) 안전보건커뮤니케이션[58]

미국의 보험회사 트래블러스Travelers의 직원이었던 허버트 윌리엄 하인리히Herbert William Heinrich는 "1건의 대형사고가 발생하기 전, 같은 원인으로 29건의 경미한 사고가 발생하고, 유사한 원인으로 일어날 뻔한 아차사고가 300건이 존재한다"는 '하인리히 법칙(1:29:300의 법칙)'을 만들었다(Heinrich, 1931). 아차사고란 작업자 부주의나 현장의 결함 등으로 사고가 일어날 뻔했으나 직접적인 피해가 발생하지 않은 사고로, 크고 작은 사고의 전조 증상을 의미한다.

만약 경미한 사고가 발생했다고 하더라도, 이를 현장관리자(또는 관리감독자)에게 보고하지 않거나 개선을 위한 조치가 이루어지지 않았다면, 이는 조직프로세스 관점에서 안전 이슈에 대한 의사소통 문제가 발생했다고 볼 수 있다. 안전에 있어서 의사소통 문제는 구조적인 요인과도 연관성이 있다. 즉, 현장관리자, 관리감독자, 작업자가 모두 안전에 관련된 구체적인 역할이나 책임을 제대로 알고 있지 못한 것이다(윤석준 외, 2016). 또한 사고나 재해를 예방하기 위해서는 현장 근로자와 함께 협의를 통해 실질적인 개선 조치가 이루어져야 하고, 안전을 비용 또는 보여주기 식으로만 인식해서는 안 된다.

최근 기업의 중대재해에 대한 책임이 강화되고 있으나, 여전히 산업재해 예방과 대

---

58 '토픽 4'는 전체 중 18.5%의 비중을 차지하고 있으며 '위험요인', '의사소통', '근로자', '사업장', '경영진', '안전의식', '감독자', '안전보건커뮤니케이션', '예방' 등으로 구성되어 있다. 이에 토픽 4는 '안전보건커뮤니케이션'이라 명명하였다.

응이 미흡한 수준이다. 따라서 현장관리자와 작업자 사이의 원활한 의사소통을 통해 아차사고가 중대사고로 커지지 않도록 노력해야 한다. 한승조(2021)의 연구에 따르면, 안전보건 경영과 관련된 경영진의 지지가 높아지면 조직 내 안전보건과 관련된 의사소통이 활발해지고, 최종적으로는 근로자 안전의식과 행동이 증진되는 효과가 있는 것으로 밝혀졌다. 안전보건과 관련하여 원활한 의사소통이 이루어지기 위해서는 경영진의 안전보건에 대한 중요성 인식이 증대되어야 할 것이다.

기업시민 관점에서 바라본 기업의 안전보건 이슈 대응은?
- CCMS 중심으로

> 기업의 안전보건 이슈에 대해 기업시민 관점에서 어떻게 대응하고 있는지 살펴보기 위해, 앞서 살펴본 4가지 이슈에 해당하는 내용을 CCMS에서 찾아 대응 방향으로 매칭했다.

그림 9 | 기업의 주요 안전보건 이슈와 대응

1) 비상대응체제 및 재발방지대책 수립

사고는 늘 예고 없이 찾아온다. 혹시 모를 불의의 사고에 대비하여 비상대응체계를 완벽히 구축했음에도 불구하고, 뜻하지 않은 사고가 발생했을 경우 재해자의 목숨

지원 활동 : 자본·기술

을 구하고 부상을 최소화하는 것이 가장 중요하다. 또한 재해나 사고가 발생했을 때, 빠른 대응만큼이나 중요한 것이 재발 방지이다. 여기에는 재해로 이어질 뻔한 아차사고도 예외일 수 없다. 재해나 사고가 발생한 경우, 2차 재해를 방지하기 위해 기계나 설비를 정지해야 하며, 사고조사가 완료되기 전까지 현장이 훼손되지 않도록 보존해야 한다. 그리고 과학적인 사고조사 기법 등을 개발하거나 활용하여 재해나 사고가 발생하게 된 원인을 규명하고, 위험요인을 발굴해 안전대책을 수립하여, 유사한 재해가 반복되지 않도록 하는 것이 중요하다.

* 대응사례: 긴급 안전조치 안내 양식 마련 및 중대재해 신속대응 지침 제정

2) 스마트 안전기술 활용 및 안전문화 확산

우리는 흔히 안전사고가 일어나는 원인 중 하나로 '안전불감증'을 꼽는다. 불감(不感)이란 감각을 느끼지 못하는 상태를 말한다. 하지만 감각은 배워서 아는 것이 아니라 원래부터 느낄 수 있는 것을 의미한다. 안전의 경우 원래부터 우리가 느끼는 것이 아니라 배워서 아는 것이다. 그래서 우리는 안전에 대해 불감한 것이 아니라, 알고도 모르는 척 '무관심'한 상태인지도 모른다. 따라서 안전에 관한 무관심으로 발생하는 사고나 재해를 방지하기 위해서 안전보건에 대한 인식과 역량을 향상시키는 것이 중요하다. 이를 위하여 안전보건교육을 지속적으로 실시하여 위험을 감지할 수 있는 안목을 키울 수 있도록 지원해야 하며, 최신 사례와 기법을 통해 직원들의 '위험 발굴 역량'을 지속적으로 제고해야 한다.

한편, 안전한 현장을 구축하는 것에도 많은 변화가 나타났다. 스마트 기술을 안전관리에 도입하여 안전문화 확산에 기여하고 있다. 즉, 위험요인과 위험개소 발굴을 위해 스마트 안전기술(센서와 카메라, 드론 등)을 활용하여 사각지대가 발생하지 않도록 안전 리스크 요인을 탐지할 수 있으며, 이렇게 발굴된 정보는 작업자의 디지털 기기와 연결되어 다양한 위험경보를 안내해 줄 수 있다. 또한 스마트 기술이 적용된 로봇과

기계 장치 등을 통해 사람이 직접 수행하기 위험한 작업 일부나 전체를 대체할 수 있다. 그러므로 안전문화 확산을 위해 스마트 기술을 적극적으로 도입하여 안전 인프라를 공고히 해야 할 것이다.

* 대응사례: 안전작업허가 프로세스 디지털화, 안전보건 통합관리시스템 스마트화

3) 선진화된 산업보건관리체계 및 근로자의 건강증진

기업시민으로서 신뢰와 창의의 조직문화로 행복하고 보람 있는 회사를 만들기 위해서는 구성원의 신체적 안전, 심리적 안정감, 생활의 안정 등이 보장되어야 한다. 그런데 구성원의 신체적 안전을 보장하기 위해서는 그 무엇보다도 안전하고 쾌적한 근무환경을 구축하는 것이 선행되어야 할 것이다. 이는 회사 차원의 노력뿐만 아니라, 모든 구성원이 '안전과 건강이 최우선'이라는 자세로 업무에 임할 때 비로소 달성할 수 있다. 직원들의 건강은 무엇과도 바꿀 수 없는 기본 가치이기 때문이다.

임직원의 건강을 지키기 위한 산업보건관리체계를 구축할 때, 근로자가 유해요인에 노출되지 않도록 사전에 조치하는 것이 가장 중요하다. 또한 직원 주도의 자율적인 안전 활동을 통해 세계 최고 수준의 안전문화를 구축하기 위해서는 IoT^{Internet of Things}(사물인터넷)와 같은 스마트 기술을 접목하는 등 선진화된 산업보건관리체계를 구축하여, 보다 과학적이고 효과적으로 직원의 안전과 건강을 지킬 수 있는 근무환경을 만들어야 한다. 그리고 근로자의 안전보건 증진을 위해서는 회사 차원의 노력뿐만 아니라, 전 직원이 스스로 개인의 건강상태를 고려하여 지속적인 운동과 식이 조절, 금연, 금주 등 건강관리에 관심을 기울여야 한다. 그뿐만 아니라, 코로나 19와 같은 감염병의 위험에서 자신뿐만 아니라 동료의 안전을 지키기 위해 사내 감염병 대응 지침을 숙지하고 예방 활동에도 적극적으로 동참하는 자세가 필요하다.

* 대응사례: 보건자문위원회 발족, 직원 대상 심리상담 프로그램 운영 및 건강검진 제도 개선

4) 현장 중심의 안전실행력 제고 및 소통 강화

안전관리는 사무실에서만 이루어져서는 안 된다. 안전 문제의 모든 해답이 현장에 있다. 안전관리자나 직책자들이 현장을 다니면서 직원들에게 주의를 주거나 격려만 하는 것이 아니라, 솔선수범하여 위험한 것은 없는지 직접 살펴보고 직원들과 의사소통하며 해결방안을 찾아야 한다. 이를 위해 구성원 모두가 끊임없이 학습하고 안전역량을 향상시켜야 한다. 또한 연구설비 및 공사관리 등 중대사고 위험이 우려되는 작업의 경우 조직 간 소통과 사전 위험성평가를 통해 위험요인을 철저히 제거해야 하며, '노사합동위원회'를 통해 구성원 모두가 참여할 수 있도록 동기를 부여해야 할 것이다.

* 대응사례: 안전신문고 운영, 유해위험 드러내기 경진대회 개최

Wrap-up

오늘날 주주뿐만 아니라 직원, 고객, 협력사, 지역사회 등을 아우르는 이해관계자 자본주의가 강조되면서 기업경영에 대한 새로운 패러다임이 요구되고 있다. 이러한 시대적 요구에 부합한 개념이 바로 '기업시민'이다. 기업시민은 ESG, 사회적 가치, 지속가능경영 등을 포괄하는 개념으로, 현대사회 시민처럼 생각하고 행동하는 기업을 일컫는다. 따라서 기업은 기업시민을 기반으로 한 ESG 경영을 이행해야 함은 물론, 이와 관련된 평가 정보를 투명하게 공개해야 한다. 오늘날 '가치 소비'나 '미닝아웃'을 중시하는 소비자가 늘어나면서 기업의 ESG 활동이 소비자들의 제품 구매에 영향을 주고 있으며, 투자자들 역시 이러한 평가 정보를 기반으로 투자를 하기 때문이다.

따라서 이번 장에서는 최근 3년간 기업시민 및 ESG와 관련된 KCI 등재지 중 '환경' 또는 '안전보건'에 대해 다룬 논문의 초록과 키워드에 대하여 LDA 토픽모델링 분석을

실시하였다(환경과 안전보건 분야별로 각각 토픽모델링 분석을 진행함). 이를 통해 환경과 안전보건 분야에 대한 기업의 주요 이슈를 각각 도출해냈으며, 그 결과는 다음과 같다.

먼저, 환경 분야에 대한 기업의 주요 이슈는 ① 기업의 사회적 책임과 환경윤리, ② 환경경영과 ESG 정보 공시, ③ 그린 마케팅과 RE100, ④ 기후변화 대응과 탄소경영으로 나타났다. 그리고 안전보건 분야에서는 ① 중대재해 예방 및 대응, ② 안전문화, ③ 안전보건관리 체계, ④ 안전보건커뮤니케이션이 주요 이슈로 나타났다.

다음으로 환경과 안전보건 분야에 대한 기업의 주요 이슈들이 '기업시민 관점에서 어떻게 대응되고 있는지' 살펴보기 위해, 기업시민 실천원칙과 사례가 담겨있는 포스코의 CCMS 내용과 LDA 토픽모델링 분석을 통해 도출된 이슈들을 매칭하여 다음과 같이 대응 방향을 제시하였다. 기업시민 관점에서 본 기업의 환경 이슈에 대한 대응 방향은 ① 저탄소·친환경 체제로의 전환, ② 환경정보의 객관적 평가 및 공개, ③ 친환경 제품 개발 및 사회적 감축, ④ 폐자원의 재활용과 자원순환사회 실현으로 나타났다. 그리고 안전보건 분야의 경우 ① 비상대응체제 및 재발방지대책 수립, ② 스마트 안전기술 활용 및 안전문화 확산, ③ 선진화된 산업보건관리체계 및 근로자의 건강증진, ④ 현장 중심의 안전실행력 제고 및 소통 강화를 통해 대응해야 한다고 보았다.

오늘날 기업의 투자 순위가 '돈 잘 버는 기업'에서 '착한 기업'으로 바뀌고 있다. 이전까지 기업들이 매출이나 이윤 창출에 집중했다면, 이제는 환경·사회·지배구조 등 ESG를 고려해야 지속가능해졌다. 따라서 기업은 경영활동을 통한 이윤 창출 과정에서 사회와 조화롭게 성장하기 위해 모든 이해관계자들과 공생·공존해야 하며, 이를 통해 기업시민의 가치를 창출할 수 있을 것이다.

220년 기업 '듀폰', 그동안 변한 것과 변하지 않는 것은?

빠르게 변하는 세상 속에 220년이란 세월을 꿋꿋이 지켜온 기업이 있다. 바로 듀폰DuPont이다. 1802년 미국 델라웨어의 작은 화약공장에서 시작된 듀폰은 바이오·농식품·첨단 소재 분야에서 유일하게 포춘Fortune이 선정한 '글로벌 500대 기업'이자 '가장 존경받는 50대 기업'으로 매년 이름을 올리고 있다. 그러나 지금의 듀폰이 있기까지 많은 우여곡절이 있었다.

1930년, 듀폰은 기적의 냉매라 불리는 '프레온 가스freon gas'를 개발했다. 프레온 가스가 에어컨, 냉장고 등에 사용되면서 식중독과 설사병을 감소시켰고, 백신을 냉동 보관할 수 있게 하여 그 효력을 높이는 등 인류에 엄청난 영향을 끼쳤다. 하지만 프레온 가스가 대기의 오존층을 파괴하여 지구온난화 현상을 일으키는 주요 원인임이 드러나면서, 이후 프레온 가스에 대한 국제적인 퇴출 운동이 벌어졌다. 이에 듀폰은 프레온 가스 생산을 전면 중단했고, 대신 온실가스 배출이 거의 없는 새로운 냉매를 개발하였다. 또한 옥수수잎 같은 농작물 폐기물로 가솔린을 사용할 때보다 온실가스 배출량을 90%나 줄일 수 있는 바이오에탄올bio-ethanol 생산설비를 구축하였다. 2021년에는 RE100에 합류하면서 재생가능 전기의 점유율을 높였음은 물론, 자체 온실가스 배출량을 10%나 줄이는 등 다양한 친환경 정책을 펼치고 있다(DuPont 홈페이지 참고).

그뿐만 아니라 듀폰은 경영체질 개선을 위하여, 주력 사업이던 섬유 부문을 매각하고 대대적인 업종 전환을 단행했다(2004년). '화학기업'에서 바이오, 소재, 안전보호, 지식기반 산업 등을 중심으로 한 '종합과학기업'으로 거듭난 것이다. 이러한 큰 변화 속에서도 듀폰이 220년이나 지속가능할 수 있었던 이유는 바로, '안전, 환경, 윤리경영, 인간존중'이라는 경영이념을 바탕으로 비즈니스를 성장시킨 것이다.

듀폰은 이 중에서도 특히 직원의 안전과 보건을 최우선의 핵심 가치로 삼았다. 1802년 듀폰의 첫 번째 화약공장이 지어질 당시, 듀폰의 창업주 '엘뢰테르 이레네 듀폰Eleuthere Irenee du Pont'은 직원들과 함께 위험을 분담하기로 결심하고 화약공장 안에 자신의 자택을 지었다. 말로만 안전을 강조하는 게 아니라 몸소 실천한 것이다. 하지만 1818년 화약공장 폭발사고로 직원 40여 명이 죽고, 회장 일가가 부상을 입는 등 커다란 피해가 발생했다. 이러한 위기 속에서 듀폰은 안전교육을 강화하고 안전규칙을 제정하는 등 전화위복의 계기로 삼았다. 그리고 공장 안에 있던 집도 다시 보수하여 이전과 같이 생활하자, 지역사회와 직원들에 큰 반향을 일으켰고, 이는 곧 기업에 대한 신뢰로 이어졌다.

토의 아젠다

1. 듀폰은 프레온 가스가 지구온난화 현상을 일으키는 주요 원인임이 드러나자 프레온 가스 생산을 중단하고 온실가스 배출이 거의 없는 새로운 냉매 개발 및 친환경 생산설비를 구축하였다. 기업이 지속가능하기 위해서는 기업 본연의 목적인 '이윤 창출'뿐만 아니라 '사회적 문제해결'에 앞장서야 하지만, 만약 이 두 가치 사이에서 이해 상충의 문제가 발생했을 때 무엇에 우선순위를 두어야 할까?

2. 듀폰은 1818년 화약공장 폭발사고가 일어난 뒤 유사한 사고가 반복되지 않도록 안전을 최우선 핵심가치로 두어 안전사고 제로화에 앞장서고 있다. 안전사고 및 산업재해를 방지하기 위해 가장 중요한 것은 무엇일까?

지원 활동 : 자본·기술

[부록]
연구방법 및 데이터 분석 결과[59]

이번 장에서는 "기업의 환경 및 안전보건 분야에 대한 주요 이슈"를 도출해내기 위하여, 기업시민 및 ESG에 관한 KCI 등재지 중에서 환경 및 안전보건에 대하여 다루고 있는 논문[60]의 초록abstract과 키워드에 대해 '빈도분석', 'TF-IDFTerm Frequency - Inverse Document Frequency 분석' 그리고 'LDALatent Dirichlet Allocation(잠재 디리클레 할당)를 활용한 토픽모델링'을 실시하였다. 그 결과 환경과 안전보건 분야에 대한 주요 이슈를 각각 도출하였으며, 자세한 사항은 다음과 같다.

표 8 | 연구방법 및 절차

① 데이터 수집·추출	• 기업시민 및 ESG에 관한 KCI 등재지 중에서 환경 및 안전보건과 관련된 논문 초록과 키워드 분석
② 데이터 전처리	• 구조화되지 않은 비정형 텍스트를 분석 가능한 형태로 정제 및 변환
③ 빈도/TF-IDF 분석	• 단어 정제과정을 거친 후, 빈도분석 및 TF-IDF분석 실시
④ LDA 토픽모델링 및 IDM 시각화	• LDA를 활용한 토픽모델링을 실시한 후, 그 결과를 IDM 방법으로 시각화
⑤ 분석 결과	• 환경 분야의 주요 이슈와 안전보건 분야의 주요 이슈를 각각 도출

⊕

기업시민 기반의 환경 및 안전보건 이슈 대응: CCMS 중심으로

1. 데이터 수집 및 추출

2020년 1월~2022년 10월까지 발표된 기업시민 및 ESG에 관한 KCI 등재지(KCI 등재 후보지 및 기타 논문은 제외) 중에서 환경과 관련된 논문 39편과 안전보건과 관련 논문 21편

---

59 손예령(2022), ESG 시대, 기업의 환경 이슈에 관한 연구 동향 분석: LDA 토픽모델링 분석을 중심으로, 문화와 융합 44(12)를 참고하여 작성.

60 소셜미디어 및 뉴스에서 수집되는 빅데이터의 경우, 다양한 시각을 가진 사람들의 의견을 파악하는데 용이하나 객관성 및 신뢰도 문제가 꾸준하게 언급되고 있기 때문에, 이번 장에서는 관련 논문을 분석하는 것이 보다 전문적이고 객관적인 정보를 수집하는데 유용할 것이라고 판단하여 KCI등재지를 중심으로 분석을 진행하였다

을 선정하여, 해당 논문의 초록과 키워드를 중심으로 분석(주제와 관련도가 낮은 논문 제외)하였다.

2. 데이터 전처리

구조화되지 않은 비정형 텍스트를 분석 가능한 형태로 정제·변환해 데이터 전처리를 하였다.

- 텍스톰6.0을 활용하여 형태소 분석 진행. 2글자 이상의 명사(한국어, 영어)만 추출
- 숫자, 특수문자, 고유대명사 제외, 연구주제와 무관한 단어는 불용어 처리
- 주제와 관련되어 반복적으로 나오는 단어(ESG, 기업시민, 환경, 친환경, 안전보건 등) 제외
- '종업원', '구성원'은 '직원'으로 동의어 처리, 그리고 '거버넌스'는 '지배구조', '브랜드이미지'는 '기업이미지', '그린이미지'는 '친환경이미지', 'COVID-19'는 '코로나19', '안전장갑', '안전모' 등은 '보호장비' 등으로 처리

3. 키워드 빈도 및 TF-IDF 분석

단어 정제과정을 거친 후, 여러 문서에서 동시에 등장하는 단어의 빈도수를 분석하였다. 단순히 단어의 출현 빈도를 파악하는 것만으로는 해당 단어들이 지니는 맥락과 의미를 정확하게 파악하기 어렵다. 이에, 여러 문서로 이루어진 문서군이 있을 때 '어떤 단어가 특정 문서 내에서 얼마나 중요한지'를 나타내는 TF-IDF 분석을 함께 진행하였다.

여기서 TF^Term Frequency는 해당 단어의 빈도값을 의미하며, 이를 통해 전체 문서에서 해당 단어가 얼마나 빈번하게 출현했는지 알 수 있다. IDF^Inverse Document Frequency는 DF^Document Frequency의 역수를 취한 값으로 '역문서빈도'를 의미한다. 즉, 한 단어가 전체 문서군에서 얼마나 공통적으로 나타나는지를 보여주며, 단어 자체가 문서군 내에서 자주 사용되는 경우, 그 단어가 흔하게 등장한다는 것을 의미한다.

지원 활동 : 자본·기술

그림 10 | 텍스톰에서 제공하는 TF-IDF 값 산출식

$$TF \times ln\left(\frac{D}{DF}\right)$$

TF : 단어의 빈도

ln : 자연로그[61]

D : 전체 문서 수

DF : 해당 단어가 포함된 문서 수

예를 들어 관사, 조사, 술어, 접속사, 전치사 등과 같은 '불용어'는 여러 문서에서 자주 등장하지만, 이러한 불용어는 대부분의 문서에서 자주 등장하기 때문에 TF-IDF 값에서는 그 중요도가 낮다고 판단하여 TF-IDF 값은 낮아진다. 이와 반대로 특정 문서에서만 빈출되는 단어는 그 중요도가 높다고 판단하여 TF-IDF 값이 높아진다. 즉, TF-IDF 값은 단어의 중요도와 비례함을 알 수 있다. 또한 동일한 단어가 복수의 토픽에 할당될 수 있다. 동일한 단어라도 문서에 따라 각기 다른 의미와 맥락으로 해석될 수 있기 때문이다.[62]

4. LDA 토픽모델링 및 IDM 시각화

기존의 네트워크 분석만으로는 발견하기 어려운 의미를 도출하기 위해 토핑모델링 분석 방식 중에서도 대중적으로 사용되고 있는 LDA 방식을 사용했다. LDA 토픽모델링은 확률분포 중 하나인 디리클레의 분포를 가정하여, 설정된 토픽 수 값에 따라 전체 문서에 토픽을 무작위로 할당한 뒤, 토픽의 재할당을 반복하며 잠재적인 토픽을 찾아내는 알고리즘이다.

그런데 토픽모델링의 경우 토픽 수에 따라 구조가 달라지기 때문에 토픽 수 및 해

---

61 자연로그를 사용하지 않고, IDF를 DF의 역수로 사용하게 되면, 전체 문서 수(D)가 커질 때, IDF 값이 기하급수적으로 커지기 때문에 이를 방지하기 위해 로그를 사용함

62 Maier, D., Waldherr, A., Miltner, P.. Wiedemann, G., Niekler, A., Keinert, A., & Adam, S. (2018). Applying LDA topic modeling in communication research: Toward a valid and reliable methodology. Communication Methods and Measures. 12(2-3), 93-118.

당 토픽 안에 들어갈 단어의 수를 결정하는 것이 중요하다. 그리고 토픽 간의 거리가 멀수록 주제 간 구분이 뚜렷하고 판별 타당도가 높아진다. 그래서 토픽 수를 3~6개 사이로 시뮬레이션을 돌려보았는데, 토픽들 간의 거리가 뚜렷하게 구분되는 경우가 4개의 토픽 수를 선정하였을 때였다. 이에, 본 장에서는 4개의 토픽을 중심으로 각 토픽별로 가장 빈번하게 등장하는 단어 30개를 키워드로 설정하였다. 그러나 토픽 안에 들어있는 모든 단어를 고려해 주제를 해석하기 어렵기 때문에, 가장 많이 등장하거나 유의미한 키워드들을 중심으로 토픽의 의미를 도출했다. LDA 토픽모델링 분석을 진행한 후, 각 토픽의 크기와 토픽 간의 거리 및 상관관계를 파악하기 용이하도록 IDM^{Intertopic Distance Map}(주제 간 거리지도)을 통해 시각화^(⟨그림 2⟩, ⟨그림 5⟩ 참고)하였다.

5. 분석 결과

1) 빈도분석 및 TF–IDF 분석 결과

표 9 | 기업의 '환경' 및 '안전보건' 이슈 '빈도 분석' 및 'TF-IDF 분석' 결과

순위	기업의 '환경' 이슈				기업의 '안전보건' 이슈			
	키워드	빈도수	키워드	TF-IDF	키워드	빈도수	키워드	TF-IDF
1	사회적책임	39	CES	80.0269	중대재해처벌법	40	중대재해처벌법	36.65163
2	공시	36	공시	66.44976	안전보건경영시스템	20	안전보건경영시스템	32.18876
3	성과	30	탄소배출	52.9999	사업장	16	감시의무	20.97013
4	기업이미지	26	기업이미지	47.99149	사업주	15	사업주	20.79442
5	지배구조	24	평가	44.61926	경영책임자	13	사업장	19.26356
6	기후변화대응	23	녹색프리미엄	43.65103	산업안전보건법	13	경영책임자	18.02183
7	평가	22	신뢰	40.56296	산업재해	12	산업안전보건법	18.02183
8	CES*	22	성과	40.05003	근로자	10	위험요인	17.97439
9	지속가능경영	21	기후변화대응	38.90855	예방	8	산업안전보건교육	17.97439
10	신뢰	20	Green	38.53482	의사소통	7	안전문화	16.1181
11	Green	19	충성도	38.27771	안전문화	7	리스크	16.1181
12	탄소배출	18	환경정보	38.08461	감시의무	7	관리감독	13.81551
13	소비자	15	사회적책임	36.2519	책임	7	의사소통	13.27984
14	환경정보	15	기업환경윤리	35.54563	리스크	7	근로자	12.03973
15	기업환경윤리	14	직원	35.33327	위험요인	6	교육기관	11.98293
16	공개	13	지배구조	34.56868	관리감독	6	회사법	11.98293
17	충성도	13	EEA	32.73828	경영진	6	보호장비	11.98293
18	탄소중립	12	CER****	32.73828	산업안전보건교육	6	노동자	11.51293
19	녹색프리미엄	12	재무제약	32.73828	안전의식	5	경영진	11.38272
20	직원	12	환경정책임	30.46769	재해	5	책임	11.26607
21	환경적책임	12	혁신	30.46769	개선방안	5	예방	11.09035
22	혁신	12	환경위험	29.44439	노동자	5	산업재해	9.582092
23	경영자	12	공개	29.26679	안전관리	5	재해	9.4856
24	보상	11	환경세	29.10069	중대재해처벌법시행령	4	안전의식	9.4856
25	투자	11	편익	29.10069	책임부과	4	안전관리	9.4856
26	에너지	11	주가급락위험	29.10069	보호장비	4	안전보건조치	9.21034
27	환경위험	10	배출권거래제	29.10069	교육기관	4	대응방안	9.21034
28	영향력	10	보상	27.92871	대응방안	4	감독자	8.987197
29	EEA**	9	소비자	27.6874	회사법	4	안전보건커뮤니케이션	8.987197
30	CDP***	9	CDP	26.49995	중대재해	4	재난안전프로그램	8.987197

*   CES : Corporate Environmental Sustainability, 기업의 환경경영
**   EEA : Eco-Efficiency Analysis, 환경효율성평가(또는 환경영향평가)
***   CDP : Carbon Disclosure Project, 탄소공개프로젝트
**** CER : Corporate Environmental Responsibility, 기업의 환경적 책임

2) LDA 토픽모델링 결과

(1) 기업의 환경 이슈

- [토픽 1] 사회적책임, 지배구조, 기업환경윤리, 지속가능경영, 환경정보, 성과, 공개, 기후변화대응, 협력, 환경문제, 공시, 재무, 교육, 플라스틱, 폐기물, 평가, Green, 재활용, 지속가능경영보고서, 공시규정, 의무공시, 자율공시 등
- [토픽 2] CES, 평가, 신뢰, 환경적책임, 혁신, 환경위험, 재무제약, EEA, CER, 편익, 배출권거래제, 대리인 문제, 공시, 사회적책임, 지속가능경영, 경영자, 환경효율성, 전문(성), 비용, 환경세, 지배구조, 투자비용, 기업투자 등
- [토픽 3] Green, 충성도, 녹색프리미엄, 공시, 사회적책임, 기업이미지, 환경정보, 지배구조, 에너지, 평가지표, 직원, 투자, 소비자, 마케팅, 친환경이미지, RE100, PPA, 보상, CDP, 이해관계자, 고객만족도, 재생가능, 탄소정보공개 등
- [토픽 4] 성과, 기업이미지, 탄소배출, 공시, 기후변화대응, 탄소중립, 사회적책임, 소비자, 보상, 기후변화정책, 조직문화, 고객시민행동, 구매의도, 기업신뢰, 지속가능경영, CDP, SDGs, 조직역량, 친환경구매, 직원, 투자 등

(2) 기업의 안전보건 이슈

- [토픽 1] 중대재해처벌법, 사업주, 경영책임자, 산업안전보건법, 산업재해, 예방, 감시의무, 책임, 리스크, 산업안전보건교육, 근로자, 관리감독, 책임부과, 회사법, 안전보건조치, 중대재해, 대응 방안, 교육기관, 개선방안, 시민, 처벌 등

- [토픽 2] 사업장, 안전문화, 보호장비, 산업안전보건법, 전문영역, 정책효과, 안전장치, 산업재해, 근로자, 안전보건활동, 재해감소시스템, 근로환경조사, 직무교육, 사각지대, 재발방지, 평가지표, HRM(Human Resource Management, 인적자원관리), 개선방안, 관리감독, 산업안전보건교육 등

- [토픽 3] 안전보건경영시스템, 중대재해처벌법, 안전관리비용, 안전관리, 안전겸직, 안전대행, 투자, 재무, 안전관리방안, 개선방안, 안전관리유형, 인증유지, 중대재해처벌법시행령, 안전의식, 중소기업현황정보시스템, 안전성과, 전자공시시스템 등

- [토픽 4] 위협요인, 의사소통, 근로자, 사업장, 경영진, 산업재해, 안전의식, 산업재해, 감독자, 산업안전보건, 안전보건커뮤니케이션, 재난안전프로그램, 산업안전보건법, 건강, 안전보건경영수준, 예방 등

PART 3

지원 활동 :
사람·문화

| 커뮤니케이션 |

'기업시민'과 성과 사이에는 커뮤니케이션이 있다

—

신호창(서강대 지식융합미디어학부 교수)

INTRO

기업시민 커뮤니케이션 트렌드

성공하는 조직에 대한 논의의 중심에는 '커뮤니케이션'이 있다. 패트릭 렌치오니(2014)는 데이터로 명확하게 수치화되는 전문적 능력을 '조직지능'이라고 정의하였다. 이러한 조직지능이 조직의 경쟁력을 결정하는 시대는 이미 지났다. 오늘날 조직들은 전문적인 지식이나 전략 능력을 모두 우수한 수준으로 지니고 있다. 조직지능에 있어서 경쟁력을 따지기 힘든 시대가 왔고, 결국 조직의 성패를 좌우하는 것은 조직 구성원들이 한마음으로 공동의 목표를 향해 매진해 나아가도록 만드는 힘인 '조직건강'이다. 렌치오니는 조직건강이란 '조직이 일관성을 지니며 완전하여 경영, 전략, 문화가 서로 들어맞아 통하는 상태'를 의미한다고 한다.

커뮤니케이션을 통해 조직 구성원의 열의, 충성심, 만족도, 협동심 등을 높이고, 커뮤니케이션을 통해 지역사회 시민들로 하여금 기업 활동을 이해하고 지지하게 만들 수 있다. 조직 건강과 시민사회 건강의 선순환 관계를 만들어 지속가능한 기업시민 명성을 확보할 수 있다.

기후변화, 플라스틱 과용, 저출산 등 조직 및 사회 공동의 문제를 건강한 사원들이 열의를 가지고 참여하여 그 과정에서 시민사회와 기업이 하나로 연결될 수 있다. 시민들이 기업을 동료 집단으로 인식할 때 비로소 기업시민정신은 발현된다. 이러한 과정을 통해서 조직은 자연스럽게 지속가능한 기업시민 명성을 획득하게 된다.

구슬이 서 말이라도 꿰어야 보배다. 여기에서 구슬이 기업시민 활동이라면 꿰는 작업이 바로 커뮤니케이션이다. 기업시민활동을 실행할 때 반드시 커뮤니케이션 프로그램을 동시에 실행해야 한다. 아무리 프로그램이 우수하고 진정성이 있더라도 커뮤니케이션이 부족하면 성과를 내지 못한다. 기본적으로 기업시민은 국민들에게 친근한 개념이 아니다. 스테이크홀더Stakeholder(이해관계자)들도 기업이 생각하는 것만큼 따라오지 못한다. 국민과 스테이크홀더들을 대상으로 전략적 커뮤니케이션을 했을 때 비로소 기업시민 활동의 진정성을 인정받고, 기업 신뢰를 제고시킬 수 있으며, 기업 제반 활동에 대한 스테이크홀더들의 지지를 받을 수 있다. 본문을 들어가기 전에 마지막에 제시한 최신 사례들을 먼저 가볍게 일독하기를 권한다.

커뮤니케이션이란 무엇인가

커뮤니케이션은 가치 창출 행동이다. 커뮤니케이션은 조직의 시스템, 상품, 서비스, 기업시민 등과 같은 콘텐츠를 만들고, 이 콘텐츠에 가치를 부여하여 성과를 창출한다. 커뮤니케이션은 암묵지이며 지혜의 학문이다. 전략적 커뮤니케이션은 시대정신에 해당된다. 프로그램을 성공으로 이끌고 조직을 월드클래스 조직으로 발전시킬 수 있다. 그러나 우리나라 실무자들의 전략적 커뮤니케이션에 대한 이해도는 매우 낮은 편이다.

커뮤니케이션이란 단순히 말하고 듣거나 정보를 알리고 습득하는 것에 그치지 않는다. 조직 내부에 있는 사원과 외부에 있는 소비자, 지역주민, 시민단체, 주주 등 다양한 이해관계자들과 커뮤니케이션을 통해 그들의 태도나 행동에 변화를 꾀하여 조직을 지지하도록 하는 행동이다. 내부 스테이크홀더인 사원들 간의 원활한 커뮤니케이션을 통해 훌륭한 콘텐츠를 개발하고, 외부 스테이크홀더와의 전략적 커뮤니케이션을 통해 콘텐츠 판매력 증진이나 조직 명성 제고 등 조직 성과를 창출한다.

커뮤니케이션이란 무엇인가? 보통 생각하고, 말하고, 듣고, 쓰고, 읽는 것이다. 즉 소통, 상대의 행동을 유발하는 것, 의미를 공유하고 상호 이해하는 것 등을 말한다. 그런데 여기에서는 좀 더 분명하게 정의하고자 한다. 커뮤니케이션이란 응답Respond이다. 응답Respond의 명사형Response에 능력Ability을 합하면 응답 능력Responsibility이 된다. 응답 능력은 책임을 의미하게 된다. 따라서 '커뮤니케이션'이란 '책임지는 응답'이다.

커뮤니케이션이 곧 조직이며 동시에 조직 생존과 유지를 좌우한다. 커뮤니케이션은 그 과정process과 방식way이 조직의 기술 혁신과 문화, 사원의 열의와 가치관, 대외 명성, 주가, 마케팅력 등에 영향을 미치기 때문이다. 커뮤니케이션은 특히 기업이 어려울 때 힘을 발휘한다. 구성원 간의 단결과 가치관의 공유를 통해 기업을 유지시킨다.

커뮤니케이션은 행동을 지칭하는 언어다. 비판적 사고나 의미를 공유하는 데 그치지 않고 의도한 것을 실천하는 것까지 포함한다. 보탄(Botan, 2018)은 조직은 커뮤니케이션 과정에서 만들어진 산물이기에 "커뮤니케이션은 툴이 아니라 만들어 내는Constitutive 것이다"라고 말한다.

커뮤니케이션은 공중 즉 사람을 대상으로 하기에 인간, 인간성에 바탕을 둔 커뮤니케이션을 수행해야 한다. 공중들과 인간적 관계를 구축하는 것은 매우 중요하다. '인간 커뮤니케이션Human Communication 능력'이란 '득과 실 사이에서 고민하는 인간적인 측면'과 '다수의 보편적 이익을 추구하기 위한 의사결정 과정'을 공중에게 전달하고 공감을 얻는 능력이다. 공중을 움직이기 위해서는 논리적logos, 감성적pathos, 윤리적ethos 소구를 통하여 접근해야 한다. 조직이 차갑고 비인간적이며 특정한 세력의 이익을 대변하는 것으로 보이면 공중으로부터 조직에 대한 불신감이 증폭하게 된다. 인간적인 고뇌와 합리적 의사결정 과정이 결여되면 정부의 정책은 실패하고 기업에 대한 불신은 커지게 된다.

인간 커뮤니케이션은 '내용의 전달'보다 '관계의 구축'에 기여한다. 인간의 느낌과 열정에 초점을 맞추는 감성적 소구emotional appeals와 다수의 보편적 이익에 초점을 둔 윤리적 소구ethical appeals의 활용이 필요하다.

효과적인 설득 차원에서 에토스Ethos, 파토스Pathos, 로고스Logos를 감안한다. 에토스는 윤리적 호소로 말하는 사람(Source)의 신뢰를 바탕으로 한다. 파토스는 감성적 호소로 동정심이나 공감을 활용하는 방법을 말한다. 로고스는 논리적인 표현을 갖추는 것을 말한다. 기업 내부의 다양한 갈등, 갑질, 횡포가 뉴스와 소셜미디어를 타고 사회의 질타를 받고 공분을 사고 있다. 일반 국민들은 기업 구성원의 애로와 분노를 자신의 애로와 분노로 동일시하는 경향이 있기 때문이다. 따라서 조직 내의 갑질, 횡포, 불통, 갈등 등과 같은 문제를 해결하기 위해 조직 구성원이 직접 나서고, 이를 더욱 확대해 이와 유사한 사회 문제 해결로 연결하는 것이 바로 에토스(사원과 시민 간의 동료의식), 파토스(동일한 문제 직면, 공동체 의식 함양), 로고스(논리적인 전략과 콘텐츠로 사회문제 해결)에 해당된다. 에토스 차원에서 사원들이 참여하여 제작하고 캠페인을 주도적으로 진행하며, 파토스 차원에서 조직 건강(협력)과 사회 건강(공동체)이라는 사회문화적 공동 가치를 추구하고, 로고스 차원에서 논리적인 전략과 콘텐츠로 사회 문제를 해결하는 캠페인을 지속적으로 수행하면 된다.

전략 커뮤니케이션의 등장

전략(적) 커뮤니케이션은 '왜'와 '어떻게'로 시작하고 이는 곧 리더가 되기 위한 주요 조건이 된다. 모든 쟁점이 주어진 역량과 시공간 내에서 최적의 방향으로 해결되기 위해서는 그 방법과 집행은 효과적이며 효율적이어야 한다. 이것이 전략적 커뮤니케이션을 해야 하는 이유다.

왜 사건 사고를 예방할 수 없었는가? 왜 대응이 신속하지 못했나? 어디서부터 불신이 시작되었나? 왜 반기업 정서가 팽배한가? 왜 매출은 제자리걸음인가? 이러한 질문은 곧 '어떻게'로 이어진다. 만약 이 질문에 응답할 수 있다면 시대가 요청하는 진정한 리더가 될 수 있다.

우리 사회의 인간성 회복, 자연재해 예방과 대응, 환경보호, 음주·도박 중독 예방, 고질적 군 문화 탈피, 노인공경과 어린이 보호는 어떻게 하면 실현될까? 저출산에 대한 대책은 무엇인가? 기업시민 활동의 진정성은 어떻게 확보할 수 있는가?

전략에 대한 정의는 다양하여, 보통 소구 공중보다 현명한 것, 목표를 실현시키는 가장 좋은 방법, 목표와 전술 간의 연결고리 등이다. 그런데 전략이란 '없는 것'이라 말할 수 있다. 하나의 전략을 벤치마킹하여 쓰거나 또는 기존의 전략을 그대로 쓰는 것은 효과적이지 않기 때문이다. 따라서 '전략'이란 '상황에 맞게 새롭게 만들어지는 것'이다.

전략적이란 무엇인가? 상황이 변하고 상대가 변하면 거기에 맞추어 전략도 바꾸어야 효과를 창출할 수 있다. '전략적'에는 변화한 규칙, 변화를 시키는 과정 등과 같은 의미가 내포하게 된다. 따라서 '전략적'이란 '환경(공중의 마음) 변화에 따라 전략을 바꾸는 것'이다. 커뮤니케이션과 함께 사용할 때에는 비록 전략적 커뮤니케이션이라는 표현이 더 정확하지만 편의상 전략 커뮤니케이션과 같이 전략을 전략적이라는 의미로 사용한다.

전략 커뮤니케이션은 현실을 만드는 패러다임Paradigm이자 월드뷰Worldview라고 할 수 있다. 보탄(Botan, 2018)은 전략적 커뮤니케이션을 통합 유기체gestalt로 설명한다. 통합 유기체는 각 파트로 이뤄졌는데 각 파트의 합보다 더 큰 유기체다. 비유하자면 전략 커뮤니케이션이 나무라면 나무는 줄기, 가지, 뿌리, 잎 등으로 구성되었다. 그런데 각 부분은 홀로 살아남을 수 없다. 살기 위하여 각 부분은 조화와 협력을 통하여 각 부분의 단순한 합보다 더 크게 되어 새로운 삶을 만들고 유지한다.

전략 커뮤니케이션의 몸통은 관계, 연구, 공중, 캠페인, 평가, 윤리, 의지, 정신 등이다. 전략적 커뮤니케이션이란 '특정 문제를 해결하거나 기회를 창출하기 위해 정치·경제·사회·문화·지리적 상황에 맞는 방법을 새롭게 만들어 책임지고 응답함으로써 조직을 발전적 유기체로 만드는 것'이다.

전략 커뮤니케이션은 조직의 인사, 재무, 마케팅, 법, 커뮤니케이션, 생산, 연구 등 각 경영 기능 차원에서 수행한다. 어느 부서든 쟁점을 해결하거나 기회를 창출하여야 하기에 전략적 커뮤니케이션을 수행할 줄 알아야 한다. 기업시민은 ESG의 쟁점이자 기속가능성장의 기회이다.

1) 발전적 커뮤니케이션 모형

그루닉과 헌트(Grunig & Hunt, 1984)는 미국 PR Public Relations 역사에 대한 고찰을 통해 조직의 커뮤니케이션 유형을 언론대행·선전, 참정보 전달, 과학적 설득, 상호 이해 등 4개의 모형으로 구분하였다. 이들 모형은 조직들이 시행하는 커뮤니케이션 업무들의 특성을 파악하고 개선 방향을 찾는 데 유용하다. 이 모형을 통해 조직의 커뮤니케이션 수준을 평가할 수 있다.

언론대행·선전 모형은 미국에서 19세기 중반에서 20세기 초(1850~1900년)까지 활발했던 커뮤니케이션 모형이다. 이는 거짓·과장되거나 왜곡된 정보로 조직의 의도대로 공중을 현혹시키는 것이다. 이러한 커뮤니케이션은 조직의 목적을 달성하기 위해서 공중을 속이는 비윤리적인 활동이다. 참정보 전달 모형도 언론대행·선전 모형과 같이 일방적인 커뮤니케이션을 한다. 이 모형을 수행하는 커뮤니케이션 담당자는 조직에 관한 모든 사항을 공중에게 제공해야 한다는 의무감을 느낀다. 그러나 거짓 정보를 내보내지는 않지만 불리한 정보는 숨기려 하고 공중의 의견을 듣지 않는다. 과학적 설득 모형은 조직이 의도한 대로 공중을 설득하는 커뮤니케이션 활동이다. 사회과학적 이론과 조사를 바탕으로 사실에 근거한 객관적 정보를 통해 공중을 설득한다는 점에서 앞의 모형보다 발전된 형태의 커뮤니케이션을 수행한다. 그러나 여기서 피드백은 공중의 요구에 응해 조직의 정책을 바꾸는 변화까지는 작동하지 않는다. 공중의 반응을 파악하고 단지 메시지를 수정·보완하기 위한 피드백이라 하겠다.

마지막 모델인 상호 이해 모형은 전략적 커뮤니케이션이 지향하는 모형이다. 조직과 공중 간의 상호 변화를 바탕으로 상호 이해를 도모하는 가장 이상적이고 가장 효과적인 쌍방향 균형 커뮤니케이션을 수행한다. 커뮤니케이션 담당자는 공중의 이해, 관점, 가치 등을 확인하기 위해 다양한 조사와 연구를 수행한다. 과학적 설득 모형과 달리 조직의 일방적 목적을 성취하기보다는 조직과 공중 간의 상호 이해를 증진하기 위한 커뮤니케이션 활동을 한다. 커뮤니케이션 목적은 의도한 대로 공중을 설득하기 위한 것이 아니라, 필요하다면 조직 고유의 정책도 변화시키면서 조직과 공중 간의 의미 공유를 통한 상호 이해를 증진시키는 데 있다.

2) 균형 커뮤니케이션

과학적 설득 모형과 상호 이해 모형의 공통점은 쌍방향적 커뮤니케이션을 수행한다는 점이다. 과학적 설득 모형은 공중의 의견을 과학적 방법으로 수렴하긴 하지만 조직이 그 입장을 받아들여 스스로 변화하지는 않는다. 그러나 상호 이해 모형은 조직과 공중이 이해의 폭을 넓혀 서로 기꺼이 변화할 수 있다는 점에서 과학적 설득 모형과 차이가 있다. 전자를 불균형asymmetric 커뮤니케이션, 후자를 균형symmetric 커뮤니케이션이라 칭한다. 상호 이해 모형 즉 균형 커뮤니케이션을 수행하는 실무자들은 공중의 태도와 행위를 최대로 변화시키기 위하여 조직의 특성과 정책을 바꾸면서까지 공중에게 커뮤니케이션할 내용과 방법을 주의 깊게 계획한다. 이들은 커뮤니케이션을 하는 사람이나 집단을 하나의 정보원(설득자)이나 수용자(피설득자)라고 여기지 않고 둘을 대등한 차원에서 상호 작용하는 주체로 여긴다.

균형과 불균형을 구분 짓는 속성은 의도된 효과의 조화balance of intended effects와 윤리성Ethic이다. 균형 커뮤니케이션에서 의도된 효과의 조화란 조직과 공중 간의 상호 이익을 도모하는 것이다. 이는 상호 이해를 도모하기 위해 공중의 관점뿐만 아니라 조직의 관점도 변화시키는 커뮤니케이션을 의미한다. 한편 균형의 또 다른 속성인 윤리성 ethic은 결과가 아니라 과정상의 윤리성을 뜻한다. 커뮤니케이션 결과로 얻는 전체 사회의 이익보다 과정에서 이루어지는 절차의 합리성을 더 중요하게 여긴다.

커뮤니케이션 캠페인: 기업시민과 성과의 핵심 연결고리

환경보호운동, 금연운동 등과 같은 공익 캠페인, 새로운 정책을 채택하도록 하는 개혁 캠페인, 새로운 환경에 적응하도록 하는 변화 캠페인 등 캠페인은 우리 생활에 깊숙이 들어와 있다. 하지만 우리나라 정부나 기업의 실무자들은 캠페인에 대한 이해도가 낮으며 정부나 기업의 캠페인은 대체로 비효율적인 편이다. 캠페인을 일회성으로 수행하는 이벤트나 플래카드, 포스터를 붙이거나 캐치프레이즈를 내거는 등 전술적 프로그램 정도로 여기기 때문이다.

정부는 환경 문제, 청소년 문제, 국민건강 문제 등 사회 전반에 걸친 광범위한 문제들을 해소하기 위하여 법적 장치를 마련해 두고 있다. 그러나 강제성과 구속력은 정책목표를 달성하는 수단으로 충분하지 않다. 이러한 수단은 사람들의 본질적인 태도나 행동을 변화시킬 수 없기 때문이다. 예를 들어 경찰청은 교통사고 피해를 줄이기 위해 음주운전, 안전벨트 미착용, 속도위반 등 교통 위반에 대한 벌칙들을 수단으로 사용한다. 그러나 시민들이 스스로 교통규칙을 준수한다면, 단속 인력과 예산 등 행정적 낭비를 줄일 수 있으며, 정책 목표를 더 효과적으로 달성할 수 있다. 막대한 예산을 투입하는 것으로는 정책 효과를 기대하기 어렵다. 성공적인 정책집행이 되려면 사람들의 본질적인 태도와 행동을 실질적으로 변화시킬 수 있어야 한다. 이러한 문제를 해결하기 위한 수단으로 캠페인 역할이 강조되고 있다.

캠페인은 커뮤니케이션을 통해 사람들이 기존의 생각이나 태도, 습관, 행동 등을 수정하도록 하는 것이다. 정책이 바라는 결과를 위한 바람직한 행동으로 유도하거나, 정책을 개선하기 위한 여론을 조성함으로써 의도한 목표를 달성할 수 있다. 따라서 캠페인은 소기의 목적을 달성하는 데 가장 효과적인 방법이다. 캠페인이란 커뮤니케이션 전문가가 목표를 달성하기 위해 치밀한 기획 아래 전략과 전술을 일정 기간 동안 지속적으로 수행하는 커뮤니케이션 활동이다. 선진국에서는 공공 정책, 인적 자원 관리, 마케팅, 심지어는 전쟁조차도 캠페인 방식으로 수행하고 있다. 공중을 대상으로 전략적 커뮤니케이션을 펼치기에 보통 커뮤니케이션 캠페인이라고도 부른다.

기업시민 커뮤니케이션 캠페인
수행 과정

전략 커뮤니케이션 수행 과정은 8단계로 구분할 수 있다. 문제진단, 상황분석, 조사수행, 목표 및 공중설정, 후속 자료 분석, 기획수립, PR실행, 평가단계이다. 이들 8단계는 크게 4단계로 구분된다. 조사연구단계, 기획단계, 실행 그리고 평가단계이다. 본 수행과정 8단계의 특징은 조사연구를 특히 강조한다. 제1단계에서 제3단계까지 조사연구 활동들이다. 그만큼 성공적인 전략 커뮤니케이션은 조사연구에 달려 있기 때문이다.

〈그림 1〉의 수행 과정을 간략히 설명하면 다음과 같다. 첫째, 조사연구단계(1단계~4단계)는 기업시민 커뮤니케이션 캠페인 수행 과정의 출발점이다. 이는 전략 수립을 위하여 필요한 정보를 정확히 수집하여 해석하는 과정이다. 조사를 통해 문제를 발견하고 진단함으로써 문제를 해결할 수 있는 전략을 구상하는 근거를 발견하는 컨설팅 단계이다. 즉 조사연구를 통해 현재 조직이 직면한 문제를 규정하고 이에 대한 상황분석을 통해 캠페인의 목표 및 공중과 전략을 이끌어낸다. 이는 정확한 조사연구가 이

지원 활동 : 사람·문화

그림 1 | 기업시민 커뮤니케이션 캠페인 수행 과정

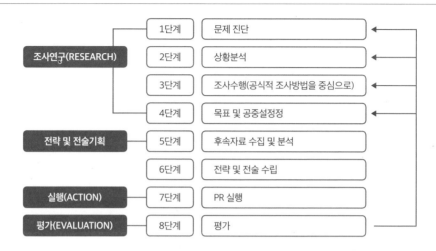

루어지지 않은 채 효과적 캠페인을 수행할 수 없다는 것을 말해준다. 성공적인 캠페인 기획이 되려면 문제를 발견하고 상황을 분석하는 조사단계가 전체 캠페인 기획 과정 시간과 예산에 많이 투자해야 한다. 조사연구 단계는 조사 결과를 바탕으로 캠페인 대상과 목표를 설정하면서 마무리된다. 둘째, 기획단계(5, 6단계)는 목표를 달성하기 위해 구체적으로 누구에게(타깃 공중), 누가(정보원), 무엇을(메시지), 어떻게(매체) 커뮤니케이션해야 하는지를 커뮤니케이션 이론을 적용하여 전략과 전술을 도출하는 단계이다. 셋째, 실행 즉 커뮤니케이션 단계(7단계)는 기업시민 프로그램과 캠페인 전략과 전술을 구체적으로 계획하여 차질 없이 타깃 공중에게 커뮤니케이션 즉 실행하는 과정이다. 넷째, 평가단계(8단계)는 '우리는 어떻게 하였으며, 혹은 어떻게 성과를 냈는가?'를 평가하고 이를 피드백하는 단계이다.

참고로, 전략 커뮤니케이션 성공 사례는 다음과 같이 4개 영역으로 분류하여 정리하였다.

• 상황(조사연구): 상황분석 및 현재 무엇이 일어나고 있는가에 대한 정보를 수집하고

문제 또는 기회를 발견하여 정의한다. 상황 분석과 조사 결과에 기초하여 캠페인 대상과 목표를 설정한다.

• 기획: 캠페인 타깃 공중을 확인하고 목표 달성을 위해 타깃 공중들을 어떻게 변화시키고 행동하도록 하는가에 대한 전략과 전술을 도출한다.

• 커뮤니케이션(실행): 도출된 전략, 전술을 누구에게, 언제, 어디에서, 어떻게 말해야 하는지를 고려하여 구체적으로 실행한다.

• 결과(평가): 실행 후에 기획과 실행 과정이 얼마나 적절했으며, 실제로 타깃 공중 대상으로 어떠한 성과를 얻었는지를 확인한다.

○ **목표, 전략, 소구 공중**

전략적 커뮤니케이션을 이해하기 위해서는 효과적인 기획에 대해 이해할 필요가 있다. 목적을 달성하기 위해 최적의 전략적 커뮤니케이션을 추진하는지 여부는 기획 단계에서 결정된다. 기획서에는 보통 목적, 소구 공중, 목표, 전략, 전술, 구체적 실행 계획, 행사 후 평가안 등을 담는다. 목적Goal은 덜 구체적이며 전체적인 반면에 목표 Objective는 숫자나 퍼센티지로 구체적이며 측정 가능하도록 설정한다. 프로그램 결과를 평가할 때에도 상부에 보고할 때에도 목표를 얼마나 달성했는지를 담아야 명확하다. 목표 설정이 목적 설정보다 중요한 이유다. 전략Strategy은 목표를 달성하기 위한 최적의 지혜로운 방법이라면 전술Tactic은 전략을 추진하기 위한 도구(매체, 메시지)다.

전략은 목표 달성 여부에 커다란 영향을 미치며, 전술은 전략에 따라 변화하고 결정된다. 따라서 전략을 전술보다 우선하는 기획을 해야 한다. 소구 공중을 설정하는 것도 중요하다. 불특정 다수, 즉 대중을 대상으로 전략적 커뮤니케이션을 할 수는 없다. 나이, 성별, 직업 등 데모그래픽 자료를 대상으로 설정하는 것도 대중을 대상으로 하는 것보다는 덜하지만 불분명한 대상이다. 따라서 커뮤니케이션은 비효율적이 될 수밖에 없다.

보탄(Botan, 2018)은 '공중에 대해 생각을 시작하고 마칠 때 비로소 커뮤니케이션은 전략적이 된다'고 말한다. 전략은 전술을 제한하고, 전술을 통해서 전략이 구체화된다. 기획하는 사람은 전략가이며 이를 수행하는 사람은 전술가라 하겠다.

전략적이 되기 위해서는 소구 공중 즉 타깃을 동종업체의 타깃과는 색다르게 설정해야 한다. 관련 공중이 무엇을 생각하고 소비하고 만족을 느끼는가를 판단하고 이들을 세분화한 후에 가장 핵심 그룹만을 타깃으로 설정하는 게 바람직하다.

전략은 무엇을 어떻게 하여 가치를 창출하도록 이끄는지 가이드가 된다. 매체 선정과 메시지 구상 등 구체적인 실행에 영향을 미친다. 쟁점 파악, 상황분석, 조사 등을 바탕으로 대안 전략들을 마련하여 선택하거나 이 전략들의 장점을 모아 융합하여 만든다. 전략이 바로 성과이기에 최고책임자를 만날 때는 전략을 제시할 줄 알아야 한다. 클라이언트 수준을 뛰어넘어 매체에 매몰되지 말고 더 큰 '그림'을 그릴 줄 알아야 한다.

전술은 한마디로 메시지와 매체다. 전략 없이 전술부터 설정하는 것, 예를 들면 어떤 이벤트를 할까, 무슨 크리에이티브한 캐치 프레이즈가 좋은가 등을 먼저 생각하는 것은 바람직하지 않다. 왜냐하면 결코 효과적인 결과를 낼 수 없기 때문이다. 새로운 차원의 가치 창출이 가능한 '전략'을 생각한 후에, 크리에이티브든 대형 이벤트든 세부적인 그림을 그려야 한다.

기업시민
전략 커뮤니케이션(SSC) 모델

효과적인 사회공헌 활동을 위해서는 사회와의 지속적이며 창의적인 상호적용 소통Communication이 중요하며, 성공적으로 CSR 활동을 하는 글로벌 기업의 사례에 대해 외형만 벤치마킹하고 자사의 독자적인 경영철학이나 사회공헌 활동 철학에 맞는 기업의 고유한 방식을 찾는 것이 무엇보다 중요하다(신호창, 2008). 여기에서 글로벌 수준의 사회공헌 활동이란 기업이 CSR에 대한 개념과 사명을 정확히 정립하고 CSR 조직체계를 부각하는 것을 의미한다. 또한 기업이 추구하는 목표를 달성하기 위한 전략적 사회공헌 활동을 전개하며, 무엇보다도 사회공헌 활동을 적극적으로 알리고 이해 증진을 위한 공중들과의 효과적인 커뮤니케이션 행위를 말한다. 이러한 개념을 모두 포함한 모델이 S-S-C(System-Strategy-Communication)모델이다.

이 모델은 먼저 61개 세계적 기업들을 선정하여 이들의 사회공헌 활동을 분석하여 성공 요인을 도출하고 이를 검증하는 과정을 밟았다. 먼저 이들 기업의 기업시민 활동을 웹과 국내외 문헌을 바탕으로 분석하여 기업시민 활동의 전략 및 성공포인트 등을 광범위하게 찾아낸 후에, 다시 분류하여 최종적으로 11개 성공 포인트, 3개 차원으로 요약할 수 있었다.

기업시민 SSC 모델은 크게 기업시민 시스템, 기업시민 전략, 기업시민 커뮤니케이션 등 3가지 차원으로 구성되었다. 기업시민 시스템으로 형성된 기업 정체성이 기업시민 전략과 일치되었을 때 비로소 사원들의 기업시민 활동에 대한 참여와 몰입이 높아진다. 기업시민 활동들이 효과적인 기업시민 커뮤니케이션을 통하여 지역주민, 시

표 1 | 기업시민 전략 커뮤니케이션(System-Strategy-Communication) Model

차원	세부 항목
시스템	1. Mission Identity: 기업시민에 대한 개념과 사명을 정립
	2. Structure Identity: 기업시민 조직 체계 구축
전략	1. 지역사회 문제 해결: 지역사회 문제를 장·단기적으로 해결
	2. Risk와 연계: 기업 활동으로 발생하는 산업별 Risk 예방 활동
	3. 주력 사업 또는 특정 사업 연계: 기업의 주력 사업 또는 특정 사업을 중심으로 CSR 방향 설정
	4. 미래 고객 창출: 미래 고객이 자사에 대한 호감을 갖게 함
	5. 사원 참여 유도: 사원들이 자발적으로 기업시민 활동에 참여하도록 유도
	6. 미래 인재 양성: 자사에 필요한 인재 양성을 위해 기업시민 활동 실시
커뮤니케이션	1. 스토리텔링: 기업시민 활동에 관한 친밀도 향상 및 이해 증진을 위한 커뮤니케이션
	2. SNS: 공중과의 소통
	3. 다양한 매체의 적극적 활용

민단체 등으로부터 동의와 지지를 받게 되었을 때 비로소 기업시민 활동이 꾀하는 소기의 목적을 달성하게 된다.

첫째는 기업시민 시스템System이다. 기업은 기업시민 활동에 대한 개념과 사명을 정확히 정립하고, '왜 그 활동을 실시하고 있는가?'라는 명제가 명확하게 잡혀있어야 하며, 기업시민 조직 체계를 체계적으로 구축해야 한다.

둘째는 기업시민 전략Strategy이다. 전략적 차원은 목적 지향적이며 효과적인 기업시민 활동 유형을 말한다. 기업은 기업시민 체계를 갖춘 후, 기업시민 활동을 다음과 같이 6가지 전략으로 추진해야 한다. ① 기업이 속해 있는 지역사회 문제를 해결, ② 기업 활동에 발생하는 Risk와 연계된 예방 활동, ③ 기업의 주력사업 또는 특정 사업과 연계, ④ 미래 고객을 창출하기 위한 활동, ⑤ 내부적으로 사원들이 적극적으로 참여하도록 유도하는 활동, ⑥ 자사에 필요한 미래인재 양성을 위한 기업시민 활동.

셋째는 기업시민 커뮤니케이션이다. S-S-C 모델의 최종 단계로, 전략에 따라 시행되는 기업시민 활동들을 주요 공중들에게 효과적으로 알리고 그 진정성에 대해 동의를 구하는 방법을 말한다. 이해 증진 및 공감 형성을 위한 스토리텔링 형식과 유튜브,

그림 2 | 기업시민 커뮤니케이션

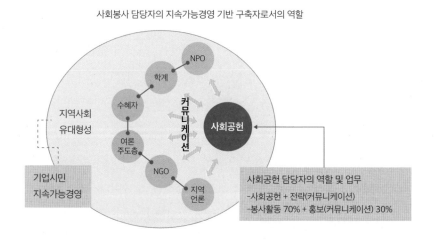

사회봉사 담당자의 지속가능경영 기반 구축자로서의 역할

블로그 및 다양한 소셜 매체를 통해 공중들과 효과적인 커뮤니케이션을 하는 방법이 이에 포함된다. 〈그림 1〉에서 언급한 것과 같이 사회공헌 활동에서 30%를 커뮤니케이션 수행에 할당하는 것이 기업시민 목적 달성을 위해 바람직하다.

커뮤니케이션 원칙과
커뮤니케이션 미디어

1) 효과적 커뮤니케이션 원칙

커트립과 센터Cutlip & Center의 뒤를 이어 『효과적인 PREffective Public Relations』 개정판을 낸 브룸과 샤(Broom & Sha, 2012)는 효과적인 커뮤니케이션의 일곱 가지 원칙을 제시하고 있다. 첫째, 신뢰성credibility이다. 공중이 조직을 신뢰하는 풍토와 함께 효과적 커뮤니케이션이 시작된다. 둘째, 상황context에 적합한 커뮤니케이션이다. 커뮤니케이션의 기획은 그 환경의 현실과 일치되어야 한다. 셋째, 내용content이다. 메시지는 공중에게 의미 있는 것이어야 하며 그의 가치관과 양립될 수 있어야 한다. 넷째, 명확한clarity 커뮤니케이션이다. 메시지는 단순 명료하게 표현되어야 한다. 메시지가 이해하기 쉬울수록 빠르게 널리 유통된다. 다섯째, 지속성continuity과 일관성consistency 있는 커뮤니케이션이다. 커뮤니케이션은 지속적인 과정이다. 여섯째, 타깃에 맞는 매체channels를 선정하여야 한다. 일곱째, 공중의 수용 능력capability을 고려한 커뮤니케이션이다. 커뮤니케이션은 상대방의 메시지를 수용할 능력을 참작해야 한다.

기업시민 커뮤니케이션 전략 중 하나가 스토리텔링이다. 스토리텔링은 기업이 국민에게 친근한 존재 또는 동료 시민으로서 그들의 사회적 가치 만족을 달성시켜 그들과 지속적으로 바람직한 관계를 형성하고 유지하는 전략이다. 해외 사례들이 제시하는 기업시민 사례들이 시사하는 커뮤니케이션 지향점은 다음과 같다(신호창, 2020).

- 스토리를 인플루언서 중심으로 커뮤니케이션한다. 예를 들면, 미국의 의학단체
는 '땅콩 알레르기 예방을 위해서는 유아기 때 먹여야 한다'는 연구결과를 알리기
위해 이런 경험을 했던 유명인을 활용하였다.

- 지역사회의 공동체 의식, 긍정적인 분위기를 자연스럽게 형성하기 위한 커뮤니케
이션을 하였다. 농촌 지역 마약 중독 문제를 해결하기 위해 미국 도시에서는 마약
중독을 개인이 아닌 전염병과 같은 사회가 공동으로 해결할 문제로 부각시켰다.

- 복잡한 쟁점임에도 간단명료하며 색다른 메시지 또는 상징을 활용하여 커뮤니
케이션 목적을 쉽게 이해하도록 하였다. 예를 들면, 보험회사가 수행한 보라색
지갑 캠페인의 'Pass It On', 군에서 시행한 농촌 지역 마약 중독 문제 해결을 위한
캠페인의 'Farm Town Strong' 등이 있다.

- 스토리가 흥미와 공감을 불러일으키고, 논리적이며, 시대 및 지역 상황에 적합하
면서 기업의 가치관과 일치했다.

- 콘텐츠의 속성, 타깃의 사이코그래픽스(라이프 스타일, 정신적 지향점, 특정 이슈에 대한 생
각, 태도, 행동 등)를 고려하여 채널과 메시지를 선정했다.

- 여기에 더해 스토리 디자인, 매체 선정 그리고 실행 등 커뮤니케이션 캠페인 전
과정의 조화와 일관성을 유지하였다.

2) 커뮤니케이션 미디어

기업시민에 대한 퍼블리시티에 활용한 매체들은 다음과 같이 4개 영역으로 대별할
수 있는데, 기업시민 실행에 있어서는 이 4개 미디어를 효과적으로 혼합Mix하여 사용
하여야 한다. 기업시민 미디어 모델은 공중관계Public Relations와 마케팅 커뮤니케이션에
서 자주 언급되는 PESO 모델(Dietrich, 2020)을 토대로 발전시켰다.

1) 유료 미디어Paid Media – 대중 매체 광고, 검색 광고, 네이티브 광고, 인플루언서,

유명 블로그, 스페셜 이벤트 등 매체나 유명인에게 돈을 지불하는 것이 여기에 속한다.

2) 통제 미디어Controlled or Earned Media – 기자나 블로거 등 제3자가 게이트키핑을 통제하는 미디어를 말한다. 보통 신문, 방송, 잡지, 라디오 등 전통적인 매체와 분야별 유명하거나 영향력 있는 사람들이 운영하는 인스타그램, 페이스북, 트위터, 블로그, 유튜브 등의 소셜미디어가 하는데, 퍼블리시티란 원하는 정보를 매체에 싣기 위해 하는 보도자료 배포, 인터뷰, 기자회견 등의 제반 활동을 말한다.

3) 보유 미디어Owned Media – 기업이 소유한 홈페이지, 공식 블로그, 페이스북, 트위터, 유튜브 채널, 기업시민 대사 등이 여기에 속한다.

4) 공유 미디어Shared Media – 소셜 포럼, 소셜 리뷰, 소셜 모니터링, 커뮤니티(예를 들면, MLB), UGC(사용자 작성 콘텐츠), 파트너십, 코브랜딩Co-Branding 등이 여기에 해당된다.

그림 3 | 기업시민 커뮤니케이션 미디어 모델

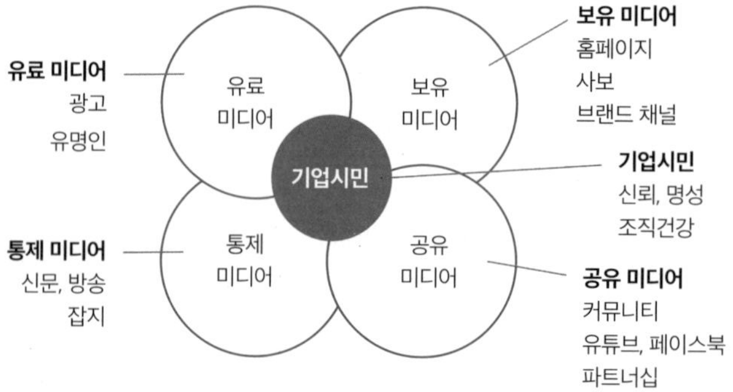

Wrap-up

요약

성과가 없으면 기업시민은 의미를 가질 수 없다. 보스톤 칼리지의 기업시민 가치

지원 활동 : 사람·문화

흐름도는 커뮤니케이션이 얼마나 중요한지 잘 보여준다(기업시민연구소, 2019). 기업시민 활동을 실행할 때 반드시 커뮤니케이션 프로그램을 동시에 실행해야 한다. 아무리 프로그램이 우수하고 진정성이 있더라도 커뮤니케이션이 부족하면 성과를 내지 못한다. 기본적으로 기업시민은 국민들에게 친근한 개념이 아니다. 사원, 여론주도층, 언론, 지역주민 등 대내외 스테이크홀더들도 기업이 생각하는 것만큼 따라오지 못한다. 스테이크홀더들을 대상으로 전략적 커뮤니케이션을 했을 때 비로소 기업시민 활동의 진정성을 인정받고, 기업 신뢰를 제고시킬 수 있으며, 기업 제반 활동에 대한 스테이크홀더들의 지지를 받을 수 있다.

향후 커뮤니케이션 과제

- 기업시민 활동 주제가 외형적 기빙Giving에서 정신적 의식적 개선으로 바뀌고 있다. 마약 중독을 유행병으로 인식시켜 포용하기, 경제적 학대로 부부 폭력 이슈화하기, 외로움을 주요 질병으로 인식하기, 땅콩알레르기 조기 예방 방법 받아들이기 등이 있다.
- 기업마다 대표 프로그램을 가지고 있으며, 강조점을 차별화하여 중장기적으로 실천하고 있다. 예를 들면, 올스테이트의 부부 폭력 예방이나 조니 워커의 계속 걷기Keep Walking 사례들이다.
- 시대 상황에 맞는 특정 사회문제를 해결한다. 예를 들면, 보험회사 시그나는 정신 건강을 개선을 위해, 디지털시대 산물인 외로움을 주요 질병으로 인식하자는 캠페인을 하였다.
- 조사연구로 스토리를 개발하고 간단명료한 메시지를 도출하는 등 스토리 전략과 텔링 전략을 개발해야 한다.

팬데믹과 기업시민 커뮤니케이션

팬데믹이 발생하면서 선진국 조직들이 수행한 기업시민 프로그램 사례들(PRSA Silveranvil)을 고찰하고자 한다. 기업들이 코로나19 유행이라는 환경을 어떻게 기업시민과 접목했는지 잘 보여주고 있다. 사례는 상황(배경, 쟁점), 기획(조사 결과에 입각한 목표 및 전략 설정), 커뮤니케이션(실행), 결과(평가) 등 커뮤니케이션 캠페인 수행 과정을 담았으며, 특히 어떻게 커뮤니케이션을 실행하였는지 구체적으로 논하였다. 팬데믹 상황에서도 기업시민 활동의 기회를 놓치지 않았다. 명확한 목표 설정, 대면이 아닌 비대면 환경을 활용한 전략 및 전술의 실행을 보여준다. 궁극적으로 팬데믹이라는 위기를 어떻게 기업시민 기회로 활용했는지 엿볼 수 있다.

<사례 1> 슐라이히의 "상상력의 힘" 캠페인 (미국 내 브랜드 인지도를 높이는 슐라이히의 기업시민 프로그램)	
상황	슐라이히는 세계 최고의 동물 인형 제조업체이자 유럽에서 7번째로 큰 장난감 회사이다. 그러나 2020년 슐라이히 브랜드 창립 85주년, 북미 지역에서 슐라이히의 인지도는 16%에 불과했다. 주요 공중인 4~12세 어린이들의 엄마를 대상으로 아이들의 상상력을 높여주자는 캠페인을 하면서 동시에 '슐라이히'를 알리고자 하였다.
기획	NASA의 2차 연구로, 4살과 5살 중 98%가 창조적인 천재이지만 15살이 되면 12%만이 남고, 성인이 되면 2%만이 남는다는 결과가 나왔다. 이를 토대로, 슐라이히 미국 마케팅 팀은 연구를 통해 개방적이고 상상력 있는 게임을 이야기할 때 부모가 보는 것과 아이가 보는 관점이 상이하다는 것을 목격했다. 이러한 통찰에서 슐라이히 전략 팀과 Brilliant PR, 마케팅 회사는 "상상력의 힘"이라는 캠페인을 개발했다. 실제 아이들이 부모님에게 공유하는 놀이에 상상력을 불어넣음으로써, 4~12살 사이의 아이들을 둔 어머니들에게 놀이가 아이들에게 얼마나 신기하고 유익함으로 가득 차 있는지 상기시키는 것이었으며, 이를 통해 미국에서 자사의 브랜드 인지도를 3%포인트에서 19%로 끌어올리는 것을 목표로 설정했다.
커뮤니 케이션	- 대변인: 장난감 사진작가 Mitchel Wu를 대변인으로 초빙했다. Mitchel Wu의 상징적인 이미지는 아이들의 상상력 있는 이야기를 되살리는 주요 매개체가 되었으며, 장난감 산업의 아이콘으로서 그는 슐라이히의 무역을 돕는 데 참여하게 되었다. 그리고 "창의적인 천재"로 여겨지는 2%의 성인들 중 한 명인 Mitchel Wu는 성인이 되어도 창의력을 키울 수 있음을 직접적으로 보여줬다. 슐라이히는 제품 효능, 개방형 놀이, 상상력 및 창의성 연구를 위해 놀이 및 아동 발전 전문가인 Sandra Stone 박사를 초빙했다. - 2020 뉴욕 국제 장난감 박람회의 개막: 슐라이히는 인터랙티브 갤러리의 무역성과 영향력이 가장 큰 활동에서 Mitchel Wu의 초상화를 공개했다. 이 인터랙티브 갤러리에서 관람자들은 아이들이 맞춤형 영상을 통해 상상력 넘치는 이야기를 나누는 모습을 볼 수 있으며, Mitchel Wu의 현장 촬영 모습을 보고 들을 수 있고 마지막에 아이들의 이야기를 현실화하기 위해 만든 사진을 볼 수 있었다.

커뮤니 케이션	- 글로벌 사진 콘테스트: 코로나19 바이러스 폐쇄 초기 몇 주 동안 슐라이히는 상상력의 힘 캠페인을 계속 전개하면서 집에 갇혀 있는 아이들을 끌어들이도록 함. 구체적으로는 Mitchel Wu와 협업해 어린이들에게 자신의 상상력을 담긴 장난감 사진을 집에서 어떻게 만드는지 보여주는 동영상을 제작하고 글로벌 사진 콘테스트를 수행했다. - 불빛 속의 상상력 영상 콘테스트: 아이들에게 상상력 넘치는 놀이 시간 이야기를 보여주는 동영상을 공유했다. 그리고 우승자 3명을 뽑아 Mitchel Wu가 그들의 사진을 전문적으로 제작해 타임스퀘어 빌보드에 등장하게 만들었다. - 타임스퀘어 빌보드 및 버추얼 론칭 파티: "상상의 힘" 캠페인은 12월에 타임스퀘어 빌보드로 절정에 달했다. 콘테스트 우승자의 사진뿐만 아니라 연중 생성되는 수백 건의 경선 내용도 전시돼 있었다. 이외에 슐라이히는 '브로드웨이 겨울왕국'의 주연배우인 패티 멀린(Patti Murin)을 가상 행사에 초대해 라이브스트림을 통해 빌보드를 오픈했고 패티 멀린의 소셜 네트워크를 통해 홍보했다. - 소매업체 참여: 슐라이히는 가장 큰 미국 소매상 트랙터 공급회사의 고객을 대상으로 독립적인 "상상력의 힘" 사진 콘테스트를 개발하였다. 이 콘테스트는 소매업체의 소셜 채널에서 진행되었다. - 소셜과 디지털: 슐라이히는 페이스북과 인스타그램 채널에 캠페인 관련 콘텐츠를 1년 내내 방영했다. 주로 Sandra Stone 박사가 연극과 상상력에 대한 통찰력을 공유하는 비디오 단편 시리즈와 Mitchel Wu가 그의 창작 과정과 캠페인 사진의 개발에 대해 연설하는 내용이 포함되어 있었다. 코로나19 바이러스 폐쇄가 한창일 때, 슐라이히는 페이스북에서 일련의 "게임시간 라이브"를 진행하여 슈퍼 팬들이 출연하는 상상력 있는 게임 시간을 생상하게 선보였다. - 미디어와 인플루언서 관계: 이외에 Brilliant PR & Marketing은 대변인의 인터뷰와 게시물, 캠페인 비디오 및 사진 자료를 활용하여 미디어 및 인플루언서와의 관계를 확보하고 있었다.
결과	- 목표 공중인 4~12세 어린이 엄마들 사이에서 슐라이히의 미국 내 브랜드 인지도는 활동 목표인 9%를 넘는 28%로 12%포인트 높아졌으며, 캠페인의 성공은 슐라이히의 글로벌 경영 리더십을 잘 보여주는 것으로 향후 브랜드 마케팅의 모델로 삼게 되었다. 동시에 캠페인 자산은 2021년에 출시될 새로운 글로벌 브랜드 전략을 알리는 데 도움이 되었다.

<div align="center">**사례 2: 워싱턴주의 "사실을 퍼트리다(Spread the Facts)" 캠페인** **(코로나19 확산을 막기 위한 워싱턴주의 예방 행동 증진 커뮤니케이션 캠페인)**</div>	
상황	워싱턴주는 코로나19가 미국에서 처음 나타난 곳이다. 워싱턴주 보건부는 코로나19 확산을 막는 데 도움이 될 수 있는 행동을 장려하는 캠페인을 개발하기 위해 다양한 커뮤니케이션, 정책 전략을 모은 "Spread the Facts" 캠페인을 개발했다.
기획	- 워싱턴주 보건부는, '신속한 응답이 이뤄질 수 있는 온라인 설문조사', '2차 연구 출처 분석', '워싱턴에 대한 게이츠 재단 투표', '정성적 조사' 등을 토대로 다음과 같은 캠페인의 목표와 전략 방식 설정했다. - 캠페인의 목표: · 목표1: 워싱턴주의 코로나19 사망률 및 확진자 악화 방지 · 목표2: 'coronavirus.wa.gov' 웹사이트로 트래픽 유도 · 목표3: 모든 워싱턴 주민들에게 확산 - 접근 방식: 단계적 접근 방식을 사용 · 1단계: 초기 자택 대피, 건강 유지 명령에 대한 교육 · 2단계: 건전한 대처 전략을 촉진하여 정신 건강 문제 해결 · 3단계: 예방 행동 집중 - 마스크 착용, 소규모 모임 및 물리적 거리두기 · 4단계: 사례 급증을 겪고 있는 카운티에 대한 지속적인 맞춤형 지원

커뮤니 케이션	- 사람들은 따라야 할 행동을 선택하는 모습을 보임. '한두 명은 괜찮겠지' 하는 생각을 해결하기 위해 세 가지 핵심 행동이 모두 함께 이루어져야 한다고 강조 - 사람들은 특정 상황에서 준수하지 않아도 되는 이유를 변명하며 행동하지 않을 때 정당화하는 모습을 보임. "마스크를 쓰고 있으면 큰 그룹으로 모여도 좋습니다"라는 형태가 대표적인 모습. 이러한 추세에 정면으로 대응하기 위해 "COVID-19 Loves Excuses" 메시지 제시 - 가장 강력한 동기 중 하나는 사람들이 팬데믹을 끝내기를 원한다는 것. 팬데믹의 빠른 종식에 도움이 될 것이라고 믿는다면 사람들은 좋아하지 않는 행동에 기꺼이 가담할 의사가 있음. 이런 동기를 확인하고 "Not forever, but for now" 메시지 제시 - 암묵적인 사회적 계약은 최선의 의도로 극복할 수 있음. 사람들이 더 안전한 모임을 갖는 방법에 대한 새로운 웹사이트를 포함하여 사실에 입각한 정보와 도구를 통해 이 문제를 극복할 수 있도록 도움 - 젊은이들은 개인적으로 공감할 수 있는 메시지에 가장 잘 반응. 젊은이들의 고유한 어려움을 인정함으로써 그들과 직접적으로 대화할 수 있는 광고와 메시지 제작 - 현실 기반 메시징은 일부 청중에 강력한 영향력을 행사. 현실 기반 메시지를 사용하여 세 가지 개념을 만들어냄. 메신저가 중요. 청중은 지역의 신뢰할 수 있는 메신저에 가장 잘 응답하는 모습을 보임. 카운티 핫스팟과 캠페인 전반에 대한 메신저로 실제 사람/지역 목소리를 사용 - 사회적 규범에 대한 사람들의 의식이 있음. 워싱턴에 있는 대부분의 사람들은 이렇게 행동하고 있기에, 캠페인에 "Thank you" 전략을 통합하여 이 사회적 규범을 활용

- 아래 차트에 설명된 대로 우선순위 청중을 위한 세분화된 지원을 포함하여 모든 워싱턴 주민들에게 다가가기 위한 캠페인과 메시지를 제작. 메시지와 자료는 18개 언어로 변환. 초기 캠페인은 단 일주일 만에 시작되었으며 팀은 전염병 및 연구 학습의 변화에 대응하기 위해 콘텐츠를 빠르게 만드는 시스템을 구축

우선 대상	전략/미디어 채널
18세 이상 성인	Google 검색을 포함한 다양한 유료 및 유료 미디어 채널
65세 이상의 워싱턴 노인	TV/케이블 뉴스, 신문
18-29세 청소년	Facebook, Instagram, TikTok, Snapchat, 디지털 비디오 및 오디오, 팟캐스트, 모바일, 유료 마이크로 인플루언서
스페인어 사용자	Facebook, Instagram, 배너 광고, TV/비디오, 라디오/오디오, 커뮤니티 소유 미디어를 포함한 모든 캠페인 자료를 스페인어로 번역(방송, 인쇄물, 온라인), 홈페이지 및 인쇄물
16개의 타 언어	Facebook, Instagram, 배너 광고 및 커뮤니티 소유 미디어(방송, 인쇄물, 온라인)와 함께 사용할 수 있도록 변환된 메시지. 모든 언어로 된 언어 웹사이트 및 지원 자료에서도 생성
아프리카계 미국인/흑인, 일본인, 필리핀, 인도, LGBTQ+ 커뮤니티	커뮤니티 소유 유료 및 적립 미디어(인쇄물, 라디오, 온라인)
부족 공동체 구성원	부족 소유 미디어. 국가 대 국가 지원 제안에 접근하고 개인의 필요에 따라 자료를 제작
집에 머물지 않는 사람	집 밖에서 활동량이 보통에서 높은 사람들을 타기팅하는 모바일 광고(예: 바, 레스토랑, 공원, 해변 방문)
"핫스팟"에 사는 사람들	지역 미디어 채널. 현지 메신저 및 대변인 중심의 맞춤형 자료 제작

(위 표의 왼쪽 "우선 대상" 열 바깥 라벨) 결과

지원 활동 : 사람·문화

평가	- 해당 캠페인은 워싱턴주의 코로나19 사망률 및 확진자의 악화 방지에 성공적으로 기여함(워싱턴주는 인구 10만 명당 사례 측면에서 50개 주 중 46위, 사망 측면에서 50개 주 중 44위 기록), 동시에 모든 워싱턴 주민들에게 캠페인 메시지가 성공적으로 확산됨(캠페인이 18세 이상 인구의 93%에 304회 도달).

<table>
<tr><td colspan="2" align="center">사례 3: 클리블랜드 미술관의 "Home Is Where the Art Is" 캠페인
(코로나19 시기, 폐쇄된 클리블랜드 미술관의 방문자 참여 유지를 위한 디지털 기반 캠페인)</td></tr>
<tr><td>상황</td><td>2020년 3월 14일, 클리블랜드 미술관(CMA)은 코로나19로 집에 머물라는 오하이오 정부의 명령에 따라 휴관에 들어갔다. 얼마 동안 관람객들이 미술관의 작품을 관람 못 할지 알 수 없었다. 클리블랜드 미술관은 지난 몇 년 동안 거의 90만 명의 방문자 수를 기록했고, 폐쇄된 동안 방문자의 참여도를 높게 유지하는 것이 중요했다.</td></tr>
<tr><td>기획</td><td>- 격리 기간 동안 북동부 오하이오 지역사회와 연결하기 위해 클리블랜드 미술관은 디지털 미술관으로 방향을 틀었다. 디지털 박물관으로 진화하는 것은 사실상 전 세계 사람들이 그들의 집에서 온라인으로 방문할 수 있으므로 관객 기반을 다양화하고 성장시킬 수 있는 기회를 제공했다. Home Is Where the Art Is 캠페인은 격리 기간 동안 관객들에게 다가가기 위해 새로운 디지털 아트 콘텐츠를 종합적으로 활용했다.
- 핵심 통찰력: 문화 소비자들은 예술 단체와 디지털 방식으로 관계를 맺고 있고, 여기에 성장할 수 있는 기회가 있다.
- 캠페인 목표:
1) CMA의 작품을 오하이오 커뮤니티와 전 세계 사람들에게 연결, 관객층을 유지/확장
2) 즐거움을 주고, 위안을 주는 시각 예술의 힘을 주창
3) 디지털 교류를 확대해 미술관이 다시 오픈할 때 재방문율 크게 향상</td></tr>
<tr><td>커뮤니
케이션</td><td>- 관람객을 CMA 웹사이트와 소셜미디어 플랫폼으로 유도하도록 설계된 대언론 관계, 설득력/관련성 있는 콘텐츠 개발, 소셜미디어 등으로 구성된 메시지와 행동에 기반을 둔 광범위한 전략적 PR 활동
 · 3월: 캠페인 브랜딩 및 메시지를 웹사이트 및 모든 커뮤니케이션 플랫폼에 걸쳐 구현. 소셜미디어 콘텐츠는 아트 컬렉션, 온라인 게임, 퀴즈, 해시태그(MuseumfromHome,#MuseumMomentofZen) 등으로 확장.
 · 4월: 소셜 미디어는 관람객의 피드백, 데이터, 격리와 관련된 마이크로 트렌드를 적용해 지속적으로 콘텐츠 확장. 웹사이트와 소셜미디어로 관람객 행동을 유인하기 위해 새로운 콘텐츠를 격주에서 한 주로 온라인 커뮤니케이션 서비스 확대. 전국적으로 인정받고 있는 블로그 기획 기사 매주 발행. 일부 블로그 기사는 미디어에 채택되어 보도됨
 · 5월: 매주 일련의 큐레이터와 전시 비디오 제작. 이용 가능한 온라인 콘텐츠를 보다 쉽게 검색할 수 있는 웹사이트 홈페이지 개발. 원격 근무자들이 박물관의 온라인 컬렉션에 접속하여 그들의 채널에서 동료들과 매일 게임을 할 수 있게 'ArtLens for Slack' 오픈.
 · 6월: 미술관의 6월 30일 재개관을 위한 프로모션 진행. 보건 및 안전 프로토콜에 대한 웹사이트 FAQ, 지역 및 전국 미디어 PR, 웰컴백 비디오, 소셜미디어 PR, #WelcomeBackCMA 해시태그 사용, 지역 관객을 위한 유료 디지털 디스플레이 캠페인 시작. 현장 및 온라인 방문 모두를 지원하는 통합 커뮤니케이션 체제로 전환.</td></tr>
<tr><td>평가</td><td>Home Is Where the Art Is 캠페인은 오하이오 주민들의 격리 기간 동안 지속적으로 증가하는 관람객의 참여와 5개의 모든 측정 가능한 목표(온라인 홈페이지 방문자 수, 뉴스 보도, 박물관 유튜브 채널 조회 수, 소셜미디어 참여 수, 재개관 이후 현장 방문 횟수)를 뛰어넘는 성공을 거뒀다. 동시에 코로나19 이후 성공적인 현장 방문 회복을 증명했다.</td></tr>
</table>

사례 4: 메르세데스-벤츠의 "한계는 없다(No Limits)" 캠페인	
(메르세데스-벤츠 미국 지사의 성별 고정관념 타파를 위한 기업시민 캠페인)	
상황	성별(젠더)과 관련한 사회적 고정관념 및 편견과 싸우기 위해 메르세데스-벤츠 미국 지사(MBUSA)는 장난감 회사 마텔(Mattel)과 함께 성별 고정관념이 사회에 끼치는 영향에 대한 인식을 높이고, 어린이들, 특히 여자아이들이 자신의 꿈을 좇을 수 있도록 영감을 고취시키기 위해 "한계는 없다(No Limits)"라는 국가적 차원의 캠페인을 시작했다.
기획	- 에비 로스크비스트(Ewy Rosqvist)는 '메르세데스-벤츠 220SE'를 타고 아르헨티나의 투어링 그랑프리에 출전해 신기록을 세우고 우승한 최초의 여성이었다. 그녀는 여자는 자동차 경주에서 경쟁할 수 없다는 인식과 기록을 모두 무너트렸다. "한계는 없다" 캠페인은 모든 역경을 이겨내고 역사를 쓴 로스크비스트의 이야기를 활용해 전국의 모든 소녀들에게 꿈을 좇을 수 있도록 힘을 실어주고 지역사회에 대한 회사의 헌신을 보여주기 위해 기획되었다. 이를 위해 Cookerly PR회사(CPR)는 MBUSA와 협력해 (1) 성 고정관념이 끼치는 영향에 대한 사회적 인식을 높이고, (2) 어린 소녀들을 위한 긍정적인 롤모델을 확립하고, (3) 소녀들이 선구자이자 개척자가 될 수 있도록 영감을 주고, (4) "한계는 없다" 캠페인 및 브랜드에 대한 흥분과 가시성을 생성하고 지속시킬 수 있는 프로그램을 개발하였다. - 전체 전략: 어린이들에게 성별 고정관념을 투영하게 되는 원인과 영향에 대해 사회적 인식을 증진시키기. 전통적이면서도 새로운 전략을 포함하며 전반적인 커뮤니케이션을 모두 지원할 수 있는 PR 캠페인을 실행해 브랜드 평판 높이기. - 목표 대상 · 1차 목표 대상: (1) 모든 연령대의 아이들 (2) 18-45세 사이 성인들, 특히 어린아이들의 부모 혹은 멘토들 (3) 여성과 밀레니얼 세대 소비자들 (4) 애틀랜타 지역사회 (5) 미디어 · 2차 목표 대상: 기존 메르세데스-벤츠 고객들, MBUSA 직원들
커뮤니케이션	- 어린이들에게 성별 고정관념을 투영하게 되는 원인 및 영향에 대해 사회적 인식 증진시키기. 전통적이면서도 새로운 전략을 포함하며 전반적인 커뮤니케이션을 모두 지원할 수 있는 PR 캠페인을 실행해 브랜드 평판 높이기. · 벤츠의 아이콘: 에비 로스크비스트의 이야기를 활용해 전형적인 성 역할을 벗어나는 놀이 영역과 창의성에 대해 탐구하는 소녀들의 관심을 자극할 수 있는 매력적인 비디오를 만들었다. · 파트너십: 에비 로스크비스트의 메르세데스-벤츠 220SE 모형 자동차 모델을 디자인하고 제작하기 위해 장난감 회사 마텔(Mattel)과 파트너십을 맺었다. NGCP와도 파트너십을 시작해 "한계는 없다" 캠페인을 실행시키고 여자아이들을 위해 활동하는 전국의 여러 단체에 마텔의 장난감 자동차 시리즈 매치박스(Matchbox)에서 출시한 장난감 자동차를 배부했다. · "여자아이들에게 한계란 없다" 영상: 성별 고정관념에 대한 인식을 실험하고 영감을 줄 수 있도록 제작된 3가지의 영상은 이 이슈에 대한 담론을 처음 시작할 수 있도록 도왔다. 캠페인에 참여하는 모든 여자아이들은 이 3가지 영상을 모두 시청했으며, 3개 영상의 조화를 통해 모든 역경을 이겨내며 성별 고정관념의 한계를 뛰어넘는 강한 정신을 가진 긍정적인 여성 롤모델을 확립했다. · 토론 지침서: 직접 프로그램을 실행할 수 있는 환경을 갖춘 부모 혹은 멘토들이 캠페인이 주는 메시지를 각자의 환경에서 확장시킬 수 있도록 토론 지침서와 커리큘럼을 개발했다. · 3곳의 장소에서 캠페인 활성화: 3개 주요 허브 도시인 뉴욕, 애틀랜타, 로스앤젤레스에서 "한계는 없다" 캠페인을 국가 STEM의 날 당일에 시작했다. 각 도시에서 캠페인을 도울 수 있는 3개의 강한 파트너를 NGCP를 통해 선정했다. 전국 및 지역 대상 미디어 매체를 각 지역의 행사에 초대해 다양한 방송 및 온라인과 소셜미디어 채널에 게재될 영상과 사진을 찍도록 했다. · 가시성이 높은 미디어: 모든 활동과 커뮤니케이션 계획을 지원하기 위해 전국 단위 및 지역 단위의 홍보 미디어를 적극적으로 활용했다. 두 번의 보도자료 발표를 통해 "한계는 없다" 캠페인을 시작했으며, 자료는 수백 개의 매장에 방송되었고, Business Wire에서 모든 자료에 대한 링크를 포함하여 배포했다.
평가	- 각 목표(미디어 노출도, 성공적 파트너십, 창의성과 가시성 확보, 메르세데스-벤츠의 CSR 인지도 증가) 모두 예상치를 초과한 성공을 거두었고 많은 미디어 노출도와 가시성을 확보했다. 가장 중요한 점은, 이 캠페인이 5만 명 이상의 소녀들에게 영향을 미칠 수 있었고, 해당 캠페인은 Forbes와 TalkWalker에서 2019년 최고의 소셜 마케팅 캠페인 중 하나로 선정되었다.

지원 활동 : 사람·문화

사례 5: 델라웨어주의 개인 가방 가져오기: 비닐봉지 금지 캠페인 (델라웨어주의 일회용 비닐봉지 사용 절감을 위한 공익 캠페인)		
상황	전국적으로 비닐봉지의 10%만이 재활용되고 매년 300만 톤 이상의 비닐봉지가 버려져 지역사회, 강 및 바다를 오염시키고 해양동물에 치명적인 영향을 미침. 비닐봉지는 연간 델라웨어 해안 정화 기간 동안 해변과 수로에서 발견된 상위 5개 품목 중 하나. 이를 막기 위해 델라웨어주는 일회용 비닐봉지 사용 절감을 위한 공익 캠페인을 기획.	
기획	소매업체가 일회용 비닐봉지 사용을 중단하고 대중에게 금지 사실을 알리는 것을 목적으로 다음과 같은 5개의 하위 목표 설정 · 2021년 1월에 발효된 비닐봉지 금지 법률을 소매업체에서 100% 준수 · 소매업 조합과 협력해 시행일까지 그리고 2021년 내내 법률 지원 극대화 · 금지에 대한 대중의 인식을 20~25% 높여 정보 격차 해소 · 유료, 공유 및 소유 채널에서 주요 메시지로 콘텐츠를 홍보 · 언드미디어에서 75% 메시지* 전달 달성	

	전술	세부내용
커뮤니 케이션	전단 제작 및 배포	소매업 조합과 협력해 콘텐츠를 개발하고 매장이 고객과 공유할 수 있는 정보를 갖도록 함. 즉 판매 시점에 소매점에 게시된 매장 내 부착물 및 전단지를 제공. → 델라웨어 주민의 약 30%가 소매점에서 금지령에 대해 알게 됨. 소매업체가 일회용 비닐봉지를 중단.
	웹사이트 구축	전용 웹페이지 개설 후 자주 묻는 질문 및 기타 자료를 페이지에 게시.
	언론 보도	2020년 12월 1일 보도자료를 발행해 대중에게 다가오는 금지, 언론을 상대로 한 문의, 프로그램 관리자 및 지정된 대변인과의 기자 인터뷰 일정을 상기시킴. → 언드미디어의 91%에는 캠페인의 핵심 메시지 중 하나가 포함돼 있으며 이 중 84%는 직접적인 인용이 포함돼 있음.
	온라인 광고	캠페인의 각 단계에 대해 두 가지 버전의 동영상을 제작하고 홍보. 동영상을 구글 디스플레이 네트워크에 게시해 델라웨어에 있는 사람들을 타겟팅. → 구글 디스플레이 네트워크의 15초 동영상 광고는 27%의 조회율로 델라웨어의 128,000명에게 도달.
	소셜미디어 캠페인	12월 1일부터 시작해 델라웨어주 천연자원 및 환경관리국의 페이스북, 트위터 및 링크드인 페이지에 총 58개의 게시물을 게시. → 응답자의 45%가 소셜미디어를 통해 금지에 대해 들었고, 소셜미디어 캠페인은 약 52,000명의 참여와 함께 400,000명 이상의 사람들에게 도달.
	라디오 광고	델라웨어의 포에버 미디어, 아이하트 미디어 라디오 방송국에 배포되는 15초, 30초 공익사업 발표를 녹음. 웹사이트 배치를 포함해 일부 라디오 방송국에서 추가 장소를 구입. → 라디오 광고의 도달 범위는 271,233이고 방송국 웹사이트의 디스플레이 광고에서 발생한 클릭은 1,200회.
	신문 광고	델라웨어주 남부 간행물, 케이프 가제트 및 인디펜던트 뉴스 미디어에 게재할 인쇄 광고를 만들고 게시.
	온라인 뉴스 기사	온라인 잡지에 야외 델라웨어 법**과 그 혜택에 관한 기사 게시.

* 캠페인을 위한 4가지 핵심 메시지는 다음과 같다.
  1. 2021년 1월 1일부터 델라웨어주에서 비닐봉지 사용이 금지됩니다.
  2. 재사용 또는 개인 가방 가져오기를 선택합니다.
  3. 이 법은 매립지의 폐기물을 줄이고 도로와 수로에 버려지는 비닐봉지의 수를 제한하는 데 도움이 됩니다.
  4. 쇼핑과 여행 사이에 재사용 가능한 가방을 세탁하거나 청소하는 것을 잊지 마십시오.
** 2019년 델라웨어 총회는 해변과 길가 쓰레기를 줄이고 재활용 노력을 늘리며 재활용 시설의 기계에 비닐봉지가 끼었을 때 지연을 제한하기 위해 비닐봉지를 금지하는 법률을 통과시킴.

1. 커뮤니케이션이란 무엇인가? 왜 전략적 커뮤니케이션이 중요한가?

2. 전략적 커뮤니케이터들은 과학적 연구를 수행할 줄 알아야 한다. 수행 과정에서 연구는 전략개발을 위한 사전 조사연구와 프로그램 실행 후 성과를 측정하기 위한 사후 평가연구가 있다. 이 연구들의 기능은 무엇인가?

3. 한편, 기업시민이 성공하려면 기업 특성과 시대정신에 적합한 활동을 수행해야 한다. 여러분이 관심을 갖고 있는 기업의 특성에 적합한 시대정신은 무엇인가?

4. SNS 시대가 되면서 기업구성원, 즉 사원이 가장 중요한 스테이크홀더가 되고 있다. 사원들을 적극적으로 기업시민 활동에 참여시키기 위해서는 어떻게 해야 하는가?

| 사회공헌 |

기업 사회공헌 활동의 변화:
'선행의 실천'에서 '변화의 공동창조'로

—

윤수진(서울여대 교양대학 교수)

INTRO: 국내 기업 사회공헌 활동의 흐름

최근 소비자들의 구매 경향을 살펴보면 가격이 다소 비싸게 책정되었더라도 사회에 긍정적으로 기여하는 브랜드의 제품 구매가 증가하고 있다. 사회적 기업의 제품 또는 공공의 이익을 추구하는 기업의 제품과 서비스를 이용함으로써 사회적 가치를 추구하고자 하는 '바이 소셜', '상생 소비'와 같은 단어를 어렵지 않게 볼 수 있다. 이러한 사회 분위기에 비추어보면 '기업이 어떻게 사회에 공헌할 것인가', 즉 기업의 사회적 가치 추구는 이제 선택적 활동이 아니라 기업의 생존을 위한 필수 전략이 되고 있다.

대한상공회의소가 발표한 2018년 기업호감지수CFI는 53.9점으로, 이는 2003년 38.2점에서 지난 20여 년간 꾸준하게 증가해 왔으나 2017년(55.8점)에 비해 다소 하락한 데다가 지난 20여 년간 여전히 보통(50점)에 머물고 있는 것으로 볼 수 있다. 사회공헌 부문은 46.9점으로 기업의 경제적 기여(62.8점)에 비해 낮은 점수를 나타냈다. 여전히 기업의 사회공헌에 대해서는 '보통 이하'로 인식하고 있다.

우리나라 대부분의 기업이 사회공헌 활동을 상당히 오래전에 시작하였으나 본격적으로 회사의 주요 경영 활동의 한 부분으로 여긴 것은 2000년대 이후 사회공헌 전담 조직을 설립하기 시작하면서부터로 볼 수 있다. 초창기 자선적 기부 중심의 사회공헌 활동이 전략적 사회공헌 활동, 즉 사회적 가치와 경제적 가치를 동시에 추구하는 방향으로 서서히 전환되기 시작했다.

그림 1 | 주요 그룹의 사회공헌 활동 시작 연도와 전담 조직 신설 연도 비교(김영옥, 2007)

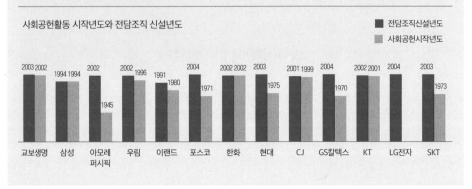

초기 사회공헌 활동의 두 흐름:
인재 양성과 임직원 봉사 활동

2000년대 이전 우리나라 사회공헌 활동의 주요 특징 중 두 가지를 소개하자면 인재 양성 사업과 임직원 사회봉사 활동 참여를 들 수 있다. 먼저 국내 기업의 사회공헌 활동 역사를 살펴볼 때, 1939년에 삼양사가 설립한 국내 최초 장학재단인 '양영회'(현 양영재단)[63]가 그 시작으로 언급된다. 자산 총액 34,000원으로 시작한 이 재단은 2022년 현재 9,500명 이상의 학생들에게 장학금을 지급하며 대표적인 민간 장학재단으로 사회공헌 활동을 계속해 오고 있다. 이와 같이 장학재단을 설

---

[63] 양영재단 홈페이지 https://samyang.yangyoungfoundation.org/

립하여 인재를 육성하는 사업이 1970년대까지 국내 기업의 주된 사회공헌 활동 양상이었다. 한국 전쟁 이후 폐허가 된 국가를 재건하고자 하는 움직임 속에서 인재 양성은 상당히 중요한 사회적 필요였고, 한편 국가 주도의 경제성장 시기에 주요 역할을 감당해야 하는 기업의 입장에서 인재를 발굴하고 양성하는 일에 힘을 기울이는 것은 당연한 것이었다. 그러므로 당시 시대 상황을 고려해 볼 때 장학재단과 교육기관 설립을 통해 인재 양성에 주력한 기업의 사회공헌 활동은 사회적 필요와 기업의 필요에 대한 일종의 반응이자 전략적 수행으로 볼 수 있을 것이다.

이후 주요 양상 중 하나는 기업 내 임직원 중심으로 봉사단을 조직하여 현장 중심의 사회공헌 활동을 추진함으로써 사회와의 연결성을 강화해 나간 것이다. 일회적 또는 단기적 기부 중심의 활동이 '기업의 구성원'이 '현장'에 나가서 봉사함으로써 기업의 사회공헌 활동에 '직접 참여'하는 것으로 확대되었다. 기업의 사회봉사 활동은 "기업의 유도와 체계적인 관리하에 임직원들이 사회 공동체 시민으로서의 책임감과 연대성을 가지고 지역사회에 시간과 노력을 기여하는 활동"(주지원, 2016)으로 정의될 수 있는데, 1994년 삼성그룹 사회봉사단 창단을 시작으로 본격적으로 대기업 중심으로 임직원 봉사 활동이 확대된 것으로 보고 있다.

2000년대 이후 임직원 봉사 활동 양상을 살펴보면, 기업별로 임직원 1인당 연간 평균 봉사 활동 시간은 2015년까지 꾸준히 증가하는 추세를 보이지만 이후 감소하다가 2020년 코로나 이후 사회적 거리두기로 대면 프로그램이 축소 또는 폐지됨에 따라 2019년 8시간에서 2020년 5.3시간으로 감소하였다.

또한 자료에 의하면 대부분의 기업이 사회공헌 활동이 기업의 조직문화로 정착하

표 1 | 봉사 활동 평균 시간 추이

연도	2004	2006	2008	2010	2012	2014	2015	2017	2019	2020
평균시간	3	7	11	10	12	17	18.6	8	8	5.3
응답기업 수	208	200	209	220	234	129	139	138	169	103

출처: 전국경제인연합회 사회공헌백서(현, 사회적가치보고서) 참고

도록 '사내봉사조직 구축'이나 '봉사 휴가제도' 등과 같은 봉사 활동 촉진제도를 운영하는 것으로 나타났다. 그럼에도 임직원의 50% 이상이 봉사 활동에 참여하고 있는 기업의 비율은 2015년 57.2%에서 2017년 50.4%, 2019년 36.4%, 2020년 28.6%로 감소 추세를 보이고 있다.

이러한 기업의 사회봉사 활동은 기업시민 개념과 접목하면서 그 의미가 더욱 강화될 수 있다. 기업시민이란 "기업이 현대사회 시민처럼 사회발전을 위해 공존, 공생의 역할과 책임을 다하는 주체"(포스코, 2021)를 의미하는 것으로, 기업시민 경영이념을 모든 의사결정의 기준으로 삼아 업무와 일상생활에서 배려와 나눔의식을 기반으로 더 나은 사회를 만드는 데 자발적으로 참여할 것을 독려한다. 이러한 기업시민 경영에서의 임직원 봉사 활동은 단순히 기업의 사회공헌 활동의 한 유형을 넘어서 사회적 필요를 충족시키는 일에 기업이 더욱 적극적이며 능동적으로 참여하는 방식이자, 기업 구성원 각자가 기업시민정신을 실천하는 활동으로 볼 수 있다. 실제로 포스코는 2019년 기준 임직원 1인당 평균 봉사시간이 27시간으로 이는 기업 전체 평균시간(〈표 1〉 참조)과 비교할 때 기업의 구성원들이 상당히 적극적으로 봉사 활동에 참여하고 있는 것이다.

2020년 코로나19 이후 기업의 사회공헌 활동에는 어떠한 변화가 있었을까? 코로나19로 야기된 다양한 사회적 문제(필요)의 증가는 기업의 사회공헌에 대한 요구의 확대로 이어졌다. 반면 사회적 거리두기로 인한 기존 대면 사회공헌 프로그램의 취소 또는 변경, 그리고 코로나19로 인한 경영 악화로 야기된 예산 및 인력 축소는 기업 사회공헌 프로그램의 추진 동력을 약화시키는 요인으로 작용하였다. 이러한 두 개의 상반된 양상은 2020년도 기업의 사회공헌 활동 현황 조사 결과에도 나타나는데, 사회공헌 비용이 전년 대비 증가했다고 응답한 기업(46.3%)과 감소했다는 기업(45.3%)이 거의 비슷한 비율을 나타내는 것을 볼 수 있다. 사회공헌 분야에 있어서는 '취약계층 지원'에 대한 지출이 가장 높고 다음으로 '교육, 학교, 학술', '문화예술 및 체육' 순으로 나타났으며, 사회공헌 대상은 아동 및 청소년이 가장 많았고 이어서 장애인, 노인 순으로 나타났다. 기업의 사회공헌 활동은 '취약계층지원' 그리고 '아동 및 청소년'을 대상으로 하는 사업이 지속적으로 높은 비중을 차지한다는 것을 알 수 있다(전국경제인연합회, 2021).

정리하면 우리나라 기업의 사회공헌은 초창기 인재 육성 사업으로 시작하여, 기업 임직원 사회봉사 활동을 중심으로 현장의 필요를 직접적으로 공감하고 채우고 해결하는 인적 봉사로 확대되었다. 2000년대 이후 사회공헌 전담부서 설립과 함께 본격적으로 기업의 사회공헌 활동이 다각화, 체계화, 조직화되어 오고 있음을 볼 수 있다. 한편 2020년 초 발발한 코로나19 사태는 기업의 사회공헌 활동에도 여러 영향을 미쳤다. 사회적 거리두기로 대면 활동 중심의 사업은 급격히 줄어든 반면 기업이 해결에 참여해야 할 사회적 문제(필요)는 증가하였다. 사회공헌 분야에 있어서는 여전히 취약계층 지원이 가장 큰 비중을 차지하였고 아동과 청소년에 대한 지원 활동에 기업이 많은 관심과 참여를 보이는 것으로 나타났다. 이러한 배경적 이해를 토대로 이 장에서는 사회공헌 활동이 전통적 관점에서 기업시민 관점으로 어떻게 변화되어 왔는지 살펴보며 앞으로 나아갈 방향을 생각해 보고자 한다.

사회공헌에 관한 관점의 변화: CSR, CSV 그리고 기업시민

전통적인 관점에서 기업의 사회공헌에 관한 논의는 일반적으로 미국의 경제학자 하워드 보웬(Howard Bowen, 1953)에 의해 개념화된 CSR Corporate Social Responsibility(기업의 사회적 책임)을 살펴보는 것으로 시작한다. 이후 관련 연구들은 기업의 사회공헌을 크게 두 가지 관점으로 바라보았는데 우선 하나는 기업이 사회를 구성하는 주체로서 책임을 다하는 것으로서 사회공헌 활동을 바라보는 것이다. 또 다른 관점은 기업이 이윤을 극대화하는 것이 사회적 책임이고 사회공헌 활동을 기업의 이

표 2 | 사회공헌에 대한 두 가지 관점(배정호 외, 2008)

관점	연구자	내용
사회적 책임으로서 사회공헌	Bowen(1953)	기업은 사회 구성원으로서 사회 전체 발전을 위해 책임감을 가져야 함
	McGuire(1963)	기업의 사회적 책임은 법적 의무를 넘어선 책임임
	Steiner(1971)	기업은 이윤추구와 동시에 사회적 책임도 수행해야 하는 존재임
	Caroll & Buchholtz (2000)	기업에는 사회적 책임이 존재하며 그 책임은 네 가지 단계를 가지는데 이 중 사회 공헌 활동과 관련된 자선적 책임이 마지막 단계임
이익 추구의 방도로서 사회공헌	Friedman(1962)	기업은 합법적 제도하에서 이익 극대화에 집중해야 함
	Johnson(1966)	사회공헌 활동을 통해 경쟁우위나 절세와 같은 이익 추구가 가능함
	Narvar(1971)	사회공헌 활동을 통해 정부의 기업 제재에 미리 대비하여 투자자들이 안심할 수 있게 하는 것이 기업 가치를 높이는 방법임
	Fry et al.(1982)	사회공헌 활동은 광고의 보완재 역할과 동시에 장기적인 기업 이익을 위한 비용임

윤 극대화를 위한 수단으로 바라보는 관점이다. 다시 말해 사회공헌 활동을 통해 기업이 이미지 제고 등과 같이 경쟁력을 강화하고 이를 통해 장기적으로 이익을 극대화할 수 있다는 것이다.

이러한 두 가지 관점은 기업의 사회공헌에 대한 전통적 관점을 이해하는 데에 유용한 구분이 될 수 있다. 그러나 기업이 합법적으로 이윤을 극대화하는 것이 기업이 본래 추구해야 할 사회적 책임이라고 보는 밀턴 프리드먼Milton Friedman의 주장은 설득력을 잃고 있으며, 산업의 발전 과정에서 기업의 목적을 이윤 극대화에만 초점을 맞추었을 때 어떠한 사회, 경제, 환경적 부작용이 발생했는지 우리는 여러 시대를 거쳐 목격해 오고 있다. 이제 기업이 '사회에서 어떠한 역할을 할 것인가'에 대한 고민은 선택적, 부가적 사항이 아니라 기업 생존을 위한 필수적 고민이자 기업의 새로운 정체성 확립을 위한 도전적 과제라고 볼 수 있다.

우리나라 기획재정부(2020)는 CSR의 개념을 네 단계로 구분하여 설명하고 있다. 제1단계는 경제적인 책임으로, 이윤 극대화와 고용 창출 등의 책임을 말한다. 제2단계는 법적인 책임으로, 회계의 투명성, 성실한 세금 납부, 소비자의 권익 보호 등의 책임이다. 제3단계는 윤리적인 책임으로, 환경·윤리경영, 제품 안전, 여성·현지인·소수 인종에 대한 공정한 대우 등의 책임을 말한다. 마지막으로 제4단계는 자선적인 책임으로, 사회공헌 활동 또는 자선·교육·문화·체육 활동 등에 대한 기업의 지원을 의미한다. 여기에서 기업의 사회적 책임을 네 단계로 구분한 것은 전통적으로 CSR 개념과 관련하여 가장 많이 언급되는 아치 캐롤(Archie B. Carroll, 1991)의 피라미드 모형에 기반한 구분이다.

이 피라미드 모형에서 주의해야 할 것은, CSR은 '아래에서 위로' 충족되는 것이 아니라 동시에 총체적으로 충족해야 하며, 이 네 가지 요소는 경계가 모호하므로 상호 배타적으로 경계가 명확히 구분되는 것이 아니라는 것이다(Carroll and Buchholtz, 2009). 이처럼 구성 요소 간 중첩되는 영역을 다루지 못하고 피라미드 모형의 특성상 CSR 구성 요소에 층위가 있는 것으로 보일 수 있다는 점을 보완하여 Schwartz and Carroll(2003)

그림 2 | 캐롤의 CSR 피라미드

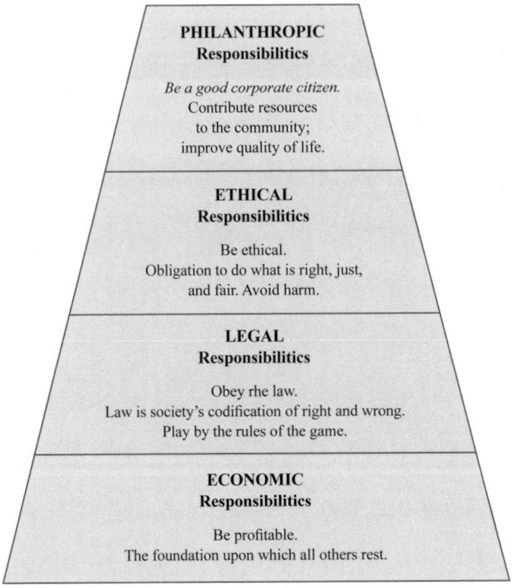

출처: Archie B. Carroll(1991)

은 법적, 윤리적, 경제적 책임이 서로 교차하는 원으로 'three-domain model'을 제시하였다. 이 모형에서는 각 책임을 총체적 CSR 구성 요소로 설명하고 있으나 각각의 독립된 책임 영역으로서의 활동이 분명하게 기술되지 못하다는 한계를 가진다.

기업의 사회공헌 논의에서는 주로 Carroll(1991)의 피라미드 모형에서 자선적 책임에 대한 개념이 가장 보편적으로 언급된다. 사회공헌을 어떻게 개념화하느냐에 따라 이를 포괄하는 내용의 범위가 달라지나 일반적으로는 자선적 책임에 해당하는 내용을 주로 다룬다고 볼 수 있다.

전통적으로 기업의 사회공헌이라 하면 많은 이들이 떠올리는 장면들이 있다. 기업의 이윤을 사회로 환원하겠다는 기업 최고경영자의 기자회견, 크리스마스를 맞아 선물꾸러미를 안고 보육원을 방문하거나 겨울철 독거 어르신들을 위한 방한용품을 나르는 임직원들 – 이처럼 기업의 사회공헌 활동은 사회적으로 물의를 일으킨 것에 대한 대국민 사과의 일부로, 또는 기업의 연간 이벤트 중 하나로 비치곤 했다. 이러한 인식은 기업의 사회공헌을, 이윤 일부를 사회로 환원한다든지 또는 기업의 활동으로 야기된 다양한 사회문제에 대해 기업이 일정 부분 책임을 져야 한다는 관점에 기반한 것이다. 그러나 이러한 일시적 또는 문제 발생 후 해결을 위한 조치로서의 사회공헌 활동은 이제 진정성을 인정받기 어려운 시대 분위기가 되었다. 한편 기업시민 관점에서의 사회공헌은 사회적 필요에 대한 '소극적 대응'을 넘어서, 기업이 사회문제 해결의 주체로서 현시대가 당면한 사회문제를 자율적, 능동적으로 해결하려는, 그리고 공동체에 속한 일원으로서 권리와 책임과 의무를 다하고자 하는 '적극적 참여'를 의미한다고 볼 수 있다.

사회문제 해결에 적극적으로 참여하는 기업시민 관점에서의 사회공헌은, 기업의 전문성에 기반한 비즈니스 기회를 사회문제와 연결하여 성과를 달성하면서 동시에 사회의 다양한 문제를 해결하고 긍정적 변화를 유도하는 것으로 실천 전략을 생각해 볼 수 있다. 기존의 전통적인 관점에서 기업이 이윤을 추구하고 그 일부를 사회의 선한 일로 환원하는 정도의 사회공헌이 아니라 기업의 비즈니스 모델과 사회적 가치 실현을 접목하여 사회적 가치와 경제적 가치를 동시에 추구하는 것이다. 그렇게 되면 기업이 이윤을 추구할수록, 다시 말해 경제적 가치를 더욱 활발하게 추구할수록 사회적 가치가 더욱 활발하게 실현될 수 있다. 이에 대해 이재열(2019)은 "재무적 가치와 사회적 가치를 함께 달성할 수 있는 블루오션, 즉 가치 추구형 혁신 대기업 모델"이라고 하며, 공기업의 DNA를 간직한 포스코가 이러한 혁신형 대기업으로 진화할 가능성이 가장 높아 보인다고 하였다.

이처럼 기업이 해결에 참여해야 할 이 시대가 당면한 사회적 문제를 파악하고 이를 해결하는 과정에서 경제적 가치와 사회적 가치를 동시에 창출하는 경영전략을 CSV^{Creating Shared Value(공유가치창출)}라고 한다. 이 개념은 하버드대학교 교수인 마이클 포터^{Michael E. Porter}와 글로벌 소셜 임팩트 컨설팅 회사 FSG 대표인 마크 크레이머^{Mark R. Kramer}에 의해 2011년 하버드 비즈니스 리뷰^{Harvard Business Review}에 소개되었다. 사회적, 환경적 목표를 달성할 수 있는 사업 및 투자 활동(Creating Social Value)과 기업의 장기경쟁력을 강화할 수 있는 사업 및 투자 활동(Creating Business Value)의 접점에서 기업의 장기경쟁력 강화와 사회적, 환경적 목표를 동시에 달성할 수 있는 사업 및 투자 활동(Creating Shared Value)을 발굴 실천하는 것이다. 지금까지 기업은 경제적 가치 창출을 본연의 목적으로 삼고 주로 사회적 가치는 비영리 또는 공공 부문에서 담당하는 것으로 여겨왔던 전통적인 이분법적 관점에서 이 둘 사이의 공유된 가치 기반을 찾아야 한다는 것이다. 기업이 사회문제를 해결하고 사회적 임팩트를 창출할 수 있는 지점에서 비즈니

표 3 | CSR과 CSV 비교

구분	CSR	CSV
가치	선을 행하는 것	투입비용 대비 높은 경제적, 사회적 가치 창출
핵심개념	시민의식, 자선활동, 지속가능성	기업과 공동체 모두를 위한 가치 창출
사회공헌에 대한 인식	이윤 극대화와 무관한 활동	이윤 극대화를 위한 투자
사회공헌 활동 설정	외부 요구나 개인적 선호에 의해 설정	기업의 상황에 맞게 주체적으로 설정
예산	기업의 CSR 예산에 한정	기업 전체 예산에 CSV 개념 반영

출처: Porter & Kramer, 2011; 김성택, 2012; 신창균, 2013 참고

스 기회를 찾는 것을 의미한다.

CJ대한통운의 실버택배 사업은 기업, 정부, 지자체, 복지기관의 유기적 협력을 통해 공유가치창출에 성공한 모델로 기업의 CSV 경영의 대표적인 사례로 언급된다. 고령화에 따른 노인 일자리 제공이라는 사회적 필요와 증가하는 택배 수요에 따른 배송 인력 확보 및 배송난 해소라는 기업적 필요를 실버택배라는 비즈니스 모델을 통해 해소하였다. CJ대한통운이 보유한 화물 운송'업業'의 특성과 핵심역량을 활용하여 새로운 거점형 택배 비즈니스 모델을 구현하였다는 측면에서, 그리고 택배업 환경 변화에 창의적으로 대처하면서 동시에 기존의 복지형 일자리 제공이 아닌 양질의 생산형 일자리 창출을 통한 어르신들의 실질적 자립 지원과 지역경제 활성화라는 사회적 가치를 구현하였다는 측면에서 CSV 사례로 주목해 볼 만하다. 산업정책연구원은 2014년부터 CSV 개념을 발표한 마이클 포터의 이름을 딴 포터상(Porter Prize for Excellence in CSV)[64]을 제정하여 시상하고 있다. CJ는 그룹 차원에서 CSV 프로세스를 정착시켰다는 점을 높이 평가받아 제1회 CSV 포터상 프로세스 부문을 수상하였다. 또한 실버택배는 2018년 국제연합(UN) '지속가능발전목표 이니셔티브'(SDGs Initiative) 우수사례로 선정되었으며, 최근에는 청각장애인 배송원이 각 가정까지 택배를 배송하는 새로운 CSV 모델로 '블루택배'를 실시하고 있다.

이러한 CSV에 기반하여 지속가능한 경영 관점에서 기업의 사회공헌을 이해할 때, 이것이 기업의 정체성으로 그리고 경영이념이자 실천 전략으로 구체화된 개념이 '기업시민'이라고 볼 수 있다. 양원준(2019)은 기업시민을 "사회와의 공동체 의식을 바탕으로 사회적 가치와 경제적 가치의 선순환을 통해 기업 가치를 제고하고 자발적으로 참여하는 사회구성원으로서 책임과 역할을 다하는 기업"으로 정의한다. 기업이 시민과 같은 역할을 해야 한다는 의미로, 기업 본연의 역할로서 경제적 가치 창출과 사회구성원으로서 사회적 가치 창출을 동시에 추구해야 함을 강조하고 있다. 그러므로 기

---

64 Porter Prize for Excellence in CSV 홈페이지 http://www.porterprize.kr

그림 3 | 포스코 기업시민 경영

출처: 기업시민포스코 홈페이지(2022)

업시민 관점에서 사회공헌은 별도의 부서에서 별도의 예산으로 진행하는 일종의 분리된 '전담부서 활동'이 아니라, 기업 전체의 예산이 반영된 기업 경영 전반의 활동으로 이해되어야 한다. 이에 대해 포스코는 "기업의 이윤을 일방향적으로 사회에 환원하는 것이 아닌, Business, Society, People 전 영역에서 공생가치를 함께 만드는 포괄적이고 적극적인 개념"으로서 기업시민을 설명하고 있다.

곽수근 외(2020)는 기업시민을 "CSR, CSV를 포괄하며 진일보한 개념으로, 자발적인 가치를 지향하며, 경영진뿐만 아니라 일반 직원도 자발적으로 동참하는 가치 창출적 기업 행위"라고 하며, "사회와의 조화를 통해 경제적 가치 창출을 기본으로 하면서 이해관계자와 공존공생의 가치를 창출"하는 것으로 "기업이 지향할 가치 영역이 훨씬 넓어지고 임직원 모두의 자발적 공감과 참여를 필요로 한다는 점에서 CSR과 CSV 모델을 넘어선 개념"으로 설명하고 있다. 물론 이 장에서는 'S' 즉 Society에 초점을 맞추어서 사회공헌을 살펴보겠으나 앞서 언급한 바와 같이 기업시민 관점에서의 사회공헌을 이해하기 위해서는 좀 더 포괄적인 관점으로 접근할 필요가 있다.

기부나 자선에 초점이 맞춰져 있었던 전통적 접근과 달리, 기업시민 관점에서의 사회공헌은 사회문제 해결의 주체로서 문제에 깊이 공감하고 문제해결 과정을 적극적으로 주도하여 사회적인 임팩트를 창출하는 데까지 나아가는 적극적, 주도적, 능동적 접근이다. 다시 말해, 기업이 시민으로서 역할과 책임을 다하기 위하여 기업이 보유한 역량과 자산을 기반으로 사회문제 해결을 보다 적극적으로 주도해 가는 것을 의미한다고 볼 수 있다. 이것이 기업에서 어떠한 사회공헌 전략으로 수립되고 어떻게 실천되고 있는지 포스코의 예를 살펴보면 다음과 같다.

그림 4 | 포스코 사회공헌 전략 방향 및 중점 영역

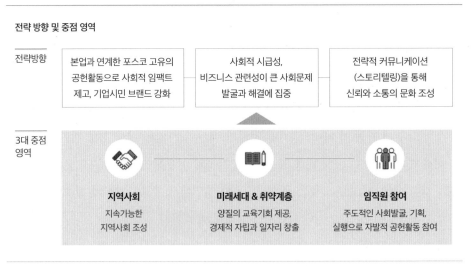

출처: 포스코(2022)

〈그림 4〉를 중심으로 기업시민 경영으로서 사회공헌 전략 방향을 살펴보면, '본업과 연계한' 공헌 활동, '사회적 시급성'과 '비즈니스 관련성'의 동시적 고려, '신뢰와 소통'이 강조되고 있음을 볼 수 있다. 비록 기업시민이라는 용어를 명시적으로 사용하지 않더라도 최근 기업에서 단순 기부 또는 단기적 자선활동을 넘어 사회문제를 직접

적이며 주도적으로 해결하려는 움직임과 함께, 기업의 전문성과 자산을 활용하여 사회공헌 프로그램의 전문화, 체계화를 추구하면서 사회문제와 비즈니스 기회를 연결하려는 일명 '임팩트 비즈니스Impact Business' 또한 같은 맥락으로 이해될 수 있다.

기업시민 관점에서의 사회공헌 필수 요소: '참여'와 '협력'

전통적 기업의 사회공헌이 사회적 필요에 대한 소극적 반응 또는 기업이 양산한 부작용인 사회문제를 해결하려는 대응 차원에서의 기업 활동이었다면, 기업시민 관점에서의 사회공헌은 사회문제 해결의 주체로서 적극적, 능동적, 주도적 참여를 의미한다는 것을 지금까지 살펴보았다. 특히 오늘날 기업이 해결에 참여해야 할 사회문제의 원인이 다양하고 복잡해지면서 단일 전문가 집단이 제안하는 솔루션으로는 문제해결이 어려워지고 있다. 단순 기부나 일회적 자선활동을 넘어서 기업의 자산과 역량을 기반으로 사회문제를 적극적으로 해결하려는 방향으로의 전환에 더하여, 이제는 단일 기업의 자산과 역량에 다른 부문(공공, 비영리, 학계 등)과의 연결과 협력을 더하여 더욱 효과적이고, 효율적이며, 지속가능한 방향으로 사회문제를 해결하여 근본적인 사회 변화를 이끌어내기 위해서 시너지를 발휘할 필요가 있다. 이것이 바로 콜렉티브 임팩트Collective Impact 접근이다.

콜렉티브 임팩트는 마크 크레이머Mark Kramer와 존 카니아John Kania가 사회혁신 정론지인 스탠포드 소셜이노베이션 리뷰Stanford Social Innovation Review 2011년 겨울호에서 처음 제시한 개념이다. 큰 규모의 변화, 즉 임팩트 창출을 위해서는 다양한 부문 간의 협력이 매우 중요함에도 여전히 개별 조직의 독립적 활동을 통해 변화를 시도하는 상황을 비판하면서 특정 사회문제의 해결에 필요한 공동의 목표common agenda를 위해 여러 부문이 함께 협력해야 함을 강조하고 있다. 기존의 단일 기업 또는 단일 부서 중심

표 4 | 성공적인 콜렉티브 임팩트를 위한 다섯 가지 조건

구분	내용
공동의 목표 (Common Agenda)	모든 협력 주체들은 문제에 관한 공통의 이해를 바탕으로 합의된 실천을 통해 문제를 해결하려는 공동의 문제해결 방식을 포함하여 변화에 대한 공유된 비전을 가져야 함
공유된 측정체계 (Shared Measurement Systems)	협력 주체들 간 일관된 자료 수집과 성과 측정은 협력의 일관성을 유지하고 참여자 간 상호 책임을 가능하게 함
상호 강화 활동 (Mutually Reinforcing Activities)	협력 활동은 협력 주체들 서로를 강화하는 방향으로 조율되면서 동시에 각기 차별화 되어야 함
지속적인 소통 (Continuous Communication)	신뢰를 구축하고 상호 목표를 보장하며 공통의 동기를 창출하기 위해서는 협력 주체들 간의 일관적, 개방적 의사소통이 필요함
중추지원조직 (Backbone Support Organizations)	콜렉티브 임팩트를 창출하고 관리하려면 전체 이니셔티브의 중추 역할을 하고 협력 주체들을 조율하는 전담 직원과 별도의 조직이 필요함

의 기부나 자선활동 위주의 사회공헌에서 기업이 사회문제 해결에 적극적으로 참여하여 사회 변화를 창출하기 위해서는 다양한 부문과의 협력이 필수적이다. Kania & Kramer(2011)는 성공적인 콜렉티브 임팩트를 위한 다섯 가지 조건을 제시하고 있는데, 이는 앞으로 기업시민 관점에서의 사회공헌 활동을 추진함에 있어 고려해야 할 요소이기도 하다.

성공적인 콜렉티브 임팩트 창출을 위해서는 먼저 협력 주체들이 변화 창출을 위한 비전을 공유하고, 문제에 대한 공통의 이해와 합의된 실천을 통해 문제를 해결하고자 하는 공동 접근 방식을 가지고 있는 것이 중요하다. 기업뿐만 아니라 협력하는 각 부문들은 고유의 특징과 역할 수행이 있으므로 같은 문제를 바라보더라도 문제에 대한 이해와 도달하고자 하는 궁극적 목표에 대해 다른 정의를 가질 수 있다. 콜렉티브 임팩트에서는 지속적인 소통과 논의를 통해 이러한 차이들이 해결되어야 하며 이러한 시도 자체가 실행 가능한 부문 간 협력 구축 과정으로 여겨진다(Kania & Kramer, 2011).

기업이 다양한 이해관계자들이 함께 일할 때 같은 일을 모두가 함께할 수도 있고 각기 특정한 역할을 수행할 수도 있다. 사회문제의 원인이 상당히 복잡하고 이를 해결하기 위한 솔루션의 구성 요소들이 상호 의존적이기 때문에 부문 간 조율과 조정이 필요한 것이다. 그러므로 기업, 정부, 비영리, 학계 등 각 부문은 고유의 특성, 지향하는 방향, 보유한 인적·물적 자원을 활용하여 각기 특성화된 역할을 수행할 필요가 있으며, 그 역할이 조화를 이루어 최선의 솔루션을 도출, 실행하도록 해야 한다.

이를 위해서는 콜렉티브 임팩트 이니셔티브 전 과정을 조율하고 조정하고 주도하는 중추지원조직이 필요하다. 콜렉티브 임팩트를 창출하고 관리하기 위하여 전체 실행에 관한 중추로서 역할을 하면서 참여 조직과 기관을 조율하는 독립된 조직이 필요하며(Hanleybrown, Kania, & Kramer, 2012), 중추지원조직은 '프로젝트 관리자', '데이터 관리자', '촉진자'로서의 역할이 요구된다. 콜렉티브 임팩트 접근에 기반한 사회공헌 활동에서 중추지원조직은 전 활동 과정의 관리자이자 촉진자로서 역할을 하기 때문에 앞선 네 가지 조건의 성공적인 수행을 위한 필수 또는 선행 조건이라고 할 수 있다.

그렇다면 콜렉티브 임팩트 중추조직으로서 기업은 어떠한 역할을 할 수 있는가? 여러 부문과 협력하여 사회공헌 활동을 추진할 때 기업은 주로 재원을 마련하는 펀더 funder로서 역할을 수행한다. 기업이 재정을 조달하면서 동시에 활동을 계획하고 전 과정을 주도하는 역할을 수행할 때 재정적으로 안정된 기반에서 사회적 가치를 창출하는 활동을 할 수 있으며 지속가능한 인적·물적 자원 확보도 용이하므로 활동의 추진력을 강화할 수 있다. 또한 기업이 가진 영향력은 타 기업, 타 부문의 다양한 기관과 조직의 참여를 이끌어내는 데에 유리한 측면이 있다. 반면 한 기업이 주도적으로 추진할 때 협력 구도에 참여하는 다른 부문의 기관과 조직이 상대적으로 소극적, 수동적으로 참여할 수 있다는 단점이 있으며 사회공헌 활동이 기업을 중심으로, 다른 부문은 이를 조력하는 형태로 참여하는 가운데 진정한 형태의 균형 있는 협력 구도 구축이 어려울 수 있다(Collective Impact Forum, 2017).

이러한 콜렉티브 임팩트는 협력을 통한 사회문제 해결뿐만 아니라, 기업과 기업을 둘러싼 다양한 이해관계자가 협력하여 서로 원-윈할 수 있는 공생 가치 창출 측면에서 기업시민 관점 사회공헌 활동의 주요 실천 전략으로 활용될 수 있다. 일례로 포스코건설은 건설업의 특성을 살린 개발도상국 청년 대상 직업교육으로 '건설기능인력

양성 프로그램'을 실시하고 있다. 2018년부터 시작한 이 프로그램은 인도네시아, 미얀마에 이어 2021년 현재 방글라데시에서 추진되고 있다. 청년들의 건설역량 강화로 취업 역량을 향상시켜 자립 기회를 제공하고 나아가 지역 경제 활성화에 기여하고 있으며, 현지인 강사 육성을 통해 지속가능한 변화 체계를 마련하고 모바일 애플리케이션 PCCT(POSCO E&C Construction Craft Training) 개발로 비대면 교육이 가능하게 하여 교육 접근성을 높였다. 이 사업은 포스코건설의 전문성과 공공부문(KOICA), 대학 그리고 해당 국가의 지자체가 협력하여 임팩트를 창출한 사례이다.

최근에는 공공, 비영리 부문뿐만 아니라 '학(學)'이 또 하나의 주체가 되어 사회문제 해결을 위하여 기업과 협업하는 사례가 증가하고 있다. 포스코는 심각한 상황에 직면해 있는 저출산 문제를 해결하기 위하여 정부와 더불어 학회, 대학 등 학계 전문가들로 네트워크를 구성하여 협력하고 있다. 포스코만의 차별화된 관점으로 포항시와 광양시를 중심으로 '자녀를 낳고 키우기 좋은 회사' → '젊은이들이 찾아오는 도시' → '저출산이 극복된 사회'에 대한 기업 차원의 롤모델을 제시하고자 하며, 가족친화 기업을 넘어서 출산친화 기업이 될 수 있도록 제도를 개선하고 있다(포스코, 2020). 또한 전문가 참여 심포지엄, 청소년 대상 교육 교재 개발 등 저출산 문제해결을 위하여 민·관·학이 협력하여 다양한 솔루션을 시도하고 있다.

사회공헌 활동을 기업이 단독으로 추진하는 형태에서 기업, 정부, 공공기관, 비영리조직, 대학, 지역주민과 임직원 등 다양한 주체가 함께하는 거버넌스 형태로 발전되어 가고 있다. 이제는 기업이 시혜자요, 취약한 그룹의 사람들이 수혜자가 되는 일방적 지원으로서의 사회공헌이 아니라, 우리 사회 공동체의 발전을 위해 함께 협력하고 함께 가치를 창출해 가는 방향으로 기업의 사회공헌 성격이 변화하고 있다. 콜렉티브 임팩트는 단순히 기존 협력의 새로운 이름이 아니라 근본적으로 다른 접근으로 이해될 필요가 있으며, 대규모의 사회적 영향력을 창출하기 위하여 기업 참여와 협력에 관하여 더 높은 수행 수준과 장기적인 안목에서의 접근이 요구되고 있다.

Wrap-up

지금까지 이 장에서는 우리나라 기업의 사회공헌 활동 흐름과 기업의 사회공헌에 관한 관점의 변화, 그리고 참여와 협력에 기반한 사회공헌을 위한 콜렉티브 임팩트 접근을 살펴보았다. 초기 주요 사회공헌 활동 유형이었던 미래세대 육성과 임직원 봉사 활동은 지금도 주요 사회공헌 활동으로 이어져 오고 있다. 초기 장학재단과 교육기관 건립을 중심으로 한 인재육성 사업은 대학생 참여 봉사단과 기업의 전문성을 반영한 교육 프로그램 등 그 유형이 다양화되고 있다. 또한 임직원 봉사 활동 또한 일회적 자선 이벤트에서 최근에는 개개인의 재능과 전문성을 발휘하고 사회문제 해결 과정에 기업의 구성원들이 적극적, 주도적으로 참여하는 형태로 확장되고 있다. 취약계층 지원과 아동, 청소년 대상의 사회공헌 활동은 매년 꾸준히 기업의 연간 사회공헌 사업에서 가장 큰 비중을 차지하고 있다.

이제 기업은 사회 공동체 안에서 시민의 일원으로서 다양한 이해관계자들과 적극적으로 공감하고 소통하면서 우리 사회의 문제를 함께 해결해 나가는 존재로 정체성이 변화되고 있다. 또한 기업의 사회공헌 활동은 기업이 가진 것을 사회를 위해 나누고 베푸는 '선행의 실천'에서 기업과 다양한 이해관계자들이 함께 만들어가는 '변화의 공동 창조'로서 그 성격이 바뀌어 가고 있다. 그러므로 변화 주체들의 역량을 키우고 참여와 협력을 유도하고 강화하기 위하여 조직화, 체계화하는 방향으로 기업의 사회공헌 사업을 재설계할 필요가 있다. 또한 어떠한 선행을 어떻게 하였는지 정도에 머물렀던 사회공헌 활동 평가에서, 어떠한 사회문제를 어떻게 해결하였으며 이를 통해 중장기적으로 어떠한 변화를 창출하였는지 그 임팩트까지 측정할 수 있도록 기업의 사회공헌에 관한 평가, 환류 시스템을 개선할 필요가 있을 것이다.

자립준비청년(보호종료아동) 지원사업

지금까지 살펴본 것처럼 사회공헌 활동이 시대에 따라 주요 전략과 실천 유형에 있어서 변화를 보이고 있으나, 공통적으로 아동·청소년이 주요 대상이며 취약계층 지원과 교육부문 공헌 활동이 꾸준하게 가장 많은 비중을 차지하는 특징이 있다. 전략의 수립과 실천에 있어서도 소극적 사회 기여에서 적극적이며 주체적으로 사회문제 해결에 기업이 참여하는 방향으로 변화하고 있으며, 취약계층 아동·청소년 지원에 있어서도 기존의 사회서비스 제공에서 미래세대 인재육성으로 적극적인 실천을 하고 있다.

최근에는 자립준비청년에 대한 관심이 증가하면서 상당수 기업에서 만 18세가 되어 아동복지시설이나 위탁가정의 보호로부터 자립해야 하는 청년들(자립준비청년)을 지원하는 사업을 실시하고 있다. 예를 들면 롯데정밀화학은 메타버스 플랫폼을 활용하여 자립준비청년들에게 전문 심리 상담 및 진로설계 컨설팅을 제공하고 자립준비청년들 간의 네트워크 형성 활동을 지원하고 있으며, CJ 올리브영은 교육 물품 지원과 인식 개선 캠페인을 진행하고 있다. 좀 더 직접적으로 기업의 특성이 드러난 지원사업도 있다. 예를 들면 현대중공업그룹은 취업기술 및 역량교육을 제공하고 조선업종 취업 연계 사업을 실시하고 있으며, 교보생명은 자립준비청년을 위한 금융교육을 제공하고 LG생활건강은 화장품 등 다양한 생필품으로 구성한 안심꾸러미를 전달하는 등 기업의 특성을 살린 지원사업을 펼치고 있다.

포스코그룹은 2019년부터 자립준비청년을 위한 '두드림DoDream' 사업을 실시하고 있다. 2021년부터는 그룹사(포스코, 포스코인터내셔널, 포스코건설, 포스코ICT, 엔투비)의 참여로 확대 시행되고 있으며 한국아동복지협회가 협력 기관으로 함께하고 있다. 사업의 내용은 '자립지원금 지원'과 '자립지원 프로그램'으로 나뉘는데, 약 1,000여만 원에 해당하는 생활지원금, 진로지원금, 면접준비지원금, 의료보험비를 자립지원금으로 지원하며, 여기에 기타지원금으로 취업성공수당, 소호지원금, 긴급주거지원비, 긴급의료지원비를 지원한다. 지원프로그램으로는 사회복지사 사례관리, 1:1 진로 컨설팅 및 진로/취업교육, 분야별 전문가 멘토링과 더불어 포스코그룹 청년 대상 교육에 참여하는 기회를 제공하고 있다. 특별히 그룹사별 전문성을 반영하여 해당 사업 분야에 취·창업을 희망하는 지원자들을 대상으로 맞춤형 교육과 멘토링을 지원하고 있다. 이를테면, 포스코인터내셔널은 국내외 영업, 무역 및 자원개발 관련, 포스코ICT는 AI, SW 개발, 정보보안 등 ICT 분야, 포스코건설은 건축, 토목 분야 등 해당 그룹사 임직원들의 참여에 기반하고 있다. 이러한 두드림 사업을 통해 자립준비청년의 취업률이 2020년에는 20%에서 21년 31%로 향상된 것으로 나타났다.

이 가운데 엔투비의 두드림 사업은 자립준비청년들의 이공계열 대학 진학을 지원함으로써 대학에서 기술교육을 받고 이를 기반으로 취업까지 이어질 수 있도록 지원하고 있다. 기본적인 생활지원금, 주거지원비를 포함하여, 최대 2년간 대학 등록금 전액을 지원하고 학업성취수당을 제공하여 참여 학생들이 지속적으로 학업을 이어갈 수 있도록 동기를 부여하고 있다. 엔투비는 전자상거래 중개업의 특성을 살려서 참여 학생들을 포스코그룹이 거래하는 우수기업 중 수요가 있는 기업과 연결하는 취업 지원을 하고 있다. 기존 프로그램과 달리 엔투비는 자립준비청년들의 대학 진학부터 취업까지 이어지는 과정을 단계적으로 지원함으로써 이들의 실질적 자립을 추구하고 있다. 청년들의 입장에서는 체계적인 진로 준비 기회를 가질 수 있고 기업의 입장에서는 기술직 고용 창출을 통해 중소기업과 기술직군의 일자리 미스매칭 문제를 해결하는 대안이 될 수 있을 것이다.

자립준비청년과 같이 취약계층 아동·청소년을 위한 지원은 총체적 접근이 필요하다. 현재 그들이 안정된 삶을 살 수 있게 하는 재정적 기반 마련뿐만 아니라 정서적 안정감, 사회적 관계 형성, 미래 진로 준비 등 지원 내용과 방식, 접근에 있어 변화가 필요하다. 이러한 변화는 그들을 바라보는 관점 자체에 변화가 있어야 함을 의미한다. 근본적으로 취약계층 아동·청소년을 도움이 필요한 시혜의 대상이 아니라 한 사회의 일원이자 기업의 이해관계자로, 기업시민 파트너로 바라볼 때 그들이 가진 현재의 어려움을 극복하도록 하는 지원뿐만 아니라 더욱 적극적으로 그들이 미래 사회의 건강한 일원으로 역량을 다하도록 하는 폭넓은 관점으로의 지원이 가능할 것이다.

1. 취약계층 아동·청소년 지원, 미래세대 육성, 임직원의 자발적 참여, 기업의 전문성 반영, 사회적 가치와 경제적 가치의 동시 추구, 다양한 조직 간 협업 등 지금까지 기업의 사회공헌 활동의 특징으로 살펴본 다양한 요소들이 하나의 사업에 어떻게 총체적으로 나타나고 있는지 두드림 사업을 중심으로 정리해 보라.

2. 두드림 사업은 한국아동복지협회가 협력 기관으로 사업을 운영하고 있다. 이처럼 영리기업의 사회공헌 사업을 비영리기관이 위탁 운영 또는 협업하는 것은 보편적인 기업의 사회공헌 사업 형태이다. 이러한 사업 운영 형태의 장점과 단점은 무엇이며, 어떻게 그 단점을 보완할 수 있을까?

3. 현재 실시되고 있는 두드림 사업에 좀 더 확장된 콜렉티브 임팩트(Collective Impact) 접근을 적용하여 재설계한다면 어떠한 협력 구도와 임팩트를 창출할 수 있을까?

기업시민 기반의 기업문화 설계: 전문가의 놀이터

—

윤정구(이화여대 경영대학 교수)

INTRO

    미국 매스컴에서 일하기 좋은 기업에 매년 단골로 등장하는 기업은 SAS, 자포스Zappos, 사우스웨스트항공Southwest Airlines, 구글Google, 파타고니아Patagonia, 고어텍스Gore Tex 등이다. SAS는 원래 통계 패키지 SAS로 더 잘 알려져 있으나 실제로 금융기관의 위험관리용 소프트웨어를 만드는 기업이다. 자포스는 라스베이거스 지역에서 신발과 액세서리를 온라인으로 판매하는 기업이다. 자포스는 얼마 전에 아마존Amazon에 인수되었다. 구글은 검색엔진으로 시작했지만, 지금은 안드로이드라는 운영체계를 구축하고 있고, 알파고를 운용하고 있고, 유튜브도 자회사로 가지고 있다. 사우스웨스트항공은 허브공항을 이용하지 않고 지방 공항을 저가로 직접 연결해주는 비즈니스를 사업화한 기업이다. 파타고니아는 등산복이나 스포츠용 옷을 판다. 파타고니아는 지구를 구하는 것을 기업의 사명으로 정해 사업하는 회사로 유명하다. 고어텍스는 신발 등에 들어가는 기능성 소재를 판매하는 회사다. 이 회사들의 공통점은 지금과 같은 L 자 불황 속에서 성장과 번성으로 지속가능성을 구가하고 있고 무엇보다 종업원들이 열정과 열의를 가지고 행복하게 일하는 기업문화를 가지고 있다는 점이다.

시작하며

미국 매스컴에서 일하기 좋은 기업으로 손꼽히는 기업 중 사우스웨스트항공은 종업원의 경우, 회사의 로고를 문신으로 새겨서 친구와 고객에게 자랑하기도 한다. 파타고니아 종업원들은 대부분 전문적 서핑 애호가거나 등반가들이다. 회사가 서부 해안에 있어서 파도가 밀려오면 하던 일을 멈추고 서핑을 나간다. 파타고니아의 경영진은 MZ세대의 종업원들에게 회사를 위해 희생하지 말고 회사를 이용해 성공해보라고 주문한다. 고어텍스, 자포스, 구글은 놀이터와 같은 일터를 운용하고 있다. 이들이 일하는 방식을 보면 일하는 것인지 노는 것인지 구별되지 않는다. 이렇게 회사를 운영해도 회사가 이윤을 내가며 살아남을 수 있는지를 묻는 경영학자들이 많다. 전통적 경영학의 개념으로는 이해가 되지 않는다.

이들 회사의 문화 전략은 한마디로 위에서 지시하고 시켜서 일하는 방식인 전통적 피라미드 방식에서 민주적이고 수평적 플랫폼 구조로 전환하는 것이다. 이런 문화를 지원하기 위해 자포스에서는 구성원들의 업무를 역할 중심으로 수평적 동아리가 연결되고 중첩되는 홀라크라시Holacracy로 운영한다. 고어텍스에서는 직급과 상하 관계 없이 책무에 따라 움직이는 격자조직lattice organization 형태로 운영한다. 직원들도 서로를 직책으로 부르지 않고 '동료associate'로 부른다. 사명(고어 앤드 어소시에이츠) 자체가 '고어와 그의 동료들'이다.

이런 회사가 일하는 방식을 피라미드 방식 대신 다양한 수평적 플랫폼 구조로 운영할 수 있었던 것은 회사를 운영하는 거버넌스에 대한 전제가 다르기 때문이다. 지금처럼 어려운 경기에서도 최고 수준의 번성을 구가하는 수평적 플랫폼 조직을 운영하는 회사는 다양한 역할들을 통합해서 조율해주는 최고의 거버넌스를 최고경영진으로

지원 활동 : 사람·문화

생각하지 않는다. 이들 거버넌스의 정점에는 회장이나 대표이사가 아니라 회사가 고객과 사회에 약속한 목적과 사명이 자리하고 있다. 사명과 목적의 거버넌스 아래에서 구성원은 맡은 바 임무를 자기 조직적으로 공진화시켜가며 기업을 1000년 기업으로 만드는 책무를 수행한다. 회장과 대표이사도 회사가 사회와 고객에 약속한 책무를 구성원과 협업으로 이행하는 동료이다.

문제는 매스컴이다. 매스컴에서 이런 기업들의 우수한 문화를 설명할 때 과학적으로 입증된 주장보다는 순환론을 사용한다. 즉 이런 기업들은 재무적 성과를 많이 냈었고 그 결과 종업원들에게 최상의 복지를 제공했고, 최고의 복지에 보답하기 위해서 종업원들은 다시 회사를 위해서 열심히 일해서 지금과 같은 선순환 구조가 만들어졌다는 것이다. 이들의 결론은 이런 기업문화를 만들어내려면 일단 재무적 성과를 올려야 한다고 강조한다. 틀린 이야기로 보이지는 않지만, 이런 순환론적 설명은 플랫폼으로 수평화된 문화가 구성원이 공동의 목적을 실현하려는 자율성을 키워서 지속가능성을 자기 조직한 결과라는 핵심을 이해하지 못한다.

본 장에서는 우수한 수평적 플랫폼 기업문화를 구축해서 오랜 시간 번성을 누려온 기업과 재무적 성과에도 이런 기업문화를 구축하지 못해 성과가 지속 가능한 성과로 이어지지 못한 전통적 기업의 기업문화를 설계하는 방식에 관해서 비교한다. 비교를 통해 기업시민을 지향하는 기업들이 문화 설계 과정에서 해결해야 할 과제를 제시한다.

전통적 기업문화 대 수평적 자기조직 문화

전통적 기업문화와 수평적 자기조직 기업문화의 차이는 황금색으로 도금한 가짜 수도꼭지와 진짜 황금 수도꼭지의 차이로 비유해볼 수 있다

(윤정구, 2018; 윤정구, 2022b).

이야기는 유럽의 바이킹에서 시작된다. 유럽의 바이킹이 도적질하다가 신기한 물건 하나를 발견하고 생사를 무릅쓰고 이것을 탈취해서 집으로 돌아간다. 자랑스럽게 자기의 부인에게 선물이라고 곱게 포장해서 건넨다. 부인은 이 신기한 물건이 무엇에 쓰는 물건인지 모른 채 받아 들고 남편은 의기양양하게 이 물건의 꼭지를 조금씩 틀기 시작한다. 탈취한 물건은 바로 황금색으로 도금한 수도꼭지였다. 탈취할 때는 꼭지를 돌리기만 하면 물이 쏟아졌는데 지금은 아무리 틀어도 물이 나오지 않는다.

우화이기는 하지만 전통적 문화는 해적이 가져온 수도꼭지의 설계와 다르지 않다. 수도꼭지가 작동하려면 수도꼭지뿐 아니라 관정을 찾아서 파이프라인이 연결되어 있어야 한다. 하지만 해적의 사례처럼 기업에서는 문화의 산물에 대한 관정과 파이프라인 없이 겉으로 보이는 결과만을 얻어내려고 노력한다. 핵심인재의 원천과 파이프라인에 대해서 근원적으로 준비가 안 된 회사에서 수도꼭지를 틀기만 하면 핵심인재가 쏟아져 나오는 상황을 기대한다. 하지만 관정과 파이프라인이 준비되지 않은 회사에서 갑자기 핵심인재가 쏟아져 나올 리 없다. 임원을 시킬 여성이 없다고 한탄하지만 이런 회사를 보면 대부분 여성 인재를 키우는 파이프라인이 없는데도 꼭지만 틀고 있는 회사다. 수평적 문화를 만든다고 서로를 "님"으로 부르거나 영어 이름으로 부르게 하지만 이것을 통해 구현하려는 수평 조직에 대한 철학이 마련되지 않아서 결국은 조소 거리로 전락한다. 신뢰가 중요하다는 것은 알지만 신뢰의 기반과 파이프라인을 설계하기보다는 실제 신뢰가 문제가 되면 지금부터는 서로 믿고 신뢰해가면서 일하자고 다짐하는 수도꼭지 틀기 수준을 벗어나지 못한다.

회사에서 중시하는 성과관리도 황금색으로 도금한 가짜 황금 수도꼭지 수준을 벗어나지 못한다. 지속 가능한 성과는 회사가 자신의 목적과 사명의 관정을 찾아 여기에 파이프라인을 묻고 끊임없이 변화하고 혁신하면 자연스럽게 따라오는 결과임에도 수도꼭지 틀기 방식의 단기적 성과관리를 벗어나지 못한다. 심지어는 황금알을 낳은 거위를 가지고 있으면서 수도꼭지 틀듯이 거위 배를 갈라 황금알을 꺼내는 우를 범한다. 실제로 결과에 초점을 맞춰 설계된 성과관리 시스템인 KPI^{Key Performance} Indicator(핵심성과지표)나 OKR^{Objective Key Results}(목표 및 핵심결과지표)은 회사를 내재적으로 파괴하는 무기로 전락한다. 회사의 성과는 결과의 수준에서는 관리될 수 없음에도 수도꼭지를 틀면 물이 나올 것이라는 환상이 사로잡혀 결과의 수준에서 문제를 해결하려 시도한 결과다.

지속적인 성과를 내는 회사나 행복을 제대로 누리고 사는 사람들에게는 그것의 토대인 목적의 관정이 잘 관리되고 있고 이 원천과 결과를 이어주는 파이프라인에서의 혁신이 일상으로 작용한다. 모든 가치의 원천인 목적의 관정이 설사 눈에 잘 보이지 않는다는 이유로 실제 수도꼭지를 가진 회사들의 겉만 보고 베껴서 회사의 관행을 만드는 회사는 코끼리를 만지는 시각장애인의 신세를 벗어나지 못한다. 원인을 구성하는 관정은 대부분 눈에 보이지 않은 것을 핑계로 원인이 존재하지 않는다고 믿고 살기 때문이다. 이들의 잘못된 믿음과 달리 문화는 눈에 보이지 않는 가치의 원천인 목적의 샘이 발현되어 꽃피워진다.

기업시민이 지향하는 수평적 자기조직 문화는 Schein의 양파모형(Schein, E. H., 1984; 2006; 2010)에서도 주창되고 있듯이 미래의 보이지 않는 가치를 담고 있는 존재 목적의 관정을 찾아서 가치를 혁신해주는 파이프라인으로 연결할 때 자연스럽게 자기 조직

그림 1 | Schein의 양파모형과 문화설계

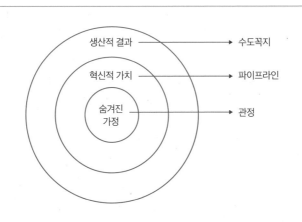

적으로 표출된다. 전통적 문화설계가 실패하는 이유는 자기 조직력의 원천인 관점과 가치의 파이프라인이 없는 상태에서 결과와 무늬만을 찾아서 보이는 수준에서 고식적으로 문화를 설계하기 때문이다.

기업시민이 지향하는 수평적 문화는 보이지 않는 미래의 가치를 찾아서 혁신으로 자기 조직화하는 과정이다. 기업의 미래인 존재 목적의 관점을 찾아 여기에 파이프라인을 제대로 묻은 기업만 진짜 황금 수도꼭지를 가진 기업이고 이런 기업만 생산적이고 건설적인 기업문화를 만든다.

진짜 황금 수도꼭지를 보유한 회사들은 전통적 피라미드식 기업문화의 한계점에 대해 다음과 같은 질문을 던진다. 첫째, 재무적 성과가 재무적 성과를 산출한다는 순환론의 함정에 대해 질문을 던진다. 이 질문에 대한 답으로 일과 내재적으로 관련된 직접 동기에 기반한 기업시민 문화설계를 제안한다. 둘째, 전통적 피라미드 문화설계에서는 일터를 어린이들의 놀이터로 설계하는 것이 아닌지 질문한다. 이에 대한 답으로 전문가의 놀이터를 제안한다. 마지막으로 기업문화는 최근에 불거지고 있는 MZ세대의 조직 이탈을 상징하는 대사직the great resignation과 조용한 사직Quiet Quitting에 대응할 수 있는 기업문화에 대해 질문한다. 기업시민 문화인 자기 조직적 기업문화가 이 문제에 대해 어떤 대안을 제시할 수 있는지를 살펴본다.

직접동기 기반 기업문화 설계

언론이 SAS, 자포스, 구글, 고어텍스, 사우스웨스트항공의 탁월한 기업문화를 소개할 때 전형적으로 복지제도의 탁월성을 거론한다. 예를 들어 구글에 가면 세끼 식사가 모두 공짜이고 레스토랑 종류도 많다는 것이다. SAS에 가면 직원들 개인을 위한 심부름센터도 있고, 아이들을 직장으로 데리고 올 수도 있고, 치과 의사도 있다고 설명한다. 마치 이런 복지제도가 있어서 종업원들이 감사하는 마음으로 열심히 일하는 좋은 회사가 되었다는 식이다. 종업원들이 돈을 많이 벌어주면 이렇게 좋은 대우를 받고 즐겁게 회사 생활을 할 수 있다는 'Follow the Money' 원리가 작동하는 것처럼 설명한다.

'Follow the Money' 전략은 1년에서 2년 단기적으로는 작동이 되는지 모르지만, 장기적으로는 회사를 노쇠화시키는 주범이라는 것이 연구들의 보편적 결과이다. SAS, 자포스 구글, 사우스웨스트항공이 탁월한 이유는 일과 관련한 직접동기가 작동될 수 있도록 문화가 설계되어 있기 때문이다.

노동생산성을 끌어내는 총동기는 직접동기와 간접동기로 구성된다. 직접동기는 일에 내재한 의미와 일을 통한 전문가로의 성장체험이고 간접동기는 임금, 보상, 복지 등 생계와 관련된 문제이다. 간접동기는 임금, 보상, 복지 등이 높아졌을 때 한시적으로 생산성을 높이는 것으로 나타나지만 근로자들이 높아진 임금, 성과급, 복지를 당연한 것으로 생각하기 시작하면 생산성을 원래 자리로 다시 돌아가게 만드는 요인이다. 기업들이 착각하고 있는 것은 간접동기가 생산성을 높인다고 오해한다는 점이다.

간접동기인 인센티브나 복지가 생산성을 높여 일터에 활력을 불어넣을 수 없는 이유는 다음과 같다. 인센티브나 복지는 지금 받는 수준이 기준점으로 작용하기 때문에 톱니바퀴 효과를 초래한다. 성과가 얼마가 되든지 지금 복지나 인센티브보다 더 많이 받지 못하면 사람들은 공정하지 않다고 생각한다. 구성원들을 만족시키기 위해 이전에는 100의 성과에 대해서 10만 원을 보상해도 충분했다면 내년에는 100의 성과를 냈을 때 15만 원을 주지 않으면 제대로 보상받았다고 생각하지 않는다. 어떤 회사도 복지나 인센티브를 앞세워 종업원의 활기를 만들어낼 수 없다.

기업이 종업원들에게 일을 통한 전문가로의 성장체험과 일에 대한 직접동기를 제공하지 못해서 생긴 문제를 과다한 현금을 보유하고 있다는 이유로 임금, 성과급, 복지로 덮는 것은 재원 낭비다. 경영진이 생산적 문화설계를 통해 직접동기를 제공하지 못한 것을 임금과 복지라는 돈으로 일시적으로 모면해보려는 시도다. 따지고 보면 회사의 자원을 낭비하는 배임행위에 해당한다. 생산성 연계 없이 임금 인상을 요구하는 노조와 직접동기를 제공하지 못해 간접동기로 입막음을 해온 경영진 모두가 배임의 주체들이다.

간접동기에 해당하는 임금, 성과급, 복지는 생산성의 수준과 산업 평균에 연동해서 공정한 수준에서 제시해야 맞다. 간접동기를 결정하는 것도 임금의 총액이 아닌 공정성의 문제이다. 공정성에 대한 불만은 생산성과 동기를 갉아먹지만 그렇다고 공정성이 높은 수준에 도달한다고 생산성과 동기가 자동으로 올라가는 것은 아니다. 간접동기와 공정성은 불만을 줄이지만 종업들이 더 만족스럽게 일하게 하거나, 생산성을 키우거나, 조직의 활기를 붙어 넣어주는 자산은 아니다. 생산성과 조직의 활기는 전문가로서의 성장체험이나 일에 대한 보람 등 직접동기에 의해서 향상된다.

SAS, 자포스, 구글이 성과를 내는 이유는 문화가 직접동기를 자극하도록 설계되었기 때문이다. 직접동기는 일하는 목적, 일을 통한 성장, 일하는 즐거움이다. 목적, 성장, 즐거움이 다 회사의 성과와 직접 연동된 것이다. 즉, 일에서 파생된 재무적 성과도 중요하지만, 일을 통해서 어떤 목적과 의미를 성취할 수 있는지가 없다면 간접동기인 재무적 성과는 따라오지 않는다. 지속적 성과를 내는 기업들의 문화적 특징은 직접적 동기를 자극할 수 있는 일의 목적을 구성원들이 자신의 역할에 직접 반영할 수 있게 한다. 일을 통해 목적을 달성함으로써 전문가로 성장하는 체험을 느끼게 한다.

기업의 문화가 직접동기인 목적, 성장, 재미로 구현될 때 성과를 내지 못하는 기업은 없다. 회사가 성과를 못 내는 이유는 회사의 자원들이 직접적 동기와 관련이 없는데 과도하게 동원되거나 간접동기를 직접동기로 잘못 이해하고 문화를 설계하기 때문이다. 회사가 목적에 대한 믿음이 없을 경우는 직접동기를 자극해서 성과를 따라오게 할 수 없다. 성과를 통해서 마련한 풍부한 재원은 최대한 공정한 평가와 분배를 통해서 구성원들에게 고마움을 표현하면 된다.

회사가 장기적 성과를 못 내는 이유는 인센티브나 복지가 부족해서라기보다는 일하는 방식이나 문화가 목적과 이유에 맞춰 직접동기를 자극하도록 정렬되어 있지 못

지원 활동 : 사람·문화

하기 때문이다. 지속적 성과를 내고 싶다면 직접동기의 핵심을 구성하고 있는 목적이 앞에서 끌게 하고 복지나 인센티브 등 간접동기가 뒤에서 밀어주는 구조로 조직문화를 설계해야 한다. 수직적 전통적 문화는 간접동기가 앞에서 끄는 문화지만 기업시민 문화는 직접동기가 앞에서 끌고 간접동기가 따라오게 하는 형태로 설계된다.

전문가의 놀이터로의
기업문화설계

대부분 회사에서 직원들의 스트레스를 풀어주기 위해서 하는 Great Workplace 운동은 조직을 어린이들 놀이터로 만드는 데 공헌한다. 평소에는 어린애 취급해가면서 회사에서 시키는 대로 일하라고 하고 어린애처럼 일하던 종업원들이 지치고 조직에 신뢰나 몰입이 떨어지면 처방책으로 직원들을 놀이터에 데리고 나와서 놀게 하고 신뢰나 몰입을 복원하기를 바란다. 자포스, 구글, SAS, 사우스웨스트항공을 흉내 내지만 일과 놀이가 분절되어서 어린이 놀이터를 벗어나지 못한다.

이런 어린이 놀이터는 비타민이나 영양제 투여처럼 효과가 있어 보이지만, 약효가 떨어지면 금방 원상 복귀된다. 전통적 조직문화의 특징인 어린이 놀이터에서는 일과 놀이가 통합되지 못하고 따로 논다. 전통적 조직문화의 신봉자들은 이런 운동을 문화운동으로 포장하지만, 생산적 기업문화 설계라기보다는 그냥 Fun Management일 뿐이다. 약발이 떨어지면 다시 놀이터를 제공한다. 종업원들은 시시포스의 돌 굴리기를 강요받는다.

기업시민 문화에서 지향하고 있는 자기 조직적 수평 문화는 전문가의 놀이터 문화다. 전문가의 놀이터 문화에서는 일이 놀이이고 놀이가 일이다. 서로가 서로에게 배태되어 있다. 종업원들은 일을 통해서 전문가로 성장하는 성장체험을 하고 이 성장체험이 일을 놀이로 만들어준다.

전문가 놀이터는 구성원들이 회사의 존재목적을 실현하기 위해서 자신의 전문성을 기반으로 자율적 협업으로 일하는 형태여서 관리비용이 들지 않는다. 관리비용이란 이윤을 위해 회사의 전략적 목표를 설정하고, 이 목표를 달성할 수 있도록 R&R을 할당하고, 할당된 역할과 목표를 달성할 수 있도록 지속해 격려하거나 열심히 일하는지를 감시하고, 시간이 지나면 달성 정도를 판단해서 보상하고 성과에 못 미치는 종업원을 코치하는 데 드는 비용이다.

회사가 일정 수준으로 커지면 대표는 혼자서 모든 직원을 관리할 수 없어서, 관리자를 고용해서 직원들이 열심히 일하는지 수직적으로 관리하게 하고 이 관리의 대가로 월급을 지급해야 한다. 경영자가 사람들은 타고날 때부터 일하기 싫어하고 놀기를 좋아한다는 X 이론에 기반한 경영철학을 갖추고 있다면 관리비용은 천문학적으로 치솟는다. 직원들을 더 촘촘히 관리하기 위해 더 많은 관리자를 고용하고 이들의 관리기법을 세련되게 만드는 데 많은 경비를 투자해야 하기 때문이다. 전통적 조직문화 설계에서 권한 위임을 엄청난 경영기법인 것처럼 이야기하지만, 치솟는 관리비용을 줄이기 위한 고육지책일 뿐이다.

관리비용이란 직원들이 사장과 같은 마음이 없다는 것을 전제로 적어도 표면적으로는 사장과 같은 마음이 발현된 것처럼 일하는 모습을 유지하게 만드는 데 쓰이는 돈을 의미한다. 서비스나 제품의 가격에 서비스나 제품을 만들어내는 생산비용보다 관리비용이 더 많다면 고객은 배보다 큰 배꼽을 소비하는 셈이다. 경쟁자가 없을 때는 생산 정보의 비대칭성을 이용해서 이것을 부가가치라고 고객을 속일 수 있지만, 경쟁자가 있을 때는 가능한 일이 아니다. 대부분 구성원이 사장급 대리, 사장급 사원, 사장급 팀장, 사장급 임원으로 일할 수 있다면 관리비용 제로인 회사가 만들어진다. 구성원이 사장급으로 일한다는 것은 관리자가 필요 없는 회사라는 말이다.

전문가의 놀이터라는 문화설계는 관리비용이 제로인 회사를 만드는 방식이다. 전문가의 놀이터 설계의 구성요소는 목적의 성소, 가치의 울타리, 협업의 운동장이다.

인간이 동물과 다른 점을 설명할 때 자주 이용하는 변수는 울타리이다. 동물도 영역 표시를 할 수 있지만, 인간처럼 의도적으로 울타리를 세우지는 못한다. 인간만이 울타리를 현재를 방어하는 기능을 넘어 미래를 위해 생산적이고 확산적으로 사용한다. 인간은 울타리를 생존을 넘어서 번성을 위해 사용할 수 있도록 진화시켰다.

인간이 동물과 달리 자연으로부터 독립된 문화라는 새로운 환경을 만들어낼 수 있었던 것도 결국 밤이 되면 모닥불을 피워 놓고 서로 둘러앉아 자연의 공격으로부터 보호할 수 있는 울타리를 만들고 그 울타리 안에서 내일을 집중적으로 논할 수 있는 능력이 있었기 때문이다. 모닥불 주위로 울타리를 만들어놓고 여기에서 미래의 목적을 염두에 두고 협업에 대해서 논한 것이 문화의 시발점이었다.

인간에게 울타리의 기능은 방어의 목적도 있지만, 미래를 실험하기 위한 심리적 안정 공간을 제공하는 목적이 더 크다. 인간만이 울타리를 생존을 위한 방어적 목적을 넘어서 심리적 안정 공간으로 이용해 번성을 위해 사용하도록 진화시켰다. 현대 인간은 자연환경에 적응 못 해서 죽는 것이 아니라, 사회환경이나 문화환경에 적응하지 못해 죽는다. 사회 문화적 환경에 적응 못 한다는 것은 변화하는 시대적 상황에 맞게 울타리를 확장하지 못하고 방어의 목적으로만 사용한 결과다. 회사에서 혁신이 가능한 이유도 밖에 위험으로 존재하는 문제를 회사의 울타리 안으로 내재화해서 울타리 안에서 심리적 안정감을 가지고 이 위험에 대응하는 솔루션을 선제적으로 마련했기 때문에 가능한 일이다.

울타리와 목적의 성소의 중요성을 상징적으로 보여주는 이야기는 구약성경의 느헤미야 이야기다.[65] 느헤미야는 역사적으로 성전만큼이나 중요한 것이 울타리임을 실증한 선지자이다. 느헤미야 이전에도 바벨론의 포로로 잡혀갔던 이스라엘 사람들이 돌아와 예루살렘 성전을 복원하려는 시도를 해왔으나 모두 실패로 끝났다. 느헤미야는 이런 역사적 실패의 원인이 울타리의 부재라는 것을 통찰했다. 느헤미야는 먼저 성벽

---

65 성경 느헤미야 서 1:1-13:31.

을 복원하는 일에 나섰다. 성벽이 성공적으로 복원되자 비로소 사람들은 성벽 안에서 심리적 안정감을 가지고 성전을 복원하는 사업을 논할 수 있는 공간을 확보했다. 이 공간 안에서 성전 복원 사업을 성공시킨다. 성벽이라는 울타리를 먼저 복원함을 통해 성전도 지킬 수 있었다. 느헤미야는 핵심가치의 울타리가 없다면 목적의 성소도 지킬 수 없다는 것을 증명한 리더이다.

우리는 모두 나름의 울타리를 가지고 있지만, 이 울타리는 공간 자체가 없는 생존만을 보장할 수 있는 좁은 울타리이다. 이 울타리를 늘려나가 자신에게 공간을 확보해줄 수 있는지의 문제는 생각보다 심각하게 우리의 운명에 영향을 미친다. 좁은 생존의 울타리에서 더 넓은 공간을 확보하도록 울타리를 확장한다는 것은 위험지대를 울타리 안으로 끌어들이는 효과를 가져온다. 울타리 안으로 내재화된 위험지대는 더는 위험지대가 아니라 미래의 실험실이 된다. 시대에 맞게 제대로 설정된 울타리를 통해 위험지대는 우리에게 성장과 번성을 위해 실험하는 학습공간으로 전환된다.

넷플릭스가 규정이 없는 책임과 자유의 회사를 세울 수 있었던 것은 회사가 미래에 실현할 목적을 지금 현재로 가져와 핵심가치의 울타리를 만들 수 있었기 때문이다. 핵심가치가 울타리로 작용하는 이유는 목적을 실현하는 과정에서 목에 칼이 들어와도 지켜야 하는 방패 역할 때문이다. 초우량기업의 문화를 가진 회사들은 시대에 맞게 핵심가치의 방패를 만들고 이 방패 안에서 심리적 안정감을 가지고 일을 업으로 수행할 수 있는 전문가의 놀이터를 만들었다.

가치의 울타리는 구성원에게 방패로 심리적 안전감을 제공해 미래를 위한 혁신과 실험을 가능하게 하지만 가치 울타리가 주는 또 다른 기능은 회사가 혈연, 지연, 학연으로 쪼개지는 것을 막는 역할이다. 핵심가치의 울타리에 내재화된 가치를 목숨처럼 소중하게 지키는 구성원은 누구나 중요한 가족이다. 설사 울타리 안에 있어도 이 가치를 지키지 않는다면 중요한 구성원은 아니다. 회사의 설립자와 혈육이라고 해도 회사가 울타리로 설정한 핵심가치에 몰입하는 모습을 보이지 않는다면 가족이 아니다. 설사 혈연이 아니라도 회사의 핵심가치에 몰입하면 누구나 소중한 가족이다. 핵심가치는 회사가 지연, 학연, 혈연에 의해서 정치적 조직으로 갈라지는 것을 막아내는 보루이다. 아무런 연줄이 없어도 핵심가치에 대한 헌신이라는 단일한 기준을 통해 회사의 소중한 가족으로 인증되기 때문이다. 누구나 가치에 헌신하면 소중한 가족으로 대우받는다는 믿음은 정치가들을 몰아내서 강한 유대감을 형성한다.

전문가들의 놀이터란 조직이 정한 핵심가치의 울타리와 미래에 남겨줄 유산인 목적에 대한 믿음과 이 믿음을 실현해주는 협업의 운동장이다. 조직의 사명과 목적에 기반을 두고 만들어진 운동장에서 구성원들은 생계를 위한 일을 넘어 더 큰 목적인 업에 헌신한다. 업을 실현하기 위해 모은 구성원은 모두 운명의 파트너이다. 업業을 여러 사람이 파트너가 되어 같이 수행하는 상태가 협업協業이다. 전문가들의 놀이터를 운영하는 기업에서 종업원들은 주체적 어른이다. 어른들은 조직이 정한 사명과 목적을 달성하기 위해 직무를 넘어서 자신이 수행해야 할 역할을 스스로 창안하여 협업한다. 협업을 통한 전문성의 신장은 종업원들에게 성장체험을 제공한다. 이 성장체험은 공정한 보상과 더불어 전문가 놀이터의 발전소를 돌리는 연료이다. 보상이 밖에서 주어지는 연료라면 전문가로서의 성장체험은 스스로 자가발전을 일으키는 연료이다. 전문가들의 놀이터를 운영하는 회사는 항상 협업을 통해 만든 활력이 넘친다. 종업원의 몰입이나 열의에 대한 걱정은 남의 나라 이야기이다.

새 심리적 계약과
기업시민 문화

미국은 지금 MZ세대들이 직장을 사직하는 현상인 대사직 때문에 난리다. 코로나19로 재택근무에 익숙해진 MZ세대가 이전 9 to 5에 맞춰 직장에 꼬박꼬박 출근하는 삶이 얼마나 자유를 억압하고 자신을 직장이라는 감옥에 가두었는지를 각성한 결과이다. 재택근무에서 자유를 만끽한 젊은이들이 출근을 강요하는 직장을 더는 감당할 수 없을 것이라는 생각에 회사에 사표를 던지고, 코로나19 이전에도 재택근무를 허용했던 회사나 근무가 자유로운 회사로 이동하거나 자신이 근무형태를 설계할 수 있는 창업에 나선 것이다.

대사직의 여파에도 이직할 수 없는 종업원들이 취하는 전략이 '조용한 사직'이다. 직장을 이직하는 것이 어려운 상황에서 자유를 찾아 회사를 그만둘 수 없기 때문이다. 눈에 보이는 해결책이 없는 상황에서 직원들은 회사를 다니고는 있지만, 마음은 점점 더 회사로부터 이탈한 상태를 경험하고 있다. 소위 조용한 사직으로 명명되는 현상이 가시화하고 있다. 회사에는 몸만 보내놓고 마음은 회사를 떠나 주식투자나 부동산에 몰입하고 있다. 역설적으로 조용한 사직은 회사가 종업원에게 마음속으로 해고당한 것을 의미한다.

기업시민 기반의 수평적 기업문화 설계의 선두에 선 글로벌 초우량기업은 이런 문제에 대해서 오래전부터 대응책을 마련해왔다. 회사와 종업원과의 심리적 계약의 수정을 통해서이다. 법적 명시적 근로계약이 빙산의 드러난 부분이라면 빙산의 밑부분에 해당하는 계약이 심리적 계약이다. 심리적 계약을 구성원과 회사가 적절한 것으로 받아들이고 있고 실제로 지켜지고 있는지가 활기찬 기업문화를 결정한다. 심리적 계약이 적절하지 않거나, 암묵적이라는 이유로 지켜지지 않는 회사에서는 법적 근로계약도 지켜지지 않아서 법적 소송이 끊이지 않는다. 법적 근로계약 위반으로 생기는 대부분 법적 분쟁은 법적 근로계약이 잘못 작성된 이유도 있지만, 심리적 계약이 지켜지지 않아서 발생하는 사고다.

글로벌 초우량기업들은 기업 활동이 기업의 존재목적을 실현하는 것이 드라이버이고 이런 실현이 실행될 때 종업원들에게 공정하게 결과를 배분해주는 것을 뒤에서 밀어주는 강화제로 사용하는 심리적 계약을 수정했다. 이들은 MZ세대에게 더는 회사의 비전과 자신의 비전을 정렬시키라고 주장하지 않는다. 대신 회사의 플랫폼을 이용해서 당사자들이 얼마나 성공할 수 있는지를 증명해달라고 주문한다.

심리적 계약이 근본적으로 바뀐 것이다. 목적은 미래에 대한 같은 방향성을 의미

지원 활동 : 사람·문화

하기 때문에 설사 목적에 대해 다른 표현을 쓴다 해도 그것이 목표가 아닌 목적이라면 방향성에 대해 질문한다는 것은, 목적이라는 말을 이해하지 못한 동어반복이다. MZ세대나 회사가 목적을 추구하는 것이 전제되어 있다면 정렬이 중요한 것이 아니라 실제 목적으로 자신의 약속을 실현해서 성공을 만들어낼 수 있는지의 변화 실행이 핵심이다. 이미 회사의 명확한 존재이유와 철학으로 목적의 플랫폼을 구축한 회사에서는 회사를 이용해서 젊은이들이 얼마나 성공할 수 있는지를 증명하라고 과감하게 요구할 수 있다. 존재목적을 각성하지 못한 회사에서 이런 주장을 한다면 회사를 이용해 개인적 이득을 취하려는 사람들에 의해 회사가 엉뚱한 방향으로 끌려갈 수 있다.

두 번째 심리적 계약의 개정은 "몸만 가지고 오라"에서 "당신의 전체Whole Self를 가지고 와서 일해라"이다.

신자유주의 시대 전략적 HR은 구성원에게 자기 생각은 회사에 출근할 때 문밖에 걸어놓고 퇴근할 때 찾아가고 생각을 회사 안으로 가져오지 말라고 요청했다. 회사가 전략적으로 결정한 것에 이의를 달지 않고 일사불란하게 몸을 불사를 것을 강요하는 심리적 계약이었다.

지금 글로벌 우량기업에서 개정한 심리적 계약의 핵심은 온전한 자아Whole Self이다. 굳이 8시간 일하지 않아도 되니 30분을 일하더라도 자신의 몸과 정신이 분절된 상태로 일하지 말고 온몸과 온정신으로 질적으로 일하라는 주문이다. 재택근무로 일하는 시간을 물리적으로 통제하는 것이 의미가 없다는 것을 오래전부터 깨닫고 초우량기업 HR에서 심리적 계약을 선도적으로 개정했다. 특히 이런 기업에서는 더는 Work Life Balance(일과 생활의 균형)와 같은 정책을 이야기하지 않는다. WLB는 제조업에서는 통용될 수 있어도 체험적 가치를 만드는 일을 하는 자신들의 기업에서는 오히려 일과 삶을 분절시키는 주범이라고 규정하고 폐기했다.

마지막 심리적 계약이 구성원들에게 책임Responsibility을 넘어서 책무성Accountability을 실현하라고 요청하는 것이다.

맡은 일에 책임지도록 하는 HR 정책은 변화가 미미하고 정해진 답이 있는 세상에서는 효과적이었다. 하지만 변화가 상수가 되고 정해진 답이 없는 미래를 찾아서 회사를 변화시켜야 하는 상황에서는 이미 만들어진 과거인 결과로 책임 소재만을 따지는 것이 위험하기 짝이 없다는 것을 각성했다.

책무성이란 회사의 존재목적을 실현하는 일에 자신이 어떤 역할로 이바지하고 있는지 설명할 수 있는 상태를 의미한다. 책무성이 있다는 것은 회사에서 기본적으로 맡은 소임을 넘어서 스스로 역할을 발전시키고 이 역할을 협업하는 동료들과 협상해서 수정하고 이 역할이 정말 고객의 고통을 해결할 수 있는지를 시뮬레이션해가며 언제든지 제대로 역할을 하고 있는지에 대해 설명을 요구당하면 설명할 수 있는 상태를 의미한다. 책무성으로 규명할 수 있다면 지금까지 행한 일련의 실수도 중요한 과제를 수행한 것으로 정의된다.

책무성에 기반한 역할 수행을 위해 회사는 설정한 중요한 요건에 맞춰서 MZ 종업원이 스스로 자기 조직력을 키울 수 있도록 만든다. 자기 조직적 책무성을 강조하는 회사에서는 "아침에 당신을 침대에서 일어나게 하는 것은 당신의 책무이지만 일어난 당신을 회사의 계단을 뛰어넘어가며 출근하게 만드는 것은 우리의 책무다."라고 설명한다. 회사에 출근한 구성원이 목적에 대한 책무성을 수행할 수 있도록 전문가의 놀이터를 설계해주겠다는 뜻이다. 대신 구성원은 자신의 목적으로 아침에 자신을 깨우는 일에 충실해달라고 주문하는 것이다. 삶에 존재목적이 없다면 피곤해서 쓰러져 있는 자신을 일으켜 세우지 못한다는 것을 강조한 것이다.

기업의 미래인 존재목적의 관점에 파이프라인을 묻은 기업시민 문화를 추구하는 회사에서는 종업원과 경영진 사이에 심리적 계약이 작동한다. 기업시민 문화를 가능하게 하는 기업과 구성원 간 새로운 심리적 계약은 회사가 구성원을 단기적 성과에 따라 평가 보상하지 않아도 구성원은 회사의 관점인 목적을 실현하는 일에 신실하게 참여하고 몰입하겠다는 약조이다. 자신의 역할에 대한 책무이행을 통해 회사가 요구하는 목적을 주도적으로 실현하는 책무를 수행하겠다는 기업문화적 다짐이다.

지금 가장 뜨겁게 번지고 있는 ESG는 기업이 앞장서서 자연에 대한 공생, 사회에 대한 공존, 구성원에 대한 공영을 통해 지구의 지속가능성을 살려보자는 운동이다. 자연, 사회, 종업원을 생명을 가진 주체로 환대하겠다는 다짐이다. 한 기업이 큰 재무적 성과를 내고 있어도 탄소배출이나 암을 유발하는 물질을 소재로 사용하고 아무도 모르게 오염원을 배출하고 있다면 환경과의 공존이라는 가치에 상처를 준 것이다. 어떤 기업이 위험한 일은 하도급업체 직원들에게 맡겨서 위험을 외주화하고 있다면 이 기업은 사회공동체의 공생이라는 가치에 상처를 입힌 것이다. 회사가 종업원에게 갑질을 하고 종업원을 기계처럼 취급하고 있다면 거버넌스에 상처를 준 것이다. ESG는 지구의 지속가능성을 위해서는 기업이 앞장서서 이런 상처 주는 행위를 멈추고 상처받은 대상을 환대해서 이들을 치유하는 일에 헌신하겠다는 다짐이다.

ESG는 지구의 자연, 사회, 회사 모두의 뿌리가 연결되어 있어서 서로의 운명에 영향을 미치는 공동운명체 구성원으로서 외재성Externality을 가지고 있다는 사실에 기반하고 있다. 지구가 하나의 플랫폼으로 연결되어 있어서 플랫폼이 불타버린다면 아무리 강력한 비즈니스 모형과 기술을 가지고 있어도 기업은 사업을 지속할 수 없다는 지속가능성의 문제에 대한 각성이기도 하다.

ESG와 관련한 화두는 성원권이다. 성원권이란 누군가가 지구의 주인이 되었을 때 대상을 운명을 공유하는 공동체 구성원으로 생각할 수 있는지의 문제다. 누구를 지구 공동체의 가족으로 받아들일 것인지의 문제다. 마치 외국인이 우리나라에 들어올 때 일할 권리를 가진 사람으로 분류할지, 문제를 일으키지 않는 한 우리와 영원히 같이 살아도 되는 영주권자, 혹은 영주권을 넘어 가치를 공유하는 시민권자로 초대할 것인지의 문제다.

기업시민이란 어떤 특정 기업에 영주권을 넘어 운명을 공유하는 시민권을 부여할 수 있는지에 대한 질문이다. 기업이 시민권을 부여받았다는 것은 공동운명체 구성원으로 판단하는 가치의 기준에도 손색이 없다는 의미다. 기업시민으로 인정받았다는 것은 공동체 구성원으로부터 최고의 사회적 정당성을 획득한 것을 뜻한다.

한 사회로부터 시민권을 부여받았다는 것은 이 기업이 지구, 사회, 구성원에게 공동운명체의 책임과 책무를 다했다는 것을 의미한다. 지금까지 기업은 이윤을 위해 자연에서 재료를 채취하는 과정에서 자연을 훼손하는 일에 앞장서왔고, 사회를 구성하는 고객, 협력업체, 경쟁사의 관계도 이윤을 극대화하기 위한 경쟁자로 생각해왔다. 회사의 종업원들도 이윤을 위한 인적자원이라는 수단으로 취급했다. 기업이 기업시민이 된다는 것은 이런 착취와 경쟁을 통해 상처 주었던 관계를 청산하고 자연, 사회, 구성원과 공동운명체에 이바지하는 동등한 참여적 관계를 회복하는 것이다^(윤정구, 2022a). 이런 맥락에서 요즈음은 기업에게도 기업시민의 자격을 요구하고, 종업원에게도 조직시민행동을 요구한다^(Bateman & Organ, 1983; Organ, 1997; Organ, Podsakoff & MacKenzie, 2006; Podsakoff, Blume, Whiting & Podsakoff, 2009). 심지어는 고객에게도 단순한 소비자가 아니라 자연과 공동체의 이익을 보호하는 시민으로 소비할 것이 요구된다^(Aziz & Jones, 2021; Kotler & Sarkar, 2018). 지구 생태계에 참여하는 모든 주체에게 시민으로서의 규범이 뉴 패러다임으로 떠오르는 시대이다.

기업시민으로 인정받았다는 것은 기업이 자연과의 공존, 사회와의 공생, 구성원들과의 공영이라는 지속가능성을 위해 협업하는 온전한 주체로 성장했다는 것을 의미한다. 기업이 온전한 주체로 설 수 있는 것은 종업원을 제대로 환대하고 주체로 일으켜 세울 수 있을 때만 가능하다. 자기 조직적 수평 문화는 종업원도 자신을 주체로 일으켜 세울 수 있는 튼튼한 반석이다.

고어텍스의 전문가의 놀이터

고어텍스는 회사가 설정한 존재이유가 문화에 반영되어 지속적 성과를 내는 기업으로 유명하다. 관정(존재이유), 파이프라인(문화), 수도꼭지(지속가능성) 사이의 정렬을 문화설계의 핵심과정으로 제시하는 Schein의 "양파 이론"과 "황금 수도꼭지 이론"(윤정구, 2018; 윤정구, 2022b)에 충실한 문화설계를 실행하고 있다. 존재이유라는 회사의 관정에 문화가 파이프라인으로 연결되어 있어서 이 연결을 통해서 수도꼭지에서 지속가능성이라는 장기 성과를 얻어내고 있다. 회사의 존재이유를 실현하기 위한 전문가의 놀이터라는 문화설계를 충실하게 따르고 있다.

고어텍스는 대부분 미국 벤처의 전력대로 화학자 윌버트 고어가 1958년 부인과 델라웨어주 뉴어크 자택 지하실에서 창업했다. 고어는 글로벌 화학기업 듀폰에서 근무할 당시 강력 합성수지인 폴리테트라플루오로에틸렌PTFE을 연구했다. 고어는 PTFE 소재를 절연체로 활용해 케이블을 만들고자 했으나 회사가 거절하자 실망하고 회사를 사직하고 고어텍스를 창업했다. 전자부품 업체로 PTFE 절연 전선과 케이블을 만들어 팔았다.

전자부품 기업이었던 고어텍스가 소재 기업으로 이름을 날리기 시작한 것은 1978년 세계 최초로 산소통 없이 에베레스트 등정에 성공했던 라인홀트 메스너가 입고 있던 옷이 고어텍스 소재로 만들어졌다는 것이 알려지면서부터다. 그가 입고 있던 옷이 고어텍스 재킷이다. 고어텍스 소재는 1981년에는 우주왕복선이었던 컬럼비아호 우주비행사들이 입은 우주복 소재로도 사용됐다. 1990년에는 남극 대륙횡단팀이 고어텍스 기능성 의류를 입었다. 세계에서 가장 극한 지역을 탐험할 때나 우주를 탐험할 때 입을 수 있는 옷이라는 명성을 얻었다. 이런 명성에 힘입어 다양한 신발 의류 업체가 고어텍스 소재의 원단을 사용하기 시작했다.

고어텍스 문화의 관정을 형성하고 있는 존재이유는 고어텍스 제품과 관련된 일을 하거나 고어텍스 제품을 사용하고 있는 소비자들의 안전Safety을 신장시켜 이들의 삶의 질Wellbeing을 개선하는 것이다. 단기적 이익을 위해서 존재이유를 실현하는 회사를 희생시키지 않도록 모든 구성원이 노력한다는 다짐을 하고 있다. 이런 다짐을 실현하기 위해 고어텍스 구성원들은 자유와 책임freedom & responsibility, 공정과 포용fairness & inclusiveness, 책무에 대한 헌신commitment to responsibility for company and associates, 선제적 위험관리below the waterline를 핵심가치로 정하고 있다.[66]

회사가 안전과 삶의 질을 존재이유로 정한 것은 고어텍스는 극한의 자연 상황에 있는 사람들이 자신을 보호하기 위해 입는 옷의 아이콘이라는 발상 때문이다. 고어텍스 소재는 뛰어난 방풍, 방수, 투습력으로 다양한 소재에서 응용되고 있다. 고어텍스 소재는 일 제곱인치당 90억 개 정도의 구멍이 있다. 이 구멍의 크기는 물 입자보다는 적고 수증기 분자보다는 커서 외부에서 물이 들어오는 것을 막고 몸의 수증기는 원활하게 배출할 수 있다. 이 기술은 인체 이식용 의료기구, 우주 공간에서 사용되는 전자 케이블 등에서 광범위하게 사용되고 있다. 혁신가였던 아들 로버트 고어는 회사를 이어받아서 고어텍스를 혁신의 대명사로 만들었다. 실제로 다기능 폴리머를 실용화해서 더 다양한 제품에 고어텍스의 소재가 사용될 수 있는 길을 열었고 고어텍스의 현재 모습을 상상할 수 있는 기반을 마련했다.

회사의 약속과 존재이유를 실현하기 위해 모든 참여자가 협업하는 전문가의 놀이터를 제공하고 있다. 창업자가 윌버트 고어가 관료주의에 식상해 듀퐁을 퇴사한 것이 대화와 에너지가 흘러넘치는 수평적이고 혁신적 고어텍스 기업문화를 만드는 데 크게 이바지했다. 구성원을 같은 배에 탑승해서 목적지에 도달할 때까지 운명을 같이하는 협업 동지Associates로 부르고 있다. 회사의 이름도 Gore Tex and Associates이다. 만여 명이 넘는 Associates들이 직책과 직무가 정해져 있지 않음에도 회사의 존재목적을 중심으로 일사불란하게 협업하는 구조로 되어 있다.

일터에 대한 설계도 전문가들이 활동하기 좋은 소단위 팀으로 짜여 있다. 팀을 구성할 때 반드시 비전문가 한 사람을 포함한다. 이들은 팀이 집단사고로 탈선하거나 전문성 때문에 회사 전체의 관점을 잃지 않도록 도와준다. 고정적으로 정해진 업무나 직책이나 책무가 없고 그때그때 회사의 목적에 맞는 방향으로 자신들의 역할을 알아서 정한다. 팀과 팀들 사이에서 생기는 구조적

---

66 https://www.gore-tex.com/sustainability/protecting-people

구멍을 막기 위해 팀들을 교차시키는 격자 구조lattice structure를 취하고 있다. 격자 구조는 회사의 운동장이 최대한 균형을 이루며 연결되고, 공정성이 보장되고, 누구나 참여 가능한 평평한 운동장으로 설계되게 만든다. 회사의 참여자들에게는 각자의 후원자가 있다. 후원자의 책무는 구성원이 회사에서 성공하도록 돕는 것이다. 평가는 관리자에 의한 평가가 아닌 동료 평가를 골간으로 하고 있지만 정해진 평가항목은 존재하지 않는다. 3M에서 시간의 15%는 업무와 상관 없는 일에 쓸 수 있도록 배려한 것처럼 일주일에 반나절은 장난 시간dabble time을 허락한다. 업무와 무관한 일을 즐기도록 배려해 전문가로서 고정된 틀에 갇히는 것을 벗어나게 한다. 관료제를 없애기 위해 2005년에는 직원 투표로 CEO를 정하고 이사회에서 추인하는 제도를 도입했다.

주력사업은 섬유, 의료, 산업재, 전자 분야이고 구성원은 자신이 원하면 직무순환을 자유롭게 선택해서 자신의 전문성 영역을 확장할 수 있다. 전 세계적으로 25개 국가에 지사를 두고 있다. 회사의 실적을 공개하지는 않지만 매년 10% 이상씩 매출이 증가하는 것으로 추정되고 있다. 설립 이후 지금까지 한 번도 적자를 내지 않은 기업으로 유명하다. 고어텍스는 매출의 10%를 연구개발에 투자해 고어텍스 소재를 다양한 분야에 적용해 2000여 개가 넘는 특허를 보유하고 있다.

토의 아젠다

1. 고어텍스는 어떻게 오랫동안 번성을 누리는 기업의 대명사가 되었을까?

2. 전문가의 놀이터를 구성하는 관정, 파이프라인, 수도꼭지는 고어텍스의 자기 조직적 수평 문화에 어떻게 반영되었나?

3. 고어텍스 문화에서 구성원들은 협업을 통해 협동을 증진하고 있다. 협업이 협동을 끌어내는 비결은 무엇일까?

| HR/리더십 |

지속가능한 HR과 리더십

—

천성현(포스코홀딩스 ESG팀장)

김용근(포스텍 기업시민연구소 부소장)

INTRO

2020년 1월 MSMicrosoft(마이크로소프트)는 2030년까지 탄소중립 수준을 넘어 '탄소 네거티브 carbon-negative'를 달성하겠다는 계획인 '문샷moonshot'을 발표했다. 또한 2050년까지 1975년 회사 설립 이후 직접 또는 전기 소비를 통해 배출한 모든 탄소를 환경에서 제거한다는 도전적인 목표도 약속했다. 이런 일련의 계획들은 2030년까지 탄소 배출량을 줄이는 것뿐만 아니라 회사의 공급자와 고객들이 탄소 발자국을 줄일 수 있도록 돕기 위해 기술 주도의 접근법을 취하는 것을 포함하고 있다.

MS의 이러한 도전적인 변화에는 HRHuman Resources(인적자원), 더 근본적으로는 리더십의 변화가 큰 영향을 미쳤다고 볼 수 있다. MS의 창업자 빌 게이츠Bill Gates의 퇴임 이후 2000년 2대 회장으로 취임한 스티븐 발머Steven Ballmer는 엘리트주의를 강조하였지만, 재임 말기에는 회사가 망하기 직전까지 가는 어려움을 겪어야 했다. 이후 2014년 새롭게 부임한 사티야 나델라Satya Nadella 회장은 기존의 경쟁 중심 상대평가 제도를 절대평가 제도로 바꾸고, 실적 중심에서 다른

그림 1 | 사티야 나델라 CEO 　그림 2 | MS의 MSCI 평가 결과

출처: Microsoft 홈페이지; MSCI 홈페이지

직원들에게 어떠한 도움을 주고받았는지를 종합하여 '영향력'을 평가하는 방식으로 전환하여 부서 이기주의에 팽배했던 조직문화를 변화시켰다.

현재 MS는 ESG 평가의 대표적인 기관인 MSCIMorgan Stanley Capital International(모건스탠리캐피털인터내셔널)의 평가에서 최고등급인 AAA를 받고 있다. 이는 MS의 탄소 네거티브 전략만이 아니라 전 세계에서 소비하는 물보다 더 많은 물을 보충하겠다는 워터 포지티브Water Positive 전략 등 다양한 노력을 반영한 것이다. 이러한 성과는 특정 부서의 노력만으로는 달성할 수 없다. 사티야 나델라가 취임 후 강화시켜 온 공감 리더십과 협업하는 문화가 최근 중요성이 높아지고 있는 비재무적 가치 측면에서도 그 효과를 보여주고 있는 것이다.

마이크로소프트 이소영 이사 '홀로 성장하는 시대는 끝났다(2019)',
'마이크로소프트, 2030 탄소 문샷 추진하는 기술 분야 거인 기업' 한스경제(2022)에서 발췌

HR 관점의 변화

전략적 HR 관점에서 인적자원관리의 다양한 활동이 기업

전략과 잘 결합해야 한다는 측면에서 '적합성fit'은 매우 중요하다. 그동안 기업의 빠른 성장에 적합한 HR은 외부 채용, 치열한 경쟁, 단기 성과에 대한 보상 등일 수 있다. 이렇게 기업의 전략과 HR이 조화를 이루는 것을 수직적 적합성Vertical fit이라고 한다. 또한 채용, 평가, 보상 등 각 HR 제도 간에 서로 조화를 이루고 시너지를 내도록 하는 것이 수평적 적합성Horizontal fit이다(Gerhart, 2007).

적합성 관점에서 살펴볼 때, 기업의 목적이 주주 이익을 중심으로 한 단기 성과가 아닌 이해관계자 이익을 중심으로 한 장기 성과와 지속성장이라고 한다면 HR은 이러한 기업 전략의 변화에 어떻게 적응해야 하는가? 이는 John Kotter의 8단계 조직 변화 관리 모델을 살펴보며 착안할 수 있다. 조직 변화를 위해 제안한 ① 긴박감 조성, ② 강력한 변화 추진 구심체 구축, ③ 비전 창조, ④ 비전 전달, ⑤ 임파워먼트, ⑥ 성과 가시화, ⑦ 변화 과정 조정, ⑧ 새로운 접근 방법의 제도화라는 8단계는 결국 HR과 리더십에 의해 체계적으로 추진될 수 있다.

먼저 이해관계자 이익을 고려한 장기 성과와 지속성장가치로 변화하기 위해서는 조직 내 공감대 형성이 필요하다(1~4단계). 지속가능경영의 필요성에 대해 임직원들의 공감대를 얻지 못한다면 HR 제도 변화에 대한 논의 자체도 어렵기 때문이다. 다음으로는 구체적인 HR 정책에 지속가능성 가치를 반영하는 것이다(5~6단계). 목표와 평가에 반영하고 이를 금전적 보상과 연계하는 등 다양한 HR 제도 속에 정책 방향을 연계할 필요가 있다. 그리고 이러한 노력이 실제 기업의 경제적 가치로 연결될 수 있도록 해야 하고, 창출한 가치를 대내외에 효과적으로 커뮤니케이션 할 수 있어야 한다(7단계). 끝으로 이러한 노력이 지속되고 변화된 모습을 유지할 수 있도록 제도화하는 리더십의 적극적인 역할이 중요하다(8단계).

정리해보면, 성과만을 지향하는 HR에서 조직 내 협업과 지속가능성을 강조하는 HR로 관점이 전환되기 위해서는 다음과 같은 질문에 답할 필요가 있다.

– 지속가능경영의 가치에 대한 공감을 어떻게 얻을 것인가? (1~4단계)

– HR 정책에 지속가능성 가치의 반영이 가능한가? (5~6단계)

– 이러한 노력이 정말 HR 측면에서 회사에 도움이 되는가? (7단계)

– 기업시민과 같은 지속가능성 추진에 리더십은 어떤 역할을 하는가? (8단계)

지속가능경영 철학 수립과 확산

최근 대한상공회의소에서 MZ세대 380명을 대상으로 실시한 'MZ세대가 바라보는 ESG경영과 기업의 역할' 조사 결과, 응답자 10명 중 6명은 ESG를 실천하는 착한 기업의 제품이 더 비싸더라도 구매할 의사가 있다고 한다. 이러한 시대적 변화를 반영하여 내부 임직원들에게도 지속가능경영의 가치를 공유하고 유도할 필요가 있다. 임직원들에게 명확한 메시지 전달을 위해서는 지속가능경영을

그림 3 | 아모레퍼시픽 정관

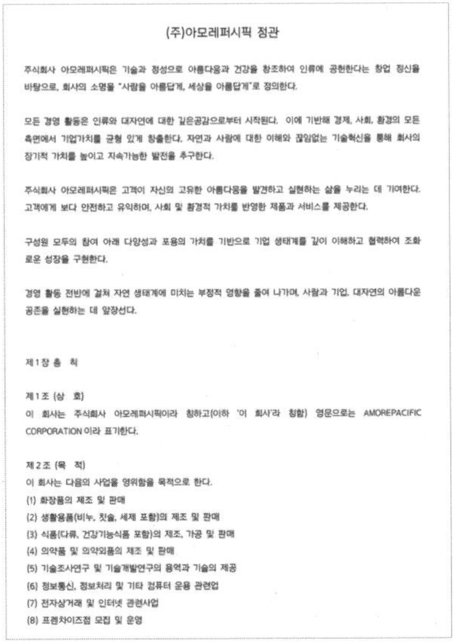
(주)아모레퍼시픽 정관

주식회사 아모레퍼시픽은 기술과 정성으로 아름다움과 건강을 창조하여 인류에 공헌한다는 창업 정신을 바탕으로, 회사의 소명을 "사람을 아름답게, 세상을 아름답게"로 정의한다.

모든 경영 활동은 인류와 대자연에 대한 깊은공감으로부터 시작된다. 이에 기반해 경제, 사회, 환경의 모든 측면에서 기업가치를 균형 있게 창출한다. 자연과 사람에 대한 이해와 끊임없는 기술혁신을 통해 회사의 장기적 가치를 높이고 지속가능한 발전을 추구한다.

주식회사 아모레퍼시픽은 고객이 자신의 고유한 아름다움을 발견하고 실현하는 삶을 누리는 데 기여한다. 고객에게 보다 안전하고 유익하며, 사회 및 환경적 가치를 반영한 제품과 서비스를 제공한다.

구성원 모두의 참여 아래 다양성과 포용의 가치를 기반으로 기업 생태계를 깊이 이해하고 협력하여 조화로운 성장을 구현한다.

경영 활동 전반에 걸쳐 자연 생태계에 미치는 부정적 영향을 줄여 나가며, 사람과 기업, 대자연의 아름다운 공존을 실현하는 데 앞장선다.

제1장 총 칙

제1조 (상 호)
이 회사는 주식회사 아모레퍼시픽이라 칭하고(이하 '이 회사'라 칭함) 영문으로는 AMOREPACIFIC CORPORATION 이라 표기한다.

제2조 (목 적)
이 회사는 다음의 사업을 영위함을 목적으로 한다.
(1) 화장품의 제조 및 판매
(2) 생활용품(비누, 칫솔, 세제 포함)의 제조 및 판매
(3) 식품(다류, 건강기능식품 포함)의 제조, 가공 및 판매
(4) 의약품 및 의약외품의 제조 및 판매
(5) 기술조사연구 및 기술개발연구의 용역과 기술의 제공
(6) 정보통신, 정보처리 및 기타 컴퓨터 운용 관련업
(7) 전자상거래 및 인터넷 관련사업
(8) 프렌차이즈점 모집 및 운영

주식회사 아모레퍼시픽은 기술과 정성으로 아름다움과 건강을 창조하여 인류에 공헌한다는 창업 정신을 바탕으로, 회사의 소명을 "사람을 아름답게, 세상을 아름답게"로 정의한다… 모든 경영 활동은 인류와 대자연에 대한 깊은 공감으로부터 시작된다. 이에 기반해 경제, 사회, 환경의 모든 측면에서 기업가치를 균형 있게 창출한다. 자연과 사람에 대한 이해와 끊임없는 기술혁신을 통해 회사의 장기적 가치를 높이고 지속가능한 발전을 추구한다.

- ㈜ 아모레퍼시픽 정관 전문에서 발췌

출처: 아모레퍼시픽 홈페이지

통해 지향하고자 하는 것이 무엇인지를 명확화할 필요가 있다.

아모레퍼시픽은 일반적으로 전문을 담지 않는 회사 정관에 이례적으로 전문을 두어 아모레퍼시픽이 지향하는 가치를 담아 정리하였다. 단순히 기업으로 많은 이익을 내겠다는 메시지가 아닌 경제, 사회, 환경의 모든 측면에서 기업가치를 균형 있게 창출하여 회사의 장기적 가치를 높이겠다는 지속가능경영의 메시지를 담고 있다.

글로벌 기업들은 오래전부터 기업의 지속가능성을 강조하기 위해 회사의 신념Credo에 관련 내용을 담고 있다. 미국의 대표적인 제약회사인 존슨앤존슨은 첫 번째 고객, 두 번째 직원, 세 번째 커뮤니티, 마지막으로 주주에 대한 책임을 강조하며, 다양한 이해관계자를 고려한 경영이 지속가능경영의 핵심가치임을 강조하고 있다. 또한 이러한 가치를 담은 Credo를 회의실, 사무실 곳곳에 배치하여 언제나 메시지를 되새기며 업무와 일상에 반영할 수 있도록 하고 있다.

스웨덴의 건설기업 스칸스카SKANSKA는 미션과 행동규범Code of Conduct에 지속가능경영 철학을 반영하고 있다. 'We build for a better society(우리는 더 나은 사회를 만든다)'라는 미션을 바탕으로 ESG 중대성 평가Materiality Test를 통해 5대 주요영역을 도출하였다. 건강과 안전, 윤리, 그린, 커뮤니티 참여, 다양성과 포용이라는 5대 영역에 맞게 임직원의 행동규범도 연계하였다. 첫째, 'Commitment at workplace'는 건강과 안전, 다양성

그림 4 | 존슨앤존슨의 신념

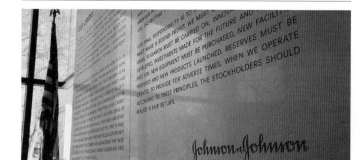

출처: Johnson & Johnson 홈페이지

지원 활동 : 사람·문화

과 포용 같은 임직원을 위한 내용을 담았다. 둘째, 'Commitment at marketplace'는 이해관계자와의 윤리 관련 내용을 담고 있다. 마지막으로 'Commitment to society'는 환경 관련 그린, 커뮤니티 참여 내용을 담아 지속가능 철학을 미션과 임직원 행동 원칙에 투영하고 있다.

지속가능한 HR 정책 수립 및 KPI 연계

지속가능 철학에 대한 내용을 임직원들에게 전달하고 공감을 얻기 위해 노력했다면 이제는 구체적인 HR 정책에 반영하여 스스로 실천이 가

표 1 | EU 소셜 택소노미 사회적 목표 기준

사회적 목표	이해관계자	하위 목표
목표① 양질의 일자리	근로자 (공급망 포함)	• 양질의 일자리 촉진 　- 사회적 대화, 충분한 생활임금, 보건과 안전 　- 기술교육, 평생학습, 사회적 보소(연금·보육 등) 　- 강제노동과 아동노동 근절 • 직장에서의 평등 및 차별 금지 　- 평등한 고용기회, 성차별 해소 　- 경영진과 근로자의 임금격차 해소 • 가치사슬 전반에 걸친 근로자의 인권 및 노동권 보장
목표② 적절한 생활 수준과 후생	소비자 (최종 사용자)	• 건강하고 안전한 제품 및 서비스 보장 • 내구성 있고 수리가 가능한 제품 설계 • 개인 정보 및 사생활 보호, 사이버 보안 • 책임 있는 마케팅 관행(이해하기 쉬운 정보 제공과 과잉 판매 금지 등) • 양질의 의료·보건·식품·식수·주거·교육에 대한 접근성 향상
목표③ 포용적이고 지속가능한 지역사회	지역사회	• 평등하고 포용적인 성장 증진 　- 교통, 통신, 금융, 전력 등 기본적인 경제 인프라에 대한 접근성 개선 　- 장애인 포용, 아동 보육 및 아동에 대한 지원 • 지역사회 고용 유지, 지역 공급업체 지원 • 지속가능한 생계 및 토지권 지워 • 위험 기반의 실사를 통해 영향받는 지역사회의 인권 존중 보장

출처: 임성택, 민창욱(2022) 재구성

능하도록 유도할 수 있어야 한다. 앞서 말했듯 전략적 인적자원관리 측면에서 중요한 수직적 적합성Vertical Fit을 갖춰야 하는 것이다.

지속가능성에 대한 HR 정책 반영을 위해서는 글로벌 ESG 표준을 선도하고 있는 'EU 택소노미Taxonomy'를 주목할 필요가 있다. EU 택소노미는 크게 기후문제 해결 등 친환경 산업 기준을 정의하는 '그린 택소노미'와 사회적 목표 달성에 기여하는 경제활동을 분류하는 '소셜 택소노미'로 구성된다. 이 중 '그린 택소노미'는 여러 논의를 거쳐 2022년 2월 이미 도입이 확정되었고, '소셜 택소노미'는 2022년 최종 보고서 발간 후 적용을 진행 중에 있다. 그린 택소노미가 모두의 관심 속에 밝혀진 등불이라면, 소셜 택소노미는 미래 ESG를 밝힐 또 하나의 불씨로 새롭게 주목받고 있는 상황이다. 소셜 택소노미의 핵심은 근로자, 소비자, 지역사회에 긍정적인 영향을 주는 사회적 경제활동을 구분하고 지원을 강화하는 것이다. 이 중 '근로자'를 대상으로 하는 '양질의 일자리' 제공 활동은 기업 HR 담당자의 역할이 전적으로 필요한 분야다. 그중 HR 담당자가 반드시 관리해야 할 요소로 안전·보건, 인권, 윤리, 공급망 등 4가지를 강조한다. 첫 번째로 근로자를 위한 '안전하고 건강한 사업장' 구축이다. 두 번째는 '인권'이 보장되는 회사 구현이다. 세 번째는 '윤리'의 강화다. 마지막은 '글로벌 공급망'의 ESG경영 관리체계 마련이다.

다음으로 KPIKey Performance Indicator(핵심성과지표) 연계를 위해서는 대표적인 기업들의 사례를 살펴볼 필요가 있다. 먼저 독일의 화학기업 바스프BASF는 사회적 성과 목표를 경영전략에 연계하였다. 기업의 전략목표로 매출 성장, EBITDATEarnings Before Interests, Tax, Depreciation and Amortization, 사용자본이익률Return on Capital Employed, 배당의 재무성과뿐만 아니라 탄소중립, 물관리, 친환경 제품, 종업원 만족도, 안전사고, 다양성, 설비 사고, 지속 가능 구매와 같은 사회 성과도 주요 경영지표로 선언, 관리하고 있다. 또한 사회 성과에 대한 데이터 기반의 측정과 계량화에 주력하여 여러 글로벌 기업들과 함께 사회적 가치를 화폐 단위로 측정하는 VBA(Value Balancing Alliance)를 만들어 주도적으로 활동하고 있다.

그림 5 | VBA 멤버사

출처: VBA 홈페이지

앞서 설명한 마이크로소프트는 ESG 선도기업으로서 임직원 간의 협업을 강조하며 3가지 평가 기준을 제시하였다. 첫째, 동료의 성공에 얼마나 기여했는가? 둘째, 다른 사람이 만든 것을 가지고 더 큰 성과를 만들었는가? 셋째, 본인 차원의 성과는 무엇인가?(공태윤, 2021). 각 항목은 3등분해서 균등하게 평가하고, 결과는 임금 인상이나 인센티브 등에 활용된다.

국내 기업 중에는 SK가 사회적 가치 측정 결과를 회사 KPI 평가에 50% 반영하고 있다. 각 회사가 측정하는 사회적 가치를 기업 활동을 통해 경제에 간접적으로 기여하는 가치인 '경제 간접 기여 성과', 제품 및 서비스 개발, 생산, 판매를 통해 발생한 사회적 가치인 '비즈니스 사회 성과', 지역사회 공동체에 대한 사회공헌 활동으로 창출한 가치인 '사회공헌 사회 성과' 3가지 분야로 나뉜다. SK는 이렇게 창출한 사회적 가치를 발표하여 매년 회사가 부족한 부분을 개선해나가기 위해 노력하고 있다.

지속가능경영과 HR 성과 연계

최근 글로벌 HR컨설팅기업 Mercer에서 전 세계 16개 지역, 13개 산업군에서 약 11,000명을 대상으로 조사한 2022 Global Survey 결과, 일에

그림 6 | 직원 동기부여의 주요 요소

①	Value	가치 있는 기여를 하고 있다는 느낌
②	Fun	즐겁게 일하는 것
③	Fulfillment	보람찬 일을 하고 있다는 느낌
④	Learning	새로운 스킬을 배울 수 있는 기회
⑤	Direction	명확한 지시를 하는 리더와 일하는 것
⑥	Trust	신뢰할 수 있는 리더와 함께 일하는 것
⑦	Autonomy	의사 결정을 위한 권한/자율성 부여
⑧	Purpose	자랑스러운 목적을 갖고 일하는 것
⑨	Belonging	소속감을 느끼는 것
⑩	Balance	일과 삶을 균형 있게 보내는 것

출처: Kate Bravery et al. (2022)에서 재구성

대한 가치와 성취감 등 직원의 경험Employee Experience을 동기부여의 중요한 요소로 분석하였다. 기업이 단기 성과만을 추구하지 않고 지속가능성을 위해 이해관계자를 고려하고 그러한 일에 참여할 때 임직원들의 동기부여에도 도움이 된다는 것이다.

2022년 9월 아웃도어 브랜드로 유명한 파타고니아의 깜짝 발표가 있었다. 과거에도 블랙프라이데이에 불필요한 물건을 소비하지 말자는 취지의 'Don't Buy This Jacket'이라는 뉴욕타임즈 광고로 유명한 파타고니아의 창업주 이본 쉬나드Yvon Chouinard는 회장 일가가 소유한 지분을 모두 기후변화 대응과 환경보호에 기부하기로 결정하였다. 그는 '지구가 우리의 유일한 주주다'라는 말과 함께 약 4조 원에 달하는 회사를 가치 실현에 뜻을 같이하는 비영리 재단에 맡긴 것이다. 이러한 파격적인 파타고니아의 행보 덕분에 브랜드에 대한 찐팬들이 많다. 이는 파타고니아의 매출과 고용 브랜드 측면에서도 긍정적인 효과로 연결되고 있다. 파타고니아 코리아의 김광현 환경팀장은 브랜드 찐팬에서 직원으로 입사하게 된 과정을 소개하기도 하였다.

지속가능 철학에 기반한 HR 제도의 성과에 대한 연구는 아직 초기 단계이지만, 조

직몰입이나 직무 만족 및 창의성 등에 긍정적 효과를 보이고 있다. 2022년 개최된 기업시민연구 공모전의 결과들을 살펴보면 '기업시민 기반의 HR 시스템이 조직몰입, 직무 만족 및 창의성에 미치는 영향에 대한 기업시민 Spirit화 연구(성지영, 홍두승)'에서 이러한 효과를 증명하고 있다. 기업시민을 기반으로 하는 고성과 작업시스템High Performance Work System, HPWS에 대한 인식이 실제 조직 구성원의 직무 관련 태도에 긍정적인 영향을 미치며, 이는 최근 조직 구성원으로 비중이 높아지고 있는 MZ세대들에게 더 큰 효과를 보이고 있다고 분석하였다.

지속가능경영과
리더십의 역할

2022년 발표된 AMD(Academy of Management Discoveries) 논문에 따르면 기업의 사회적 책임 활동에 CEO 및 리더가 미치는 영향이 30% 수준을 차지한다고 한다. 기업 내에서 CEO의 영향력과 역할은 늘 절대적으로 높은 수준이지만, 특히 기업이 기존 관행을 벗어나는 변화를 추진할 때 성공과 실패를 좌우하는 데 CEO와 리더들의 역할은 더 클 것이다.

CEO의 역할만큼 독립적인 이사회의 역할 또한 중요하다. 최근 ESG 이슈가 급부상하면서 이사회 내 ESG 위원회를 만드는 것이 유행처럼 확산되고 있다. 이에 관련 전문성을 지닌 사외이사를 확보하는 것이 어려울 정도이다. 하지만 단순히 위원회를 만드는 것을 넘어 경영진이 ESG에 대한 관심과 대응 노력이 지속될 수 있도록 역할을 수행하는 것도 중요하다.

ESG 이슈가 급부상하면서 많은 기업들이 관심을 갖고 있지만, 기업들의 진정성 없는 활동을 비판하는 ESG 워싱이라는 용어도 등장하고 있다. 단순히 홍보를 잘하거나 지속가능 보고서를 잘 만든다고 해서 워싱 이슈를 피해갈 수 있는 것이 아니라 기업 내 문화로 임배딩하는 것이 필요하다. 여기에 HR과 리더십의 역할은 기업 목적의 변화를 근본적으로 이끌 수 있는 힘이다. 변화의 필요성을 느끼게 하고, 강력한 추진 조직과 함께 비전을 제시하고 성과를 만들어갈 때 지속가능경영은 실현될 수 있을 것이다.

사례 연구

포스코 기업시민 추진 사례

기업에게 새로운 목표의 도입은 늘 도전적인 과제이다. 포스코는 2018년 기업시민을 경영이념으로 선언하고 체계적인 변화관리를 추진하였다. 추진과정을 살펴보면 존 코터의 8단계 변화관리 절차대로 진행되었음을 확인할 수 있는데, 우선 CEO 직속으로 기업시민실을 신설하고, 기획과 실행을 겸비한 Control Tower로 삼았다. 이곳에는 다양한 조직의 우수 인재를 포진시켜 기업시민이 경영이념으로 자리 잡을 수 있도록 하는 강력한 변화 추진 구심체를 구축하였다. 기업시민실 내 기업시민전략그룹은 기업시민 개념을 구체화하여 수십여 차례 사내외 설명회를 진행하였다. 동시에 기업시민헌장의 필요성에 대한 최고 경영층의 공감대를 형성하였다(1~2단계).

이후 기업시민을 경영이념화할 수 있는 체계적 단계를 명확화하였다. 우선 기업시민 선포 1년 후인 2019년 7월 포스코는 기업시민으로서 새로운 여정을 본격적으로 시작하며, 우선 기업시민 포스코의 지향점과 가치를 담은 '기업시민헌장'을 제정하였다. 헌장에는 모든 임직원이 공감할 수 있는 보편타당한 가치와 기업이 어떻게 해야 지속가능할 수 있는지를 쉽게 풀어내었다. 이는 시대의 요구에 부응한 기업시민 경영이념을 구체적으로 해석하여 포스코의 존재 이유를 설명하고, 내외부의 역량을 한 방향으로 결집시켜 기업시민 경영이념 구현에 대한 실천 의지를 다짐하기 위함이었다. 기업시민헌장 제정 등을 통해 기업시민의 개념을 정립하고 확산하는 단계를 지나게 되면 체질화 단계를 거친 후 문화화 단계로 진행될 수 있도록 하는 중기전략을 수립하였다(3~4단계).

그림 7 | 포스코 기업시민헌장 제정('19. 7.)

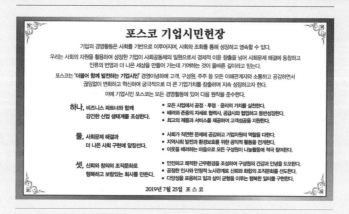

출처: 기업시민 포스코 홈페이지

체질화 단계는 기업시민 실천체계를 구축하고, 변화관리를 적극 추진하는 단계이다. 이를 위해 13개 업무 모듈별 기업시민 실천 가이드인 CCMS Corporate Citizenship Management Standards(기업시민 실천가이드)를 제정하였다. CCMS는 새로운 규정Rule이나 제도System가 아니며, 업무 수행에 있어 어떠한 마음가짐과 자세를 가져야 할지, 기업시민의 관점에서 좀 더 중요하게 생각하고 실천해야 하는 부분이 무엇인지 발굴하여 조명하는 안내서로 개발되었다. 이를 기반으로 직원들에게는 기업시민 '1인 1실천 운동'을 전개하기도 하였다. 또한 매주 기업시민의 주요 내용과 우수 사례 등을 담은 '기업시민 Brief'를 제작하여 전 직원에게 배포하고 있다. 이에 모든 임원들은 2019년 말 기업시민 실천과제를 1개 이상 수행토록 했으며, 2020년에는 이 과제의 성과를 임원 KPI 평가 시 10% 수준으로 반영하였다. 2021년에는 기업시민 실천과제를 기업시민 전략과제로 격상하고

KPI 반영 비중도 20%로 확대하였다(5~6단계).

그림 8 | CCMS 및 전략재무 모듈 예시

문화화 단계는 기업시민헌장과 CCMS 기반 일하는 방식이 정착되고, 대내외 확산되는 단계이다. 이를 위해 기업시민 5대 브랜드 체계를 정립하고 그에 적합한 활동을 추진하며, 임직원 모두가 기업시민을 문화로 받아들일 수 있는 다양한 장치들을 마련하였다. 기업시민 실천 활동이 일원화된 체계를 통해 비즈니스와 연계성을 높이고 기업시민의 지향점과 가치를 부각시켜 대내외 의사소통을 강화하고 인지도도 높이기 위해 2021년 4월 기업시민 5대 브랜드가 탄생하게 되었다. 포스코 경영 비전인 With POSCO와 함께 5대 브랜드와 주요 테마, 포스코 그룹의 대표사업을 매칭시켰다. 그리고 각 브랜드별로 목표하는 이미지들을 설정하여, 궁극적으로 '함께하고 싶은 회사'라는 이미지를 강화할 수 있게 되었다.

그림 9 | 포스코 기업시민 5대 브랜드

출처: 기업시민 포스코 홈페이지

그리고 기업시민 실천에 대한 최고 경영층의 지지와 지원은 포스코가 기업시민을 빠르게 경영이념화하는 데 가장 중요한 요인으로 작용하였다. 최고 경영층은 기업시민헌장, CCMS 등 기업시민 관련 주요한 이정표 수립 과정에 직접 참여하고, 실질적으로 활용되도록 일상 속에서 늘 강조하는 메시지를 전파하였다. 또한 연 2회 최고 경영층이 주재하는 기업시민 전략회의를 개최하여 기업시민이 그룹 차원의 전략에 반영되어 추진될 수 있도록 하였다. 기업시민 전략회의를 통해 논의된 내용은 분기 단위로 개최되는 기업시민 카운슬과 수시로 개최되는 기업시민 실무협의체를 통해 각 그룹에서 실천되는 중요한 운영체계로 작동하였다. 특히 2022년 포스코 홀딩스 출범과 함께 새롭게 신설된 포스코 홀딩스 정관에 기업시민헌장의 전문을 담은 것은 제도화 단계의 정점을 찍는 활동으로 평가할 수 있다(7~8단계).

포스코의 기업시민 경영이념 추진 과정에서 기업시민을 정착시키기 위해 변화관리와 전략적 측면에서 지속적으로 토론하고 논의하며 구체적인 성과를 만들어온 과정은 HR/리더십 측면에서 참고할 우수 사례라 할 수 있다.

출처: 김재구, 이무원, 김용근(2022), 포스코 그룹의 기업시민 여정에 대한 사례 분석: 붉은 여왕 효과를 고려한 경쟁력을 중심으로, 경영학연구, 51(5), 1147-1164.

토의 아젠다

1. 기업시민형 인재는 어떻게 선발, 육성할 수 있는가?

2. 기업시민, 사회적 가치, ESG와 같은 철학이 반영된 HR 제도는 무엇인가?

3. 리더는 기업시민 실천을 위해 어떤 역할을 해야 하는가?

| 에필로그 |

붉은 여왕 효과를 통해 살펴본
포스코의 경쟁력

—

윌리엄 P. 바넷(스탠포드대 경영대학원 석좌교수)

* 2021년 기업시민 특별 심포지엄 발표 내용 요약

기업이 혁신하거나 새로운 것을 개발한다면, 당연히 기업의 성과는 올라간다. 하지만 그만큼 강력한 경쟁자가 더 많아진다. 경쟁자가 많아지면 '우리도 발전해야겠다'며 강한 도전의식을 느낀다. 그래서 경쟁자가 생기면 품질이나 효율 등이 더욱더 향상될 수밖에 없다. 이렇게 되면 우리는 '더 혁신해야겠다'는 압력을 느끼게 된다. 그리고 또 혁신을 하게 되면 품질과 생산 효율이 높아지면서 기업의 성과는 더 향상되고, 수준은 또다시 높아진다. 기준이 자꾸만 높아지는 것이다.

즉, 경쟁기업은 경쟁자들에게 뒤처지지 않기 위해 혁신을 거듭하고, 혁신이 또 다른 혁신을 낳는 '진화론적인 선순환'이 발생하게 되는데, 이를 '붉은 여왕' 효과라고 한다. 붉은 여왕 효과는 루이스 캐럴Lewis Carroll의 소설 『거울 나라의 앨리스』에 등장하는 붉은 여왕 이야기에서 따온 것이다. 여기서 붉은 여왕은 경쟁에 살아남기 위해서는 천천히 걸으면 안 되고 계속 뛰어야 한다고 말하는데, 이는 경쟁이 시장의 모든 기업을 더 강하게 만듦을 의미한다. 포스코도 마찬가지이다. 포스코는 진화론적인 관점을 통해 기업시민 철학을 펼쳐왔다. 또한 포스코는 제조 분야 중에서도 특히 철강 분

야의 혁신을 주도해왔고, 협력사는 물론 경쟁사들과 서로 영향을 주고받으면서 혁신적인 기업으로서 진화를 거듭하고 있다.

그렇다면 기업은 어떠한 동기로 혁신을 시도할까? '혁신을 통해서 효율이 올라간다' 혹은 '비용이 절감된다' 등을 따져볼 수 있겠지만 비전 있는 기업, 그러니까 기업시민이라는 경영이념을 가지고 있는 포스코 같은 기업들은 사실 '다른' 동기를 갖는다. 즉, 포스코가 혁신하려는 동기(비전)는 크게 3가지라고 볼 수 있다.

먼저 첫 번째 동기는 '환경'이다. 탄소 저감을 위한 본격적인 노력이 있어야 한다는 것이다. 기후과학자들은 제조업에서 생산되는 탄소는 지구온난화의 주범인 온실가스 배출량의 큰 부분을 차지한다고 한다. 이를 붉은 여왕의 이론에 빗대어 설명하자면, 포스코가 중공업 분야에서 탄소 저감 활동에 적극적으로 노력을 기울이면서 이제 전 세계 다른 기업들, 다른 업계에서도 탄소 저감 활동에 개입해야겠다는 압력을 느끼게 된다. 이에 따라 그 수준이 상향 조정되면서 혁신이 혁신을 낳게 되고, 전 세계 경제에 좋은 영향을 미치게 된다는 것이다. 그러므로 포스코가 지속가능한 환경을 위하여 기초적이고 근본적인 노력을 하게 된다면, 인류는 그로 인해 많은 혜택을 받게 된다는 것을 알 수 있다.

두 번째 동기는 '사회'이다. 사회적인 영향은 환경에 미치는 영향에 못지않게 중요하다. 포스코 임직원뿐만 아니라 생태계 종사자, 제조업 종사자, 그리고 공급업체 및 협력업체 등이 포스코와 함께 일하면서 기업시민 이념을 통해 삶의 질을 향상시키는 데 노력한다면, 이는 전 세계 다른 기업에게 또 다른 도전장을 내미는 것이라고 볼 수 있다. 왜냐하면 다른 기업들도 사회적인 영향에 대해 신경을 써야 하기 때문이다. 요즘 빈곤, 갈등, 질병 등 다양한 사회적인 문제들이 나타나고 있다. 특히, 코로나19로 인해서 이것은 더 자명해졌다. 따라서 포스코는 사회적인 영향을 위해서도 중추적인 노력을 기울여야 될 때가 되었음을 알 수 있다. 이는 포스코의 사업에만 영향을 미치는 것이 아니라, 임직원 그리고 포스코와 사업으로 연계된 모든 공급업체들, 협력업체들, 고객들에게 모두 영향을 미치기 때문이다.

세 번째 동기는 거버넌스, 즉 '지속가능경영'이다. 사실 우리는 아주 놀라운 변화를 목격해왔다. 현대사회에서 가장 놀라운 변화 중 하나가 바로 우리의 정보와 제도를 신뢰할 수 있게 되었다는 것이다. 이때 핵심은 투명성이다. 투명하게 어떤 정책이 어떠한 결과를 가져왔는지 알 수 있게 되는 것이다. 그러나 투명성은 정말 어렵다. 많은 정보를 공개해야 하기 때문이다. 그렇지만 지배구조가 제대로 개선되어야 기업의 성과가 향상될 수 있다. 이러한 포스코의 투명한 거버넌스 구조는 포스코에만 영향을 미치는 것이 아니고 전 세계 다른 지역, 다른 업계의 수준을 향상시켜서 모두에게 영향을 미치게 될 것이다.

이를 통해 포스코의 3가지 혁신 동기는 환경(E), 사회(S), 거버넌스(G), 즉 ESG를 혁신 동기로 삼아 기업시민으로서 모습을 갖추어 나가고 있음을 알 수 있다. 그런데 포스코뿐만 아니라 많은 기업들이 기업시민을 표방하고 있으나, 이를 실행하기 위한 구체적인 조치를 취하고 있지 않다. 그러나 포스코의 경우, 앞서 살펴본 3가지 혁신 동기에 따라 구체적이고 실질적인 실천을 하고 있다.

먼저, 환경 부분에서 대표적인 실천 사례가 'HyREX' 기술 개발이다. HyREX는 포스코가 개발 중인 수소환원제철 기술로, 이를 통해 포스코는 환경의 지속가능성에 놀라운 혁신을 이뤄낼 것이다. 이러한 혁신적인 노력이 있었기에 업계의 다른 라이벌들은 포스코와 경쟁하기 위해 자신들도 더더욱 노력해야 한다고 생각한다. 또한 탄소중립을 위한 포스코의 대규모 투자와 창의성이 있었기에 HyREX 개발을 추진할 수 있다는 것을 기억해야 한다. 그리고 이는 단순히 포스코의 혁신이나 경제적인 이윤에만 영향을 미치는 것이 아니라, 전 세계에 영향을 미칠 것으로 기대된다.

두 번째로 '사회'적인 영향에서는 기업시민 경영이념의 구체적인 실천안내서라고 볼 수 있는 CCMS^{Corporate Citizenship Management Standards}(기업시민 실천가이드)에 주목할 필요가 있다. CCMS는 많은 시간과 노력, 그리고 창의력을 투자한 결과물이다. 이것을 통해 단순히 기업성과만 개선되는 것이 아니라 인류의 삶의 질도 향상될 것이다. 붉은 여왕 효과에 빗대어 설명하자면, CCMS를 통해 업계 전체의 기업시민 실천 기준이 높아지는 효과가 있을 것이다.

마지막으로 거버넌스 측면에서 살펴보면, 포스코는 지속가능한 경영을 위해 투명성에 초점을 맞추고 있다. 유럽만 해도 기업 운영과 관련하여 법이나 거버넌스 측면에서 많은 변화가 일어나 기업의 투명성에도 많은 영향을 미치고 있다. 하지만 포스코는 투명성에 초점을 맞춰 지속가능경영을 하고 있다는 점에서 눈에 띈다.

포스코는 오랜 시간 기업 발전 혁신의 모범이 되어왔고, 임직원들 역시 모범적인 태도로 혁신에 동참해왔다. 하지만 50년 전 포스코가 막 태어나기 시작했을 무렵, 많은 전문가들이 포스코에 대해 회의적인 반응을 보였다. 그때는 한국이 인건비가 저렴했기 때문에 수준 낮은 기술에 초점을 맞추는 게 좋을 것이라 생각했던 것이다. 하지만 포스코는 이러한 우려를 극복해냈다. 포스코는 기술적인 혁신 기업이 되겠다는 신념을 가지고 있었고, 그것이 오늘날 포스코가 혁신 기업으로 성장할 수 있게 된 원동력이 되었다.

포스코는 비전 있는 리더십을 시종일관 유지해왔다. 바로 이러한 글로벌 위상이 포스코가 다른 기업들에게 모범이 될 수 있는 자리를 마련했다. 그렇기 때문에 비전 있는 리더십을 갖는 것이 핵심이라 볼 수 있으며, 앞으로도 포스코가 기업시민으로서 이러한 비전을 적극 실천해나갈 것임을 믿어 의심치 않는다.

※ 참고문헌

<1장>

송호근(2019), "왜 기업시민인가?: 변혁의 이론적 기초," 송호근(편), 기업시민의 길, 나남.

Edmans, Alex(2020), Grow the Pie, Cambridge University Press.

Friedman, Thomas L.(2020), "Our New Historical Divide: B.C. and A.C. - the World Before Corona and the World After,"The New York Times, 2020.03.17.

Kissinger, Henry A.(2020), "The Coronavirus Pandemic Will Forever Alter the World Order - The U.S. must protect its citizens from disease while starting the urgent work of planning for a new epoch," The Wall Street Journal, 2020.04.03.

POSCO(2020), POSCO CCMS(Corporate Citizenship Management Standards) HANDBOOK.

Smith, Katherine V.(2019), "The Corporate Citizenship Challenge,"Asian Steel Watch 7, 6-15.

<2장>

김태영(2013), "CSV: 진짜 목표인가, 세탁용인가," DBR, 131, 46-51.

김태영(2018), "열정과 냉정 사이에서: 딜라이트의 비즈니스 모델," AER, 아산나눔재단.

김태영(2020), "기업시민과 경쟁우위," 곽수근, 송호근, 문형구 외(저),『기업시민, 미래경영을 그리다』, 나남.

김태영(2021), "소셜벤처란 무엇인가," 김태영, 김남호, 이경황, 류영재, 윤남희, 도현명(저),『소셜벤처로 가는 길』, 세창출판사.

김태영(2021), "ESG활동으로 고객가치 차별화와 혁신에 성공하는 법," DBR, 328, 92-100.

김태영, 도현명(2019),『넥스트 챔피언』, 흐름.

김태영, 이동엽(2019), "조직혁신 없는 공유가치 창출은 불가능," DBR, 265, 88-108.

김태영, 이건영(2021), "테슬라는 어떻게 고객가치를 차별화했나?," DBR, 319, 92-104.

김효선, 안세연(2018), "여성고용을 통한 일터 혁신 - 자동차 부품 제조 회사 (주)프론텍," AER, 아산나눔
　　　재단.

양원준(2019), "기업시민 포스코, 경영이념 의미와 추진 방향," Asian Steel Watch.

이인형(2021), "ESG평가 체계 현황과 특성 분석," 자본시장연구원 이슈보고서, 21(09), 1-25.

정다솜(2020), "프론텍에선 매일 혁신이 일어난다", 참여와 혁신, 2020. 2. 8.

Abbott, W. F., & Monsen, R. J.(1979), "On the measurement of corporate social responsibility: Self-
　　　reported disclosures as a method of measuring corporate social involvement," Academy of
　　　management journal, 22(3), 501-515.

Alexander, G. J., & Buchholz, R. A.(1978), "Corporate social responsibility and stock market
　　　performance," Academy of Management journal, 21(3), 479-486.

Aupperle, K. E., Carroll, A. B., & Hatfield, J. D.(1985), "An empirical examination of the relationship
　　　between corporate social responsibility and profitability," Academy of management Journal,
　　　28(2), 446-463.

Awaysheh, A., Heron, R. A., Perry, T., & Wilson, J. I.(2020), "On the relation between corporate social
　　　responsibility and financial performance," Strategic Management Journal, 41(6), 965-987.

Bansal, R., Wu, D. A., & Yaron, A.(2021), "Socially Responsible Investing in Good and Bad Times," The
　　　Review of Financial Studies.

Barney, J. B.(1991), "Firm Resources and Sustained Competitive Advantage," Journal of Management, 17,
　　　99–120.

Barnett, M. L., & Salomon, R. M.(2012), "Does it pay to be really good? Addressing the shape of the
　　　relationship between social and financial performance," Strategic Management Journal, 33(11),
　　　1304-1320.

Bloomberg Intelligence(2021), "ESG assets may hit $53 trillion by 2025, a third of global AUM,"
　　　Bloomberg, 2021.02.23.

Bolton, P., & Kacperczyk, M.(2021), "Do investors care about carbon risk?," Journal of Financial
　　　Economics.

Buehler, V. M., & Shetty, Y. K.(1976), "Managerial response to social responsibility challenge," Academy
　　　of Management Journal, 19(1), 66-78.

Cochran, P. L., & Wood, R. A.(1984), "Corporate social responsibility and financial performance,"

Academy of management Journal, 27(1), 42-56.

Dai, R., Liang, H., & Ng, L.(2021), "Socially responsible corporate customers," Journal of Financial Economics, 142, 598-626.

Deng, X., Kang, J. K., & Low, B. S.(2013), "Corporate social responsibility and stakeholder value maximization: Evidence from mergers," Journal of financial Economics, 110(1), 87-109.

Dimson, E., Karakaş, O., & Li, X.(2015), "Active ownership," The Review of Financial Studies, 28(12), 3225-3268.

Donaldson, T., & Preston, L.(1995), "The stakeholder theory of the modern corporation: Concepts, evidence, implications," Academy of Management Review, 20, 65-91.

Durand, R., Paugam, L., & Stolowy, H.(2019), "Do investors actually value sustainability indices? Replication, development, and new evidence on CSR visibility," Strategic Management Journal, 40(9), 1471-1490.

Flammer, C.(2013), "Corporate social responsibility and shareholder reaction: The environmental awareness of investors," Academy of Management Journal, 56(3), 758-781.

Flammer, C.(2021), "Corporate green bonds," Journal of Financial Economics, 142: 499-516.

Fogler, H. R., & Nutt, F.(1975), "A note on social responsibility and stock valuation," Academy of Management Journal, 18(1), 155-160.

Friedman, Milton(1970), "A Friedman Doctrine: The Social Responsibility of Business is to Increase Its Profits," The New York Times Magazine.

Hart, Stuart(1995), "A Natural-Resource-Based View of the Firm," The Academy of Management Review, 20, 986-1014.

Hartzmark, S. M., & Sussman, A. B.(2019), "Do investors value sustainability? A natural experiment examining ranking and fund flows," The Journal of Finance, 74(6), 2789-2837.

Hawn, O., Chatterji, A. K., & Mitchell, W.(2018), "Do investors actually value sustainability? New evidence from investor reactions to the Dow Jones Sustainability Index (DJSI)," Strategic Management Journal, 39(4), 949-976.

Hawn, O., & Ioannou, I.(2016), Mind the gap: "The interplay between external and internal actions in the case of corporate social responsibility," Strategic Management Journal, 37(13), 2569-2588.

Hillman, A. J., & Keim, G. D.(2001), "Shareholder value, stakeholder management, and social issues:

What's the bottom line?," Strategic management journal, 22(2), 125-139.

Hull, C. E., & Rothenberg, S.(2008), "Firm performance: The interactions of corporate social performance with innovation and industry differentiation," Strategic management journal, 29(7), 781-789.

Jayachandran, S., Kalaignanam, K., & Eilert, M.(2013), "Product and environmental social performance: Varying effect on firm performance," Strategic Management Journal, 34(10), 1255-1264.

Kaul, A., & Luo, J.(2018), "An economic case for CSR: The comparative efficiency of for-profit firms in meeting consumer demand for social goods," Strategic Management Journal, 39(6), 1650-1677.

Keim, G. D.(1978), "Corporate social responsibility: An assessment of the enlightened self-interest model," Academy of management review, 3(1), 32-39.

Koh, P. S., Qian, C., & Wang, H.(2014), "Firm litigation risk and the insurance value of corporate social performance," Strategic Management Journal, 35(10), 1464-1482.

Kölbel, J. F., Busch, T., & Jancso, L. M.(2017), "How media coverage of corporate social irresponsibility increases financial risk," Strategic Management Journal, 38(11), 2266-2284.

Lev, B., Petrovits, C., & Radhakrishnan, S.(2010), "Is doing good for you? How corporate charitable contributions enhance revenue growth," Strategic management journal, 31(2), 182-200.

Lins, K. V., Servaes, H., & Tamayo, A.(2017), "Social capital, trust, and firm performance: The value of corporate social responsibility during the financial crisis," the Journal of Finance, 72(4), 1785-1824.

Luo, X., Wang, H., Raithel, S., & Zheng, Q.(2015), "Corporate social performance, analyst stock recommendations, and firm future returns," Strategic Management Journal, 36(1), 123-136.

McGuire, J. B., Sundgren, A., & Schneeweis, T.(1988), "Corporate social responsibility and firm financial performance," Academy of management Journal, 31(4), 854-872.

McWilliams, A., & Siegel, D.(2000), "Corporate social responsibility and financial performance: correlation or misspecification?," Strategic management journal, 21(5), 603-609.

Madsen, P. M., & Rodgers, Z. J.(2015), "Looking good by doing good: The antecedents and consequences of stakeholder attention to corporate disaster relief," Strategic Management Journal, 36(5), 776-794.

Margolis, J. and Walsh, J.(2003), "Misery Loves Companies: Rethinking Social Initiatives by Business."

Administrative Science Quarterly, 48, 268-305.

Masulis, R. W., & Reza, S. W.(2015), "Agency problems of corporate philanthropy," The Review of Financial Studies, 28(2), 592-636.

Muller, A., & Kräussl, R.(2011), "Doing good deeds in times of need: A strategic perspective on corporate disaster donations." Strategic Management Journal, 32(9), 911-929.

Nehrt, C.(1996), "Timing and intensity effects of environmental investments," Strategic Management Journal, 17(7), 535-547.

Ortiz-de-Mandojana, N., & Bansal, P.(2016), "The long-term benefits of organizational resilience through sustainable business practices," Strategic Management Journal, 37(8), 1615-1631.

Pástor, Ľ., Stambaugh, R. F., & Taylor, L. A.(2021), "Sustainable investing in equilibrium," Journal of Financial Economics, 142, 550-571.

Pedersen, L. H., Fitzgibbons, S., & Pomorski, L.(2021), "Responsible investing: The ESG-efficient frontier," Journal of Financial Economics, 142, 572-597.

Petrenko, O. V., Aime, F., Ridge, J., & Hill, A.(2016), "Corporate social responsibility or CEO narcissism? CSR motivations and organizational performance," Strategic Management Journal, 37(2), 262-279.

Porter, M., & Kramer, M.(2011), "Creating shared value," Harvard Business Review, 89(1/2), 62-77.

Porter, M. and C. Linda.(1995), "Green and competitive," Harvard Business Review. Sep-Oct. 120-134.

Prahalad, C.K. and Gary Hamel.(1990), "The Core Competence of the Corporation," Harvard Business Review, May–June. Pp. 2-15.

Ramchander, S., Schwebach, R. G., & Staking, K.(2012), "The informational relevance of corporate social responsibility: Evidence from DS400 index reconstitutions," Strategic Management Journal, 33(3), 303-314.

Ray, Anderson,(1999), Interface. Toward a Sustainable Enterprise: The Interface Model. Peregrinzilla Press.

Russo, M. V., & Fouts, P. A.(1997), "A resource-based perspective on corporate environmental performance and profitability," Academy of management Journal, 40(3), 534-559.

Shan, L., Fu, S., & Zheng, L.(2017), "Corporate sexual equality and firm performance," Strategic Management Journal, 38(9), 1812-1826.

Surroca, J., Tribó, J. A., & Waddock, S.(2010), "Corporate responsibility and financial performance: The role of intangible resources," Strategic management journal, 31(5), 463-490.

Shrivastava, Paul.(1995), "Environmental technologies and competitive advantage," Strategic Management Journal, 16, 183-200.

Shiu, Y. M., & Yang, S. L.(2017), "Does engagement in corporate social responsibility provide strategic insurance-like effects?," Strategic Management Journal, 38(2), 455-470.

Sundaram, A. K., A. C. Inkpen.(2004), "The corporate objective revisited," Organization science, 15(3) 350–363.

Tong, L., Wang, H., & Xia, J.(2020), "Stakeholder preservation or appropriation? The influence of target CSR on market reactions to acquisition announcements," Academy of Management Journal, 63(5), 1535-1560.

Waddock, S. A., & Graves, S. B.(1997), "The corporate social performance–financial performance link," Strategic management journal, 18(4), 303-319.

Wang, T., & Bansal, P.(2012), "Social responsibility in new ventures: profiting from a long-term orientation," Strategic Management Journal, 33(10), 1135-1153.

Wang, H., & Qian, C.(2011), "Corporate philanthropy and corporate financial performance: The roles of stakeholder response and political access," Academy of Management journal, 54(6), 1159-1181.

Zhang, Y., Wang, H., & Zhou, X.(2020), "Dare to be different? conformity versus differentiation in corporate social activities of Chinese firms and market responses," Academy of Management Journal, 63(3), 717-742.

Zhao, X., & Murrell, A. J.(2016), "Revisiting the corporate social performance-financial performance link: A replication of Waddock and G raves," Strategic Management Journal, 37(11), 2378-2388.

<3장>

박소현(2020), "파타고니아 '원 웨어(Worn wear)'의 기업의 사회적 책임(CSR) 사례 연구," 한국의상디자인학회지, 22(1), 61-71.

이본 쉬나르(2020), 이영래 역, 『파타고니아, 파도가 칠 때는 서핑을(Let My People Go Surfing: The

Education of a Reluctant Businessman-Including 10 More Years of Business Unusual』, 라이팅하우스.

라젠드라 시소디어(2008), 권영설 등 역, 『위대한 기업을 넘어 사랑받는 기업으로(Firms of Endearment: How World-Class Companies Profit from Passion and Purpose)』, 럭스미디어(럭스키즈).

짐 콜린스(2005), 이무열 역, 『좋은 기업을 넘어… 위대한 기업으로(Good to Great: Why Some Companies Make the Leap... and Others Don't)』, 김영사.

필립 코틀러(200), 안진환 역, 『마켓 3.0: 모든 것을 바꾸어놓을 새로운 시장의 도래(Marketing 3.0)』, 타임비즈.

Aaker, J. L., Garbinsky, E. N., & Vohs, K. D.(2012), "Cultivating admiration in brands: Warmth, competence, and landing in the golden quadrant," Journal of consumer psychology, 22(2), 191-194.

Aaker, J., Vohs, K. D., & Mogilner, C.(2010), "Nonprofits are seen as warm and for-profits as competent: Firm stereotypes matter," Journal of Consumer Research, 37(2), 224-237.

Achrol, R. S., & Kotler, P.(2012), "Frontiers of the marketing paradigm in the third millennium," Journal of the academy of marketing science, 40(1), 35-52.

Alderson, W.(1957), Marketing behavior and executive action.

Allchin, J. (2013), "Case study: Patagonia's "Don't buy this jacket" campaign," Marketing Week, 23.

Amaeshi, K. M., Osuji, O. K., & Nnodim, P.(2008), "Corporate social responsibility in supply chains of global brands: A boundaryless responsibility? Clarifications, exceptions and implications," Journal of Business Ethics, 81(1), 223-234.

Ballet, J., & Carimentrand, A.(2010), "Fair trade and the depersonalization of ethics," Journal of Business Ethics, 92(2), 317-330.

Barrios, A., Kristine de Valck, Shultz II, Clifford J., Sibai, O., Husemann, Katherina C., Maxwell-Smith, M., and Luedicke, Marius K.(2016), "Marketing as a Means to Transformative Social Conflict Resolution: Lessons from Transitioning War Economies and the Colombian Coffee Marketing System," Journal of Public Policy & Marketing, 35(2), 185–97.

Bocken, N.(2017), "Business-led sustainable consumption initiatives: Impacts and lessons learned," Journal of Management Development.

Bocken, N. M., & Short, S. W.(2016), "Towards a sufficiency-driven business model: Experiences and opportunities," Environmental innovation and societal transitions, 18, 41-61.

Bradford, T. W.(2015), "Beyond fungible: Transforming money into moral and social resources," Journal of Marketing, 79(2), 79-97.

Carolan, M.(2014), "Future food 'needs': From consumer to citizen choice," Sociologia Ruralis, 54(1), 98-100.

Chan, H. K., He, H., & Wang, W. Y.(2012), "Green marketing and its impact on supply chain management in industrial markets," Industrial marketing management, 41(4), 557-562.

Chandy, R. K., Johar, G. V., Moorman, C., & Roberts, J. H.(2021), "Better marketing for a better world," Journal of Marketing, 85(3), 1-9.

Cuddy, A. J., Glick, P., & Beninger, A.(2011), "The dynamics of warmth and competence judgments, and their outcomes in organizations," Research in organizational behavior, 31, 73-98.

Dangelico, R. M., & Pontrandolfo, P.(2010), "From green product definitions and classifications to the Green Option Matrix. Journal of cleaner production," 18(16-17), 1608-1628.

Dyck, B., & Kleysen, R.(2001), "Aristotle's virtues and management thought: An empirical exploration of an integrative pedagogy," Business Ethics Quarterly, 11(4), 561-574.

Dyck, B., & Manchanda, R. V.(2021), "Sustainable marketing based on virtue ethics: Addressing socio-ecological challenges facing humankind," AMS Review, 11(1), 115-132.

Dyck, B., & Silvestre, B. S.(2018), "Enhancing socio-ecological value creation through sustainable innovation 2.0: Moving away from maximizing financial value capture," Journal of cleaner Production, 171, 1593-1604.

Fisk, G.(1974), Marketing and the ecological crisis.

Fiske, S. T., Cuddy, A. J., Glick, P., & Xu, J.(2002), "Competence and warmth scales," Journal of Personality and Social Psychology.

Freestone, O. M., & McGoldrick, P. J.(2008), "Motivations of the ethical consumer," Journal of business ethics, 79(4), 445-467.

Fuller, D. A.(1999), Sustainable marketing: Managerial-ecological issues. Sage Publications.

Gao, Y. L., & Mattila, A. S.(2014), "Improving consumer satisfaction in green hotels: The roles of perceived warmth, perceived competence, and CSR motive," International journal of hospitality management, 42, 20-31.

Gordon, R.(2011), "Critical social marketing: definition, application and domain," Journal of Social Marketing.

Henion, K. E., & Kinnear, T. C.(1976), A guide to ecological marketing. Ecological Marketing. Columbus, Ohio: American Marketing Association.

Hunt, S. D.(2017), "Strategic marketing, sustainability, the triple bottom line, and resource-advantage (RA) theory: Securing the foundations of strategic marketing theory and research," AMS Review, 7(1), 52-66.

Kapelianis, D., & Strachan, S.(1996), "The price premium of an environmentally friendly product," South African Journal of Business Management, 27(4), 89-95.

Kim, K., & Lim, G.(2022), "International Dynamic Marketing Capabilities of Emerging-Market Small Business on E-Commerce," Journal of Theoretical and Applied Electronic Commerce Research, 17(1), 199-211.

Kotler, P., Armstrong, G.(2018), Principles of Marketing, 17th Edition, Pearson: U.K.

Kotler, P., & Levy, S. J.(1969), "Broadening the concept of marketing," Journal of marketing, 33(1), 10-15.

Layton, R. A., & Grossbart, S.(2006), Macromarketing: Past, present, and possible future, "Journal of Macromarketing," 26(2), 193-213.

Lunde, M. B.(2018), "Sustainability in marketing: A systematic review unifying 20 years of theoretical and substantive contributions (1997–2016)," AMS review, 8(3), 85-110.

MacInnis, D. J., Morwitz, V. G., Botti, S., Hoffman, D. L., Kozinets, R. V., Lehmann, D. R., & Pechmann, C.(2020), "Creating boundary-breaking, marketing-relevant consumer research, Journal of Marketing, 84(2), 1-23.

McCaffrey, S. J., & Kurland, N. B.(2015), "Does "local" mean ethical? The US "buy local" movement and CSR in SMEs," Organization & Environment, 28(3), 286-306.

McDonald, L. M., Sparks, B., & Glendon, A. I.(2010), "Stakeholder reactions to company crisis communication and causes," Public Relations Review, 36(3), 263-271.

Michaud, C., & Llerena, D.(2011), "Green consumer behaviour: an experimental analysis of willingness to pay for remanufactured products," Business strategy and the Environment, 20(6), 408-420.

Michel, G. M., Feori, M., Damhorst, M. L., Lee, Y. A., & Niehm, L. S.(2019), "Stories we wear: Promoting sustainability practices with the case of Patagonia," Family and Consumer Sciences Research Journal, 48(2), 165-180.

Moorman, C., van Heerde, H. J., Moreau, C. P., & Palmatier, R. W.(2019), "Challenging the boundaries of marketing," Journal of Marketing, 83(5), 1-4.

Osgood, C.(1962), An Alternative to War or Surrender, Urbana: University of Illinois Press.

Ottman, J. A.(1993), Green marketing. NTC Publishing Group, Ottman, 1993

Peattie, K.(1995), Environmental marketing management: Meeting the green challenge, Financial Times Management.

Peattie, K.(2001), "Towards sustainability: the third age of green marketing," The marketing review, 2(2), 129-146.

Peattie, K., & Crane, A.(2005), "Green marketing: legend, myth, farce or prophesy?," Qualitative market research: an international journal.

Reinecke, J., & Ansari, S.(2015), "What is a "fair" price? Ethics as sensemaking," Organization Science, 26(3), 867-888.

Rettie, R., Burchell, K., & Barnham, C.(2014), "Social normalisation: Using marketing to make green normal," Journal of Consumer Behaviour, 13(1), 9-17.

Rettie, R., Burchell, K., & Riley, D.(2012), "Normalising green behaviours: A new approach to sustainability marketing," Journal of Marketing Management, 28(3-4), 420-444.

Riera, M., & Iborra, M.(2017), "Corporate social irresponsibility: review and conceptual boundaries," European Journal of Management and Business Economics.

Sharma, A., & Iyer, G. R.(2012), "Resource-constrained product development: Implications for green marketing and green supply chains," Industrial Marketing Management, 41(4), 599-608.

Shea, C. T., & Hawn, O. V.(2019), "Microfoundations of corporate social responsibility and irresponsibility," Academy of Management Journal, 62(5), 1609-1642.

Sheth, J. N., Sethia, N. K., & Srinivas, S.(2011), "Mindful consumption: a customer-centric approach to sustainability," Journal of the academy of marketing science, 39(1), 21-39.

Sheth, J. N., Sisodia, R. S., & Barbulescu, A.(2006), "The image of marketing," Does marketing need reform, 26-36.

Shim, K., & Yang, S. U.(2016), "The effect of bad reputation: The occurrence of crisis, corporate social responsibility, and perceptions of hypocrisy and attitudes toward a company," Public Relations Review, 42(1), 68-78.

Shultz, C., Burkink, T., Grbac, B., and Renko, N.(2005), "When Policies and Marketing Systems Explode: An Assessment of Food Marketing in the War-Ravaged Balkans and Implications for Recovery, Sustainable Peace, and Prosperity," Journal of Public Policy & Marketing, 24 (1), 24–37.

Sodhi, K.(2011), "Has marketing come full circle? Demarketing for sustainability," Business strategy series, 12(4), 177-185.

Stammer, R.(2016), "It pays to become a B corporation," Harvard Business Review, 6.

encati, A., & Zsolnai, L.(2012), "Collaborative enterprise and sustainability: The case of slow food," Journal of business ethics, 110(3), 345-354.

Strike, V. M., Gao, J., & Bansal, P.(2006), "Being good while being bad: Social responsibility and the international diversification of US firms," Journal of International Business Studies, 37(6), 850-862.

Tencati, A., & Zsolnai, L.(2012), "Collaborative enterprise and sustainability: The case of slow food," Journal of business ethics, 110(3), 345-354.

Voliotis, S., Vlachos, P. A., & Epitropaki, O.(2016), "Perception-induced effects of corporate social irresponsibility (CSiR) for stereotypical and admired firms," Frontiers in Psychology, 7, 970.

Wagner, T., Korschun, D., & Troebs, C. C.(2020), "Deconstructing corporate hypocrisy: A delineation of its behavioral, moral, and attributional facets," Journal of Business Research, 114, 385-394.

[그림 출처]

인트로그림 - https://www.bcorporation.net, https://www.rainforest-alliance.org, https://twitter.com/nike/status/1271585740980285442

그림 2 - https://omeka.wlu.edu/exhibits-museums/items/show/199

그림 3 - https://en.wikipedia.org/wiki/Free-produce_movement

그림 4 - https://www.fashionrevolution.org

사례 연구 그림 - https://www.patagonia.com

<4장>

김경묵(2012), "대·중소기업 간 협력 성과의 공유: 성과공유제도와 협력이익배분제도 비교," Korea Business Review, 16(1), 51-79.

김경묵(2017), "지속가능한 공급 네트워크 관리: 대·중소기업 간의 가치공유가 중소기업의 지속가능 경영에 미치는 영향," 인사조직연구, 25(3), 235-267.

김경묵(2020), "조직 내·외부 이해관계자의 사회적 책임 지향성이 지속가능한 공급사슬 관리에 미치는 영향," 중소기업연구, 42(3), 173-212.

김경묵(2021), "이해관계자 인식, 윤리경영 시스템, 그리고 기업의 사회적 성과," 인사조직연구, 29(3), 25-62.

포스코(2020), POSCO CCMS(Corporate Citizenship Management Standards) HANDBOOK.

Allen, S., Q. Zhu, and J. Sarkis(2021), "Expanding conceptual boundaries of the sustainable supply chain management and circular nexus," *Cleaner Logistics and Supply Chain*, 2, 1-12. https://doi.org/10.1016/j.clscn.2021.100011.

Baliga, R., R. D. Raut, and S. S. Kamble(2020a), "The effect of motivators, supply, and lean management on sustainable supply chain management practices and performance: Systematic literature review and modeling," *Benchmarking: An International Journal*, 27(1), 347-381.

Baliga, R., R. D. Raut, and S. S. Kamble(2020b) "Sustainable supply chain management practices and performance: An integrated perspective from a developing economy," *Management of Environmental Quality*, 31(5), 1147-1182.

Barney, J.(2012), "Purchasing, supply chain management and sustained competitive advantage: The relevance of resource-based theory," *Journal of Supply Chain Management*, 48(2), 3-6.

Barney, J. B., D. J. Ketchen, M. Wright, A. McWilliams, and D. S. Siegel(2011), "Creating and capturing value: Strategic corporate social responsibility, resource-based theory, and sustainable competitive advantage," *Journal of Management*, 37(5), 1299-1315.

Carter, C. R. and P. L. Easton(2011), "Sustainable supply chain management: Evolution and future directions," *International Journal of Physical Distribution and Logistics Management*, 31(1), 46-62.

Carter, C. R. and D. S. Rogers(2008), "A framework of sustainable supply chain management: Moving toward new theory," *International Journal of Physical Distribution and Logistic Management*, 38(5), 819-

832.

Carter, C. R. and M. M. Jennings(2004), "The role of purchasing in corporate social responsibility: A structural equation analysis," *Journal of Business Logistics*, 25(1), 145-186.

Chadwick, T. and S. Rajagopal(1995), Strategic Supply Management, Oxford: Butterworth-Heineman.

Dentoni, D., V. Bitzer, and S. Pascucci(2014), "Cross-sector partnerships and the co-creation of dynamic capabilities for stakeholder orientation," *Journal of Business Ethics*, 135(1), 35–53.

Formentini, M. and P. Taticchi(2016), "Corporate sustainability approaches and governance mechanisms in sustainable supply chain management," *Journal of Cleaner Production*, 112(3), 1920-1933.

Gallear, D.(2021), "Socially sustainable supply chain management and suppliers' social performance: The role of social capital," *Journal of Business Ethics*, 173, 855–875.

Gallear, D., A. Ghobadian, and W. Chen(2012), "Corporate responsibility, supply chain partnership and performance: An empirical examination," *International Journal of Production Economics*, 140(1), 83-91.

Handfield, R. B. and E. L. Nichols(2002), *Supply Chain Redesign. Upper Saddle River*, NJ: Prentice Hall.

Hsu, C. C. and K. C. Tan(2016), "Strategic orientations, sustainable supply chain initiatives, and reverse logistics: Empirical evidence from an emerging market," *International Journal of Operation and Production Management*, 36(1), 86-110.

Johnsen, T. E., M. Howard, and J. Miemczyk(2014), *Purchasing and Supply Chain Management*, London: Routledge.

Joshi, S.(2022), "A review on sustainable supply chain network design: Dimensions, paradigms, concepts, framework and future directions," *Sustainable Operations and Computers*, 3(1), 136-148.

Kim, G. M.(2016), "Collaborative innovation with suppliers in a turbulent market," *Asian Journal of Technology Innovation*, 24(2), 179-201.

Kumar, G., N. Subramanian, and R. M. Arputham(2018), "Missing link between sustainability collaborative strategy and supply chain performance: Role of dynamic capability," *International Journal of Production Economics*, 203(1), 96–109.

Laasch, O., R. Suddaby, R. E. Freeman, and D. Jamali(2020), "Mapping the emerging field of responsible management: Domains, spheres, themes, and future research," In O. Laasch, R. Suddaby, R. E. Freeman, and D. Jamali (Eds.), *Research Handbook of Responsible Management*: pp. 2-35. Sheltenham, UK: Edward Elgar.

Lechler, S., A. Canzaniello, A. Wetzstein, and E. Hartmann(2020), "Influence of different stakeholders on first-tier suppliers' sustainable supplier selection: Insights from a multiple case study in the automotive first-tier industry," *Business Research*, 13, 425-454.

Liebetruth, T.(2017), "Sustainability in performance measurement and management systems for supply chains," *Procedia Engineering*, 192, 539-544.

Lim, M. K., M. L. Tseng, K. H. Tan, and T. D. Bui(2017), "Knowledge management in sustainable supply chain management: Improving performance through an interpretive structural modeling approach," *Journal of Cleaner Production*, 162(15), 806-816.

Loaiza-Ramirez, J. P., C. E. Moreno-Mantilla, and T. Reimer(2022), "Do consumers care about companies' effort in greening supply chains? Analyzing the role of protected values and the halo effect in product evaluation," *Cleaner Logistics and Supply Chain*, 3(1), pp. 1-15. https://reader.elsevier.com/reader/sd/pii/S2772390921000275

McWilliams, A. and D. Siegel(2001), "Corporate social responsibility: A theory of the firm perspective," *Academy of Management Review*, 26(1), 11-127.

Mefford, R. N.(2011), "The economic value of a sustainable supply chain," *Business and Society Review*, 116(1), 109-143.

Morali, O. and C. A. Searcy(2013). "A review of sustainable supply chain management practices in Canada," *Journal of Business* Ethics, 117, 635–658.

Moshood, T. D., G. Nawanir, F. Mahmud, and S. Sorooshian(2021), "Green and low carbon matters: A systematic review of the past, today, and future on sustainability supply chain management practices among manufacturing industry," *Cleaner Engineering Technology*, 4(Octobor), 1-15.

Mukhsin, M. (2022), "The effect of sustainable supply chain management on company performance mediated by competitive advantage," *Sustainability*, 14(2), 818-835.

Nelson, D., P. E. Moody, and J. Stegner(2001), *The Purchasing Machine*, New York: Free Press.

Pauiraj, A., I. J. Chen, and C. Blome(2017), "Motives and performance outcomes of sustainable supply chain management practices: A multi-theoretical perspective," *Journal of Business Ethics*, 145(2), 239-258.

Parmigiani, A., R. D. Klassen, and M. V. Russo(2011), "Efficiency meets accountability: Performance implications of supply chain configuration, control, and capabilities," *Journal of Operation*

Management, 29(3), 212-223.

Prasada, D. S., R. P. Pradhan, K. Gaurav, and A. K. Sabat(2020), "Critical success factors of sustainable supply chain management and organizational performance: An exploratory study," *Transportation Research Procedia*, 48, 327-344.

Rebs, T., D. Thiel, M. Brandenburg, and S. Seuring(2019), "Impacts of stakeholder influences and dynamic capabilities on the sustainability performance of supply chains: A system dynamics model," *Journal of Business Economics*, 89(7), 893-926.

Rodríguez, J. A., C. G. Thomsen, D. Arenas, and M. Pagel(2016), "NGOs' initiatives to enhance social sustainability in the supply chain: Poverty alleviation through supplier development programs," *Journal of Supply Chain Management*, 52(3), 83-108.

Roy, V., B. S. Silvestre, and S. Singh(2020), "Reactive and proactive pathways to sustainable apparel supply chains: Manufacturer's perspective on stakeholder salience and organizational learning toward responsible management," *International Journal of Production Economics*, 227(1), DOI: 10.1016/j.ijpe.2020.107672.

Saikat D. and H. M. K. Hassan(2022), "Impact of sustainable supply chain management and customer relationship management on organizational performance," *International Journal of Productivity and Performance Management*, 71(6), 2140-2160.

Schwartz, F. W., S. Lee, and T. H. Darrah(2021), "A review of the scope of artisanal and small-scale mining: Worldwide, poverty, and the associated health impacts," *GeoHealth*, 5(1), 1-15.

Seuring, S., S. Aman, B. D. Hettiarachchi, F. A. de Lima, L. Schilling, and J. I. Sudusinghe(2022), "Reflecting on theory development in sustainable supply management," *Cleaner Logistics and Supply* Chain, 3, 1-8. https://www.sciencedirect.com/science/article/pii/S2772390921000160

Seuring, S. and M. Müller(2008), "Core issues in sustainable supply chain management: A Delphi study," *Business Strategy and the Environment*, 17(8), 455-466.

Sezen, B. and S. Y. Cankaya(2019), "Effects of green supply chain management practices on sustainability performance," *Journal of Manufacturing Technology Management*, 30(1), 98-121.

Shafiq, A., M. U. Ahmed, and F. Mahmoodi(2020), "Impact of supply chain analytics and customer pressure for ethical conduct on socially responsible practices and performance: An exploratory study," *International Journal of Production Economics*, 225(July), https://www.sciencedirect.com/

science/article/abs/pii/S0925527319304141.

Tomasello, F.(2022), "From industrial to digital citizenship: Rethinking social rights in cyberspace," *Theory and Society*, https://doi.org/10.1007/s11186-022-09480-6.

Youn, S., M. Yang, P. Hong, and K. Park(2013), "Strategic supply chain partnership, environmental supply chain management practices, and performance outcomes: An empirical study of Korea firms," *Journal of Cleaner Production*, 56(2), 121-130.

World Commission on Environment and Development(1987), *Our Common Future*, London: Oxford University Press.

<5장>

김수영(2018), 『혁신 다이내믹스: 지속성장을 위한 혁신의 원리와 길』, 도서출판 한올.

곽수근, 송호근, 문형구 외(2021), 『기업시민, 미래경영을 그리다』, 나남.

박상욱(2022), "전환기의 혁신성장 전략," 기업시민리서치, 13.

송호근(2019), "왜 기업시민인가?: 변혁의 이론적 기초," 송호근(편), 기업시민의 길, 나남.

손예령(2021), "사회적 가치와 이윤을 동시에 창출하는 전략," 기업시민리서치, 10.

손영우(2021), "동반성장을 위한 기업-학교-시민 협력 클러스터 모델," 기업시민리서치, 11.

삼정KPMG경제연구원(2021), "미래자동차 혁명과 산업생태계의 변화," Issue Monitor, 137.

이무원(2021), "SK그룹, ESG 경영의 글로벌 나침판을 지향하다," 기업시민리서치, 9, 20-28.

포스코(2020), POSCO CCMS(Corporate Citizenship Management Standards) HANDBOOK.

Bozeman B. and Johnson, J. (2015), "The Political Economy of Public Values: A Case for the Public Sphere and Progressive Opportunity," *American Review of Public Administration*, 45(1), 61-85

Carayannis E. G. and Campbell D. F. J. (2009), "Mode 3 and 'Quadruple Helix':toward a 21st century fractal innovation ecosystem," *International Journal of Technology Management*, 46 (3), 201-234.

Carayannis E. G. and Campbell D. F. J. (2010), "Triple Helix, Quadruple Helix and Quintuple Helix and how do knowledge, innovation and the environment to each other? A proposed framework for a trans-disciplinary analysis of sustainable development and social ecology," *International Journal of Social Ecology and Sustainable Development* 2010, 1(1):41-69.

Carayannis E. G., Barth T. D. and Campbell D. F. J.(2012), "The Quintuple Helix innovation model: global warming as a challenge and driver for innovation," *Journal of Innovation and Entrepreneurship*, 1, 1-12.

Chesbrough, H. W.(2006), *Open Innovation: The New Imperative for Creating and Profiting from Technology*, Harvard Business Review Press

Chesbrough, H. W. and Garman, A. R.(2009), "How Open Innovation Can Help You Cope in Lean Times," *Harvard Business Review*, December.

Chesbrough. H.(2020), Open Innovation Results: Going Beyond the Hype and Getting Down to Business. Oxford University Press.

Christensen, C. M.(2013), *The Innovator's Solution: Creating and Sustaining Successful Growth*. Harvard Business Review Press.

Clark B. (1998), *Creating Entrepreneurial Universities: Organizational Pathways of Transformation*, New York: Elsevier.

Edmans A.(2021), *Grow the Pie*, Cambridge University Press.

Etzkowitz H., and Leydesdorff, L.(1995), "The Triple Helix University-Industry-Government Relations: A Laboratory for Knowledge-Based Economic Development," *EASST Review* 14, 14-19.

Etzkowitz H., and Leydesdorff, L.(1997), *Universities and the Global Knowledge Economy: A Triple Helix of University-Industry-Government Relations*, London: Pinter.

Etzkowitz H., and Leydesdorff, L.(2000), "The Dynamics of Innovation: From National Systems and 'Mode 2' to a Triple Helix of University-Industry-Government Relations," *Research Policy*, 29(2), 109-123.

Sterman J.(2000), *Business Dynamics: System Thinking and Modeling for a Complex World*, McGraw-Hill.

<6장>

김영식, 위정범(2019), "기업의 기부금 결정요인과 기업가치," 금융연구, 33(1), 한국금융연구원.

김우찬(2022), "ESG 투자의 성과와 영향력에 관한 기존 연구 고찰, 자본시장연구원 및 고려대학교 기업지배구조연구소 공동세미나," 2022년 6월.

박경서, 변희섭, 이은정(2009), "한국주식시장에 사후적 지배구조 프리미엄이 존재하는가?," 한국증권

학회지, 38(4).

박경서(2010), "국내 기업의 지배구조현황과 개선 방향," 한국세무학회 춘계학술대회.

박경서, 정찬식(2010), "종업원지주제도(ESOP) 도입을 통한 종업원의 영향력 강화가 기업경영과 기업가치에 마치는 영향", 한국금융연구, 24(1), 한국금융학회.

박경서(2020), "기업시민 실행의 제도적 기반," 곽수근, 송호근, 문형구 외(저), 『기업시민, 미래경영을 그리다』, 나남.

박영규(2013), "기업의 사회적 책임을 이용한 투자전략의 성과분석," 대한경영학회지, 26(4).

박영규(2017), "ESG 투자전략의 성과분석, Journal of The Korean Data Analysis Society," 19(4), 한국데이타분석학회.

이인형(2021), ESG평가체계 현황과 문제점, 자본시장연구원 이슈보고서.

이호, 박경원(2014), "사회책임투자: 금융소비자의 대체투자수단으로서 성과와 특성," 산업경제연구, 27(4), 한국산업경제학회.

장승욱, 김용현(2013), "기업의 ESG와 재무성과," 재무관리연구, 30(1), 131-152.

Alchian, A. and H. Demsetz(1972), "Production, information costs and economic organization," *American Economic Review*, 62, 777-, and in Putterman(1986).

Barnea, Amir and Amir Rubin(2010), "Corporate Social Responsibility as a Conflict Between Shareholders," Journal of Business Ethics, 97, 71-86.

Bebchuk, L.A., Cohen, A. and Wang, C.C.(2013), "Learning and the disappearing association between governance and returns," *Journal of Financial Economics*, 108(2), 323-348.

Bebchuk, Lucian A. and Alberta Tallarita(2020), "The illusionary of promise of stakeholder governance," *Cornell Law Review*, 106, 91-178.

Berle, A. and G. Means(1932), *The modern corporation and private property*, New York: Commerce Clearing House.

Black, Bernard, H. Jang, and W. Kim(2006), "Predicting firms' corporate governance choices: Evidence from Korea," *Journal of Corporate Finance*, 12.

Blair, Margaret(1999), "Firm-Specific Human Capital and Theories of the Firm", *Employees and Corporate Governance*, Margaret M. Blair and Mark J. Roe, eds., Brookings Institution Press.

Brown, W., E. Helland, and J. Smith(2006), "Corporate Philanthropic Practices," *Journal of Corporate Finance*, 12, 855-877.

Bushee, Brian J.(2004), "Identifying and Attracting the Right Investors: Evidence on the Behavior of Institutional Investors," *Journal of APPLIED CORP. FIN.*, 16(4), 28-35.

Byun, H, J. Lee, and K. Park(2015), "Impact of Controlling Shareholders on Corporate Social Responsibility under External Financial Constraints," *Seoul Journal of Business*, 21.

Byun, H, J. Lee, and K. Park(2018), "Product market competition and corporate social responsibility activities: Perspectives from an emerging economy," coauthored with Hee Sub Byun and Jihye Lee, *Pacific Basin Finance Journal*, 49.

Carhart, M. M.(1997), "On Persistence in Mutual Fund Performance," *Journal of Finance*, 52, 57-82.

Chandler, D.(1977), "The visible hand: the managerial revolution in American business", *Harvard University Press*, excerpted in Putterman(1986).

Chang, Ha-Joon(2005), *Kicking Away the Ladder, Development Strategy in Historical Perspective*, Anthem Press.

Christensen, Dane, George Serafeim and Anywhere Sikochi(2020), "Why is Corporate Virtue in the Eye of The Beholder? The Case of ESG Ratings," *Harvard Business School Working Paper 20-084*.

Coase, R.(1937), "The nature of the firm", *Econometrica*, 4(16), 386-405.

Cummings, L. S.(2000), "The Financial Performance of Ethical Investment Trusts: An Australian Perspective", *Journal of Business Ethics*, 25, 79-92.

Dowell, Glen, Stuart Hart, and Bernard Yeung(2000), "Do Corporate Global Environmental Standards Create or Destroy Market Value?," *Management Science*, 46(8), 1059-1074.

Dowell, Glen, J. Kang, B. Low(2013), "Corporate social responsibility and stakeholder value maximization: Evidence from mergers," *Journal of Financial Economics*, 110(1).

Fama, E.(1980), "Agency problems and the theory of the firm," *J. of Political Economy*, 88, 288-307.

Fama, E. F., and French, K. R.(1993), "Common risk factors in the returns on stocks and bonds," *Journal of Financial Economics*, 3-56.

Francis In, Martin Kim, S. Kim, T. Kim(2014), "Competition of socially responsible and conventional mutual funds and its impact on fund performance," *Journal of Banking & Finance*, 44, 160–176.

Ferrell, Allen, Hao Liang, and Luc Renneboog(2016), "Socially Responsible Firms," *Journal of Financial Economics*, 122, 585-606.

Fisman, Raymond & Inessa Love(2007), "Financial Dependence and Growth Revisited, Journal of the European Economic Association," *MIT Press*, 5, 470-479.

Flammer, Caroline(2016), "Does Corporate Social Responsibility Lead to Superior Financial Performance? A Regression Discontinuity Approach," *Management Science*, 61, 2549-2568.

Flammer, Caroline and Aleksandra Kacperczyk(2015), "The Impact of Stakeholder Orientation on Innovation: Evidence from a Natural Experiment," *Management Science*, 62(7).

Friedman, Milton(1962), *Capitalism and Freedom*, University of Chicago Press.

Greenfield, Kent(1998), "The place of workers in corporate law," *Boston College Law Review*, 39(2).

Hamilton, S., H. Jo and M. Statman(1993), "Doing Well while Doing Good? The Investment Performance of Socially Responsible Mutual Funds," *Financial Analysts Journal*, 49, 62-66.

Hart, O. and B. Holmstrom(1987) "The theory of contracts", *Advances in Economic Theory*, edited by T. Bewley, Cambridge University Press.

Holmstrom, B.(1979), "Moral Hazard and Observability," *Bell Journal of Economics*, 10(1), 74-91.

Hong, Harrison, Jeffrey Kubik, and Jose Scheinkman(2012), "Financial Constraints and Corporate Goodness," *NBER Working paper No. 18476*.

Jensen, M and W. Meckling(1976), "Theory of the firm: managerial behavior, agency costs and ownership structure", *Journal of Financial Economics*, 3(4), 305-360.

Jos Leys, Wim Vandekerckhove and Luc Van Liedekerke(2009), "A Puzzle in SRI: The Investor and the Judge," *Journal of Business Ethics*, 84(2), 221-235.

Kruger, Philipp(2015), "Corporate Goodness and Shareholder Wealth," *Journal of Financial Economics*, 115, 304-329.

Liang and Renneboog(2017), "On the Foundation of Corporate Social Responsibility," *Journal of Finance*, 72, 853-909.

Luc Renneboog, Jenke Ter Horst, Chendi Zhang(2008), "The price of ethics and stakeholder governance: The performance of socially responsible mutual funds," *Journal of Corporate Finance*, 14(3), 163-322.

Masulis, Ronald and Sued Reza(2015), "Agency problems of corporate philanthropy," *Review of Financial Studies*, 28(2), 592-636.

Philipp, Krüger(2015), "Corporate goodness and shareholder wealth," *Journal of Financial Economics*, 115(2), 304-329.

Rajan, Raghuram G., Luigi Zingales(1998), "Financial Dependence and Growth," *American Economic*

Review, 88(3), 559-586.

Renneboog, Luc, Jenke Horst, and Chendi Zhang(2008), "The Price of Ethics and Stakeholder Governance: The Performance of Socially Responsible Mutual Funds," *Journal of Corporate Finance*, 14, 302-322.

Richard Borghesi, Joel F. Houston, Andy Naranjo(2014), "Corporate socially responsible investments: CEO altruism, reputation, and shareholder interests," *Journal of Corporate Finance*, 26, 164–181.

Roe, Mark(2004), "The Political Determinants of Corporate Governance-Political Context, Corporate Impact," *The Americal Journal of Comparative Law*, 52.

Servaes, H. and Tamayo, A.(2013), "The impact of corporate social responsibility on firm value: The role of customer awareness," *Management science*, 59(5), 1045-1061.

Shleifer, A. and R. W. Vishny(1997), "A Survey of Corporate Governance," *Journal of Finance, 52(2)*, 737-783.

Smith, Adam(1766), *The Wealth of Nations*, Penguin Classics.

Statman, Meir and Denys Glushkov(2009), "The Wage of Social Responsibility," *Financial Analysts Journal*, 65, 33-46.

Williamson, O.(1985), *The Economic Institutions of Capitalism*, The Free Press.

Zingales, Luigi, Corporate Governance(1998), *The New Palgrave Dictionary of Economics and the Law*, Palgrave Macmillan.

GSIA(2021), Global Sustainable Investment Review.

UNPRI(2016), A Practical Guide to ESG Integration for Equity Investing.

<7장>

강계만, 이유섭, 김규식(2021), "대기업 2025년부터 ESG 공시 의무화," 매일경제, 2021, 1. 14.
https://www.mk.co.kr/news/stock/9709897

금융위원회(2022), IFRS 지속가능성 공시기준 S1 일반 요구사항 공개초안.

금융위원회(2022), IFRS 지속가능성 공시기준 S2 기후 관련 공시 공개초안.

금융위원회(2022), IFRS S2 기후 관련 공시 공개초안 부록B_산업기반 공시 요구사항.

박초영(2022), "EU, 2024년부터 기업의 ESG 보고 의무화 예정," Kotra 해외시장뉴스, 2022. 8. 16.

https://dream.kotra.or.kr/kotranews/cms/news/actionKotraBoardDetail.do?SITE_NO=3&MENU_ID=100&CONTENTS_NO=1&pNttSn=196044

산업통상자원부(2021), K-ESG 가이드라인 v1.0.

한종수, 강정윤, 강소현(2021), "기업의 지속가능성과 관련한 회계실무 및 정책시사점 중심 문헌연구," 회계저널, 30(5), 263-336.

한종수와 이정조(2016), 회계를 알면 성공이 보인다: 회계원리, 리스크컨설팅.

환경부(2021), 한국형 녹색분류체계(K-Taxonomy) 가이드라인.

Bloomberg Law(2022), Proposed SEC Climate Disclosure Rule, 2022. 8. 12.

https://pro.bloomberglaw.com/brief/proposed-sec-climate-disclosure-rule/

Eccles, G.(2022), Why Collaboration By IFRS Foundation And GRI Is A Progressive Step For Corporate Transparency. Forbes. 2022. 8. 7.

https://www.forbes.com/sites/bobeccles/2022/04/07/why-collaboration-by-ifrs-foundation-and-gri-is-a-progressive-step-for-corporate-transparency/?sh=1187282c1941

European Commission(2019), Overview of the new guidelines on reporting climate-related information.

European Commission(2020), Public consultation: Non-financial reporting by large companies (updated rules).

Forbes(2022), "Why Collaboration By IFRS Foundation And GRI Is A Progressive Step For Corporate Transparency", 2022. 8. 7.

Freeman, R. E.(1984), Strategic management: A stakeholder approach, Boston, MA: Pitman.

Friedman, M.(1970), "The social responsibility of business to increase its profits," *New York Times*, September 13.

GRI(2021), A short introduction to the GRI Standards.

IEF(2022), Guidance on the steps for compiling Impact-Weighted Accounts, Impact Economy Foundation, Available at https://impacteconomyfoundation,org/download/1773/

IEF(2022), The Impact-Weighted Accounts Framework Public Consultation.

IFRS(2021), Climate-related Disclosures Prototype.IFRS, (2021), Meeting investors' needs for sustainability-related information.

IFRS(2021), Summary of the Technical Readiness Working Group's Programme of Work.

IFRS(2022), Exposure Draft – IFRS S1 General Requirements for Disclosure of Sustainability-related Financial Information.

IFRS(2022), ISSB meeting – General Sustainability-related Disclosures, Climate-related Disclosures.

IOSCO(2020), Sustainable Finance and the Role of Securities Regulators and IOSCO: Final Report.

Elkington, J(2004), *Enter the triple bottom line, The Triple Bottom Line: Does it All Add Up? Assessing the Sustainability of Business and CSR*, edited by Adrian Henriques and Julie Richardson, London: Earthscan.

KPMG International(2022), Survey of Sustainability Reporting. https://assets.kpmg/content/dam/kpmg/se/pdf/komm/2022/Global-Survey-of-Sustainability-Reporting-2022.pdf

Lev, B., & Gu, F(2016), *The end of accounting and the path forward for investors and managers*, John Wiley & Sons.

Serafeim, G., & Trinh, K(2020), "A framework for product impact-weighted accounts," *Harvard Business School Accounting & Management Unit Working Paper 20-076*.

Harvard Business School "Impact-Weighted Accounts" (https://www.hbs.edu/impact-weighted-accounts/Pages/default.aspx)

Value Balance Alliance (https://www.value-balancing.com/)

<8장>

김용진(2020), 『온디맨드 비즈니스 혁명』, 서울: 샘앤파커스.

A. T. Kearney(2016), "Digital Transformation," Davos: World Economic Forum.

Baines, T. A.Z. Bigdeli, O.F. Bustinza, V.G. Shi, J. Baldwin, and K. Ridgway(2017), "Servitization: Revisiting the State-of-the-art and Research Priorities," *International Journal of Operations & Production Management*, 37(2), 256 – 278.

van der Burg, R.J., K. Ahaus, H. Wortmann, and G.B. Huitema(2019), "Investigating the on-demand service characteristics: an empirical study," *Journal of Service Management*, 30(6), 739-765.

Christensen, C.M.(2011), *The Innovator's Dilemma: The Revolutionary Book That Will Change the Way You Do Business*, NY: HarperBusiness.

참고문헌

Iansiti, M. and R. Levien(2004), *The Keystone Advantage: What the New Dynamics of Business Ecosystems Mean for Strategy, Innovation, and Sustainability*, MA: Harvard Business School Press.

IBM Global Business Services(2011), Digital transformation: Creating new business models where digital meets physical, Strategy and Transformation.

IDC(2015), "Transforming manufacturing with the Internet of Things," *IDC Manufacturing Insight*.

Hess, T., A. Benlian, C. Matt, F. Wiesböck(2018), "Options for Formulating a Digital Transformation Strategy," *MISQ Executive*, 15(2), 123-139.

Johnson, M. W., Christensen, C. M. and H, Kagermann(2008), "Reinventing Your Business Model," *Harvard Business Review*.

Koren Y.(2010), *The Global Manufacturing Revolution: Product-Process- Business Integration and Reconfigurable Systems*. NY: Wiley.

Raddats, C., C. Kowalkowski, O. Benedettini, J. Burton, H. Gebauere(2019), "Servitization: A contemporary thematic review of four major research streams," *Industrial Marketing Management*, 83, 207-223.

Radjou, N., Prabhu, J. and S. Ahuja(2012), *Jugaad Innovation*, CA: Jossey-Bass.

Singh, A. and T. Hess(2017), "How Chief Digital Officers Promote the Digital Transformation of their Companies," *MIS Quarterly Executive*, 16(1).

<9장>

곽수근, 송호근, 문형구 외(2021), 『기업시민 미래경영을 그리다』, 나남.

고용노동부(2021), 산업재해 예방을 위한 안전보건관리체계 가이드북.

고용노동부, 한국산업안전보건공단(2022), 산업재해 예방을 위한 안전보건관리체계 구축 우수사례집.

고희경 외(2021), "ESG 환경 경영: 블랙야크 스타일," 상품학연구, 39(3), 77-86.

금융위원회, 금융감독원, 한국거래소(2021), 기업 부담은 줄이고 투자자 보호는 강화하는 기업공시제도 종합 개선방안 1.

기획재정부(2021), "지속가능한 성장을 위한 기업의 노력, ESG 경영," 경제로 세상 읽기, 2021년 7월호, 1-7.

김영국(2021), "중대재해처벌법의 법적 쟁점과 법정책 과제: 기업의 안전보건조치 강화의 관점에서," 입법학연구, 18(1), 111-147.

대한상공회의소(2021), ESG 경영과 기업의 역할에 대한 국민의식 조사.

문성후(2022), 『경영진이 꼭 알아야 할 ESG에센스』, KSAM.

박지식(2021), "탄소중립 실현을 위한 신재생에너지 이용방안," 국토, 479, 35-44.

손광표, 황원경(2021), KB 트렌드 보고서: 소비자가 본 ESG와 친환경 소비 행동, KB금융지주 경영연구소.

손예령(2020), "문화를 통한 지속가능한 기업시민 실천을 위한 연구," 예술경영연구, 56, 119-144.

손예령(2021a), "거버넌스, ESG 경영의 시작점," 기업시민리서치, 9, 30-38.

손예령(2021b), "기업의 혁신, 공감할수록 더 가까워진다," 기업시민리서치, 11, 29-38.

손예령(2022), "기후변화, 위기가 아닌 기회로 만드는 기업들 : 포스코, 아모레퍼시픽 사례를 중심으로," 기업시민리서치, 14, 32-42.

손준호(2022), 『ESG경영의 초석 환경경영』, 책과나무.

송호근(2019), "왜 기업시민인가?: 변혁의 이론적 기초," 송호근(편), 기업시민의 길, 나남.

신지영(2022), 『지금 당장 ESG: 전 직원이 함께하는 ESG 실무 교과서』, 천그루숲.

안치용, 이윤진(2022), 『ESG 배려의 정치경제학』, 마인드큐브.

여현구(1995), 『그린마케팅』, 안그라픽스.

유창근(2022), "항공사 승객의 지각된 그린 가치, 그린 이미지, 기업의 그린 평판과 그린 만족도 및 충성도와의 관계 연구," 관광연구저널, 36(6), 173-186.

윤석준 외(2016), 기업의 안전문화 평가 및 개선사례 연구, 안전보건공단 산업안전보건연구원.

윤순진(2021), "탄소중립, 반드시 가야 할 길: 도전과 기회," 기업시민리서치, 12, 6-15.

이병욱, 안윤기(2015), 『환경경영의 이해』, 에코리브르.

이종오(2020), "환경경영," 기업윤리 브리프스, 92, 국민권익위원회.

전영승(2021), 『기후위기시대의 환경경영』 제3판, 비앤엠북스.

줄리아 헤일즈(2014), 『뉴 그린 컨슈머 가이드』, 세창미디어.

차맹기, 조서경(2022), "잘 몰랐다 식 항변으로는 면책 안 돼, 안전보건 의무 시행 철저히 증빙해야," DBR, 341.

포스코(2020), POSCO CCMS(Corporate Citizenship Management Standards) HANDBOOK.

포스텍기업시민연구소(2021), "포스코, 글로벌 그린철강 시대를 선도하기 위한 발걸음 : 2021 수소환원제철 국제 포럼," 기업시민리서치, 12, 29-34.

한승조(2021), "안전보건에 대한 경영진의 지지가 근로자 안전인식에 미치는 영향," 디지털융합연구, 19(7).

환경부(2016), 교토의정서 이후 신 기후체제: 파리협정 길라잡이.

Bowen, H. R.(1952), *Social Responsibilities of the Businessman*. University of Iowa Press.

Carroll, A. B.(1998), "The four faces of corporate citizenship," *Business and society review*, 100(1), 1-7.

Carroll, A. B.(1999), "Corporate social responsibility? evolution of a definitional construct," *Business & Society*, 38: 268-295.

Elkington, J.(1994), "Towards the Sustainable Corporation: Win-Win-Win Business Strategies for Sustainable Development," *California Management Review*, 36, 90-100.

Heinrich, Herbert William(1931), *Industrial Accident Prevention: A Scientific Approach*, McGraw-Hill book.

Hudson. P.(2003), "Applying the lessons of high risk industries to health care," *Quality & Safety in Health Care*, 12: i7–i12.

Maier, D., Waldherr, A., Miltner, P., Wiedemann, G., Niekler, A., Keinert, A., & Adam, S.(2018), "Applying LDA topic modeling in communication research: Toward a valid and reliable methodology," *Communication Methods and Measures*, 12(2-3), 93-118.

Matten, D. & Crane, A.(2005), "Corporate Citizenship: Toward An Extended Theoretical Conceptualization," *The Academy of Management Review*, 30(1), 166-179.

McGuire, J. W.(1963), *Business and Society*. NewYork: McGraw-Hill.

Muller, Richard A.(2008), *Physics for future presidents*, W.W.Norton & Co.

Parker, Dianne & Lawrie, Matthew & Hudson, Patrick(2006), "A framework for understanding the development of organisational safety culture", *Safety Science*, 44(6), 551-562.

Peattie, Ken(1992), *Green marketing*, Pitman Pub.

Scherer, Andreas Georg & Palazzo, Guido(2008), *Handbook of Global Corporate Citizenship*, Cheltenham.

Westrum. Ron(1993), "Cultures with requisite imagination", In J. A. Wise. V. D. Hopkin and P. Stager(eds), *Verification and validation of complex systems: human factors* issues, Berlin: Springer.

Winston, Andrew(2020), "Leading a New Era of Climate Action: Current corporate efforts are not enough, Your stakeholders demand more," HBR, 2020. 1. 23.

산업안전보건법, 법률 제18426호(2021. 8. 17. 일부 개정).

중대재해 처벌 등에 관한 법률, 법률 제17907호(2022. 1. 27. 시행).

UNITED NATIONS(1992), The United Nations Framework Convention on Climate Change.

UNITED NATIONS(1998), Kyoto Protocol to the United Nations Framework Convention on Climate Change.

UNITED NATIONS(2015), Paris Agreement.

김지윤(2022), "GM 최고안전책임자 직원 안전 귀가는 최우선 가치…처벌보단 시스템 개선해야," 헤럴드경제, 2022. 11. 13.

노재현(2022), "기업의 사회적 책무," 전북일보, 2022. 11. 1.

이병문(2020), "안전은 스스로 책임져야 한다," 한국디지털 뉴스, 2020. 8. 10.

이혁필(2022), "중대법 대응시스템 구축 '기업 안전보건 역량 확보'가 핵심," 안전신문, 2022. 4. 7.

최윤필(2018), "다시 없을 그린피스의 전설, 존 캐슬," 한국일보, 2018. 2. 24.

한국생산성본부(2021), "2021 다우존스 지속가능경영지수(DJSI) 평가결과 발표," 한국생산성본부 보도자료, 2021. 11. 13.

Blackrock - https://www.blackrock.com

CDP - https://www.cdp.net/en

dss$^+$ Bradley Curve - https://www.consultdss.com/transform-culture/dss-bradley-curve/

DJSI Korea - http://djsi.or.kr

DuPont - https://www.dupont.com

RE100 - https://www.there100.org

<10장>

기업시민연구소(2019), "기업시민 이해관계자 가치 흐름," 기업시민리서치, 1, 40-41.

신호창(2008), 효과적인 CSR활동을 위한 SSC 모델: 글로벌 기업의 CSR활동 분석을 바탕으로, 미발표 연구보고서.

신호창(2020), "기업시민과 전략 커뮤니케이션: 뉴 노멀 시대, 기업시민 정체성 구축을 위한 스토리텔링," 곽수근, 송호근, 문형구 외(저), 『기업시민, 미래경영을 그리다』, 나남.

패트릭 렌치오니(2014), 홍기대, 박서영 역, 『무엇이 조직을 움직이는가: 당신이 간과하고 있는 명료함의 힘』, 전략시티.

Broom, G. & Sha, B.(2012), *Cutlip and Center's Effective Public Relations*(11th ed.), Prentice Hall.

Botan, C.(2018), *Strategic Communication Theory and Practice: The Cocreational Model*, Hoboken, NJ: Wiley Blackwell.

Dietrich, D(2020), PR Pros Must Embrace the PESO Model.

https://spinsucks.com/communication/pr-pros-must-embrace-the-peso-model/#:~:text=PR%20is%20 marketing%20and%20sales,It%20can%20attract%20new%20donors

Grunig, J. & Hunt, T.(1984), *Managing Public Relations*, NY: Holt, Rinehart and Winston.

Public Relations Society of America, Silver Anvil Awards Cases. - https://apps.prsa.org/Awards/ SilverAnvil/Search

<11장>

김성택(2012), 『CSR 5.0 기업의 사회적 책임과 역할』, 도서출판 청람.

김영옥(2007), "기업의 사회공헌활동과 여성," 젠더리뷰, 7, 58-64.

배정호, 김병도, 김준호(2008), "기업의 사회공헌활동이 기업가치에 미치는 영향," 인사·조직연구, 16(2), 159-192.

신창균(2013), "CSR과 CSV," 기업지배구조 리뷰, 66, 57-66.

양원준(2019), "기업시민 포스코, 경영이념 의미와 추진방향," 〈Asian Steel Watch〉, 제7권, pp. 24~35.

이재열(2019), "사회의 품격과 기업시민의 역할," 송호근(편), 『기업시민의 길: 되기와 만들기』, 나남.

주지원(2016), "기업사회봉사활동에 있어 직원의 참여동기와 조직시민행동이 만족도에 미치는 영향," 성균관대학교 석사학위논문.

전국경제인연합회(2021), 2021 주요기업의 사회적 가치 보고서.

포스코(2020), POSCO CCMS(Corporate Citizenship Management Standards) HANDBOOK.

포스코(2022), 2021 포스코 기업시민 보고서.

Bowen, H. R.(1953), *Social responsibilities of the businessman*. Harper & Brothers.

Carroll, A. B.(1991), "The Pyramid of Corporate Social Responsibility: Toward the Moral Management of Organizational Stakeholders," *Business Horizons*, 23(4), 39-48.

Carroll, A. B. & Buchholtz, A. K.(2009), *Business & Society: Ethics and Stakeholder Management*, South-Western Cengage Learning.

Hanleybrown, F., Kania, J., & Kramer, M.(2012), "Channeling change: Making collective impact work," *Stanford Social Innovation Review*, 1-8.

Juster, J. S., Tilghman, L., & Cohen, J.(2017), Backbone Starter Guide. Collective Impact Forum.

Kania, J., & Kramer, M.(2011), "Collective impact," *Stanford Social Innovation Review*, 9(1), 36-41.

Porter, M. E. & Kramer, M. R.(2011), "The Big Idea: Creating Shared Value," *Harvard Business Review*, 89, 2-17.

Schwartz, M. S. & Carroll, A. B.(2003), "Corporate Social Responsibility: A Three-domain Approach," *Business Ethics Quarterly*, 13(4), 503-530.

<12장>

윤정구(2018), 『황금수도꼭지: 목적경영이 이끈 기적』, 샘앤파커스.

윤정구(2022a), 『Hospitality: 아픔에 대한 환대』, 솔과학.

윤정구(2022b), 『초뷰카시대 지속가능성의 실험실: atomy(애터미)』, 21세기 북스.

Aziz, A & Jones B.(2021), *Good is the New Cool: The Principles of Purpose*, Regan Arts.

Bateman, T. S., & Organ, D. W.(1983), "Job satisfaction and the good soldier: The relationship between affect and employee 'citizenship'," *Academy of Management Journal*, 26(4), 587-595.

Kotler, P. & Sarkar, C.(2018), *Brand Activism: From Purpose to Impact*, Idea Bite Press.

Organ, D. W.(1997), "Organizational citizenship behavior: It's construct cleanup time," *Human Performance*, 10(2), 85-97.

Organ, D. W., Podsakoff, P. M., & MacKenzie S. P.(2006), *Organizational citizenship behavior: Its nature, antecedents, and consequences*. London: Sage Publications.

Podsakoff, N. P., Blume, B. D., Whiting, S. W., & Podsakoff, P. M.(2009), "Individual- and organizational-level consequences of organizational citizenship behaviors: A meta-analysis," *Journal of Applied Psychology*, 94(1), 122-141.

Schein, E. H.(1984), "Coming to a New Awareness of Organizational Culture," *Sloan Management Review*,

25(2), 3-16.

Schein, E. H. (2006), *Organization Development: A Jossey-Bass Reader*, J. Gallos (Ed.), John Wiley and Sons, CA: Jossey-Bass.

Schein, E. H. (2010), *Organizational Culture and Leadership*, CA: Jossey-Bass.

고어텍스 홈페이지 - https://www.gore-tex.com/sustainability/protecting-people

<13장>

공태윤(2021), "글로벌 기업 MS가 직원 인사평가 때 묻는 3가지 질문…," 한경, 2021. 5. 11.

김재구, 이무원, 김용근(2022), "포스코 그룹의 기업시민 여정에 대한 사례 분석: 붉은 여왕 효과를 고려한 경쟁력을 중심으로," 경영학연구, 51(5), 1147-1164.

대한상공회의소(2022), MZ세대가 바라보는 ESG경영과 기업 인식 조사.

박지은(2022), "마이크로소프트, '2030 탄소 문샷' 추진하는 기술 분야 거인 기업," 한스경제, 2022. 3. 14.

성지영, 홍두승(2022), "기업시민 기반의 HR시스템이 조직몰입, 직무만족 및 창의성에 미치는 영향에 대한 기업시민 Spirit화 연구: 세대 및 조직적합성의 조절 효과를 중심으로," 제2회 기업시민연구공모전 우수논문모음집, 6-30, 포스텍기업시민연구소.

이소영(2019), 『홀로 성장하는 시대는 끝났다』, 더메이커.

임성택, 민창욱(2022), EU 소셜 택소노미 초안 보고서 발표, 법무법인 지평.

존 코터(1999), 『변화관리』, 21세기 북스.

포스코(2022), 2021 포스코 기업시민 보고서.

Gerhart, B.(2007), "Horizontal and Vertical Fit in Human Resource Systems," in Ostroff, C. & Judge, T. A.(eds.), *Perspectives on Organizational Fit*, pp. 317-348, NY: Lawrence Erlbaum.

Kate Bravery et al.(2022), Rise of the relatable organization: Global Talent Trends 2022 Study, Mercer

Nooyi, I. & Govindarajan(2020), "Becoming a Better Corporate Citizen," *Harvard Business Review*, 2020(March-April), 1-11.

Rhee, M., Kim, J., & Barnett, W. P.(2021), "POSCO: Corporate Citizenship," *Stanford Case Studies*, SM 352, 1-26.

기업시민 포스코 홈페이지 - http://corporatecitizenship.posco.com

아모레퍼시픽 홈페이지 "정관 및 규정" - https://www.apgroup.com/int/ko/investors/amorepacific-corporation/corporate-governance/articles-of-incorporation-and-regulations/articles-of-incorporation-and-regulations.html

Johnson & Johnson 홈페이지 - https://www.jnj.com/

VBA 홈페이지 "our member" - https://www.value-balancing.com/en/about-us.html